Dr Rony GIL

Au gré de la mémoire

FRANÇOIS DUVALIER

Le mal-aimé

Éditions le Béréen

Dépot légal:06-10-519, octobre 2006
Bibliothèque Nationale d'Haïti
ISBN: 99935-52-15-1

Couverture Carl Lemyre
Éditions Le Béréen
Delmas 83 No 16
lebereen@yahoo.ca

Imprimé au Canada

Dr Rony GILOT

Au gré de la mémoire

François Duvalier

Le mal-aimé

Éditions Le Béréen

REMERCIEMENTS

Mes remerciements vont en tout premier lieu à la famille Raymond. Feu le Général Claude Raymond m'a hébergé durant mon exil dominicain. Avec lui, un peu, j'ai conçu le projet de ce livre. Beaucoup de faits rapportés ici m'ont été racontés et/ou confirmés par cet homme observateur et discret, très proche de François Duvalier et profondément impliqué dans la haute hiérarchie du régime. Je lui rends un hommage posthume en lui dédiant cet ouvrage. Que sa famille trouve ici l'expression de mon grand respect et de ma reconnaissance.

Je remercie particulièrement mon ami, l'écrivain-journaliste-éditorialiste - conférencier, Carl Labossière, qui a accepté le pensum de débroussailler le manuscrit et de le mettre en français. Le style lui doit cette allure qui devrait permettre une lecture rapide et aisée.

Je pense, bien entendu, et demande pardon à ma famille, à ma femme Marie Maud et à mes enfants Mildred, Rony Junior, Fabrina et Réginald, et, toute la parentèle proche, qui ont tant souffert de mon attachement à mon héros et du temps consacré aux recherches et à la rédaction de ce livre, au détriment de la présence et de l'attention conjugale, paternelle ou fraternelle dont j'aurais dû les entourer.

Enfin, je songe à tous ceux-là, alliés et amis, informateurs et polémistes, qui, à un titre ou à un autre, ont participé à la concrétisation de ce rêve caressé depuis plus de quinze ans.

À tous un grand merci.

Profil de François Duvalier*

En guise d'introduction

François Duvalier, président d'Haïti du 22 Octobre 1957 au 21 Avril 1971, naquit le 14 Avril 1907 à Port-au-Prince, non loin du palais présidentiel de Nord Alexis. Un lieu de naissance et de résidence qui lui permit de vivre de très près les événements quelquefois sanglants qui ont marqué l'histoire d'Haïti durant les premières décades du XXè siècle.

Il fit ses études classiques au Lycée Pétion où il décrocha son certificat de fins d'études secondaires en 1928. Après quoi il passa avec succès le concours d'entrée à l'École de Médecine de Port-au-Prince. Durant ses études médicales et son internat, il fit des rencontres et vécut des événements qui marquèrent de façon indélébile sa vie et orientèrent ses choix socio-politiques.

L'une de ces rencontres fut celle de Lorimer Denis, un ethnologue spécialiste du vodou et un nationaliste impénitent. Il embrassait les vues de Denis sur le nationalisme et le noirisme, et les développa dans des articles parus dans de nombreuses revues et brochures nationalistes de l'époque. Grâce aux démarches de Lorimer Denis, il fut admis au Bureau d'Ethnologie, institution fondée en 1942. Denis le présenta également à Daniel Fignolé qui l'encouragea à rejoindre la cellule de fondation du Mouvement des Ouvriers Paysans (MOP) en 1946, dont il devint le sécretaire général.

Entre-temps, il avait épousé Simone Ovide, une infirmière originaire de Léogane. La cérémonie nuptiale eut lieu en l'Eglise Saint Pierre de Pétion-Ville le 27 Décembre 1939. De cette union naquirent trois filles (Marie-Denise, Nicole et Simone) et un garçon, Jean-Claude.

---

* Texte tiré de Haïti référence (17 octobre 2006 # 6423) avec de légères modifications.

Lors de la campagne d'éradication du pian qui fut soutenu, financé et administré par les Etats-Unis, Duvalier fut choisi comme un des médecins administrateurs du programme. Cette campagne anti-pianique le promena à travers le pays. Son nom et son visage devinrent familiers dans les coins les plus réculés du territoire. Ce fut la base de sa grande popularité au sein de la paysannerie haïtienne.

Avec l'avènement de Dumarsais Estimé, son statut politique changea; d'observateur et analyste, il devint homme politique. En effet, Estimé qui réunit dans son gouvernement des membres de diverses tendances, le nomma directeur de la Santé Publique avant de lui confier le porte-feuille de la Santé Publique et du Travail. A la chute d'Estimé, il refusa de cautionner le coup d'état et le gouvernement de Paul Eugène Magloire, et se lança dans l'opposition. Il vécut durant le mandat de Magloire dans une semi-clandestinité.

Ses menées politiques ne lui attirèrent pas de grands ennuis quoiqu'elles fussent connues du gouvernement. A la chute de Magloire, le 6 décembre 1956, il se déclara candidat à la présidence. Au terme de péripéties nombreuses, les élections du 22 septembre 1957 consacrèrent sa victoire avec 679.884 voix. Il prêta serment le 22 Octobre devant le président du Sénat, Mr. Hugues Bourjolly.

Cette élection n'atténua pas pour autant les ardeurs et les ambitions des politiciens de l'époque et de certains membres de l'armée. Le 29 Juillet 1958, il eut à essuyer la plus dangereuse de toute une série de tentatives de renversement et d'invasions (14 au total). A chaque échec des opposants et des envahisseurs, Duvalier s'endurcit un peu plus, et son image d'homme prédestiné chargé d'une mission historique se trouva rehaussée aux yeux de ses partisans dont certains formèrent une armée parallèle dénommée: Milice Civile qu'on confondait souvent avec la redoutable police des tontons macoutes. Pour se maintenir au pouvoir, il exploita également la phobie du communisme, une exploitation débutée le 21 juin 1960 avec son fameux cri de Jacmel, où il conditionna sa loyauté au système capitaliste à une aide massive et urgente des Etats-Unis.

Après avoir organisé, en Avril 1961, des élections législatives prématurées, il se fit réélire avant la fin de son mandat, il s'accapara définitivement du pouvoir en juin 1964 en se faisant proclamer "président à vie". A cette même époque il changea la couleur du drapeau haïtien. Plus tard, voyant sa fin venir, il fit réviser la Constitution pour s'octoyer le droit de choisir son successeur. Il nommera son jeune garçon, alors âgé de 19 ans, Jean Claude Duvalier. L'opposition à son régime, évoluant surtout à l'étranger et affichant une faiblesse pathologique, n'émit en cette occasion, que des gémissements inaudibles pour la grande majorité des Haïtiens.

Le 21 Avril 1971, après treize ans et cinq mois au pouvoir, il rendit l'âme. Comme prévu, son fils, Jean-Claude Duvalier, lui succéda le lendemain. Ses funérailles eurent lieu le 24 Avril. Après le 7 février 1986, une populace en furie saccagea son tombeau au cimetière principal de Port-au-Prince; apparemment, ses restes ne s'y trouvaient plus.

Occupé á déjouer des complots, à poursuivre ses opposants et les communistes, à inculquer la peur dans l'âme des Haïtiens, et à étendre ses tentacules sur toutes les institutions du pays, Duvalier consacra peu de temps et de moyens au développement du pays. Sous son administration, le pays perdit certains de ses hommes les plus éminents, à la suite d'exécutions ou de l'exil; l'économie se détériora; l'aide internationale se tarit ou ne coula qu'au compte-gouttes. Le taux d'analphabétisme ne connut qu'une baisse dérisoire (de 90% à 70%), malgré la création de l'ONEC, et de l'ONAAC.

Pourtant, quoiqu'on puisse dire de lui et de son administration, l'idéologie qu'il prôna visait, dans son essence, à la promotion de toute une classe d'Haitiens qui, jusque-là, était négligée quand elle n'était pas l'objet de mépris des hommes au pouvoir et des classes dominantes. Des oeuvres utiles sortirent de terre, tels l'Aéroport, la DGI, la Téléco, l'OAVCT. Malheureusement, cette idéologie imposée avec une farouche énergie, une ferme intransigeance et une extrême ténacité sur le peuple haïtien laissa des marques si profondes dans son imaginaire et dans son quotidien, qu'il est, encore aujourd'hui sinon impossible du moins extrêmement difficile de s'en défaire complètement.

Curriculum Vitae
du Dr François Duvalier

Né à Port-au-Prince le 14 Avril 1907
Études Primaires et Secondaires au Lycée Alexandre Pétion
Docteur en Médecine: Faculté de Médecine et de Pharmacie de Port-au-Prince, Haïti.

Service social à la campagne
Médecin à l'Hôpital Saint François de Sales
Médecin consultant à la Clinique Émilie Sigueneau
Études médicales complémentaires et de spécialisation à Michigan (USA).

Directeur de la Clinique rurale et du Centre d'entraînement anti-pianique de Gressier (Mission Sanitaire Américaine).
Chef de la Section de Contôle de la Malaria (Mission Sanitaire Américaine).
Assistant du Major W. Dwinell (USA. Army Medical Corps).

Directeur de la campagne anti-pianique (MSA).
Consultant médical au Service Coopératif de la Santé Publique.
Chef de Division de Médecine Préventive (Service coopératif Inter-Américain de la Santé Publique.

Sous-secrétaire d'Etat du Travail.
Secrétaire d'Etat (Ministre) du Travail et de la Santé Publique.
Membre de l'Institut International des Idéaux Américains (Groupe de Cuba).
Membre de la Société Internationale des Études afro-Cubaines (Mexique).
Membre de l'Institut International d'Anthropologie de Paris
Membre de la Société d'Ethnologie de Paris
Membre de la Société Haïtienne d'Histoire, de Géographie et Géologie
Membre de l'Association Médicale Haïtienne

Membre de la Association Haïtienne d'Hygienne Publique
Membre de l'American Public Health Association (UASA)
Membre de la Royal Society of Tropical Medicine and Hygien of London
Directeur ad Honorem du Bureau d'Ethnologie de la République d'Haïti.

Publications en collaboration

Le Docteur François Duvalier a collaboré à beaucoup de publications haïtiennes et étrangères.

Revue de la Société d'Histoire et de Géographie
Les Annales de Médecine Haïtienne
L'Union Médicale du Canada
Le Journal des Nations (Genèvre)
Revues Charpentes (Paris)
La Semaine des Hôpitaux de Paris
La Gazette Médicale de Paris
L'Ethnograpie (Paris)
Journal of Antibiotique and Chemistry (USA)
Co-Directeur de la revue " LES GRIOTS"
Co-Fondateur de l'Hebdomadaire "LES GRIOTS"

Publications personnelles

Les Tendances d'une Génération (collaboration)
Mémoire sur la Mentalité Haïtienne
Psychologie Ethnique et Historique
Le Problème des Classes à travers l'Histoire d'Haïti (collaboration)
La Contribution des Nègres à la Civilisation de l'Humanité
Les Civilisations Négro-africaines et le problème haïtien
Contribution à l'Étude du Pian en Haïti, et l'oeuvre de la Mission Sanitaire Américaine
La valeur de la Pénicilline dans le traitement du Pian en Haïti
Considérations sur 150 ans d'alimentation urbaine et rurale en Haïti
La Terramcyne dans le traitement du Pian en Haïti (en collaboration)

La Terramcyne intra-musculaire dans le Traitement du Pian en Haïti (Journal anti-biotic)
Contribution à l'Étude des Toxémies en Haïti (Bulletin médical du Canada).
Poésie: Les sanglots d'un exilé.
Face au peuple et à l'histoire. Port-au-Prince : Service d'Information et de Documentation, 1961.
Histoire diplomatique, politique étrangère : géographie politique, politique frontérale. Port-au-Prince : Presses nationales d'Haïti, 1968.
Hommage au Marron inconnu. [Port-au-Prince: Presses nationales d'Haïti] 1969.
Hommage au martyr de la non-violence, le révérend D. Martin Luther King, Jr. [Port-au-Prince : Presses nationales d'Haïti, 1968.
Mémoires d'un leader du Tiers Monde: mes négociations avec le Saint-Siège; ou, une tranche d'histoire. Paris : Hachette, 1969
Oeuvres essentielles. Port-au-Prince : Presses nationales d'Haïti, 1968.
Problème des classes à travers l'histoire d'Haïti : sociologie politique. Port-au-Prince : Au Service de la Jeunesse, 1948.
Note: En collaboration avec Lorimer Denis.
Souvenirs d'autrefois (bric-à-brac) 1926-1948. [Port-au-Prince] 1968.
Note: Ecrit sous le nom d'Abderrahman. Abderrahman fut le pseudonyme qu'il avait adopté lorsqu'il publiait ses articles sur le nationalisme et le noirisme.

AVANT-PROPOS

Le lecteur s'étonnera certainement du titre énigmatique qu'il m'a plu de donner à ce livre. Cela n'a pas été facile, je l'avoue, de trouver le qualificatif convenable, capable de répondre au souci de rendre à la fois la densité du personnage, la diversité et la profondeur de ses facettes ainsi que les contradictions qui nourrissent à son sujet des controverses inexpiables.

Mariant le substantif excessif à l'épithète antithétique, j'eusse pu l'appeler Duvalier, le tyran bien-aimé, mettant en relief la condamnation sans appel des uns et la vénération sans nuance des autres. Mais cette appellation ne couvrirait pas assez la vérité épaisse et asymétrique du personnage, ni ne restituerait complètement l'émotion confuse et trouble que suscite la seule évocation de son nom. J'eusse pu l'appeler Duvalier, le titan maudit, reprenant en premier terme cette louange posthume d'un opposant notoire, trop virulent au début du règne pour n'être pas sincère en fin de parcours. Mais, cette dénomination, elle non plus, ne projetterait qu'une lumière tamisée, impropre à un éclairage sain et impartial.

C'est que François Duvalier possédait le talent catastrophique d'inspirer l'amour jusqu'à l'adoration ou au sacrifice, et d'allumer la haine jusqu'à l'incandescence et au meurtre. Voici énoncé un paradoxe qui ne contribue nullement à simplifier l'analyse ni à dissiper le mystère qui enveloppe cette vie d'Homme d'État. Il déroute au contraire. Il amplifie le drame de conscience chez tous ceux qui avaient approché l'homme, pour le servir ou pour le combattre, ou seulement pour étudier son itinéraire historique.

Qu'on l'admire ou qu'on le déteste, force est de reconnaître que, dans le sillage de Dumarsais ESTIME, François DUVALIER demeure le président haïtien qui a lancé Haïti sur la voie de la modernité. Avec la création du CONADEP destiné à devenir le Ministère du Plan, Duvalier sort Haïti de la routine et de l'improvisation pour l'installer une fois pour toutes dans l'ère de la planification et des plans quinquennaux. Le Service des

Contributions qui se transformera en Direction Générale des Impôts (D.G.I.) va quitter la promiscuité poussiéreuse et étouffante d'un minuscule bureau (du temps où le service s'appelait Bureau des Contributions), pour emménager un véritable palais moderne digne d'une telle institution publique. Le Télécom S.A.M. vient, au milieu des années 60, moderniser ce secteur qui n'offrait que de rares téléphones asthmatiques à quelques rares privilégiés. En ces temps - bien sûr dépassés - où l'Etat se croyait bon gestionnaire, les Entreprises Mixtes voyaient le jour et imprimaient une dynamique déterminante à maints services d'intérêt public : le Ciment d'Haïti, la Minoterie d'Haïti, l'OAVCT, l'APN, l'AAN, la TELECO....etc. Toutes ces entités qu'en ce début du 21ème siècle, on a tendance à privatiser ou à brader ont vu le jour grâce à la vision de François Duvalier.

Duvalier a également électrifié une grande partie du pays en faisant tourner des turbines sur le barrage hydro-électrique de Péligre érigé par Magloire. Depuis les Duvalier père et fils, le fils poursuivant dans une certaine mesure l'œuvre du père, aucun investissement n'a été effectué dans ce secteur, ce qui nous vaut depuis longtemps deux heures de courant par jour ou tous les deux jours à la capitale, alors que sous le régime de "La Révolution au Pouvoir", comme on disait à l'époque, on ne connaissait, et en saison sèche seulement, qu'une heure de black-out par jour.

Les maigres moyens haïtiens, démultipliés par la volonté prométhéenne de F. Duvalier, ont construit l'Aéroport International Dr François Duvalier de Port-au-Prince. Cette œuvre herculéenne a désenclavé le pays et lavé les nationaux de la gifle d'une obligatoire escale dominicaine, chaque fois qu'ils projetaient de voyager par avion vers l'Amérique ou l'Europe. Il est quand même étonnant - si ce n'est ridicule - que se refusant à perpétuer un hommage exigé par la probité et l'histoire, on ait, au lendemain de 1986, débaptisé cet ouvrage capital, pour l'affubler du nom d'un ministre de la Justice qui n'avait à son actif que l'exploit de s'être fait assassiner dans un coin de rue. Heureusement le nom de Toussaint Louverture est venu, encore une fois, rétablir l'échelle des valeurs et un certain équilibre des grandeurs. Bref, après François Duvalier, en dehors de l'intermède de son fils qui a desserré l'étau sur une parole démocratique qui avait tardé à s'exprimer librement, on ne peut vraiment affirmer que quelque chose d'imposant ait surgi sur le sol d'Haïti.

Voilà une vérité bien hardie, impatiente de se dresser devant les mensonges étincelants d'une clameur suggérée et manipulée. Elle émerge de plus en plus. Elle surgit au carrefour de toutes les nostalgies et impatiences et déceptions de la conjoncture des années 2000-2006. Prudemment certes, car les passions ne sont pas encore éteintes. Surtout qu'elles sont entretenues par ceux-là que dérange une tendance automatique et généralisée à comparer deux époques et deux expériences politiques.

Cette confrontation inévitable tourne à l'avantage de la dynamique duvaliérienne au détriment de l'anarcho-populisme lavalassien. Et l'on comprend que la classe politique et la société civile, qui dominent l'échiquier et les médias depuis 20 ans, artisans dépités de "l'ordre aristidien", s'évertuent à se dédouaner, en recherchant en dehors de ce dernier un bouc émissaire responsable des malheurs actuels du pays.

Trente cinq ans après la mort de François Duvalier, on ne se lasse pas de parler de lui au présent, tant les empreintes de son passage ont marqué les esprits et les consciences. Certains, certes, s'acharnent à lui attribuer toutes les turpitudes de ses prédécesseurs et successeurs, comme s'il avait dirigé Haïti dans le presqu'aujourd'hui et depuis l'Indépendance. Ceci n'empêche que la population dans son quasi-ensemble le cite de plus en plus à l'honneur pour la leçon de compétence, de fierté et de dignité qu'il a laissée à nos gouvernants et au peuple haïtien.

Au moment où la vérité perce l'écran opaque des nuages et que peu à peu s'essouffle l'idéologie d'ostracisme et d'exclusion à ce point dominante en 1987 qu'elle a réussi à polluer la noblesse d'un texte constitutionnel, il devient opportun de raconter courageusement une histoire d'homme, sans fard ni acrimonie, sans toutefois la présomption de vider le sujet. L'honnêteté consisterait à présenter l'homme dans ses dimensions multiformes, avec ses lumières et ses ombres, ses vérités et ses faces cachées, ses grandeurs et ses petitesses..

Il faut aller au-delà d'une subjectivité résiduelle qui continue d'opérer une distorsion des faits et renvoie aux calendes grecques les accents sincères du " dialogue national " et les premiers gestes authentiques de la réconciliation nationale. L'historien lui-même perd ses repères...

François Duvalier se campait homme d'airain, tout entier rivé à la cause pour laquelle il combattait. Cependant son agir ne rencontrait pas toujours l'adhésion, même chez ses partisans les plus absolus.

Les thuriféraires du régime récusaient en silence certaines outrances du comportement et de la méthodologie politiques de l'homme. Ils trouvaient, par exemple, disproportionnées certaines mesures drastiques appliquées à des situations susceptibles d'être résolues plus rationnellement et avec moins de casse. Même ses fanatiques les plus frustres, bénéficiaires privilégiés de l'incontestable mobilité économique, sociale et intellectuelle enclenchée par le régime, jugeaient inapproprié de violenter les citoyens, fût-ce dans le noble dessein de les rendre plus heureux. Sa technique de répression directe et collatérale a opéré des ravages immenses, beaucoup plus dans le camp de ses partisans qu'au sein de l'opposition. Naturellement, cela tient au fait historique que la plupart des complots intérieurs avaient été fomentés par des duvaliéristes en mal de pouvoir. Et les "invasions", ainsi que les lointains et vains mouvements des exilés, provoquaient dans le pays toutes sortes de persécutions à l'encontre de leurs parents et alliés, même si ceux-ci avaient au fil du temps développé d'ostensibles et rentables attaches duvaliéristes.

Qu'on se rappelle! À l'orée du règne, en 1959, la première levée de boucliers au Sénat s'était soldée par la dissolution du Parlement, l'arrestation ou le départ pour l'exil de grands estimistes comme Jean David, Emmanuel Moreau, Hugues Bourjeolly, Thomas Désulmé…etc, les artisans incontestables de la victoire du 22 Septembre 1957 ; la chirurgie périodique opérée dans les rangs de l'Armée frappait le plus souvent des éléments que le président avait lui-même promus ; la charrette de Lucien Daumec avait emporté un grand nombre d'inconditionnels duvaliéristes ; la conspiration du colonel Honorat, que le président appelait son fils, avait mis sur le billot la tête de nombre de haut gradés très dévoués au régime ; même la triste équipée de Jeune Haïti avait semé un deuil cuisant au sein de la gent duvaliériste de la Grande Anse ; Barbot, le garde du corps, le fer de lance de la campagne électorale, le premier chef de la police politique, avait rameuté dans sa guérilla urbaine la plupart de ses premiers enrôlés ou compagnons, pour les jeter finalement dans les geôles ou sous la guillotine de Duvalier; Octave Cayard amena en exil le gros du contingent de la

Marine réputé duvaliériste…Et nous en passons.

Dans une certaine mesure, comme Saturne, "la Révolution mangeait ses propres fils". Il n'est pas un seul duvaliériste, en fait, qui n'ait eu à regretter un proche, parent ou ami. À ce compte, dans le monde duvaliériste, l'amour, s'il est raisonné et quelque peu teinté de deuil, ne peut qu'être mitigé.

Du côté des opposants, on distingue deux catégories. D'abord, ceux qui ont réellement souffert du régime, dans leur chair et celle de leur famille, dans leurs affaires, leurs biens ou leur fortune. Ceux-là se font un point d'honneur hautement justifié de vilipender François Duvalier: ils lui vouent une haine féroce, professent à son endroit une aversion viscérale, presque épidermique. Ceux-là se proclament les victimes, encore qu'il faille en toute conscience et objectivité discuter du mot qui devrait le mieux définir ceux qui étaient venus d'ici ou de loin attaquer Duvalier pour le renverser ou le tuer, et qui avaient tout prosaïquement perdu la guerre et essuyé les conséquences - peut-être trop dramatiques - de la défaite. Si ces conjurés ou envahisseurs avaient réussi à mettre la main sur Duvalier et sa famille, il est peu probable qu'ils les eussent gratifiés des meilleurs cadeaux. La preuve, c'est qu'au lendemain du 7 Février 1986, ils ont littéralement détruit toute une classe, par le fer, par le feu et par le supplice du collier.

Il y a ensuite une autre catégorie, nombreuse et majoritaire, celle des braillards qui n'ont effectué que l'effort minimal de rallier une tendance à la mode et épouser les couleurs de l'environnement politique de l'après-Duvalier. N'ayant aucune raison valable d'abominer Duvalier, ils ne parviennent que difficilement à se dégager d'une secrète admiration pour ce politique pragmatique, qui a consacré une vie entière à bien étudier l'idiosyncrasie haïtienne, échafauder un système politique solide et durable, arrivant, tout civil qu'il fut, à établir une dynastie en ce pays, là où nos forgeurs d'indépendance et seigneurs de la guerre avaient lamentablement échoué. Dessalines, Christophe, Pétion, Boyer, Soulouque, Geffrard..., eux tous caressaient ce rêve; mais ils n'avaient pas su maîtriser le courant de l'histoire. Duvalier réussit, et ce n'est pas de l'accuser d'être anachronique - *ce qui est d'ailleurs vrai, à le regarder du haut des années 2000* - qui enlève sa valeur à l'exploit.

Et ce n'est pas non plus la seule performance qui nourrit l'admiration secrète de ses contempteurs apparents. Aujourd'hui plus qu'hier, au moment où toute grandeur se dissout et s'effondre, on s'accorde à lui reconnaître une tenue digne et fière face à la communauté internationale. Après le départ du second Duvalier, en 1986, Haïti a connu deux occupations étrangères et nos dirigeants politiques ne se gênent pas de s'agenouiller devant les diktats du plus insignifiant employé international. On dirait que nos politiciens d'à présent se désintéressent totalement d'améliorer le sort du peuple. Ce qui semble importer avant tout, c'est de se pavanner sur la scène des conférences mondiales en quête d'un satisfecit international. On se le rappelle et on le dit tout haut : du temps de François Duvalier, on ne flanait pas autant et si vainement et aucun étranger, fût-il ambassadeur de la plus grande puissance du monde, fût-il pape, ne se serait permis de s'immiscer dans les affaires intérieures de la République d'Haïti et de donner des ordres à ses dirigeants. Bien sûr, on objecterait que les temps ne sont plus les mêmes. Mais le pape est toujours catholique ; la puissance hégémonique n'a changé ni de nom ni d'hémisphère. Ce n'est pas seulement de nos jours qu'elle veut imposer ses diktats. Et tout comme aujourd'hui, hier aussi le pape et autres autorités hégémoniques internationales toléraient difficilement qu'on ne cède le pas devant eux. Lorsqu'il estimait devoir défendre, consolider, étendre les acquis de sa gestion, François Duvalier ne reculait jamais. Il avait l'intrépidité d'assumer ses actes et prises de positions, quel que soit le prix politique à payer. Aussi est-il normal que, dans le secret de leur cœur, les uns et les autres regrettent de n'avoir pas le courage d'adopter certains de ses attitudes et discours, de s'inspirer de ses élans de patriotisme et de certaines de ses mesures qui avaient imposé considération et respect…Chez beaucoup de ceux qui occupent actuellement notre devant de scène, l'anti-duvaliérisme viscéral et intransigeant n'est peut-être motivé que par le dépit de ne pouvoir en ce chapitre égaler leur bête noire. A travers le monde, on affublait Duvalier d'un péjoratif PAPA DOC, mais on respectait l'haïtien partout.

Ainsi donc, les apologistes de Duvalier l'aiment, tout en condamnant certaines de ses méthodes de gouvernement ; les familles des victimes traînent un héritage de haine indifférenciée, mais tous se souviennent d'une tenue qui flatte aujourd'hui leur nationalisme et leur orgueil d'haïtien ; les opposants suivistes l'agonisent d'injures ronflantes, tout en l'admirant secrètement. Il est aimé, mais partout avec un bémol: il est donc MAL-AIMÉ.

Les uns proclament sa grandeur en se détournant de la face patibulaire de ce Janus caraïbéen ; les autres le vouent aux gémonies tout en songeant à s'approprier sa baraka et ses sombres qualités politiques. On lui entonne un cantique d'amour, mais sur un ton mineur. il est donc MAL-AIMÉ.

Tous rêvent en leur for intérieur de l'imiter, les premiers en se réclamant ouvertement de son obédience, les seconds en exorcisant d'un tribut de paroles ignominieuses leur mystérieuse et irrésistible inclination. On l'aime d'un amour presque ésotérique et clandestin, il est donc MAL-AIMÉ.

Voici, en peu de mots, ce qui explique le titre de cet essai de restitution de l'histoire d'une époque qui suscite tant de controverses et d'interrogations.

Je me suis mis à écrire ce livre au cours de mon second exil, en République Dominicaine. Sans autre document que ma mémoire encore vivace et le lointain souvenir de quelques lectures anciennes. La Marche à la Présidence, Compilations pour l'Histoire, Mémoire d'un Leader du Tiers-Monde, Les Comédiens, Duvalier et les Tonton-Macoutes, la République Héréditaire…etc. Par la suite, d'autres lectures plus récentes me permirent de vérifier la fidélité de mes souvenirs. Et des fois, je l'avoue, je fis plus confiance à ceux-ci qu'à celles-là, tant semblait systématique l'entreprise de distorsion des faits au profit de l'idéologie dominante de l'ostracisme et de l'exclusion.

Je sais bien à quoi est exposé ce livre. Cependant, et je n'hésite pas à me répéter, le moment semble être venu de raconter courageusement une histoire d'homme, telle qu'un contemporain, témoin privilégié, l'a vécue. Entre l'objectivité, aujourd'hui peut-être prématurée, et la subjectivité maladive qui pourrit la vérité, il y a place pour l'honnêteté. L'honnêteté, en la circonstance, consiste à présenter l'homme, avec ses lumières, ses ombres et ses faces cachées, en disant simplement ce qu'on a vu, entendu et vécu. D'autres diront ou écriront d'autres choses qui auront la vertu d'enrichir un dossier que les historiens de demain prendront en main, quand les passions se seront tues et qu'il sera devenu possible, grâce au recul du temps, de décanter le précipité des émotions individuelles et collectives, afin de libérer la vérité historique du magma des amours délirantes et éperdues, comme des haines irréductibles et inassouvies.

PREMIÈRE PARTIE

LA CONQUÊTE DU POUVOIR

15 MAI 1956 - 22 SEPTEMBRE 1957

Palais national

LE CRÉPUSCULE D'UN DEMI-DIEU

-Chapitre 1-

I. LA JEUNESSE À L'ASSAUT DU PALAIS NATIONAL

Impromptu et banal parut l'événement. Immenses et durables furent ses conséquences. 15 mai 1956. Une brusque sortie d'écoliers en colère secoua la léthargie de la classe politique tout en donnant l'alarme au Gouvernement en place.

Le mouvement partit du Lycée TOUSSAINT LOUVERTURE, place Sainte-Anne, et se propagea comme un incendie à tous les établissements scolaires de la capitale. Arrêt des cours, destruction du matériel didactique, mise en berne du drapeau, cris hostiles et slogans séditieux…Ainsi s'extériorisait, à travers une subite mauvaise humeur estudiantine, la silencieuse mais profonde aversion de la société haïtienne vis-à-vis de la "tyrannie" du Président Paul Eugène MAGLOIRE.

Les stratèges du 15 mai - car il y en eut - avaient fait preuve d'une suprême habilité tactique en dédiant la fougue iconoclaste de la jeunesse à la première attaque contre le régime de " Kanson Fè ". Aucun système, en effet, aucun gouvernement, si dictatorial ou criminel soit-il, ne peut pousser la cruauté jusqu'à assassiner des adolescents aux mains nues, réclamant en toute candeur un peu plus de liberté pour le peuple et pour eux-mêmes une place au soleil de leur pays.

Cette tactique avait déjà fait fortune en Haïti. En Janvier 1946, le président Élie LESCOT était tombé dans le piège, en opérant à l'encontre des jeunes frondeurs de " LA RUCHE " une répression sauvage et des arrestations impopulaires qui avaient cristallisé le mécontentement général et provoqué sa chute.

Magloire avait bien retenu la leçon de ces " GLORIEUSES" (7, 8, et 9 Janvier 1946) et opposa en cette circonstance une parade plus appropriée. Selon sa thèse, les manipulateurs de la jeunesse s'étaient trompés de date: le mouvement insurrectionnel était lancé six mois ou même un an trop tôt. Cette précipitation représentait à ses yeux une grossière erreur qui le mettait, lui Magloire, du bon côté du droit. L'argumentation juridique sur laquelle il fondait sa riposte politique lui semblait de poids à contrer la contestation.

II. LE PRESCRIT CONSTITUTIONNEL

Le 10 mai 1950, deux jours après une apothéose populaire, le président Dumarsais ESTIME fut renversé par un pronunciamento. La puissance publique fut brutalement accaparée par " LA JUNTE MILITAIRE DE GOUVERNEMENT" (J.M.G.), composée de Franck LAVAUD, Antoine LEVELT et Paul MAGLOIRE. Nous retrouvons les mêmes vieux compères du Comité Exécutif Militaire (C.E.M.) de l'après Lescot. Mais, si en 1946 la mission du C.E.M. consistait principalement à ramener la paix et à orienter les élections en faveur de " l'Illustre Paysan des Verrettes ", le candidat de la CLASSE, par contre, en 1950, la tâche du J.M.G. semblait bien moins compliquée. Il s'agissait d'installer au palais national un des membres de l'incontournable triumvirat, en la personne du tout-puissant commandant des Casernes Dessalines, le Colonel Paul Eugène Magloire. Avec impudence, celui-ci s'appropria, d'ailleurs, le Ministère de l'Intérieur, le temps d'opérer dans le pays et sur les institutions-clé les réformes et les mises en place propices à ses ambitions. Après quoi, il passa la main à son homme-lige, Luc FOUCHÉ, qui avait à se charger des détails et du suivi.

Puis, sous le signe de la Réconciliation Nationale (des frères ennemis séparés, dira-t-on plus tard, pas toujours avec raison, par des préjugés stupides et des clivages artificiels), Magloire entreprit une campagne fulgurante et magistrale. Il se présenta comme l'Apôtre de l'Union Nationale, le Messie, le Sauveur, le point de rencontre et d'équilibre des différents courants idéologiques qui traversaient la société haïtienne.

À la vérité, l'homme plaisait à divers secteurs. À l'Armée d'abord, dont il se vantait à juste titre d'être un fleuron superbe et magnifique. Aux mulâtres ensuite, tacitement interdits de pouvoir politique direct par la " RÉVOLUTION DE 46 " et qui, secrètement, à tort ou à raison, pensaient avoir récupéré, en la personne de ce galonné quelque peu transfuge, la marionnette possible de la doublure. Même les " AUTHENTIQUES", trop vite oublieux du camouflet infligé à leur idole Estimé, furent séduits par ce Colonel noir…seulement de peau, et quarante-sixard…seulement du bout des lèvres. Ce fut donc dans un élan quasi-unanime que le suffrage universel - nouveau en Haïti - consacra la victoire de ce candidat quasi-unique. Un véritable plébiscite.

Le 6 décembre 1950, - notez bien la date - le nouvel élu prêta serment devant le Parlement, peuplé de ses seuls partisans, et sur une Constitution fraîchement taillée à l'exacte mesure de ses caprices et ambitions…

Si la durée du mandat présidentiel a fluctué dans les différentes Chartes Fondamentales du pays (7 ans, 6 ans, 5 ans et 4 ans), si même le régime électoral a connu des modifications ou évolué suivant les conjonctures (premier ou second degré, majorité absolue ou relative, tirage au sort…), une constante demeurait pourtant à travers toutes les constitutions haïtiennes depuis 1889 : la date du 15 Mai. 15 Mai, date d'entrée en fonction des présidents haïtiens ? Oui, parfois, peut-être. Mais INVARIABLEMENT DATE DE SORTIE, date consacrée de fin de mandat présidentiel.

En effet, la Constitution de 1889 prévoit en son article 90:

> - Le Président de la République est élu pour 7 ans. Il entre en fonction le 15 mai".
>
> Et l'article 93 de préciser :
>
> - ‘' Ses fonctions cessent le 15 Mai, ALORS MÊME QUE LA 7ème ANNÉE DE SON MANDAT NE SERAIT PAS RÉVOLUE".

Ce dernier membre de phrase sous-entend la possibilité que le président n'ait pas prêté serment le 15 mai, 7 ans plus tôt. Malgré tout, il est tenu de s'en aller le 15 mai de la 7ème année: son mandat n'aura donc pas duré 7 ans pleins. Qu'à cela ne tienne !

La Constitution de 1918 indique en son article 72 : "Il (le président) entre en fonction le 15 Mai de l"année où il est élu ou DÈS SON ELECTION et son mandat prend fin après 6 ans, à partir du 15 mai qui précède immédiatement son élection".

C'est-à-dire le 15 mai qui précède le 6ème anniversaire de son élection, donc éventuellement avant l'échéance des 6 ans. En d'autres termes, s'il est élu avant un 15 mai, il prêtre serment le 15 mai et il se retire dans 6 ans, le 15 mai, jour pour jour. Mais s'il est élu au cours de l'année, après un 15 mai, il prend fonction dès son élection. Mais il se retire pareillement le 15 mai de la sixième année, comme si son mandat avait commencé le 15 mai précédant son élection. Dans la Charte de 1932, le même libellé (article 76) et ainsi de suite jusqu'à la Constitution de 1957 inclusivement.

Quant à la Loi Fondamentale de 1950 qui nous intéresse ici, elle stipule en son article 77, premier et deuxième alinéas :

1. Le président est élu pour 6 ans.

2. Il entre en fonction au 15 mai de l'année où il est élu ou dès son élection, et son mandat est censé avoir commencé depuis le 15 mai précédant la date de son élection.

En conclusion, Paul Eugène Magloire, élu le 8 Octobre 1950, ayant prêté serment le 6 Décembre 1950, était censé avoir commencé son mandat le 15 Mai 1950 (2ème alinéa). Et puisqu'il avait été élu pour 6 ans (premier alinéa), son mandat prenait fin le 15 mai 1956. Et c'est pour souscrire à cette échéance constitutionnelle, et une pratique consacrée par une coutume presque centenaire, que les hommes politiques, dépités par la désinvolture de Magloire, avaient commandité cette levée scolaire du 15 mai 1950. Ils ne s'étaient donc pas trompés de date.

III. MAGLOIRE À LA PARADE

Le conflit juridique

Le mouvement de mai 56 connut un échec retentissant, face à la réplique de Magloire qui, lui, avait bien d'autres idées quant au terme légal de son mandat. En cela il s'appuyait sur deux textes de loi qui pouvaient l'un comme l'autre prévaloir en l'espèce. D'un côté le décret du 3 août 1950 et de l'autre les dispositions transitoires de la Constitution de 1950. Elle-même.

En effet, l'article 7 du décret de 3 août 1950 qui convoquait le peuple en ses comices, reprenait et consacrait la lettre des constitutions antérieures : " Le président est élu pour 6 ans. " Sur la base de cet article et interprétant le silence du décret quant au terme précis du mandat présidentiel, Magloire estimait qu'ayant prêté serment le 6 décembre 1950, 6 années complètes l'amenaient jour pour jour au 6 décembre 1956. Première prolongation… Cela paraissait logique : ce qui n'était pas expressément interdit restait permis.

Mais Magloire allait voler plus loin sur les ailes de la Constitution de 1950. Les artisans de cette Charte, rappelons-le, étaient des hommes à Magloire, élus comme lui sur sa liste unique le 8 octobre 1950: leur reconnaissance et leur allégeance transpirèrent dans chaque alinéa de leur œuvre. Convoqués aux GONAÏVES, loin des critiques et pressions politiciennes de la Capitale, en un mois, avec une célérité inhabituelle chez le législateur, ils montèrent une charte confectionnée selon les besoins de l'homme fort. Si une décence minimale les retint à sacrifier le principe sacro-saint de la non-rééligibilité immédiate du Chef de l'Etat, et pour la préservation duquel le justicier Magloire avait renversé et Lescot et Estimé, ils succombèrent à la tentation mesquine de prolonger le plus possible le temps d'embauche de leur Patron. En outrepassant le pouvoir à eux accordé par le Décret du 3 août, et en flagrante contradiction de l'article 77 de leur propre constitution.

En effet, l'article premier des Dispositions Transitoires de la Constitution de 1950 stipulait que "Le président de la République, le Citoyen Paul Eugène Magloire (le nom était cité pour indiquer qu'il s'agissait bien d'une faveur spéciale **), élu le 8 octobre 1950, entrera en fonction le 6 décembre 1950 et son mandat prendra fin le 15 mai 1957." On respectait certes la tradition de la date du 15 mai, mais on en prenait prétexte pour prolonger le mandat du Maître de 5 mois 7 jours par rapport au prescrit du décret du 3 août, ou bien de un an plein par rapport à l'article 77 de la Constitution de 1950. Proprement scandaleux !

Ainsi apparemment couvert, Magloire put juguler les émeutes estudiantines de mai. Cependant, le débat juridique, pour artificiel qu'il parût, creusa au cœur du régime des brèches profondes. Après 6 ans d'un gouvernement fort, dominé par les militaires et un faste somptuaire, cette controverse acceptée, et comme subie, dévoila une faiblesse. L'opposition monta au créneau. Sur le plan légal, elle soutint son point de vue avec une ténacité irréductible. Son unique concession : Le gouvernement Magloire devait passer la main le 6 décembre 56, à défaut du 15 Mai 1956. À l'occasion elle étrilla les Constituants de 1950. Après coup, et bien entendu inutilement.

Une Constituante, enseigna-t-elle, est un aréopage d'honnêtes hommes et femmes, un conclave de sages, élus ou nommés en fonction de leur indépendance et de leur compétence, sans nulle considération terre à terre. Elle représente le moteur, le primum movens, qui, souverainement, en toute sérénité, hors de toutes redevances ou pulsions contingentes, élabore un arsenal juridique sain et solide, destiné à réglementer le mécanisme des consultations électorales et le fonctionnement des institutions publiques. Ainsi elle est tenue au devoir d'objectivité et d'impartialité, et son œuvre est supposée transcender les fluctuations conjoncturelles et passagères du jeu politicien.

La conception et l'activité de la Constituante de 1950 avaient péché contre les règles les plus élémentaires du savoir-faire politique. D'abord, ses membres étaient issus d'élections générales, donc assujettis au fardeau de

---

** L'article de la Présidence à Vie de la Constitution de 1964 aura une allure identique. Le nom de François DUVALIER sera pareillement cité pour souligner le caractère spécial et individuel de la faveur du constituant. Duvalier professait un saint respect des analogies historiques. Et dire que les magloiristes furent les premiers à le critiquer, eux qui lui avaient enseigné la leçon des distorsions constitutionnelles que ni Lescot ni Estimée n'avaient pu réussir…

promesses extravagantes, d'alliances douteuses et de redevances suspicieuses. Ensuite, ils s'étaient réunis en dehors de la Capitale, loin de toute critique éclairée et constructive, sous l'influence exclusive, voire sous les diktats, d'un militaire élu président en attente du sceptre du pouvoir civil. C'est dire à quel point le poids de cet homme, de même que l'empressement corrélatif du constituant à s'attirer les bonnes grâces de l'unique dispensateur des faveurs pour les 6 prochaines années allaient dénaturer l'œuvre et l'entacher de parti pris et de bassesses à peine croyables.

Ainsi, après avoir consigné à l'article 77 que "le président de la République est élu pour 6 ans, qu'en aucun cas il ne peut bénéficier de prolongation de mandat", les constituants allaient se déshonorer en édictant des dispositions transitoires qui accordaient une faveur personnelle à Paul Magloire ainsi habilité à garder le pouvoir jusqu'au 15 mai 1957. Voici que dans une même Constitution ces flatteurs trop pressés de faire le lit du Maître avaient introduit des articles contradictoires.

Du point de vue du Droit strict, de la Jurisprudence, de la Coutume et de l'histoire, le mandat de Magloire prenait fin le 15 mai 1956. On aurait pu à la rigueur faire droit au principe d'antériorité du décret du 3 Août qui fixait la durée du mandat présidentiel à 6 ans sans indication de date. Encore qu'un décret ne puisse jamais prévaloir sur la lettre d'une Constitution, laquelle d'ailleurs abroge automatiquement toutes lois antérieures qui lui seraient contraires. Au fait, personne, pas même Magloire, ne pouvait tenir pour valable et exécutoire la lubie partisane des constituants qui tressaient à leur patron une couronne septénaire, en nette contradiction avec des textes de Loi.

En dépit de tout, les protagonistes du régime avancèrent avec un certain bonheur que la Constitution s'imposait comme la Loi-Mère. Ils dirent surtout que les dispositions transitoires établissaient justement des règles particulières destinées à résoudre un problème du moment. Et qu'au lieu de se lancer dans un aventurisme aux conséquences imprévisibles, il valait mieux s'en tenir à la lettre de ces dispositions, même si (et surtout si) elles fermaient pour le moment la porte du palais aux " assoiffés du pouvoir ".

C'était bien parler. Mais le moment-Magloire était-il à ce point spécial qu'il fallût des dispositions spéciales pour le régler ? Des cas s'étaient déjà vus de présidents haitiens intronisés après le 15 mai et qui laissèrent le palais à la date légalement fixée. Pourquoi Magloire n'en ferait-il pas autant, lui si allergique au dilatoire, au point de ne jamais laisser aux présidents légitimes le temps d'accomplir la durée Constitutionnelle de leur mandat (Lescot et Estimé) ?

De toute façon, le débat juridique s'enlisait ; il était devenu un dialogue de sourds. Cependant la controverse avait offert à l'opposition l'opportunité de démontrer la mauvaise foi de l'équipe en place et la fertilité de ses stratagèmes pour perdurer, au mépris des lois, de la logique et de la volonté populaire. La bête était vulnérable donc ; elle était même blessée, acculée. Aussi les politiciens allaient-ils l'attaquer d'estoc et de taille. Par un coup de maître cette fois-ci : dès l'automne 56, ils lancèrent la campagne électorale sénatoriale et présidentielle, comme si l'échéance du 6 Décembre était un fait acquis pour tous. De juridique, le débat était amené sur le terrain politique. Et cette fois-ci, l'hallali était sonné.

IV. LE VER DANS LE FRUIT

Parallèlement aux discussions byzantines sur les échéances légales, commençaient à s'agiter à l'intérieur du régime des courants pour le moins insolites. Les supporteurs du pouvoir se mirent à déserter les rangs. De plus, si l'émeute scolaire du 15 mai fut perçue comme la manifestation passagère et vite oubliée d'une mauvaise humeur juvénile, elle avait porté un rude coup à l'assurance toute martiale de Paul Magloire: elle lui avait lézardé sa belle armure. Elle avait aussi révélé à tous l'existence d'une force d'opposition plurielle déterminée à renverser le statu quo. Au prix d'un profond travail de sape clandestin, mais méthodique et efficace, cette opposition informe avait convaincu les peureux et les hésitants de la possibilité d'abattre Goliath.

Cependant, fort du double appui de la bourgeoisie et de l'Armée, qu'il s'abusait à considérer comme les deux seuls piliers du pouvoir politique, malgré la montée tumultueuse du populisme en Amérique Latine, le président Magloire envisageait de cheminer paisiblement jusqu'en Mai 57, en espérant qu'entre-temps surviendraient ou seraient créés des évènements propices soit à la prolongation de son mandat, soit à sa rééligibilité interdite, soit enfin à une passation pacifique du pouvoir en des mains amies. Mais ce jour fatidique de mai 56 le fragilisa irrémédiablement. Il comprit - et ses thuriféraires avec lui - que plus rien désormais ne se ferait en douce. Et comme il advenait toujours aux époques confuses de fin de mandat, les rats se mirent à abandonner le navire menacé de naufrage imminent.

V. LA CONTINUITÉ IMPROBABLE

Pourtant, le gouvernement ne perdit pas son sang-froid à cette première étape de la lutte. C'est qu'il s'était préparé à l'éventualité d'une telle confrontation et avait envisagé divers scénarii... Tant mieux si la classe politique se laissait prendre au piège juridico-légal, autrement, on sortirait des tiroirs d'autres canevas moins irritants. Car, plutôt que de tenter une réélection impossible et de s'empêtrer, comme Lescot et Estimé, dans des démêlés infructueux avec les Chambres pour une prolongation de mandat, ou la réélection, Magloire et sa petite Junte avaient étudié des manœuvres plus élégantes. Asseoir sur le fauteuil un poulain qui assurerait la continuité du régime, garantirait l'impunité à ses sbires et sicaires, avec dans les coulisses un Paul Magloire tout-puissant, auréolé du titre de GENERALISSIME et de BIENFAITEUR DE LA NATION. Exactement comme Raphael Leonidas Trujillo y Molina. Qui était ce poulain idéal, cet oiseau rare ? Il se trouvait à portée de main : Clément JUMELLE, Ministre des Finances du Gouvernement.

Originaire de Saint-Marc, Artibonite, noir imposant et cultivé, formé dans les meilleures universités américaines, homme du monde affable, argentier ouvert et généreux, Clément Jumelle jouissait d'une solide réputation dans toutes les couches sociales du pays. Son stature intellectuelle fascinait la jeunesse et l'intelligentsia haitiennes au sein desquelles il avait recruté une pléiade d'escrimeurs et de stratèges politiques qui formeront autour de lui l'équipe la mieux rôdée de la campagne électorale de 1957. La générosité, sans doute calculée de l'homme, son entregent, lui valurent de même des sympathies agissantes dans la bourgeoisie et surtout dans l'Armée. Il était accepté par tous comme le dauphin, et en tant que tel, il fut, dès 1955, délesté du fardeau du Ministère afin qu'il pût entièrement se consacrer la préparation de la succession.

Cependant la manœuvre trop tôt dévoilée et enclenchée desservit l'homme. Non seulement l'opposition eut tout le temps de préparer la riposte, mais encore toutes les haines, toutes les rancunes, tous les ressentiments accumulés contre Magloire se cristallisèrent sur sa tête innocente. Il recueillit, avec la promesse toute hypothétique, voire fallacieuse, de la succession, l'énorme passif du régime, notamment les accusations de crimes politiques, d'incurie administrative, de malversations et de détournements des fonds publics. Il fut persécuté, pourchassé, interpellé et poursuivi, réduit ainsi à mener campagne dans une semi-clandestinité et à vivre dans le maquis jusqu'à sa mort.

Si Paul Magloire avait eu la grandeur d'âme et de vision de se retirer au terme logique et légal de son mandat, et qu'il eût, dans le délai de quatre mois imparti par la Loi, soit en Février 56, organisé les élections, Jumelle les eût probablement remportées. Mais les stupides réticences du Président, brusquement devenu, par quelle métamorphose de l'être, ombrageux et jaloux de la personnalité séduisante de son dauphin, ses velléités imprécises de perdurer au timon des affaires, toute cette confusion d'esprit et de décision finit par inspirer le doute sur la sincérité de son choix comme sur la légitimité de l'héritier. La merveilleuse articulation du régime se trouva ainsi disloquée.

À ce dérapage, pour ainsi dire, intrinsèque, s'ajoutèrent les frappes assassines d'hommes politiques de premier ordre :

Louis DÉJOIE, Sénateur de la République, agronome et industriel très populaire, pion avancé de la bourgeoisie mulâtre, laquelle s'empressa de rompre les amarres et de se désolidariser d'un Magloire décadent et moribond.

Pierre Eustache Daniel FIGNOLÉ, professeur, président du Mouvement Ouvrier-Paysan (le fameux MOP), orateur pétulant et pétillant, idole des masses port-au-princiennes.

François DUVALIER, médecin taciturne, ex-secrétaire général du MOP de Fignolé, ex-Ministre de Dumarsais Estimé, porte-étendard des idéaux de 46 et des aspirations des classes moyennes.

Déjoie et Duvalier pouvaient se prévaloir d'une popularité équivalente, avec la nuance - schématique- que le premier tenait les forces d'argent, les ouvriers, tandis que le second dominait l'intelligentsia, les classes moyennes et la fange intermédiaire de l'armée. (Laquelle le sauva bien souvent d'une arrestation certaine sous le règne de Magloire qui l'avait déclaré hors-la-loi et mis sa tête à prix **). Quant à Fignolé, s'il était moins connu sur le plan national, son charisme ensorcelant et son verbe enflammé entretenaient un populisme fanatique et agressif, toujours prêt, au signal du Leader, à passer le " ROULEAU COMPRESSEUR " sur la Cité.

Bien sûr, ils n'étaient pas les seuls en lice, ni les uniques victimes des persécutions, ni les seuls pensionnaires des geôles de " Kanson Fè ". Il s'en fallait de beaucoup. Ils se présentaient cependant comme les gladiateurs les plus importants de l'arène politique, les têtes de pont, les chefs de file, les figures de proue.

Tandis que Magloire, alerté par les évènements de mai 1956, s'épuisait en vains stratagèmes pour assurer la longévité de son régime, eux, à visière levée ou dans l'ombre, organisaient la résistance et préparaient l'estocade finale. Dès le début d'octobre 56, à travers tout le pays et même dans le bastion magloiriste du Nord, des affiches hostiles et injurieuses apparurent sur les murs ; des désordres sporadiques éclatèrent par-ci par-là; le commerce entrait en grève au moindre signal de Déjoie; au premier geste de Fignolé, les masses port-au-princiennes se mettaient en branle. Duvalier, de son maquis, lançaient des flèches meurtrières par la voix des membres de son Bureau politique (les cinglants Antoine Rodolphe Hérard, Victor Nevers Constant, Jean David, Roger Dorsainville…etc.).

Face à cette offensive tous azimuts, le président, cette fois-ci, perdit son flegme et versa dans l'intimidation et la répression. Manches retroussées et arme au poing, le superbe militaire, élégant et imposant, prit la tête de petits commandos pour disperser les foules ou forcer les portes des magasins. Il ordonna de nombreuses rafles et perquisitions domiciliaires. Ainsi

---

** Duvalier fut l'un des rares AUTHENTIQUES à refuser catégoriquement de collaborer avec Magloire...

des hommes politiques de renom furent inquiétés et incarcérés, notamment Fignolé et même le Sénateur Louis Déjoie, en violation flagrante de l'immunité parlementaire. L'astucieux Duvalier, vieux rat du maquis port-auprincien, lui, s'évaporait dans le décor, comme à son habitude.

L'arrogance de Magloire, les excès de zèle de ses partisans, l'arrestation d'éminentes personnalités politiques, provoquèrent un grand émoi dans le pays. Le mouvement d'opposition se généralisa. Se radicalisa. Tous les secteurs de la vie nationale se mirent de la partie; toutes les couches sociales du pays se soulevèrent, réclamant comme un seul homme la démission de Paul Magloire. Même l'Armée, le socle du pouvoir magloiriste, commença à montrer un certain scepticisme quant à la survie du régime.

À bout de souffle et d'appuis opérationnels, ayant perdu dans la vaine mêlée la plupart de ses supports, le commerce, l'armée, la bourgeoisie, l'Ambassade Américaine…etc, Magloire capitula. Par motions, comme il sied à tout bon mi-litaire, c'est à dire dans une retraite à petits pas calculés et bien assurés. D'abord, il libéra les prisonniers politiques, espérant ainsi diluer la hargne des mécontents dans l'euphorie des retrouvailles. Puis à son entourage, à ses amis, il exposa la gamme des conséquences funestes de sa démission. L'appréhension du danger engendra, il est vrai, un mouvement de panique chez ces partisans affolés et à ce point obnubilés par l'effroi qu'ils se laissèrent convaincre d'investir ce qui leur restait de fidélité et aussi d'amour propre dans une entreprise impossible de résurrection politique. Car, lui, Magloire, le Deus ex Machina de la politique haïtienne depuis 10 ans, croyait pouvoir redresser la barre et remettre à flot la barque en pleine dérive de son Gouvernement. Il comptait engager une manœuvre audacieuse et exigeait pour cela une loyauté sans faille de la part de ses proches.

VI. LA PRÉSIDENCE PROVISOIRE DU GÉNÉRAL DE DIVISION

En effet, Paul Eugène Magloire allait perpétrer le 3ème coup d'État de sa carrière, après ceux de Janvier 1946 et de mai 1950. Le 6 décembre 1956, il présenta sa démission à la Nation. Si la Loi, la Constitution et l'âpreté des luttes l'y avaient acculé, ce fieffé rusé osa orner son abdication obligée de l'apparat démocratique d'une soumission spontanée à la volonté populaire. Bref, il démissionna. Mais il consentit le sacrifice magnanime d'assurer la transition, devant le désistement collectif des Juges en Cassation, à qui devait échoir le pouvoir exécutif selon le vœu de l'article 81 de la Constitution de 1950. Le Général de Brigade, Antoine LEVELT, porta publiquement témoignage de refus des Magistrats. (Demandez à mon frère si je suis un voleur). Et, au nom de l'Armée, devenue ainsi maître du jeu, il pria Magloire, l'officier le plus gradé, Général de Division, Généralissime, Général à vie, " d'assurer la direction du pays jusqu'à ce que fussent revenus le calme et la tranquillité ". Ainsi, Magloire redevenu Général de Division par la seule magie des communiqués, gardait le pouvoir exécutif jusqu'au 15 mai 1957, date de prestation de serment d'un nouveau président. Ainsi obtenait-il par la ruse ce que lui refusaient la loi, la coutume et l'histoire. (Voir le discours du Général Levelt).

6 Décembre 1956

ADRESSE DU GÉNÉRAL LEVELT

Peuple Haïtien,

L'armée d'Haïti, une fois encore, se trouve à une croisée des chemins. De la voie qu'elle choisira dépendra le bonheur ou le malheur de tout un peuple. La brusque décision de Son Excellence le Président Paul E. Magloire de se retirer du pouvoir parce que, selon Elle, son mandat est conditionné par le Décret de la Junte de Gouvernement en date du 4 Août 1950 qui en fixe le terme au 6 décembre 1956, plutôt que par les dispositions transitoires de la Constitution de 1950 qui le porte au 15 mai 1957, a saisi automatiquement les Hauts Fonctionnaires prévus par l'article 81 de la Constitution pour exercer provisoirement les attributions du Pouvoir Exécutif jusqu'aux prochaines élections.

Au cours d'une entrevue qui eut lieu au Palais National ce matin vers les 9 heures, entre les Membres du Pouvoir Exécutif, le Président, le Vice-Président et le plus ancien Juge du Tribunal de Cassation et le Haut État-Major de l'Armée d'Haïti, réunis par le Chef de l'Etat qui avait tenu à leur faire part de sa décision irrévocable, le Président du Tribunal de Cassation a formellement demandé au Chef d'État-Major si l'Armée garantissait dans les conjonctures actuelles l'ordre et la sécurité publique tout en restant dans le cadre de la Constitution et des lois. Celui-ci, pénétré de ses responsabilités envers le peuple haitien tout entier et se faisant l'interprète du Haut État-Major et de l'Armée toute entière, a fait un exposé minutieux et sincère de la situation, exposé duquel il ressort que ce Haut Fonctionnaire ne pourrait pas, vu la gravité exceptionnelle du moment, diriger les destinées du pays sans recourir à des mesures extralégales que seul un gouvernement fort est habililité à prendre dans l'intérêt supérieur de la Nation.

Devant cet état de choses, le Président du Tribunal de Cassation, d'accord avec le Vice-Président et le plus ancien Juge, ont(sic) préféré s'en remettre au patriotisme et à la clairvoyance de l'Armée, détentrice de la force publique, pour dénouer la crise et envisager les mesures de sauvetage nécessaires.

Conscient de ses devoirs, le Haut État-Major de l'Armée, réuni au cours de cette nuit, a longuement délibéré sur la question avec tous les commandants des Départements Militaires du pays, a décidé de solliciter du Général de Division Paul E. Magloire qui est nanti de la pleine et entière confiance non seulement de l'Armée, mais aussi de la très grande majorité du peuple haitien, de conserver provisoirement les rênes du pouvoir jusqu'à ce que la paix revenue puisse permettre aux institutions nationales de fonctionner librement, lui garantissant que l'Armée est et sera solidaire de toutes les mesures d'exception qu'il prendra pour la conservation du patrimoine sacré légué par les aïeux.

Fort de cet appui, fort de l'affection de la très grande majorité du peuple haïtien, le Général de Division Paul Eugène Magloire a bien voulu accepter une nouvelle fois de se mettre au service du pays.

Scénario splendide !!! Au bout du compte, Magloire restait au palais. Gardait le pouvoir. Ou plutôt l'Armée, comme en 1946 et 1950, reprenait le pouvoir, non plus sous la forme d'une junte militaire, mais en la personne unique de son Commandant en Chef, en l'occurrence PAUL EUGÈNE MAGLOIRE. Voilà ! Ce fut aussi simple que cela. Et voici donc installé le nouveau président provisoire pour la tenue des prochaines élections du 30 avril 1957. Ainsi la voie était ouverte à Magloire de paver la route à son dauphin Clément Jumelle, ou tout simplement de se faire réélire, le pseudo coup d'État du 6 Décembre ayant dissous les Chambres, désarçonné les Sénateurs et députés, ces empêcheurs de tourner en rond, et mis en veilleuse la Constitution de 1950, celle-là même qui interdisait la réélection immédiate. Des possibilités nouvelles s'offraient donc. Il lui était même loisible de former une Constituante qui s'empresserait d'élaborer une Charte conforme à ses ambitions du moment ou d'émettre un décret semblable à celui du 3 août 1950.

Ce plan à court terme, pour malaisée que parût sa concrétisation, trottait dans l'esprit de plus d'un. Car, malgré qu'il fût tragiquement fragilisé par les derniers évènements, le système demeurait assez fort : des hommes du président occupaient tous les postes-clé. Il suffit parfois d'un mensonge bien épicé, d'un artifice savamment tourné, d'une action d'éclat, pour infuser un courage même tardif à des partisans apeurés et susciter des loyautés subites et des excès de zèle régénérateurs.

La manœuvre était cependant trop grossière pour surprendre des escrimeurs chevronnés, rompus aux arcanes et aux coups bas de la politicaillerie haïtienne. Comment Magloire avait-il pu s'imaginer que, conspué et chassé comme chef d'État mandaté, il aurait pu être accepté et applaudi décembre, date de sa démission comme président élu, Magloire ne pouvait occuper le palais qu'au seul titre de président provisoire, avec toutes les défections et toute la débilité inhérentes à ce statut fragile. La méfiance autour de lui et dans le pays s'était épaissie, généralisée : personne ne pouvait s'aviser d'accorder pureté d'intentions à ce roublard, à ce manœuvrier impénitent, à cet aficionado fervent des pronunciamentos. S'il tenait tant à jouer au démocrate, pourquoi n'avait-il pas décrété les élections, comme l'exigeait la Loi, au mois de février 1956?

Décidément, Jupiter rend fous ceux qu'il veut perdre. Car, pourquoi tant de faux pas, de bonds et de reculs, d'hésitations, de lenteurs, d'indécisions chez cet homme ordinairement si vif, si prompt, si intelligent, si lucide ? Seul Magloire pourrait expliquer à la postérité cette cécité subite qui obscurcit ce regard aigu de lynx que, pendant 10 ans, il avait promené avec tant de bonheur à travers les énigmes de la politique haïtienne.

On raconte que sa " Petite Junte " l'avait convaincu de l'indéfectible amour du peuple, de l'aval inaltérable de l'Américain, et surtout de l'appui inconditionnel de l'Armée, prête à cautionner toute tentative de mainmise sur le pouvoir politique…par lui-même ou par personne interposée. Pourtant, dans la conjoncture de l'après-15 mai 1956, une telle mainmise ne pouvait s'opérer que par des élections. Alors. Pourquoi ne les a-t-il pas faites ? On butait là encore sur une question sans réponse. Ainsi le veut sans doute le destin tragique des grands capitaines. Dessalines, si pointilleux de sa sécurité, fonçant pourtant sans escorte vers le Pont Rouge; Napoléon Bonaparte capable d'électriser sa troupe, zozotant pourtant lamentablement dans son harangue improvisée du 18 Brumaire devant les Députés tout tremblants; Pétrovitch menacé, négligeant pourtant de fermer derrière lui la porte du château de Dublin en 1916; Charles de Gaulle olympien assuré d'un plébiscite au référendum de mai 68… Au moment crucial de leur destinée prométhéenne, ils négligent la chose élémentaire et simple, le détail mineur, qui pourtant imprime le mouvement décisif au fléau de la balance. Ils méprisent le petit grain de sable insignifiant, qui va pourtant contre toute attente faire dérailler le train de leur existence grandiose.

Dans la vaine poursuite d'une concrétisation de ses ambitions dépassées, Magloire avait raté l'ultime occasion d'atteindre à la réelle grandeur historique. Ce superbe acteur de la politique haitienne n'avait pas su ménager sa sortie par la grande porte de la scène de l'Histoire.

Ainsi, toutes les belles réalisations de son gouvernement, l'incomparable floraison artistique durant son mandat de paix, les cérémonies pompeuses et somptueuses du sesquicentenaire, la célébrité du nom MAGLOIRE auréolé d'une visite à la Maison Blanche et d'un séjour à Blair House, toutes les magnificences et munificences du régime furent finalement ternies par le comportement terre à terre de ce politicien finalement aux petits pieds, qui ignorait la suprême habilité dans l'Art Politique: SAVOIR SE RETIRER À TEMPS.

L'entêtement de Magloire poussa les opposants à mettre le paquet. Troubles civils, manifestations de rue quotidiennes, " ténèbres "* dans les quartiers populeux, grèves de l'Industrie et du Commerce, désobéissance civile, résistance armée aux ordres de perquisition (Affaire Clermont**). Ce fut la paralysie complète de la vie nationale. Le point de non-retour.

Jusqu'en 2006, date à laquelle nous visitâmes les ruines, les murs calcinés de la maison Clermont, tels des ponts jetés sur l'abîme du temps, se dressaient à la ruelle Clermont du Bois-Verna, témoins froids, mais arrogants et éloquents de la lutte du peuple haïtien contre le Magloirisme. (Les Clermont étaient duvaliéristes).

Au cours d'une réunion convoquée à l'effet de tester la solidarité de ses frères d'armes, Magloire eut la douloureuse déception de s'entendre dire par le Major CORVINGTON, Directeur de l'Académie Militaire, que le peuple haïtien en avait marre de lui et de ses artifices pour garder le pou-

---

*- Ténèbres : concert de bruit de casseroles sur les pilones électriques. Ces pilones, autrefois en fer, sont remplacés par des poteaux de bois ou des pieux de béton.

**- Affaire Clermont. Dans l'après-midi du 12 Décembre 1956, un petit détachement militaire, conduit par le Major Lanord AUGUSTIN et le Lieutenant Alix JEAN, se rendit à la résidence des Clermont à la recherche d'armes à feu illégalement détenues. Le Père Clermont, un militaire retraité, venait de faire du grabuge devant le pénitencier national au moment de la libération des prisonniers politiques. On le soupçonnait de posséder un arsenal chez lui. Cependant, Clermont et ses quatre fils s'opposèrent résolument à la perquisition. Armés de fusils de chasse, ils se barricadèrent et tirèrent en l'air pour signifier aux militaires leur détermination de défendre l'intégrité de leur demeure. Il s'en suivit une véritable bataille rangée qui fit des blessés et surtout deux morts : Lanord Augustin et Alix Jean. Les Clermont, indemnes ou légèrement blessés, (puisqu'ils coururent à l'Hôpital du Canapé Vert) se sauvèrent côté cour, avant l'arrivée des renforts de l'Armée. Lesquels saccagèrent la maison et y mirent le feu. L'épisode Clermont créa un grand émoi par toute la ville. On loua l'héroïsme des Clermont. On pleura le décès de Lanord Augustin, un bel officier noir, aimable et sympathique. L'effet pervers de ce fait d'armes fut d'enhardir les adversaires du régime : on pouvait donc victorieusement affronter Kanson Fè, devenu désormais un Colosse aux pieds d'argile.

voir, et que son entêtement risquait de mettre l'Armée face à la Nation, éventualité inacceptable. Le président, interloqué par une franchise si brutale, promena un regard interrogateur sur le petit groupe, le dernier carré de fidèles…Visages fermés, lèvres closes, têtes baissées. Magloire comprit. Il capitula encore une fois. Il venait de perdre sa deu-xième bataille : sa présidence provisoire aura duré tout juste 6 jours, du 6 au 12 décembre 1956.

VII. "NOUS RENTRONS DANS NOS CASERNES "

Ce 12 décembre, Magloire connut donc sa deuxième défaite. La paralysie générale de la vie nationale et le flottement, voire une nette réprobation, au sein de l'Institution Militaire, l'avaient finalement porté à abandonné la lutte. Et à remettre sa démission. Encore une fois. Mais cette fois-ci à l'Armée, s'il vous plaît. Car, c'est elle qui lui avait confié le pouvoir, on se le rappelle, en prenant acte du désistement solidaire des Juges en Cassation. En ce temps-là, il répugnait à ces Magistrats de carrière "de recourir à des mesures extralégales " nécessaires, selon Levelt, au rétablissement de l'Ordre Public. Six (6) jours après ce refus catégorique et digne à première vue, le Président de la Cour de Cassation se courba de bonnes grâces aux exhortations du Général Levelt et accepta la charge dans un contexte de troubles plus violents encore, devant obligatoirement exiger des mesures plus drastiques que celles qui l'avaient porté à désister et dont il craignait et condamnait l'usage éventuel. En vertu de l'article 81de la Constitution, Levelt transmit donc le pouvoir au Grand Juge JOSEPH NEMOURS PIERRE-LOUIS, tout en " l'assurant des vœux fervents et de la collaboration de l'Armée. Quant à NOUS, conclut-il, *NOUS RENTRONS DANS NOS CASERNES* et attendons les ordres ".

Cette phrase lapidaire souleva brutalement le couvercle de la marmite. Ah ! il n'avait pas suffi que Magloire, dans son discours de démission du 12 décembre, déclarât que " la cause du peuple restait la sienne AUJOURD"HUI PLUS QUE HIER ", il avait fallu que Levelt vînt préciser pour la Nation et les Leaders politiques le niveau auquel Magloire s'offrait à continuer à défendre cette cause sienne. Les militaires, TOUS LES MILITAIRES, y compris donc Paul Eugène MAGLOIRE, réintégraient leurs casernes. Purement et simplement.

12 Décembre 1956

MESSAGE DU CHEF D'ÉTAT-MAJOR DE L'ARMÉE: LE GÉNÉRAL ANTOINE LEVELT

Peuple haïtien,

Le six décembre dernier, j'ai eu l'honneur de porter à votre connaissance que, le Président du Tribunal de Cassation ayant eu à me demander si l'Armée garantissait le rétablissement de l'ordre dans le pays par des moyens légaux, j'ai dû lui répondre que dans les circonstances du moment les mesures extralégales m'avaient semblé indispensables; et en conséquence il n'avait pas accepté le pouvoir que le Président Magloire venait de déposer. Le Vice-Président du Tribunal et le plus ancien Juge avaient également refusé. J'ai eu alors, au nom de l'Armée, à demander au Général Magloire, l'Officier le plus gradé, d'assumer la direction du Pays jusqu'à ce que fussent revenus le calme et la tranquillité.

Aujourd'hui, la situation s'étant développée de telle façon que le Général Magloire a dû décider de se démettre de la fonction qui lui a été confiée, le Haut État-Major, après délibération, m'a chargé de remettre le pouvoir au Président du Tribunal de Cassation. Je le fais avec confiance, persuadé que ce dernier saura trouver, dans les normes légales, la manière de dénouer la grave crise que connaît le pays.

Je fais au pouvoir exécutif les vœux fervents de l'Armé et les miens. Je l'assure de la collaboration loyale du Corps tout entier.

NOUS RENTRONS DANS NOS CASERNES et attendons les ordres qui trouveront chez nous le dévouement désintéressé qui nous anime toujours quand il s'agit du bien de la Nation.

MESSAGE: LE GÉNÉRAL DE DIVISION PAUL E. MAGLOIRE, CHEF DU POUVOIR EXECUTIF

Peuple Haïtien!

Lorsque, il y a six jours, je fus sollicité par mes frères d'armes qui m'honorent de leur entière confiance de garder temporairement le pouvoir, malgré ma décision irrévocable de mettre un terme à mon mandat présidentiel, je savais déjà que j'allais faire face à des difficultés de toutes sortes suscitées contre la vie du pays et à des complots incroyables contre sa souveraineté.

En effet, depuis trois jours, une grève aussi incompréhensible que tendancieuse paralyse les activités de la Capitale. On voit déjà par son origine et son orientation qui est désigné, en fin de compte, pour être la victime et au préjudice de quelle catégorie de citoyens elle a été criminellement montée avec la participation d'éléments étrangers. Malgré le calme imperturbable et le tact dont nous ne nous sommes jamais départi durant ces soixante-douze heures, et malgré tous les appels à la raison que nous avons lancées et en tout désintéressement et en toute notre âme de patriote pour arrêter l'organisation de ce désastre national, la détermination des fossoyeurs de la Patrie s'est entêtée à amener la guerre civile à nos portes. Nous avons voulu empêcher que recommence la lutte des classes et tout son cortège de malheurs imprévisibles; nous avons voulu éviter que nos rues soient le théâtre de la violence populaire qui a amené, une fois déjà, l'ombre d'un drapeau étranger pendant de longues et douloureuses années, sur notre prestige et notre dignité de peuple indépendant.

Le procédé du criminel l'identifie suffisamment. Il a pris devant l'Histoire, comme à la veille de 1915, ses pleines et entières responsabilités. Il nous reste à prendre les nôtres, totalement débarrassé de tout empêchement découlant de la responsabilité du Pouvoir Exécutif. Aussi j'ai fait savoir à l'État-Major de l'Armée qui est solidaire de toutes nos démarches que nous désirons renoncer à l'honneur qu'il nous avait fait de nous confier la charge du pouvoir.

Nous demandons au peuple d'être calme et de refuser tout mot d'ordre qui pourrait compromettre définitivement sa cause qui reste la nôtre aujourd'hui plus qu'hier.

Une lecture attentive de l'adresse de Levelt enlève tout doute quant au contenu véritable du NOUS. Contrairement au texte de Magloire, c'est le seul NOUS d'un discours de 250 mots. "J'ai l'honneur…Je le fais avec confiance…J'adresse au pouvoir exécutif…Je l'assure "…etc. Et brusquement, "NOUS rentrons dans nos casernes". Il ne s'agissait pas d'une forme de convenance. Ce NOUS introduisait bien un pluriel qui englobait plusieurs personnes.

Il ne s'agissait pas seulement d'une référence aux officiers et soldats de l'Armée; ceux-là n'étaient jamais sortis de leurs casernes. Levelt parlait expressément de militaires que des circonstances particulières avaient appelés hors de leur cantonnement et qui, aujourd'hui, réintégraient leurs quartiers, une fois leur mission -civile- achevée. Le décodage se lisait ainsi: le Général de Division P.E. Magloire, au terme de sa présidence civile, retournait aux casernes Dessalines, "porteur infatigable de ce dévouement désintéressé qui l'anime toujours, quand il s'agit du bien de la Nation". Lequel bien de la Nation reste " sa cause, aujourd'hui plus qu' hier". Et c'était bien par une extension abusive, pour enrober la pilule, que Levelt s'associa à Magloire pour écrire le nous pluriel. Du Trujillisme dans toute sa splendeur. Et la chose paraissait d'autant plus aisée pour le moment actuel que Nemours Pierre-Louis, le nouveau président, était issu des entrailles de Magloire.

Entre Trujillo et Magloire, il existait cependant une différence de taille. Le premier, maître absolu de la politique dominicaine, se faisait relayer tous les quatre ans, avec une autorité indiscutée et dans un climat de soumission proche du consensus public. Tandis que le second était chassé du pouvoir par une " révolution populaire ". Il semblait pour le moins irrationnel qu'il envisageât de se retrancher derrière les rideaux, en tant que Généralissime, pour tirer les ficelles à un président fantoche. Décidément, comme le claironnait l'autre, " le pouvoir est une tête de Méduse. Une fois qu'on l'a vue, on ne peut plus en détourner le regard ".

VIII. LE DÉPART POUR L'EXIL

Le Généralissime ne resta que 24 heures dans ses casernes. Car, à peine eut-il fini de prononcer son discours appelant le peuple au calme et au mépris des mots d'ordre " subversifs ", que les rues de la capitale furent submergées par des foules impétueuses. Des cris agressifs du genre " LI PA BON " persuadèrent les stratèges magloiristes que " le complot ne passerait pas ".

En réalité, il en faisait trop, Magloire. Il tirait trop sur la corde. Il finit par devenir encombrant pour ses amis, ses alliés, ses partisans, l'Armée elle-même. De guerre lasse, celle-ci se résolut à lui signifier que son entêtement absurde exacerbait la fureur populaire et qu'à ce compte elle ne pourrait plus garantir sa sécurité à lui, Magloire.

À ce mot tombé comme un couperet de la bouche de ses chiens de garde, Alix Pasquet et Philippe Dominique, Magloire s'effondra. Il se vida d'un coup comme un pneumatique crevé. Il perdit toute contenance, toute consistance, toute dignité. Tel une vague balayant d'un coup les châteaux de sable laborieusement construits sur la plage, l'odieux poison de la peur et du désespoir inonda et paralysa son esprit jadis si vif, son corps naguère si alerte, son âme christophienne autrefois si altière.

Et c'est dans un état de panique, proche de l'indignité absolue, que Magloire ramassa quelques affaires - *on ne pouvait pas tout emporter-* et quitta sa somptueuse villa de marbre des hauteurs de Turgeau. Il gagna l'aviation militaire (en face du service de la Circulation) à la faveur de la pénombre crépusculaire, par des voies détournées, tel un chef de gang poursuivi par des patrouilles et évitant anxieusement les barrages de police. Le tout-puissant Magloire craignait d'être reconnu et lynché par la population. GRANDEUR ET DÉCADENCE !

Du haut d'un balcon du bâtiment-sud du Petit-Séminaire-Collège-Saint-Martial, le séminariste qu'était l'auteur de ces lignes vit passer le convoi de voitures et de pick-ups couverts de grands draps. Honteux.

Dans cette soirée fatidique du vendredi 13 décembre 1956, un avion conduisit notre président déchu et sa famille à la Jamaïque. De là, il s'envola pour New York. *O ironie cruelle des choses humaines* ! Paul Eugène Magloire aura suivi exactement le même itinéraire que, du temps de sa puissance, il avait imposé à ses victimes, Elie Lescot en janvier 1946 et Dumarsais Estimé en mai 1950. En tout état de cause, il était bel et bien parti. Il appartenait dorénavant au passé de la République. La page était tournée.

IX. ÉPILOGUE MAGLOIRE

À la vérité, la page tournée portait un curieux addendum. On parla beaucoup de Magloire en Haïti. À travers son dauphin malmené sera conduit sur la place publique le procès de son régime de bamboche, de concussions et de gaspillage. On en arriva même au séquestre de ses biens pour cause de gabegie administrative, de détournement et de dilapidation de fonds publics.

Bien que de sa terre d'exil on n'eût jamais entendu sa voix sur les radios d'opposition, on l'accusa, au début du règne des Duvalier, de tous les mouvements de déstabilisation. D'en être au moins un complice actif et financier, à défaut d'en être l'instigateur principal. Il aurait même été, dit-on, le grand commanditaire de la " folle équipée " du 28-29 Juillet 1958 qui avait si fortement ébranlé l'empire naissant des Duvalier.

À New York où il vécut un exil opulent, retranché derrière une cécité précoce, l'homme garda pourtant un silence olympien. Il attendit patiemment 30 années que vînt l'heure du retour au pays natal. Ce jour-là, il connut l'ineffable bonheur d'être accueilli en Chef d'État par le Conseil National de Gouvernement ou C.N.G. qui avait pris - reçu plus exactement - le pouvoir le 7 février 1986, à la chute -au départ, plus exactement - de Jean-Claude Duvalier. Le Général Henri NAMPHY, Président du C.N.G., avait bien connu Magloire du temps de la splendeur de celui-ci. On dit même qu'il aurait été son filleul. (Aucun rapport). De toutes façons, fasciné par la fortune politique de ce militaire impressionnant, et l'esprit habité par le souvenir de sa grandeur longtemps éteinte, Namphy prit Magloire pour modèle et conseiller politique.

Et Paul E. Magloire, infatigable sur la brèche, et tout aussi incorrigible de ses lubies, poussa son disciple à tenter en 1988 ce que, lui, il n'avait pas réussi en 1956. C'est à l'instigation de ce Trujillo haïtien raté qui n'avait pas su paver la voie à son dauphin C. Jumelle en 1956 que Henri Namphy, après deux ans de bamboche - cette fois-ci démocratique - organisa des élections vilainement officielles à la faveur desquelles il " nomma " un Parlement entièrement à sa dévotion et intronisa un président infiniment sympathique et très prestigieux, mais passablement impopulaire - à ce moment-là du moins. Puis, à l'instar de Magloire en 1956, Namphy " rentra dans ses casernes ". Pour en sortir quatre (4) mois plus tard - *comme l'eût certainement fait Magloire si cela eût été possible* - pour déposer Leslie Manigat et reprendre SON pouvoir*.

---

* Le coup d'État contre Manigat fut déclenché à l'occasion d'une mutinerie aux casernes Dessalines. Le Colonel Jean-Claude PAUL, commandant tout-puissant de la garnison, reçut à la mi-juin 1988 un ordre de transfert. Il refusa d'obtempérer, fort de l'appui du Président Manigat. Interdit d'entrée aux Casernes, il escalada le mur mitoyen et du palais où il venait de s'entretenir avec le Chef de l'État, il se jeta dans la cour des Casernes Dessalines. Là il galvanisa ses troupes qui le suivirent unanimement dans sa rébellion.

Dans la soirée, Manigat, dans la logique politiquement incompréhensible de son appui à un subalterne en révolte contre la hiérarchie, émit un arrêté mettant à la retraite anticipée toute une pléiade d'officiers supérieurs, notamment les Généraux Grégoire Figaro, Wiltan Lhérisson…etc. Namphy fut révoqué et assigné à résidence. Bien entendu, ce fut la fête aux casernes Dessalines. La garnison exultait : Paul semblait tenir le haut du pavé, lui pourtant si combattu par l'américain pour ses connections avec les barons de la drogue.

Deux jours plus tard, le 19 juin 1988, de sa résidence surveillée par les hommes à Paul, utilisant des messagers et le téléphone domiciliaire qu'on eut même pas le bon sens de couper, (le portable n'existait pas encore en Haïti), Namphy déclencha le coup d'Etat. Paul, sollicité d'y participer, répondit à son compère Prosper Avril, qu'il était et demeurerait toujours du côté de l'Armée, sa seule religion, son seul parti véritable... Ainsi prit-il part au putsch contre son protecteur Manigat sous la promesse dérisoire que son transfert serait annulé.

Manigat, intellectuel de belle eau, n'avait rien compris au jeu politicien ni au sens exacerbé de la solidarité militaire. Paul, lui, avait compris qu'il devait impérativement rester puissant…pour rester en vie. Il mourut de façon mystérieuse deux mois après qu'il perdit son poste de Commandant des Casernes Dessalines, mis à la retraite anticipée par son compère Prosper Avril. Quelqu'un, quelque part, n'avait plus besoin de lui. Dépouillé de ses étoiles, il était devenu inutile, encombrant. Et dangereux: il était l'homme qui en savait trop.

Quant à Leslie Manigat, il partit pour l'exil. Il restera un haïtien vertical, digne de son pays et de ses ancêtres. Entre autres propositions que d'autres accepteront, suggèreront même, il refusa avec indignation d'être réinstallé au pouvoir au prix de l'occupation de son pays par des troupes étrangères. S'il était resté 5 ans au timon des affaires, Haïti serait certainement entré avec un autre visage dans le troisième millénaire.

Ainsi, à 32 ans d'intervalle, Paul E. Magloire aura réussi, par l'entremise de son disciple, à prendre sa revanche sur le destin. Et à gagner la 4ème bataille de sa longue carrière. Bien sûr, pour Namphy, ce ne fut qu'une victoire à la Pyrrhus. Mais cela, c'est déjà une autre histoire.

Conseil Excécutif du gouvernement
6 avril 1957 - 25 mai 1957
Daniel Fignolé
25 mai 1957 - 14 juin 1957
Conseil Militaire du gouvernement

Les présidences provisoires

- Chapitre 2 -

LES PRÉSIDENCES PROVISOIRES

MARIAGES MORGANATIQUES ET MÉSALLIANCES

Le départ de Magloire crée la vacance présidentielle et ouvre objectivement la campagne électorale. Débarrassés d'un manœuvrier fertile en magouilles politiques, les candidats à la présidence vont s'affronter dans une lutte haute en couleurs, où l'intelligence pratique et surtout la capacité de déjouer les embûches constitueront les atouts majeurs de sélection et de survie. Il est intéressant de noter qu'au fil de la course se noueront et se délieront des alliances bizarres, au gré d'intérêts sordides et passagers, hors de toutes considérations idéologiques ou doctrinales et parfois même dans la négation honteuse de toute dignité personnelle.

Une tacite conjonction DÉJOIE-DUVALIER s'appliqua à culbuter Magloire, face à un Jumelle supporteur du magloirisme, dans l'indifférence suspecte d'un Fignolé ligoté dans des liens embarrassants et des dettes d'honneur vis-à-vis du magloirisme. Dans un deuxième temps, un relativement solide et durable tandem DÉJOIE-FIGNOLÉ renversera le gouvernement SYLVAIN jugé pro-duvaliériste. Plus tard, Duvalier s'adjoindra Jumelle sur les barricades de Saint-Marc pour porter le coup de grâces au COLLÈGE-CROUPION soutenu par le duo Déjoie-Fignolé. Enfin les partisans de Jumelle et de Fignolé rejoindront en grande partie le camp du " Leader de la Classe ", c'est-à-dire, Duvalier, pour barrer la route au Mulâtre Déjoie, aux élections du 22 septembre 1957.

La seule alliance logiquement attendue, mais jamais consommée, fut celle de Fignolé et de Duvalier. Pourtant deux doctrinaires ayant enfanté en 1946 le fameux " MOUVEMENT OUVRIER-PAYSAN " (M.O.P), qu'ils dirigèrent le premier comme Président, le second comme Secrétaire Général. Deux compères réels, puisque, dit-on, Duvalier avait présenté sur les fonts baptismaux Daniel Fignolé, la fille de Daniel. Pourtant deux frères ennemis, le président du MOP, anti-estimiste viscéral, ayant accusé de trahison son Secrétaire général devenu brusquement Ministre du Travail du Président Dumarsais Estimé.

Ce jeu d'alliances éphémères et d'ententes conjoncturelles et hypocrites fit le malheur de la plupart des gouvernements provisoires. Le Juge Nemours Pierre-Louis fut tout naturellement la première victime.

JOSEPH NEMOURS PIERRE-LOUIS: 13 Décembre 1956-7 Février 1957

"Co-citadin" et ami personnel de Paul Eugène Magloire, à qui il devait d'ailleurs une rosette de Sénateur et plus tard son poste de Grand Juge, Pierre-Louis fut, dès le début de sa présidence, suspecté de sympathies jumellistes. Magloire, dévoila-t-on non sans méchanceté, l'avait placé à la tête de la Cour de Cassation, pour que, le moment venu, le vide institutionnel étant savamment créé (en évitant de faire les élections aux dates prévues), il lui succédât selon le vœu de la Constitution et se comportât à ce poste comme une lavette ou une marionnette. Mais la manœuvre du " retour dans les casernes " ayant fait long feu, Pierre-Louis devait exécuter le volet alternatif de sa mission: organiser des élections en faveur de Clément Jumelle.

Vrai ou faux ? On ne prit pas la peine de discuter du sexe des anges dans Byzance assiégée. En d'autres termes, on ne se posa aucune question sur l'honnêteté du Chef de l'Etat. Tous les candidats se liguèrent à sa perte. Le premier test auquel il fut soumis consista à exiger le jugement de l'ex-Ministre des Finances du gouvernement déchu, accusé par la clameur publique de dilapidation des fonds publics. L'opinion exerça des pressions insupportables sur Nemours Pierre-Louis. Celui-ci ne tint aucun compte des revendications populaires. Son cabinet ministériel démissionna en bloc pour condamner le raidissement du Président et refuser le rôle de bouc émissaire dont le Chef de l'Etat tentait de l'affubler, en rejetant sur le Conseil des Ministres la responsabilité de l'impasse et en l'accusant publiquement de pratiquer l'immobilisme. La mauvaise foi de Pierre-Louis était mise à nu : non seulement il s'obstinait à protéger Jumelle sous prétexte d'impartialité et de respect des lois, mais encore il refusait la plus petite concession à l'opinion publique qui réclamait le séquestre des biens du président renversé. Pis encore, il ressuscita le Parlement qui avait été dissous par Magloire lui-même dans la foulée du pseudo coup d'Etat du 6 décembre 1956. Prêter le serment présidentiel flanqué du président d'un Parlement défunt constituait une insulte cinglante, une provocation absurde vis à vis de la classe politique qui avait tant lutté pour les résultats que l'on sait.

C'était déjà assez pour amener le peuple sur les barricades. Les bureaux politiques des candidats s'activèrent donc à renverser ce magloiriste anachronique, chacun s'évertuant tout légitiment à tirer le drap de son côté. À cette entreprise de déstabilisation, chacun apportait des motivations et des intérêts particuliers. Si Duvalier et Fignolé voulaient conjurer le risque immédiat d'élections officielles en faveur de Jumelle, Déjoie, quant à lui, espérait que, Pierre-Louis parti, le pouvoir échoirait dans les mains déjoïstes de Jean-Baptiste CINEAS, le Juge le plus ancien (restant) de la Cour de Cassation. Comme bien souvent, Déjoie se trompait, et cette fois-ci doublement. En effet, non seulement rien n'était sûr en ce qui concernait l'option déjoiste du Juge CINEAS, mais encore un débat parlementaire, concluant à l'épuisement de l'article 81, écartait systématiquement de la succession de Pierre-Louis la Haute Cour, d'ailleurs fortement dépeuplée par la nomination des Juges Vilgrain et Barreau au Ministère Pierre-Louis.

" L'ARMÉE DANS LA MÉLÉE "

Sur ces entrefaites, un nouvel acteur entra en scène, porteur d'ambitions imprécises, certes, mais fasciné par la carrière politique fulgurante de PAUL E. Magloire, qu'il voulait égaler et même surpasser: Léon CANTAVE, Chef d'Etat-Major de l'Armée d'Haïti.

À la fin du règne de Magloire, Léon Cantave occupait le poste le plus lucratif de l'Armée, QUARTIER-MAITRE PAYEUR, apanage de la fidélité absolue et invariable. C'est dire de quelle estime jouissait l'homme. Cependant Magloire le mit aux arrêts de rigueur au Fort-Dimanche, le temps d'enquêter sur les rumeurs de conspiration qui n'épargnaient, dans la confusion de cette fin de règne, aucun haut gradé de l'Institution militaire. Cantave quitta le Fort-Dimanche le 6 Décembre, à la faveur de l'amnistie générale proclamée par le gouvernement moribond. Mais il gagna illico une ambassade étrangère, d'où il ne sortira qu'une fois assuré du départ de Magloire. En lui tressant dans sa défiance morbide une auréole de martyr, le président en difficulté lui avait apprêté son étoile d'argent. Cette étoile, Pierre-Louis l'épingla sur l'épaule de celui qui ne rêvait que de devenir le Magloire des temps nouveaux.

Cantave mena à la vérité un jeu subtil, sur les conseils de Luc Fouché tapi dans l'ombre et de son mentor Jumelle en quête d'une autre planche de salut, en dehors du gouvernement visiblement trop fragile de son ami et obligé Pierre-Louis. Puisque le gouvernement partisan et protecteur du Grand Juge lui paraissait condamné, Jumelle, dans sa logique de politicien, le lâcha, travailla même à sa chute, afin de bien assurer sa place dans le train de la succession. La stratégie consistait à entretenir au pays une situation de confusion et d'anarchie, qui acculerait la société civile paniquée à requérir, comme à l'accoutumée, l'arbitrage de l'Armée, en la personne de son Commandant en chef, le général Léon CANTAVE, son partisan. (Jumelle ne pouvait ignorer que Cantave avait un autre mentor caché : Luc Fouché).

Jusqu'à présent, le débat de la succession Pierre-Louis s'enlisait sur le terrain juridique. D'un côté, Louis Déjoie pour l'article 81 et la présidence provisoire de J.B. Cinéas, le plus ancien juge du Tribunal, Barreau et Vilgrain étant indisponibles. De l'autre côté, Duvalier, Fignolé et Jumelle, Franck Sylvain, Alfred Viaud, Julio Jean-Pierre Audain… qui affirmaient l'épuisement pur et simple de l'article 81 de la Constitution de 1950, elle-même définitivement anéantie par le coup d'Etat du 6 décembre 1956.

La démission de Pierre-Louis, survenue le 4 février 1957, s'ouvrait sur le vide juridique et institutionnel total. D'une part, l'article évoqué par le camp Déjoie était déclaré inopérant par le Parlement ressuscité. D'autre part, la Conférence Politique convoquée par Cantave s'avoua incapable de dénouer la crise, Déjoie ayant refusé de s'asseoir aux côtés de Jumelle " déshonoré, prétextait-il, par les accusations de la clameur publique ". C'était donc l'impasse…Cantave se léchait déjà la babine. Cependant Pierre-Louis allait imprimer à sa chute une courbe inattendue qui prendra tout le monde de court, Cantave en tout premier lieu.

LE COUP DE PIERRE-LOUIS

En effet, tout autre Chef d'Etat eût remis sa démission à l'Armée, comme on était en droit de s'attendre, comme d'ailleurs l'avaient fait tant de présidents confrontés aux troubles civils et à l'impasse politique. Mais le sacré Pierre-Louis, en se retirant, opéra une manœuvre infiniment habile, qui eut la double vertu de revitaliser le débat politique pour sortir le pays de l'impasse, et en même temps de ruiner les fols espoirs de Cantave. Il adressa sa lettre de démission au Président de l'Assemblée Nationale, le Sénateur Charles Fombrun, qui lui accusa réception dans une lettre de très belle facture, à la mesure du cadeau politique qu'on lui octroyait.

Pièces :

1.- Lettre de démission de Pierre-Louis
2.- Réponse de Charles Fombrun.

Venant d'un Juriste respectueux de la Constitution qui ne prévoyait ni dans sa lettre ni dans son esprit une telle voie de sortie, le procédé dévoilait une faute irrémissible, si ce n'est une écœurante hypocrisie. Une imposture. La chose, cependant, participait d'une rigoureuse logique politique. Après l'avoir ramené à la vie, Pierre-Louis entendait revivifier le Parlement magloiriste qui, lui, ne pouvait caresser d'autre projet que de renflouer la fragile position du dauphin de Magloire. En fait, l'homme de loi, si catégorique quant à son apolitisme, venait de poser un acte éminemment politique, puisé dans le répertoire de Nicolas Machiavel. Grâce à ce coup d'éclat, d'un seul coup, il réhabilitait le Parlement de son bienfaiteur déchu et l'instituait maître du jeu politique; il mettait Cantave et l'Armée hors jeu; il assurait la survie politique de son ami Jumelle (tous les membres de ce parlement étaient redevables à ce Ministre des Finances débonnaire) ; il ouvrait une issue acceptable au cul de sac politique…BRAVO ! ! !

Duvalier avait proposé - et la Conférence Politique accepté - qu'on adoptât une solution révolutionnaire en confiant la présidence à une personnalité indépendante. Déjoie s'y opposa catégoriquement: il tenait à une solution constitutionnelle basée sur l'application de l'article 81, impliquant le choix automatique du Juge Cinéas. Avec raison, il dénia à un groupe de candidats la faculté de donner un président à la République ; il maintint donc son ordre de grève générale. Rien n'y fit, car la proposition de Duvalier passa haut la main et on prit tout de suite les dispositions pour la concrétiser***.

L'Assemblée Nationale saisit la balle au bond, monta au créneau, se réunit et conclut à l'épuisement de l'article 81 après une sublime escrime entre Léon BAPTISTE, ELYSÉE et Emile SAINT-LOT. Sous la conduite du Vice-Président Emile SAINT-LOT, le président Fombrun ayant refusé de siéger et d'entériner cette manœuvre scabreuse, elle se mit en frais de choisir, d'entre les poulains des Candidats à la présidence, le nouveau président provisoire de la République. Que de simples candidats à la présidence, sans aucune autorité institutionnelle, aient pu donner un chef à une Nation, était inhabituel, voire insolite ; on instaurait un régime d'illégalité; on entrait dans un cycle révolutionnaire et d'anarchie où désormais tout devenait possible.

*** C'est peut-être le souvenir de cette procédure scrabreuse qui inspira la classe politique des années 2004. À la chute d'Aristide le 29 Février 2004, en effet, la classe politique se réunit de son propre chef, monta une Commission Tripartite qui comptait un étranger en son sein, créa un Conseil des Sages constitué de personnalités politiques qui ne pouvaient pas être neutres ni sages, sélectionna quelques Chefs de Partis qui signèrent un Accord du 4 Avril qui allait tenir lieu de cadre légal et de canevas politique de la transition, tout naturellement condamnée à échouer.

LA POSITION DE DUVALIER

À cette phase, il n'est pas inutile de noter un trait caractéristique de la psychologie de François Duvalier, lequel, d'ailleurs, allait marquer toute sa présidence. Le 5 Février 1957, l'Ambassade Américaine convoqua Duvalier pour lui déclarer que le Département d'Etat ne reconnaîtrait aucun président qui ne serait pas nommé selon les termes de l'article 81, c'est à dire qui n'aurait pour nom J.B. Cinéas. La conjonction USA-Déjoie lui était confirmée, s'il en était encore besoin. Duvalier, drapé dans sa dignité offensée, répondit vertement à l'ambassadeur indélicat : "***De quoi vous mêlez-vous ? La crise est haïtienne; elle sera résolue par des haïtiens. Gardez-vous de vous immiscer dans les affaires intérieures de l'Etat d'Haïti***".

Tout autre candidat se fût peut-être abstenu d'indisposer l'américain considéré comme la force déterminante de l'échiquier politique haïtien. Cependant le candidat peureux et timide ne craignit pas de déplaire au maître du monde pour sauvegarder un principe cardinal de sa philosophie politique. Une perspicacité élémentaire eût sans doute permis de découvrir déjà le nationaliste intransigeant qui couvait sous la morne apparence du petit médecin taciturne. Hélas ! les autres membres du groupe des CINQ à qui il fit le rapport de son entrevue se contentèrent de le féliciter "pour la dignité de son attitude", sans approfondir le trait psychologique.

Un autre fait à noter : l'opposition farouche du Bureau de Duvalier à ce que les Chambres elles-mêmes choisissent le président. Craignait-il un coup bas du Parlement magloiriste et donc un peu jumelliste ? Le contexte, disait-il, était révolutionnaire ; il incombait aux forces en présence de s'entendre pour trouver un successeur à Pierre-Louis. "L'urgence recommande, s'écria Duvalier dans une déclaration du 4 Février, de faire appel aux leaders représentatifs du Peuple pour désigner celui qui doit être le successeur de Pierre-Louis". Le camp Duvalier estimait que la présidence Pierre-Louis n'était rien moins qu'une imposture, car elle succédait non pas à une présidence légitime, à un président mandaté qui serait " dans l'impossibilité d'exercer ses fonctions " (art.81), mais elle prenait la relève d'un gouvernement illégitime, putschiste, provisoire, elle prenait la relève d'un général de Division qui avait accaparé le pouvoir par un coup d'Etat le 6 Décembre 1956. Pierre-Louis était donc un président de facto, issu d'un coup d'Etat de l'Armée et de Magloire finissant. Pour le clan Duvalier, l'article 81 n'a jamais été appliqué. Pourquoi le serait-il maintenant ? Avez-vous saisi la nuance !

Finalement on adopta un procédé hybride : " les forces en présence " proposèrent,; les chambres disposèrent. Et l'on eut Sylvain.

2. FRANCK SYLVAIN : 7 FEVRIER 1957 - 1 AVRIL 1957

Proclamé Président provisoire à la majorité absolue (23 contre 11), le citoyen Franck SYLVAIN prêta serment immédiatement devant le Parlement dans l'après-midi du 7 Février 1957, avec mission précise d'organiser des élections générales dans un délai de trois mois. Le peuple qui, depuis 7 heures du matin, attendait l'issue des délibérations, entonna spontanément la Dessalinienne. Pathétique.

Cette présidence Sylvain mérite une attention spéciale, car elle offre l'opportunité d'illustrer le mercantilisme échevelé de certaines candidatures, ainsi que le cynisme consommé des protagonistes de l'heure. En sus des quatre grands, DÉJOIE, DUVALIER, FIGNOLÉ et JUMELLE, la lice électorale était envahie par une nuée de candidats à la présidence qui n'avaient aucun titre ni qualité pour prétendre à cet honneur. Si un Sylvain pouvait se prévaloir d'un certain prestige dans la Magistrature, la plupart des autres étaient tout à fait inconnus, incapables, disait la malice populaire, de " rassembler 10 partisans sous un pylône électrique". Leur présence encombrante sur la scène n'était imputable qu'à la complaisance coupable du Législateur, qui négligeait d'imposer de strictes conditions d'admission, afin de limiter la prolifération de cette engeance nuisible, malsaine et malfaisante. Certes, chaque politicien est libre de ses ambitions ; mais la société n'a pas à souffrir de sa mégalomanie. Certes, chaque citoyen est seul comptable de ses entreprises ; mais l'Etat n'a pas à se ruiner de ses extravagances.

Dans un système de pluralisme idéologique, des jeux d'alliances et surtout des primaires devraient réduire le nombre des candidats, surtout dans un pays pauvre comme Haïti, où les dépenses électorales incombent exclusivement à l'Etat. La présélection eût épargné à celui-ci des débours énormes et inutiles de publicité médiatique, d'impressions de bulletins, de sécurité rapprochée… etc, pour des énergumènes incapables de réaliser des scores de l'ordre de 0,001%.

Au fait, ces candidats-paillasses-pitres ont choisi délibérément de jouer à la loterie de la candidature négociable. Ils se présentent, tout à fait pénétrés de la folie de leur entreprise, mais espérant fermement pouvoir monnayer leur présence ou leur voix au fil des accidents de la campagne. Et de mériter finalement, au plus haut échelon, un poste d'Ambassadeur sous le prochain gouvernement. Au pire, ils sont au moins convaincus d'acquérir une certaine réputation et de pouvoir fleurir leur C.V. désertique d'un pompeux **"EX-CANDIDAT À LA PRÉSIDENCE"**, avec des majuscules, en capitales s'il vous plaît.

C'est à la faveur de ce libertinage politique qu'un certain Démétrius BONAVENTURE a pu nommer un Ministre au Collège, et que, gavé de promesses et/ou d'espèces sonnantes, il concourut à déstabiliser ce gouvernement en faisant bruyamment retrait de son ministre impotent. C'est grâce à cette tolérance excessive qu'un Julio Jean-Pierre AUDIN, sans aucune plate-forme populaire, réussit à jouer un rôle remarqué, manipulé en cela par F. Duvalier qui, devenu Chef d'Etat, le gratifiera d'un poste d'Ambassadeur au Mexique. Un Alfred VIAUD, dont on entendait le nom pour la toute première fois, manqua de peu de donner un président provisoire au pays en la personne du Dr. Edouard PETRUS, connu de ses seuls et rares patients.

Un autre inconvénient de cette espèce pléthorique et turbulente : la prolongation de la transition, insupportable pour les nerfs, pour la paix, pour les finances publiques. Ces candidats à la réputation s'amusent à obstruer toute voie de solution aux crises, à multiplier les remises en question, à émettre des déclarations pompeuses, lancer des mots d'ordre subversifs à l'adresse d'une clientèle qu'ils ne possèdent même pas, surtout à attaquer inlassablement le gouvernement en place, quel qu'il soit, à critiquer le système électoral…À ce jeu, non seulement ils gagnent de l'épaisseur, mais encore ils font durer le plaisir, se gargarisant de l'honneur immérité de l'avant-scène, et prolongeant ainsi le plus possible leur journée de travail, leur temps d'embauche…

Quel intérêt pour eux, en effet, que cela finisse trop tôt, trop vite, sans leur laisser le temps de se pavaner sur les tréteaux et tirer le meilleur parti de leur audace ! Car, une fois la campagne terminée, une fois les élections réalisées, une fois proclamés les résultats les ramenant à leurs dimensions lilliputiennes, le rideau tombe sur un ultime et inutile protestation à la fraude électorale. Après quoi, ils sont forcés de rentrer sous la tente, dans leur nuit originelle, pour se remettre à la routine insipide de leur existence sans éclat, savourer la nostalgie de leur épopée inaccomplie, de leur symphonie inachevée…Finies les superbes envolées au nom d'un peuple qui ne les connaît même pas! Finies les invitations au Palais, les réceptions somptueuses dans les Ambassades! Finies les contributions alléchantes aux frais de la campagne (et de la subversion) ! Finie la course aux Médias ! Non! Ces laboureurs de la naïveté populaire ne peuvent supporter que s'écoule trop vite une période si fertile de leur vie, de leur existence autrement toute mièvre, où ils ne sont, tout compte fait, que de simples passagers de l'Histoire, de vulgaires journaliers du temps qui passe…

Cette espèce est prolifique. Elle a la peau dure. Elle est comme éternelle. Elle apparaît invariablement à toutes les époques confuses de l'Histoire d'Haïti. Ainsi elle ressurgira en 1986-1987 : une quarantaine de chefs de bande, braillards, inconnus, avides de réputation et de prébendes, se présenteront et ergoteront à l'avant-scène et alimenteront une inflation verbale si acrimonieuse et tenace que les élections ne pourront avoir lieu que cinq (5) ans plus tard. Et encore ! " Une transition qui n'en finit pas ", dira Pierre Raymond DUMAS. En 2005, au seuil du 21ème siècle, on ne se gênera pas : ils seront 55 partis en lice pour 35 candidats à la présidence. Hélas !

La Loi haïtienne doit se pencher sérieusement sur la matière afin d'anéantir cette catégorie de parasite qui suce le sang de l'Etat et exploite la bonne foi du peuple.

En tout cas, de tous les candidats fantoches ou marchepieds de 1957, celui qui a décroché le gros lot demeure encore Franck Sylvain. À la chute de Pierre-Louis, il se mit carrément en campagne pour conquérir le fauteuil. Il multiplia les contacts, promit d'abandonner ses ambitions à la présidence définitive, offrit des garanties à celui-ci, des assurances à celui-là; il se démena tant et si bien que la plupart des leaders l'appuyèrent au Parlement en face du Dr Pétrus (9 voix) et de Colbert Bonhomme, du Parti du Peuple Haïtien dit LE SOUVERAIN (2 voix). Sylvain avait fait des promesses à tout le monde, mais son véritable maître était le Docteur François Duvalier. Là encore, on aurait dû noter la technique de ce dernier: : lancer beaucoup de comparses sur le terrain ; on les croirait indépendants alors qu'ils ne sont que des pions : question pour Duvalier d'occuper le plus d'espace possible en vue de gagner à tous les coups…

L'Histoire rendra cette justice à Franck Sylvain que, sa candidature une fois vendue au prix exorbitant d'un fauteuil présidentiel, il s'attela délibérément à la tâche. Il eut le bon sens d'accéder à la plupart des revendications populaires: il porta dissolution du parlement magloiriste ressuscité par Pierre-Louis; il mit l'action publique en mouvement contre les concussionnaires de l'ancien régime; il posa même séquestre sur leurs biens. Il renforça les pouvoirs de la COMMISSION ADMINISTRATIVE, laquelle, au désespoir de voir comparaître le sieur Jumelle plusieurs fois convoqué, sollicita du Parquet du Tribunal Civil de Port-au-Prince l'émission d'un mandat d'amener contre le récalcitrant. Bien sûr, ce mandat ne fut pas exécuté: Léon Cantave y veillait personnellement.

D'un autre côté, Sylvain s'engagea résolument dans sa mission primordiale: le Décret Electoral parut le 1er Mars 1957, avec une conquête sociale et démocratique de taille : LE DROIT DE VOTE AUX FEMMES. Les inscriptions débutèrent à travers tout le pays pour des élections générales fixées au 28 Avril 1957. Mais, visiblement entachées de parti pris duvaliériste, les opérations provoquèrent de véhémentes protestations. Avec raison. Les irrégularités étaient flagrantes, en effet. Des chantiers de travaux publics récemment ouverts (Colladère, Hinche…) embauchèrent des travailleurs à condition qu'ils s'inscrivent et remettent leur carte au représentant de Duvalier. Le personnel des bureaux d'inscription et de vote était presque exclusivement composé de militants duvaliéristes qui des fois poussaient l'indécence jusqu'à faire obstruction à l'enregistrement des partisans des autres candidats. Et dire que Sylvain avait projeté de solliciter de l'O.N.U. l'envoi d'un groupe d'observateurs "pour constater l'honnêteté, la sincérité et la liberté des prochaines compétitions électorales ".

Le Président fut attaqué avec virulence. Il fut sommé par une " Conférence Politique", conduite par le tandem Déjoie-Fignolé, d'annuler les inscriptions, de renvoyer le Cabinet ministériel et de former un nouveau ministère où seraient intégrées toutes les tendances électorales. Sylvain refusa. Il résista longtemps, malgré les manifestations de rue, malgré le Rouleau Compresseur de Fignolé, malgré les grèves du Commerce lancées par Déjoie. Cependant, en dépit des soutiens de poids dont disposait l'homme, notamment ceux de Duvalier, du Parti Unité Nationale, du Parti Le Souverain, les pressions de l'adversaire pluriel eurent raison de lui. Il dut capituler.

Dans un premier temps, il offrit des concessions mineures qui furent hautainement dédaignées. Il était pourtant allé jusqu'à demander à la " Conférence Politique "de lui choisir de nouveaux ministres. Fignolé lui répondit vertement que toute consultation avec lui, Sylvain, était désormais incompatible avec le prestige de la Conférence qu'il présidait et avec la dignité personnelle du Citoyen Pierre Eustache Daniel FIGNOLÉ". Pour comble de méchanceté, on répandit le bruit que le président projetait de révoquer le Chef d'Etat-Major. Cantave n'attendait que cela pour mettre l'Armée en condition C ; il convoqua les hauts Gradés qui s'en furent verser leur bile au Palais et signifier à Sylvain que l'Armée n'était pas du tout disposée à se voir disloquer par des calculs politiciens. De tels propos, de la bouche de militaires rongés d'eczéma politique, voulaient dire ce que l'on pouvait deviner.

Sur ces entrefaites, survint une mystérieuse affaire de bombes. Un dépôt abritant des bombes artisanales fut découvert à Thor. Le juge de paix de Carrefour, Me Fortuné, accompagné d'officiers et de policiers, s'en alla perquisitionner sur les lieux. Les engins explosèrent à leur barbe, faisant des morts et des blessés. Cantave exploita à fond cet évènement pour porter le coup de grâce au gouvernement dont la genèse et l'existence avaient contrarié ses plans longuement mûris de réhabilitation de son ami Jumelle ou, à défaut, de mainmise sur le pouvoir politique, au profit de son mentor, Luc Fouché..

À la vérité, dès son accession, Sylvain était marqué pour la hache. Enfantée au forceps sous la poussée de leaders gavés de promesses et surtout pressés de passer un croc-en-jambe à un Déjoie absent, ne bénéficiant en fin de compte que de l'unique soutien du Parti UNITÉ NATIONALE de Duvalier, la présidence de Sylvain s'était vue en butte à l'opposition systématique de la plupart des secteurs du pays. Ce rejet quasi-unanime ralluma les convoitises de Cantave qui s'ingénia dès lors à multiplier les chausse-trappes sous les pas d'un gouvernement traqué de toutes parts.

L'affaire des Bombes de Thor, où périrent deux brillants officiers, Michel CONTE et Fresnel ANDRAL-COLON, indisposa l'Armée. Celle-ci, du coup, fit bloc derrière son Général (sauf une petite frange de la Police de Port-au-Prince), pour déstabiliser le pouvoir civil, accuser le Président de complicité et finalement de l'arrêter, lui et Duvalier au besoin. Juste retour des choses, dira plus d'un, pour ce Sylvain qui voulait mettre le Général à la retraite anticipée. Clément Jumelle, de son maquis mouvementé, prêtait main forte à la chute du gouvernement, qui, par son mandat d'arrêt, ses persécutions et ses séquestres, avait ruiné sa carrière politique.

Quant à Duvalier, il vivait une situation des plus précaires. Un gouvernement visiblement dévoué à sa cause se trouvait sur la sellette ; n'était-ce pas le bon moment pour sonner le ralliement de ses " phalanges ", de mobiliser ses " cohortes et ses forces vives", afin de remettre à flot le navire à la dérive. Hélas! Duvalier lui-même n'était pas libre de ses actions. La clameur publique, alimentée par ses ennemis, lui imputait la responsabilité d'une conjuration catilinaire visant à l'assassinat collectif de ses rivaux, les bombes inopinément trop pressées d'exploser, étaient destinés à servir d'instrument à l'hécatombe, à la "solution finale".

Il faut reconnaître que dans cette ténébreuse affaire la piste menait directement à la cour de Duvalier. Nombre de ses partisans les plus proches durent se mettre à couvert ou prendre la fuite pour échapper aux poursuites judiciaires. Un Themistocles FUENTES, le trait d'union entre Duvalier et Prio SOCCARAS, le président déchu de Cuba ; un Fritz (TOTO) CINEAS, futur secrétaire privé du Président Duvalier, ministre et ambassadeur du Fils ; un Alphonse LAHENS, futur Député ; un Luckner CAMBRONNE, futur ministre et surtout futur légataire testamentaire de F. Duvalier ; un Clément BARBOT, futur chef de la Police Secrète…etc. Quant à Francis, le fabriquant présumé des bombes, il aurait été en contact étroit avec des membres éminents du Parti Unité Nationale, si ce n'était avec Duvalier en personne…Sylvain lui-même avouera avoir reçu le terroriste, un soir, au Palais National. À quelle fin, mon Dieu ? C'était bien assez pour englober dans cette scabreuse affaire tous les ténors de la gent duvaliériste, avec le président Sylvain en tête de liste.

La conjonction des forces ennemies, l'intervention déterminante de Cantave, " une indigeste coalition des contraires ", tout cela, ajouté au silence et à l'indisponibilité de son mentor Duvalier, eut finalement raison de Sylvain. Et ce fut aux mains de la Police, pratiquement en état d'arrestation, qu'il quitta le Palais National pour être assigné à résidence dans l'un des Trois BEBES de Paul Magloire, sis à l'angle de Turgeau et de la Rue Alix Roy (Martin L. King), en attendant "les résultats de l'enquête".

Cantave était bien au courant du marché de dupes conclu entre Duvalier et l'ex-président de Cuba, Prio Soccaras. Celui-ci avait octroyé une somme de 250 mille dollars au candidat haïtien sous la promesse qu'une fois intronisé Duvalier accepterait de laisser passer en Haïti des convois d'armes et de munitions à destination des Barbudos de la Sierra Maetria. (Ironie de l'Histoire, Prio était convaincu que Castro luttait contre Batista pour le réinstaller au pouvoir : il a très certainement dû casquer de ce côté aussi). L'argent une fois remis, le bouillant intermédiaire, Thémistocles Fuentes, commença à constituer son premier dépôt d'armes. Il était si insdiscret, dans ses distributions de revolvers et autres armes dans le voisinage et ailleurs, que l'armée découvrit le pot aux roses. Cantave ne se gêna pas-d'utiliser cette imprudence contre le camp Duvalier, bien que l'argent de Prio lui eût servi, Duvalier n'ayant pas hésité à lui en avancer une partie pour lui permettre de rattraper des retards de paiements de l'armée en grogne.

3- LE CONSEIL EXÉCUTIF DE GOUVERNEMENT : 6 AVRIL - 25 MAI 1957

La chute de Sylvain enfonça la politique haitienne dans un gouffre bien plus profond que celui laissé par son prédécesseur. Comment allait-on cette fois-ci combler la vacance ? Quel texte de loi indiquait la marche à suivre? Quelle institution était investie de l'autorité pour appliquer la procédure ?

RIEN...On débouchait sur le vide total.

On ne pouvait plus, comme au départ de Magloire, évoquer l'article 81: forclos. Son épuisement déclaré avait reçu la sanction du temps et des faits, puisqu'un président, même deux (suivant la thèse à Duvalier), avaient été nommés en dehors et au mépris de son prescrit. On ne pouvait pas non plus, comme à la chute de Pierre-Louis, s'en remettre au Parlement, celui-ci ayant été dissous - définitivement - par Sylvain. Certes, on pourrait encore une fois le ressusciter pour les besoins du moment et de la cause, mais qui donc avait autorité pour le faire ? D'ailleurs quelle insulte une telle initiative eût infligée au peuple et à la classe politique! Bref, aucun texte de loi, aucune autorité politique, aucune institution étatique pour assurer la continuité de l'Etat.

LA HOULETTE DE MÉTAL

L'Armée, de ce fait - ENFIN -, émergeait souveraine, comme le dernier recours, l'ultime planche de salut. Et cela n'était pas pour déplaire au Chef d'Etat-Major, qui voyait enfin arriver le moment si patiemment attendu de sa moisson politique. Dans le secret de ses casernes et dans la griserie de ses premiers pas sur l'avenue désormais libre du pouvoir, Cantave forma une junte en attente d'investiture. On n'en connut point la composition. Mais l'euphorie du Général fut vite refroidie par le désistement de certains officiers pressentis et surtout par l'opposition non voilée d'une large portion du corps militaire : le souvenir était encore trop vivace de la réprobation collective vis-à-vis du comportement abject de Magloire, de ses coups d'Etat répétés, de ses juntes successives, et surtout des arrogances de la " PETITE JUNTE " de militaires bambocheurs et indifférents au sort du peuple.

Cantave ne se laissa pas débouter pour si peu. Puisque ses frères d'armes ne le supportaient pas dans son entreprise, il chercherait des alliés ailleurs. C'est ainsi que le MILITAIRE convoqua une CONFÉRENCE POLITIQUE (encore ?) aux Casernes Dessalines, et à laquelle il soumit ses suggestions...et sa Junte Militaire, pour dénouer la crise. Les pourparlers s'enlisèrent, Duvalier et Jumelle soutenant le Général, Déjoie-Fignolé refusant obstinément le principe de la junte. En désespoir de cause, Cantave fit litière de ses ambitions. Il capitula, mais en offrant un cadeau empoisonné au tandem Déjoie-Fignolé, qui l'avait tant combattu.

LE CADEAU EMPOISONNÉ

Se posant toujours en arbitre, Léon Cantave prit la décision...arbitraire de charger ces deux compères du tandem de la responsabilité de trouver une issue, c'est à dire de former un gouvernement provisoire. Qu'on ne s'empresse pas de qualifier d'absurde cette manœuvre de Cantave, laquelle semblait mettre automatiquement sur la touche Jumelle, son protégé, et Duvalier diminué avec la chute de Sylvain mais toujours fort et populaire. Il s'agissait pour lui d'émietter l'échiquier politique en forces irréconciliables, ce qui vouerait d'avance à l'échec toute démarche d'apaisement. Si par hasard le tandem commettait la bêtise de choisir et d'imposer un président, celui-ci serait immédiatement combattu par les autres réunis, renforcés en sous-main par Cantave lui-même. Dans tous les cas de figure, que le tandem réussît ou échouât, il demeurait toujours, lui, Cantave, l'arbitre souverain, le sauveur obligé. On ferait appel à lui, en flattant à l'occasion son patriotisme éclairé, son désintéressement magnanime...On le prierait, le supplierait de prendre le pouvoir pour sauver le pays de l'anarchie et de la guerre civile...

La chose semblait bien pensée, le risque savamment calculé. Mais Cantave ne détenait pas le monopole de l'intelligence et du pragmatisme. Machiavel n'avait pas qu'un seul disciple en ce pays de coquins politiques. Les deux compères, promus subitement Deus ex machina par la grâce suspecte de Cantave, allaient neutraliser, peut-être sans y penser vraiment, le venin contenu dans le royal cadeau du Chef d'Etat-Major. Dans un élan douteux de magnanimité, ils entamèrent des négociations. Ils convoquèrent une réunion consultative de TOUS les candidats à la présidence, à la condition EXPRESSE et IMPÉRATIVE que ces derniers se présentassent EN PERSONNE. PAS DE REPRÉSENTANT NI DE DÉLÉGUÉ.

En agissant ainsi, Déjoie et Fignolé se couvraient d'un manteau de légitimité démocratique et neutralisaient d'avance toute critique de partialité et d'ostracisme: on attendait tout le monde pour discuter et décider ensemble. Mais, en exigeant la présence PHYSIQUE de CHAQUE CANDIDAT, ils étaient assurés d'avoir éloigné les empêcheurs de danser en rond. En effet, ils espéraient bien que Jumelle aurait le bon sens de s'abstenir, le mandat d'arrêt émis à son encontre demeurant toujours constant. Ils s'attendaient tout autant à ce que Duvalier, le rusé, le renard, le maquisard, ne courût point le risque d'une apparition publique au moment où son présidentiel complice dans l'irritante affaire des bombes se trouvait aux mains de la Police et que le bruit circulait fort qu'il était lui-même recherché. Ainsi investis d'une autorité piégée, Déjoie et Fignolé opérèrent une habile manœuvre pour rester seuls maîtres du jeu, les autres ayant été démocratiquement appelés, mais ayant été empêchés pour des raisons … strictement personnelles.

Cependant, de même qu'ils surent déjouer le plan machiavélique de Cantave, de même leur stratagème fut contré avec une égale efficacité. Ils furent tenus en échec par l'audace inouïe et presque suicidaire de l'un des invités non attendus. Car, si Jumelle, selon les prévisions du tandem, brilla par son absence, Duvalier prit son courage à deux mains et se présenta au lieu et à l'heure fixés. Cantave, Déjoie et Fignolé, tous furent abasourdis et contrariés par cette présence inopportune. Mais puisque le vin était tiré, il fallut le boire : on engagea les discussions. Duvalier, comme à son habitude, s'enferma dans un mutisme gênant, quelque peu inquisiteur. On dut cependant tenir compte de lui : présent, il s'imposait comme un partenaire à part entière.

Finalement, après plusieurs séances de travail, la CONFÉRENCE CONSULTATIVE aboutit à la formation du CONSEIL EXÉCUTIF DE GOUVERNEMENT (C.E.G.), ou COLLÈGE, au sein duquel seraient représentés tous les candidats à la présidence PRÉSENTS à la Conférence... Formule hybride, s'il en fut, hydre à plusieurs têtes, ou sans tête du tout, où des portefeuilles ministériels étaient octroyés à des Candidats à la présidence, à charge par ces derniers de les confier à des partisans sûrs et dévoués. Ainsi, les ministres n'étaient plus des commis de l'Etat, habités du souci premier et exclusif du bien public, mais des hommes lige uniquement tributaires de l'autorité de nomination et dédiés à la seule satisfaction d'ambitions politiciennes.

Pièces :

1. Procès-verbal des travaux de la Conférence
2. Première déclaration du Conseil Exécutif de Gouvernement.

Le C.E.G. : UN COCKTAIL EXPLOSIF

Un tel attelage, une telle " coalition des contraires ", comme disait Duvalier, portait en sa conception même les germes de sa faillite. L'entente paraissait improbable, le fonctionnement impossible, tant les tendances affichaient divergences et contradictions. Cette formule collégiale instituait en fait un MINISTÈRE-GOUVERNEMENT, sans président nominal. Chaque candidat important recevait trois ministères à pourvoir. Les moins influents, un seul chacun. Les sous-secrétaireries d'Etat étaient distribuées de façon à contrebalancer, voire à annihiler le pouvoir du Ministre (appelé en ce temps-là Secrétaire d'Etat). ''Check and balance'', poids et contre-poids, imbroglio que tout cela: tout concourait à la paralysie de l'administration publique.

Une telle situation ne pouvait que pourrir rapidement et requérir un homme fort, au pouvoir dictatorial. Voici un Directoire dont la fragilité annonçait, exigerait un 18 Brumaire. À défaut de Cantave en expectative… armée, Louis Déjoie, pour en avoir été l'artisan principal, prit la tête de l'attelage comme l'homme providentiel capable d'orienter la conjoncture. Mais n'oublions pas qu'il a toujours tenu à se saisir des rênes par les voies régulières, i.e. les élections. C'est pourquoi trop heureux de sa prédominance dans le jeu politique du moment, il s'empressa de faire décréter les élections pour le 16 Juin 1957.

Dans la séparation du gâteau collégial, les maîtres de l'heure, Déjoie et Fignolé, s'étaient tout logiquement taillé la part du lion. Intérieur et Défense Nationale, Finances, Education Nationale, Travaux Publics. Duvalier, pourtant l'un des " grands ", mais considéré en la circonstance " comme un parent pauvre dans le cercle d'une famille prospère", reçut le "strapontin" de trois ministères secondaires. Docile, il agréa sans maugréer, attendant son heure, comme il aimait à le dire. Si sa seule présence le faisait partenaire à part entière, son silence calculé au cours des débats le laissait libre de se désolidariser au moment utile. " SON " ministre à la présidence (dans un régime sans président), qui était réduit au rôle de scribe ou de caisse de résonances du Conseil des Ministres, allait, à l'occasion des réformes de l'administration, créer " L'ÉVÉNEMENT " qui provoquerait l'effondrement de l'édifice.

L'ÉVÉNEMENT

Le Commissaire du Gouvernement près le Tribunal Civil jouit dans ce pays d'une importance capitale. À cheval sur le politique et le judiciaire, il est revêtu d'une double autorité, qui l'habilite à trancher dans biens des dossiers juridiques, bien que n'exerçant aucune judicature. Qu'adviendrait-il des paysans analphabètes et des démunis engagés dans des conflits, litiges et procès longs et coûteux, si la législation haitienne n'avait inventé ce fonctionnaire hybride, investi par la loi de suffisamment de pouvoir pour protéger les petites gens ? C'est lui, l'exécutif judiciaire du gouvernement ; c'est lui le représentant de la société ; c'est à lui qu'incombe la charge de mener certaines enquêtes, de poursuivre la délinquance, d'émettre à la limite des mandats de comparution et d'arrestation, de finaliser ou de stopper maintes procédures judiciaires par l'arme décisive du réquisitoire définitif...Bref, le Commissaire du Gouvernement représente un personnage clé du système politico-judiciaire haïtien.

Par ces temps de confusion et d'anarchie, où tout était politisé à outrance, où le politique tenait tout - même le juridique - en respect et en échec, le personnage jouissait d'un pouvoir presque discrétionnaire. La gent à Duvalier, fortement ébranlée par l'explosion de Mahotière sur laquelle le dernier mot n'était pas encore dit, éprouvait un intérêt vital que sortît de ses rangs cet officier judiciaire olympien, capable en l'occurrence d'étouffer toutes affaires gênantes ou tout au moins d'orienter les enquêtes dans directions indolores pour le clan et le candidat.

Antoine PIERRE-PAUL, Ministre à la Présidence, recommanda son fils Edmond PIERRE-PAUL au poste de Commissaire du Gouvernement près le Tribunal Civil de Port-au-Prince. Il se développa alors entre le Collège et son ministre une guerre de communiqués, émaillée de toutes les arguties abracadabrantes pour justifier le refus de l'un comme l'entêtement de l'autre. Finalement Duvalier fit retrait de tous ses ministres et déclara le Collège caduc ipso facto. Tous les transferts et nominations effectués dans les départements ministériels, n'étant pas officialisés par une Commission d'Etat expressément signée du Ministre à la Présidence, comme stipulé à l'article 5 de la Charte Constitutive du Collège, furent déclarés nuls et de nul effet. C'était le blocage.

LE COLLÈGE-CROUPION

Après la bataille de l'article 81, survenait la deuxième grande polémique juridique de l'après-Magloire. La question à débattre: le gouvernement collégial pouvait-il survivre à l'amputation de trois de ses membres ? Avait-il autorité institutionnelle pour combler la vacance créée par la démission collective des ministres " nommés " par Duvalier ?

Non, répondit péremptoire le candidat en cause. Puisqu'il était consigné dans la Charte du Collège que les Secrétaireries d'Etat étaient ACCORDÉES au candidat, à charge par celui-ci, et par lui seul, d'y nommer ses représentants. Le candidat était donc l'autorité de nomination originelle et continuait de l'être. Et puisque la Charte n'avait pas prévu de provision spécifique pour vider la querelle actuelle, l'autorité de nomination restait la même, c'est à dire le Candidat, Duvalier en personne. Sophisme que tout cela, puisque l'arrêté de nomination n'était pas signé du candidat. Ou plutôt si, mais il l'était de tous les candidats présents qui avaient apposé leur paraphe au bas du procès verbal de la réunion de la Conférence…Bref !

Les adversaires de Duvalier ne se firent pas faute de le préciser : les ministres étaient seulement recommandés par le candidat. Mais c'est l'autorité étatique, un conclave de candidats, qui les a investis. Une fois nommés, ils n'appartenaient plus au candidat, mais à la nation, au pays, à l'Etat.

Ah oui, c'était bien, c'était beau ! Autorité et continuité de l'Etat, institutions et règles démocratiques, primauté absolue du bien public sur l'intérêt sectoriel ou individuel. Mais l'Etat, à ce moment précis, c'était qui, c'était quoi ? Qui était le Chef de l'Etat ? Qui allait signer l'arrêté…présidentiel portant création du nouveau cabinet ministériel ? D'abord qui allait choisir les nouveaux titulaires ? Duvalier qui se défilait, ou bien les ministres restants du Collège, c'est-à-dire les hommes de Déjoie et de Fignolé, devenus alors juges et parties à la fois et trouvant l'occasion de mettre K.O. le petit médecin encombrant ? La chose avait mauvaise odeur. Et se sentant en position de force, Duvalier s'obstina. Il soutint la polémique, sans aucun empressement à résoudre le conflit, sans aucune velléité affichée à vider la querelle en proposant de nouveaux ministres, comme cela lui fut demandé par lettre du Conseil à la fin d'Avril 57. Il ne fit aucun cas de ces sollicitations, car pour lui, le Collège n'était plus qu'un cadavre à jeter dans les poubelles de l'Histoire.

Aux yeux du médecin physiologiste et sociologue, le Collège constituait un ensemble global total, qui ne pouvait vivre et fonctionner que dans la plénitude de ses organes constitutifs. Amputé de l'un quelconque de ses organes vitaux, l'organisme périclitait ou devenait impropre à la vie. Il devait disparaître, pour la sauvegarde de l'environnement, une bonne régénération et une saine reproduction de l'espèce. On avança certes le contre argument que ces trois ministres constituaient la minorité et qu'en bonne démocratie la majorité restante pouvait valablement et légitimement instrumenter...Mais l'éventualité n'avait pas été prévue dans la Charte Constitutive...

À la vérité, les thèses opposées à Duvalier véhiculaient des résonances séduisantes: souveraineté de l'Etat, primauté du bien public, prépondérance de la majorité, démocratie, paix sociale...Voilà des thèmes universels, des principes sacrés, qu'aucun homme politique, qu'aucun candidat à un poste électif, ne pouvait méconnaître ou combattre publiquement. Duvalier réalisa vite que dans ce chassé-croisé juridique, il marchait sur des épines meurtrières. Le terrain légal était devenu une chausse-trappe. Il allait l'abandonner pour parler à ses interlocuteurs un langage plus immédiatement compréhensible: l'activisme, voire la subversion politique. Au cours d'une conférence de la dernière chance, réunie par Cantave dans le dessein de concilier l'inconciliable, Duvalier se déclara intraitable. Plus question de collaborer avec le Collège. Pour lui, le Collège était décédé.

" ILS SONT DEVENUS FOUS "

Durant la querelle juridique où les protagonistes s'escrimaient à coup de phrases incisives et de citations de Plutarque, le Chef d'Etat-Major avait gardé un profil bas, enchanté on ne peut plus des difficultés rencontrées par le Collégial. À ses yeux, toutes les formules de transitions avaient été vainement expérimentées et le catalogue s'en trouvait aujourd'hui épuisé. L'Armée restait l'ultime, l'unique alternative. Son tour à lui était enfin arrivé et personne cette fois-ci n'y pouvait rien. Quelle obsession morbide!

Le 26 Avril 1957, au plus fort de la polémique juridique, comme un coup de tonnerre dans un ciel serein, Cantave émit un communiqué annonçant la formation de sa Junte et son programme de gouvernement. Et parce que le tandem Déjoie-Fignolé, apparemment maître du jeu, s'activait à compromettre la concrétisation de son projet, il se fit un point d'honneur d'envenimer la crise.

Requis par la Collège de sauvegarder l'ordre public subverti par les partisans de Duvalier et de Jumelle, Cantave se cantonna dans un total immobilisme, prétextant un embarras dirimant. À qui obéir ? Quelle voie suivre? De Duvalier-Jumelle ou de Déjoie-Fignolé, quel camp avait le droit de son côté ?

Ce flottement apportait, s'il en était besoin, la preuve irréfutable de la mauvaise foi et de l'esprit d'insubordination du Général. Car, le Collège, même amputé, même combattu, demeurait le gouvernement légal auquel l'Armée devait obéissance et protection. Les démêlés juridiques n'étaient qu'astuce politicienne de campagne électorale; l'armée n'avait pas à y prendre part ni à prendre parti. De plus, la mission essentielle de la Police, sa raison d'être, résidait dans la protection de l'ordre public, hors de toutes considérations partisanes. Le devoir de Cantave consistait donc à rétablir et maintenir l'ordre, à garantir paix et sécurité à tous. Il n'existait aucune échappatoire à cet impératif social et constitutionnel.

Son attitude révolta à ce point la conscience des honnêtes gens que ce 26 Avril le Comité du Commerce, par la voix d'Alain LARAQUE FILS, lança une grève générale pour exiger le départ du Général. Naturellement, les officiers condamnèrent cette initiative et se solidarisèrent avec leur Chef. Notons en passant que ce fut à ce moment de confusion que naquit le MOUVEMENT D'ACTION PATRIOTIQUE de Julio Jean-Pierre AUDIN, dans la mouvance du duvaliérisme devenu franchement activiste: le chef de la Police, considérant cette nouvelle formation comme séditieuse, en interdit les réunions.

Tout compte fait, le Général Léon Cantave se trouvait obnubilé par une ambition effrénée, qui avait irrémédiablement émoussé son sens du devoir et de l'honneur militaire, au point d'éloigner de son rôle social l'institution qu'il dirigeait. Et au lieu d'accomplir tout simplement le geste que lui inspirait le strict respect de ses responsabilités, le chef d'Etat-Major choisit la tangente dilatoire de s'adresser à la Cour de Cassation.

Puisqu'il nageait en pleine confusion, écrit-il à la Haute Cour, il requérait de cette instance suprême qu'elle tranchât pour lui le nœud gordien. Le Conseil Exécutif de Gouvernement était-il valide, oui ou non ? Devait-il lui obéir, oui ou non ? Et il précisa nettement dans sa lettre hypocrite que la réponse de la Cour orienterait de façon définitive l'action de la force publique sous son commandement

LE GÉNÉRAL SOUMET LE LITIGE AU TRIBUNAL DE CASSATION

Le 1er Mai 1957

Honorables Magistrats,

Devant la crise existant au Conseil Exécutif de Gouvernement du fait du litige qui oppose les Ministres représentant le candidat François Duvalier à ceux désignés par les autres Candidats signataires de la Charte dudit Conseil, l'Armée d'Haiti a pensé qu'elle devait se garder de poser aucun acte susceptible d'être interprété comme une prise de position en faveur de l'une ou l'autre partie en cause. Soucieuse de se confirmer dans son rôle de gardienne de la Cité, l'Armée, dans un esprit de sagesse, a cru de son devoir d'inviter d'abord tous les candidats ayant des représentants au Conseil, ensuite les trois principaux Candidats, MM Daniel Fignolé, Louis Déjoie et François Duvalier, à se réunir en vue d'arriver au dénouement de la crise par voie de conciliation. Mais jusqu'à date, toutes les démarches tentées dans ce sens sont restées sans résultat positif.

Pour sortir le pays de cette impasse, tout en ayant de son côté le mot du Droit, l'Armée d'Haïti prie les Membres du Tribunal de Cassation de bien vouloir se prononcer sur le conflit et fixer, devant l'opinion nationale et internationale, si les membres restants du Conseil Exécutif de Gouvernement ont qualité, à l'exclusion de l'autre partie, pour exercer l'autorité exécutive.

En conséquence, toute décision que vous aurez prise déterminera la position de la force publique.

Dans l'attente de votre réponse, je vous prie d'agréer, Honorables Magistrats, l'assurance de ma très haute considération.

Léon CANTAVE, Général de Brigade
Chef d'Etat-Major de l'Armée d'Haïti.

RÉPONSE DE LA COUR DE CASSATION À LA LETTRE DU CHEF D'ETAT-MAJOR DU PREMIER MAI 1957

Port-au-Prince, le 2 Mai 1957

Monsieur le Chef d'Etat-Major,

Nous avons l'honneur d'accuser réception de votre lettre en date du 1er mai courant qui nous est parvenue seulement aujourd'hui.

Vous nous mettez au courant de la crise que traverse actuellement le Conseil Exécutif de Gouvernement et vous nous demandez de nous prononcer sur le point de savoir si les membres restants dudit Conseil ont qualité pour exercer l'autorité exécutive, à l'exclusion des membres dissidents, ajoutant que "toute décision que nous aurons prise déterminera la position de la Force Publique".

Nous n'avons aucune décision à prendre, puisque aucun litige ne nous est légalement soumis. Cependant, bien que les délibérations politiques soient interdites aux tribunaux, nous croirions, dans la situation extraordinaire et périlleuse où se trouve le pays, manquer à notre devoir de citoyen envers la patrie en danger, si nous refusions de répondre à l'appel du représentant de la Force Publique.

Un gouvernement provisoire de fait est établi. Quelle que soit son origine, il a pris en main les affaires de l'Etat. Il a pris le pouvoir. Cette prise du pouvoir a été ratifiée par le consentement populaire. La suite des évènements l'a prouvé. Jusqu'à hier encore, ce gouvernement était acclamé et ovationné par le peuple réuni à la Cathédrale et aux abords

du sanctuaire à l'occasion de la fête Nationale de l'Agriculture. La ratification populaire consacre la légitimité du Conseil Exécutif de Gouvernement.

Ce Conseil était composé de treize membres. Trois d'entre eux ont fait dissidence. Nous estimons que cette dissidence ne peut pas empêcher le Conseil de fonctionner et que les dix membres formant la majorité ont, d'après les principes démocratiques, qualité pour exercer la fonction exécutive.

Par ailleurs, les membres une fois désignés forment le gouvernement provisoire de la République. Ils ont cessé d'être les représentants de ceux qui les ont désignés. Ils ne dépendent plus d'eux pour les décisions à prendre en conseil à la majorité, selon la bonne règle démocratique, lesquelles décisions ne peuvent être l'objet du veto d'aucune personne étrangère au Conseil et doivent recevoir pour leur exécution l'appui des administrations et de la Force Publique, gardienne de la Cité, gardienne de l'ordre.

Veuillez agréer, M. le Chef d'Etat-Major, l'assurance de notre haute considération.

(S) J.B. CINEAS ; Yrech CHATELAIN ; Franck BONCY ; Félix CARRIÉ ; Joseph BENOIT ; Eugène KERBY: Juges en Cassation.

LE PIED DANS LE PLAT

Avant même de considérer toute réponse, positive ou négative, des Grands Juges, la seule prise en compte de la requête constituait déjà une intrusion dans la basse lice politicienne d'une institution apolitique auréolée jusqu'à date d'un immense crédit moral. La Cour de Cassation représente une instance supérieure et suprême, olympienne, formée d'un aréopage de sages aux fauteuils sombres, et planant au-dessus des viles combines humaines et terrestres. Ses décisions sont finales, définitives, sans appel. Elle ne peut d'ailleurs connaître que de cas ou conflits à elle soumis par des filières ou procédures strictement réglées par la Loi. Nul quidam, fût-il Général de Brigade, ne peut s'adresser à elle directement ni introduire par devant elle une espèce qui n'aurait pas été préalablement étudiée à des niveaux subalternes.

Hélas! La Cour commit la légèreté de prendre en compte la requête irrégulière de Cantave. Plus qu'une indélicatesse, il faut déceler dans l'attitude des Juges leur profonde et secrète inclination à émettre une opinion partisane qu'ils espéraient imposer comme le mot du Droit. Ce faisant, le Saint des Saints s'était souillé. Le Sanctuaire de la Sagesse et de la Légalité avait transgressé les règles de la pondération et du Droit. Un précédent ignoble avait ainsi été créé. Et dans cette vilaine affaire, la Cour avait compromis son indépendance et terni irrémédiablement sa noblesse et son prestige. Contre toute évidence, elle était allé jusqu'à admettre que le Collège avait été ratifié par le consentement populaire. On n'avait aucune souvenance de l'organisation d'un tel référendum. Et quand elle en vint à conclure à la validité du gouvernement collégial, ce fut le tonnerre. On cria à l'anathème. La Cour venait de glisser sa tête vénérable sous le couperet de la guillotine politique.

Le monde duvaliériste attaqua de front. Il refusa tout net d'obtempérer à la décision d'une Cour , disait-il avec quelque raison , "peuplée de déjoistes et de mulâtres". L'abstention des deux seuls Juges NOIRS de signer le décret incriminé était venue conforter la thèse duvaliériste, en même temps qu'elle révélait la profonde lutte de classe et de couleur qui bouillait sous l'apparente sérénité de l'honorable institution judiciaire. Duvalier monta au créneau, mit en exergue cette abstention " colorée " pour montrer que la décision de la Cour, dans l'exclusion des Juges noirs, ne représentait qu'une position de la classe minoritaire que la majorité -noire - des citoyens haitiens ne pouvait accepter. De ce jour, aucun répit. Il s'appliqua à réveiller dans l'âme de l'électorat haitien les démons endormis du préjugé de couleur. Désormais, à tort ou à raison, il enfourchera ce cheval de bataille qui effectuera des ravages immenses dans le camp du " mulâtre " Louis Déjoie.

Dans son célèbre discours "ILS SONT DEVENUS FOUS", un chef-d'œuvre de pragmatisme et de démagogie, le " candidat des majorités nationales " mit le peuple en garde contre " une minorité arrogante " qui, sous prétexte de combattre des élections officielles, l'excluait du processus et préparait " des élections immorales ", une simple cooptation entre gens civilisés, entre gens du monde, entre les belles et grandes familles bourgeoises. Il fustigeait l'aveuglement - *si ce n'est la trahison* - de Daniel Fignolé, "ce petit prolétaire égaré dans une alliance" avec le réactionnaire mulâtre Louis Déjoie. "Le Collège, s'écria-t-il, veut faire les élections sans vous, peuple haïtien. Or, le Collège sans Nous est une farce, les élections sans Nous sont une plaisanterie. Nous nous opposerons à la farce de leur Collège comme à la plaisanterie de leurs élections".

Pourtant, les membres restants du Collège entendaient organiser les élections coûte que coûte. "Dussent-ils passer sur nos cadavres ", affirmaient-ils. Au fil du temps et de la controverse, le Collégial avait perdu des plumes: il était conspué un peu partout. A travers tout la pays, ce n'étaient que bagarres, accrochages, sabotages, incendies, manifestations ininterrompues, aux cris de: ABAS COLLÈGE-CROUPION ! VIVE L'ARMÉE! VIVE DUVALIER! Du Nord au Sud, de l'Est à l'Ouest, les villes de provinces s'allumaient pour réclamer le départ du Collège. On volait les registres d'inscription ; on fermait les bureaux d'inscriptions et de vote ; on décrétait la grève générale, nationale. De nouveau, c'était l'impasse.

CANTAVE DÉSENCHANTÉ

Bien que victime principale, François Duvalier n'était pas le seul qui fût mécontent de l'avis malheureux et partisan de la Cour de Cassation. Le verdict n'enchanta point Léon Cantave, le plaignant. Il s'en fallut de beaucoup. En sollicitant l'avis de la Cour, il s'attendait en toute logique au refus indigné des Juges à prononcer un prétendu mot du Droit sur un conflit authentiquement politique et qui, de surcroît, lui avait été soumis par des voies inappropriées. Le vice de forme de l'introduction de la requête était flagrant et donc le prétexte tout offert à la Cour de la déclarer irrecevable. Il était convaincu, Cantave, qu'une cour de sages ne risquait pas de tomber dans ce piège grossier. Calcul savant, s'il en fut. Car, devant le refus ou le silence -obligatoire - de la Cour, devant l'inertie logique de la force du Droit, il évoquerait le droit de la force, ces mêmes "mesures extralégales" du Général Levelt, pour trancher lui-même, en tant que détenteur de la puissance des armes. À cet effet, il avait déjà préparé SA JUNTE en attente du pouvoir. Comme d'habitude.

Cette fois-ci, il était vraiment sûr de l'aboutissement de son affaire. Mais ne voilà-t-il pas que ces illuminés de la Cour de Cassation, incapables de réfréner un instant leurs instincts partisans, avaient rué dans les brancards, anéantissant ainsi des plans si patiemment ourdis. Quelle calamité !

Mais puisqu'il avait promis d'axer la conduite de l'Armée dans le sens indiqué par les Juges, Cantave feignit la soumission. Il réagit - très mollement - contre les fauteurs de trouble. La police alla même des fois à contre-courant, par exemple, en matraquant copieusement une superbe et arrogante brochette de femmes aristocratiques pavoisant à travers les rues de Port-au-Prince, portant fleurs et fanions, chantant des refrains déjoistes et glorifiant le Collège. Le 18 Mai 1957, ce fut sous le regard impavide du Général et de sa Police qu'en pleine cathédrale de Port-au-Prince, des hordes sauvages et fanatisées conspuèrent et menacèrent les Membres du Collège, lesquels n'eurent la vie sauve que grâce au Corps Diplomatique présent au TE DEUM de la fête du Drapeau. Durant toute la messe d'ailleurs, des manifestants enragés scandèrent des slogans désobligeants à l'adresse du Collège-croupion, malgré les injonctions et signes désespérés de l'officiant réclamant le silence. Dehors, ce furent des empoignades tragiques qui coûtèrent la vie à plusieurs militants, dont un certain Tabuteau, un Dorvil, un Constant…etc. La Police opéra de nombreuses arrestations dans les deux camps, pro et anti-Collégial.

La situation se trouvait juste à point, pour que le Général s'avisât de prendre les choses en main….Le 20 Mai 1957, un communiqué de l'Etat-Major décréta le couvre-feu sur toute l'étendue du territoire de la

République d'Haïti.

9 mars 1957

MESSAGE À LA NATION

DOCTEUR FRANCOIS DUVALIER.

Mes chers compatriotes,

Mon message d'aujourd'hui sera bref. Il sera une dénonciation sobre et précise de la folle coalition qui s'agite sur notre scène politique sous prétexte de gouverner.

Ayant accepté de collaborer avec des égaux au sein du Conseil Exécutif de Gouvernement, pour préparer des consultations populaires honnêtes, nous nous sommes heurté dès le premier jour à un complexe curieux et presque pathologique de supériorité.

Faussement et ridiculement accusé d'organiser des élections officielles au profit de la majorité, le président Franck Sylvain a été renversé par leurs combinaisons, ils ont pris le succès d'un coup d'Etat pour une démonstration de puissance. Ils ont cru cette puissance établie et démontrée.

Ils s'estimaient maîtres de l'opinion, puisqu'ils se croyaient les maîtres des forces qui venaient de défaire un régime. Il leur semblait alors légitime de prétendre à la maîtrise de la machine gouvernementale.

Dans leur exaltation égocentrique et leur totale absence d'esprit d'analyse, ils ont confondu toutes les valeurs du moment; le rapport de forces réelles en présence, le rôle joué par l'Armée dans les évènements, les limites imposées au coup politique par les positions électorales de fait, tout cela disparaissait dans l'euphorie d'avoir, par une indigeste coalition des contraires, renversé Sylvain, arrêté notre victoire en train et forcé les partis à un nouvel attentisme électoral.

En pleine victoire, nous étions considéré comme défait à cause d'un accident politique. Dès lors, on nous faisait une petite place dans le gouvernement, avec condescendance, comme on concède un tabouret à un parent pauvre dans le cercle d'une famille prospère. Et on prétendait bien nous faire voir que nous n'avions plus voix au chapitre, en procédant, sous prétexte d'épuration administrative, à la mise en place d'un dispositif électoral qui ne devait servir que leurs seuls intérêts au détriment de ceux de leurs compétiteurs.

Ils ont violé la charte qui nous liait à eux. Ils prétendaient obtenir le remplacement d'un de nos ministres avec lequel ils ne voulaient pas collaborer. Ils ont émis la prétention de retenir pour eux l'une des fonctions clefs que l'Accord avait reconnue comme nôtre. Et quand nous avons dénoncé leur mauvaise foi, ils ont reformé la porte sur nous. ''Ils sont devenus fous".

Heureux et se congratulant d'être enfin seuls, entre honnêtes gens, entre gens du monde, entre gens de société, débarrassés enfin des " ruraux " que nous sommes, selon l'acrimonieuse et imprudente expression de Me Antoine Rigal, ils ont concerté entre eux-mêmes la mise en place de leur dispositif d'élimination. "Ils sont devenus fous".

Ils révoquent et nomment. Ayant accusé Sylvain d'élections officielles, ils préparent au grand jour d'Haïti des élections immorales. "Ils sont devenus fous".

Ils prétendent maintenir Duvalier, le plus populaire des candidats, dans les ténèbres extérieures, comme un enfant puni. "Ils sont devenus fous".

Populations du Nord-Ouest, du Nord, de l'Artibonite, Peuple du Sud-Ouest, peuple de la Grande Anse, classes moyennes de Port-au-Prince, intellectuels, maîtres de la pensée et de l'Art, professeurs, instituteurs, étudiants, ils ont décidé de vous ignorer. "Ils sont devenus fous".

Au nom de 100 familles rentées, au nom d'une poignée d'individus traditionnellement insensibles aux misères des humbles et qui ne connais-

sent de vrai peuple de ce pays que ce qu'ils en voient du haut de leur balcon, et au nom de quelques centaines de malheureux égarés du lumpenprolétariat sans discernement, la folle coalition a décidé que vous et moi nous n'ayons rien à dire. Elle va décider pour nous. Elle va fabriquer ses élections. Elle va nous donner un chef.

Hommes et femmes de Duvalier, Vous, mes milliers et mes dizaines de milliers, Vous du Nord héroïque, braves de Dérac, de Phaéton et du Maribaroux, Vous de Vallières et de Mombin Crochu, Vous du Cap, de Fort-Liberté, de Ouanaminthe, historiques vaillants du Limbé, milliers du Nord-Ouest, Vous de Port de Paix, du Môle, de Jean-Rabel, phalanges artibonitiennes invaincues, invincibles et vous tous de Belladère, Hinche, Mirbalais, Lascahobas, ô mes cohortes ! Marigot insoumise, Cayes-Jacmel, Côtes de Fer, la bien nommée Jérémie qu'embellit à jamais le poème d'acier que construisit l'amour d'Estimé; Dame Marie, Anse d'Hainault, Sud lucide des Cayes, de Cavaillon et d'Aquin ; Sud lucide des Nippes et des Côteaux, avez-vous compris ? Ils veulent décider sans vous. "Ils sont devenus fous".

Messieurs, nous n'avons jamais menacé personne. Notre message est le suivant : Nous avons été patient. Le 2 Mai au soir, nos milliers de port-au-princiens voulaient gagner les rues. Nous avons choisi d'éviter l'échauffourée. Soixante-deux camions chargés, partis des Gonaïves, ont été arrêtés à Saint-Marc par nos ordres. Nous avons pacifié par nos émissaires nos provinces indignées.

Mais vous êtes devenus fous. Vous vous êtes livrés au Palais de Justice à une démagogie de menaces et de mépris. Le Bâtonnier Rigal, mandaté par une majorité de " ruraux " pour occuper une fonction considérée par Raymond Poincaré pour être une des plus importantes d'une République, Rigal le bâtonnier et d'autres servants de la même chapelle ont déversé leur bile, leur haine, tout le fiel de leur conscience aristocratique sur l'élite de ce peuple. Vous êtes devenus fous. Vous avez essayé d'intimider les leaders de la lutte démocratique en les appelant au Parquet, renouvelant les procédés des dictatures rétrogrades. "Vous êtes devenus fous".

Nous vous référons à l'Histoire que vous avez jusqu'ici trop peu, ou trop mal lue. Elle enseigne que les classes moyennes par formation paisibles, mais par destination progressistes, chaque fois que leur progrès a été contrarié, ont renoncé à la Paix.

Confiant, sinon dans votre bonne foi, du moins dans votre intelligence, nous avons essayé d'organiser avec vous des élections pacifiques, sans succès; des élections dont la démocratie vous commandait d'accepter les résultats. Dans la mesure où vous étiez appelés à perdre la bataille du vote, vous nous avez ramené chaque fois par un coup d'Etat sur le terrain politique. Mais dans la mesure aussi où la majorité paisible se laisse manœuvrer, il peut arriver qu'elle soit manœuvrée une fois de trop.

Devant votre déchaînement, la majorité se demande quel sera son sort demain, si au moment où vous recherchez seulement le pouvoir, votre arrogance, votre insolence peuvent être si impertinemment étalées.

Il n'y a aucune confiance entre le pays et vous. Il n'y a aucune confiance entre le pays et le petit prolétaire égaré dans votre alliance. Nous savions déjà que vous lui réserviez pour demain le sort triste d'un Jolibois. Mais dans votre folie vous avez rendu, dès aujourd'hui, manifeste sa reddition à votre volonté puisque toute l'immorale machine électorale a été mise en place au bénéfice d'un seul. Notre dernier mot sera le suivant : Votre " COLLÉGIAL " sans nous est une farce. Vos élections sans nous sont une plaisanterie.

La grande majorité de la Nation, vous le savez, s'oppose à la farce de votre Collège, comme elle s'oppose à la plaisanterie de vos élections.

- C h a p i t r e 3 -

LA GUERRE CIVILE

I. LES BARRICADES DE SAINT-MARC

Depuis les évènements de la Cathédrale de Port-au-Prince, le gouvernement collégial avait perdu toute illusion quant à l'option du Général Léon Cantave. Il en était même arrivé à se convaincre de la collusion du Commandant de l'Armée d'Haiti avec les manifestants. Le Collège avait découvert que c'est à l'instigation du Général que Julio. J-P. Audin avait formé un gouvernement parallèle en vue d'amplifier la confusion régnante et de brouiller davantage l'échiquier politique. Le militaire avait établi des liens suspects avec tous les opposants au gouvernement. Quel intrigant ! Quel ambitieux ! Quel malade de la politique! N'était-il pas un ami, un protégé, un disciple politique de Magloire, malgré ses déboires à la fin de règne de ce dernier? N'avait-il pas suffisamment étalé ses penchants jumellistes et sa détermination à soutenir le dauphin de Magloire contre toute poursuite judiciaire ? Ne couvait-il pas, au su de la nation entière, un candidat caché (Luc Fouché) dans ses placards ? Pouvait-on conserver des doutes sur la finalité de ses intrigues incessantes et ses menées sordides?

Non. Le jeu était maintenant tout à fait clair. Et l'intime conviction des Membres du Conseil Exécutif de Gouvernement étant faite, on était en droit de s'attendre à ce qu'ils prissent à l'encontre de l'intrigant des mesures adéquates.

Bien au contraire. Dans un aveuglement suicidaire qui n'avait d'égale que l'ultime et sotte espérance des condamnés à mort, le Collège, au lieu de révoquer le Chef d'Etat-Major pour " négligence dans l'accomplissement de ses devoirs militaires ", accéda plutôt à son invitation d'effectuer une tournée dans l'Artibonite en effervescence. Double faute…D'abord, quelle légèreté de confier la sécurité du gouvernement en déplacement à ce militaire factieux dont le jeu était démasqué! Ensuite, quelle imprudence puérile d'aller exposer le Collège à Saint-Marc, ville natale de Clément Jumelle injustement écarté du gouvernement et toujours dans le maquis pour échapper au mandat-Sylvain, que le Collège avait confirmé! Et enfin quelle folie furieuse d'aller errer dans cette " Artibonite sacrée ", fief incontesté de Duvalier, en guerre ouverte contre le pouvoir en place !

Comment n'était-il pas venu à l'idée des dirigeants que les deux perdants de la conjoncture, Duvalier et Jumelle, seraient tout naturellement poussés, par un instinct impérieux de survie politique, à s'allier pour attaquer l'ennemi commun ? Comment expliquer la légèreté des gouvernants à se livrer pieds et poings liés à ce militaire intrigant, si visiblement désireux de fracasser leurs têtes sur la Roche tarpéienne, afin de s'emparer du pouvoir? Comment justifier cette confiance benoîte envers Cantave, maître de l'Armée, et par conséquent bien imbu, comme eux du reste, grâce aux rapports quotidiens de police, de l'esprit de fronde et de révolte qui soufflait sur l'Artibonite ?

En tout état de cause, le Collège honora l'invitation et délégua les Secrétaire et Sous-Secrétaire d'Etat de l'Intérieur, Léonce BERNARD, fignoliste, et Max BOLTÉ, déjoiste. La mise en garde du Curé de Saint-Marc, accouru à Montrouis pour intercepter le cortège officiel, ne fut pas prise en compte. Les ministres poursuivirent leur voyage et tombèrent sur les fameuses "BARRICADES DE SAINT-MARC". Les hommes à Duvalier et à Jumelle, armés de carabines rouillées, de vieux fusils de chasse, de revolvers antédiluviens, de machettes et de bâtons, accomplirent ce jour-là un acte de foi, de courage et d'héroïsme aux portes de la Ville de Saint-Marc.

Malgré la présence dissuasive d'un Général de Brigade, du Commandant et d'un détachement imposant du District Militaire de St-Marc, la délégation gouvernementale fut interdite d'entrée dans la Cité. On raconte que, sommé par le Ministre de l'Intérieur, son supérieur hiérarchique, de faire charger les manifestants, Cantave, en guise de réponse, lui aurait lancé le " mot de Cambronne ", se serait ensuite engouffré dans sa limousine pour regagner la capitale, laissant sur place les membres du Collège pétrifiés d'humiliation. Mais d'après un aide de camp du Général, présent sur les lieux, les choses se seraient passées différemment.

Le Père Le Marec intercepta effectivement les Ministres à Mont-Rouis pour les adjurer de rebrousser chemin. Ils s'entêtèrent sur les assurances de Cantave, bien au fait, quant à lui, de la déconvenue qui les attendait. Parvenu sur les lieux déjà en ébullition, le Général, suivi de son aide de camp, Claude RAYMOND, alla conférer avec le Commandant du District qui ne lui cacha rien de la gravité de la situation, se disant néanmoins prêt, si le Chef d'Etat-Major lui en donnait l'ordre, à ouvrir la voie, quel qu'en fut le prix de sang et de larmes. Cantave tergiversa, le temps de se régaler d'un si brûlant affront infligé au Collège. Il parlementa ici et là, sourire aux lèvres, marcha de long en large devant les barricades, sachant n'avoir rien à craindre lui-même. La déconcentration ostentatoire de Cantave signait sa complicité. Après une demi-heure d'attente angoissée, les ministres totalement édifiés firent demi-tour, laissant le Chef d'Etat-Major à ses interminables et souriants pourparlers. Et c'est au moment où on vint lui annoncer le départ indigné des Ministres qu'il explosa par la trivialité que l'on sait. Puis il monta dans son véhicule et suivit d'assez loin les officiels, jusqu'à Port-au-Prince.

Quoi qu'on ait pu dire, les barricades de Saint-Marc constituaient un camouflet mortel pour le Collège. Voici un gouvernement qui ne contrôlait plus l'ensemble de son territoire. Voici un gouvernement auquel une fraction de la population refusait victorieusement l'accès à trois (3) départements (Artibonite, Nord, Centre), dans un pays qui, à ce moment-là, n'en comptait que cinq (5). Du point de vue du Droit et des règles de la sociologie politique, un gouvernement qui ne maîtrise pas son territoire ni sa population n'a aucun avenir assuré et tranquille. Il ne lui reste plus que l'unique alternative de se démettre ou de ruer dans la répression sauvage.

Or, le Collège ne manifestait aucune inclination à la démission. Bien au contraire. Il tenait pour impérative et sacro-sainte sa mission d'organiser des élections en faveur de son patron Louis Déjoie; Fignolé, l'allié cosmétique de circonstance, allait devoir se contenter des miettes. Mais, d'un autre côté, ce gouvernement ne pouvait utiliser à son profit de l'outil officiel et suprême de la répression. En ce temps-là, seule l'armée détenait le monopole de la coercition. Or, l'armée n'obéissait, n'obéirait qu'à Cantave, le véritable fossoyeur du Collège.

Pour reconquérir les moyens de sa politique et de sa survie, le Collège devait impérativement se débarrasser de l'importun et remettre l'armée sur les rails de la discipline. Alors, vite, qu'on cherche des alliés ! Qu'on appelle Déjoie, qu'il nous indique ses hommes de confiance au sein de l'institution militaire, et que ces amis et partisans se mettent en condition et en position pour prendre la relève d'une poigne vigoureuse. Identifiez-les, convoquez-les, qu'ils se préparent! On va leur faire place nette ! Démarche pernicieuse qui acheva de "tribaliser" l'institution militaire. Voici ainsi posées les prémisses de la mutinerie et de la guerre civile du 25 mai 1957.

Drapés dans leur dignité outragée, les membres du Collège, une fois parvenus à la capitale, passèrent à l'offensive. Dans l'après-midi du 19 mai, une déclaration qui s'apparentait à un véritable réquisitoire mais dont l'allure explicative et justificative dénotait un manque d'assurance, annonça la révocation du Brigadier et la promotion du Colonel Pierre ARMAND, ci-devant chef de la Police de Port-au-Prince. Cantave n'en eut cure. Un communiqué du Grand Quartier Général, signé de tous les officiers de l'Etat-Major (P. Armand inclus par erreur), déclara nulle et non avenue la décision du Conseil Exécutif de Gouvernement. Le lendemain, le Général émit un autre communiqué, décidément trop long, qui portait, en fin d'haleine, dissolution du Conseil Exécutif dont " l'impopularité et les mesures partisanes, disait le texte, menaçaient la paix publique et la sécurité nationale". Dans cette même foulée, Cantave s'arrogea le droit de convoquer à la Capitale les Délégués d'Arrondissements chargés de doter le pays d'un gouvernement provisoire et de structurer une machine électorale plus honnête et plus démocratique. Le Collège répliqua illico en mettant Cantave hors-la-loi.

Cette cascade de communiqués incendiaires augurait du pire pour l'avenir immédiat. Le suspens était épais ; la peur, l'angoisse, l'incertitude empoisonnait l'atmosphère et paralysait tout effort de réflexion pour une action lucide et efficiente. Déjà le pays vivait sous un régime de grèves générales décrétées par Déjoie et Fignolé, plus que jamais décidés à pousser Cantave vers la sortie. Les partisans de Jumelle et de Duvalier, à la radio, abominaient d'injures le gouvernement en place et entretenaient dans les rues une subversion multiforme, que l'armée ne réprimait même plus. Pendant ce temps, la plupart des membres du Conseil s'étaient mis à couvert : le Collège-Croupion était devenu le Collège introuvable.

Voici donc disloqué et éparpillé dans le maquis un Conseil Exécutif qui, de par son caractère collégial, ne pouvait fonctionner que dans la concertation plurielle désormais impossible. Ainsi, pas de gouvernement à la tête de l'Etat. Pas non plus de Commandant à la tête de l'Armée, Cantave ayant été mis hors-la-loi et P. Armand ayant refusé, "quant à présent ", la charge de Général en Chef. Un Etat sans Chef d'Etat. Une Armée sans Commandant : le pays allait à vau-l'eau.

On ne saura jamais pourquoi Cantave ne profita pas de ce moment de vide, de panique et de flottement pour entrer au Palais National, chasser les lambeaux du Collège et se saisir de ce pouvoir tant convoité. Mis hors-la-loi par un gouvernement " introuvable", inexistant même, solidement ancré aux Casernes Dessalines qui abritait la garnison la mieux entraînée du pays, il n'avait qu'à tendre la main pour recueillir les rênes. D'autant que dans une entreprise de mainmise sur le pouvoir lui était acquis l'appui d'une large brochette d'officiers duvaliéristes aux Casernes et à la Police. Avec une telle force, aucun obstacle le pouvait le stopper.

Pourtant il persistait un obstacle, et de taille celui-là. Et il résidait en Cantave lui-même. Des ressorts intimes semblaient s'être cassés en son for intérieur. Cantave avait brusquement perdu son intrépidité, sa belle assurance militaire, son bel allant du début. Trop de revers avaient jalonné son parcours sinueux d'intrigant politique. Trop d'espérances déçues, enfouies sous les cendres des reniements et des trahisons inattendues de certains frères d'armes. Ce fauteuil présidentiel vers lequel il tendait de toutes les fibres de son êtres semblait s'éloigner précisément chaque fois qu'il s'apprêtait à s'y asseoir. À la manière du fiévreux soupirant après un verre d'eau fraîche pour altérer sa soif et atténuer la cuisson de son corps, Cantave aura épuisé toutes les ressources de son énergie à poursuivre un but inaccessible, tel un mirage inconsistant et fugace. Et en ces heures fatidiques de sa carrière où l'objet convoité semblait à sa portée, une lassitude immense paralysa sa volonté. Sa force de caractère, son opiniâtreté habituelle, se brisèrent sur des incidents mineurs, sur des contretemps anodins, qu'il interprétait comme des signes d'une malédiction des dieux: le doute, l'incertitude, un fatalisme pessimiste s'infiltrèrent en son âme superstitieuse.

D'autant qu'en cette fin de mai de l'année 1957, il était en butte à la grogne de l'armée impayée. La Banque Nationale, sur ordre de Déjoie (quel manque de psychologie ?), refusa tout crédit destiné à la solde des soldats. Même si la difficulté avait pu être évacuée grâce aux bons offices de Duvalier qui collecta et offrit la somme nécessaire, cette coïncidence si funeste avait fini de ruiner les ultimes réserves d'énergie morale du Commandant en chef. Prenant enfin le deuil de ses ambitions présidentielles, le Général convoqua pour le 30 mai les Délégués d'Arrondissement en vue de la désignation d'un Gouvernement Provisoire, revenant en cela à la proposition initiale de Duvalier au moment de la chute de Sylvain. Dans la même veine, il suspendit la campagne électorale jusqu'à nouvel ordre.

2. L'AFFRONTEMENT

C'est dans cet état de défaite psychologique et morale que Léon Cantave allait recevoir le coup de pied de l'âne. Des officiers déjoïstes remirent leur démission avec fracas, pour signifier publiquement leur opposition au Général en Chef, qu'ils affublèrent de l'épithète ignominieuse de "REBELLE". Dans la même foulée, ces mêmes officiers entreprirent de convaincre Pierre ARMAND d'accepter le poste de Chef d'Etat-Major, " pour le bien du pays, pour la paix des familles haïtiennes". Ils montèrent même une organisation de résistance à Cantave. Et le pusillanime Armand eut la désastreuse idée d'inaugurer son commandement sous le signe de la dissension, en prenant la tête de ce mouvement...partisan, auquel l'histoire ne manquera pas de l'assimiler. Il se rendit - ou se fit conduire - au Camp d'Aviation Civile, une base militaire, érigée en la circonstance en quartier général du bloc anti-Cantave que vinrent renforcer les partisans civils de Louis Déjoie.

Ironie de l'Histoire ! Pierre Armand, originellement nommé en tant que Duvaliériste dans la perspective d'un possible apaisement de ses coreligionnaires enragés, se mit sous la coupe de Max Bolté et des officiers déjoïstes de l'Armée. Dès le début, il faut le noter, Daniel Fignolé avait considéré le choix d'Armand comme un piège; et quand, après ses premières réticences, le colonel se résolut à coiffer la casquette chamarrée, le leader populiste cria à l'usurpation. Il arguait qu'Armand ayant refusé la nomination en première réaction, son dossier était fermé. Si aujourd'hui le colonel s'avisait d'accepter le poste, une nouvelle lettre de nomination s'imposait. Or, l'autorité de nomination, le Collège, demeurait "introuvable"; donc l'acquiescement tardif d'Armand comportait une usurpation de poste et de titre. Fignolé se dit et dit publiquement que face à l'usurpateur Armand, le rebelle Cantave méritait d'être soutenu. Cet appui, il l'en assura d'ailleurs au cours d'une entrevue secrète du 24 mai 1957. Sur la base de cet accord avec Cantave, le professeur suggéra à ses collègues-candidats d'émettre une déclaration pour rejeter sans équivoque la prise en charge par Armand du Commandement de l'Armée.

Déjoie, accédant à la requête logique de son compère du tandem, avait déjà fait imprimer sa déclaration. Ses Ministres, cependant, s'abstinrent de publier le texte, le croyant contraire à leurs intérêts du moment. Cette conduite incorrecte, frisant le double jeu, éveilla chez Fignolé le soupçon que le clan-Déjoie mijotait un coup d'Etat. Il l'en accusa d'ailleurs publiquement, le menaçant même de prendre les devants pour s'accaparer du pouvoir. Le beau tandem cosmétique Déjoie-Fignolé commençait à craquer. Et les roués, Jumelle et Duvalier allaient -vite fait- récupérer l'homme de la classe en comblant ses vœux les plus chers. Bref !

Ainsi donc, à ce moment déjà, se trouvaient constitués les deux camps du prochain affrontement. D'un côté et appuyant le Collège, le monde de Déjoie et les militaires réunis au Camp d'Aviation. De l'autre côté Cantave, Duvalier et Jumelle, hostiles au Collège. Fignolé, lui, flottait, empêtré dans une alliance de plus en plus embarrassante et en même temps peu enclin à croiser le fer avec ses frères de couleur et de classe.

Au stade des ultimes préparatifs de la bataille, Cantave, désormais vidé de toute ambition, essayait de trouver une sortie honorable. Il convoqua plusieurs réunions avec Duvalier, Fignolé, Jumelle. Déjoie, inflexible parce que fermement assuré de sa victoire prochaine, ne daigna pas condescendre à rencontrer ses homologues. On travailla sans lui. Il n'avait pas suffisamment appris qu'en certaines circonstances, l'abstention équivalait à un désistement, à une démission, à une défaite acceptée. Au cours de ces réunions, maintes solutions furent étudiées. Aucune ne fit l'unanimité, ni même n'obtint la majorité. La concertation s'étira, sans résultat, jusqu'au soir du 24 mai 1957. Et le lendemain, ce fut le langage de la mitraille.

Il convient de reconnaître que Cantave ne semblait pas avoir programmé de ramasser un sceptre présidentiel sur les décombres du pays et de l'armée d'Haïti. Du moment où se dessinait la nette éventualité d'une guerre civile, il s'était rétracté, Il avait reculé. Il avait convoqué les délégués du pays (bien que ce ne fût pas pour la première fois), en quête d'une solution, cette fois-ci en dehors de lui et de l'Armée. Non, la guerre fratricide, il n'en voulait pas. Elle lui fut imposée par l'adversaire qui, pour avoir tracé un parallélogramme des forces tout à fait erroné, croyait saisir l'occasion de nettoyer les écuries d'Augias, anéantir tout obstacle à la victoire de Déjoie aux comices fixés par la Collège au 16 juin 1957. Tout militaire qu'elle parût donc, l'escarmouche du 25 mai couvrait en fait une formidable opération politique.

La journée du 25 mai 1957 débuta par un appel des officiers déjoistes à leurs compagnons des Casernes Dessalines. Une proclamation du "Général" Armand convoqua les membres du Haut Etat-Major pour recevoir les nouvelles consignes. Aucune réponse à ces avis. Alors vers les 9 heures du matin, de petits avions commencèrent à survoler la capitale, et surtout l'imposant édifice des Casernes Dessalines, adossé au Palais National. Ils lâchèrent une nuée de tracts et d'imprimés qui, relayant Radio Commerce, occupée par un commando déjoiste, prévenaient les populations des nouvelles dispositions du Colonel Armand, lequel acceptait "quant à présent " le poste de Commandant. Ces papiers incitaient également les officiers et soldats de la garnison des Casernes à la défection, à la mutinerie, la rébellion, et lançaient un ultimatum au Général hors-la-loi. (Cantave s'entend).

Vers 10 heures, ce ne furent plus d'anodins tracts de menaces, mais de vrais obus qui tombèrent sur les Casernes, manquant de peu, dit-on, d'exterminer nombre de militaires, plusieurs candidats à la présidence, et Cantave avec. C'eût été une aubaine inespérée pour Déjoie: d'un coup il eût été débarrassé de Duvalier, de Fignolé, de Laforest, préfet fignoliste de Port-au-Prince, du remuant Emile Saint-Lot. Le sort ne lui fit point ce divin cadeau.

Parallèlement à ces attaques aériennes infructueuses, un poste d'artillerie, installé à 400 mètres des Casernes, devant le Rex Théatre, arrosait d'abondance l'édifice militaire.

Cependant, l'épopée du colonel Armand fut vaine et de courte durée. Cantave, conseillé, dit-on, par le Major Fareau, un officier éminemment intelligent et très politisé, dépêcha un détachement qui remonta le lit du BOIS-DE-CHÊNE, derrière le bâtiment des Pompiers, prit à revers les officiers imprudents qui furent littéralement exterminés Pour avoir négligé l'un des principes cardinaux de l'Art militaire: la couverture d'arrière-garde. Ainsi perdirent bêtement la vie les lieutenants Hans WOLF, Donatien DENNERY, Michel DESRAVINES, ainsi qu'un sergent qui servait les pièces.

Outre les opérations militaires programmées par les stratèges clandestins du 25 mai, Port-au-Prince connut une flambée de violence, des actes de sabotage et de banditisme. La maison de Duvalier, à la Ruelle ROY, fut assaillie par des hordes de déjoïstes et de fignolistes. Certains militaires - et des plus connus pour être les plus beaux et les plus clairs de peau de l'Armée d'Haïti - prirent une part active et publiquement vantée à ces actions de vandalisme. On attaqua de même Radio Port-auPrince, d'obédience duvaliériste et propriété d'Antoine Rodolphe HERARD. RADIO Jean-Jacques Dessalines et le quartier général de Jumelle furent saccagés, malgré le bas profil de ce candidat bien sympathique, acculé au silence et au maquis.

En tous ces lieux, les assaillants rencontrèrent une résistance farouche. Il y eut ce jour-là beaucoup de morts et de blessés. Chez Duvalier, par exemple, un certain HARRIS fut cueilli du balcon comme un gibier par un

Major mulâtre bien connu pour ses convictions déjoistes. À Radio Port-au-Prince fonctionnant au rez-de-chaussée, sous les tribunes du Stade Sylvio Cator, ce fut la curée sur les fans duvaliéristes accourus au secours de la station.

LES ANTÉCÉDENTS D'UN TUEUR

Pour la petite histoire, il conviendrait peut-être de relater ici la triste fin de Madame Antoine LOUISOL, mère de 6 enfants et enceinte de 6 mois, surprise par l'évènement dans les parages de Radio Port-au-Prince. Après avoir été copieusement rossée, la gestante fut étendue sur le sol, et avec une rage d'anthropophages, une douzaine de fignolistes lui dansèrent sur le ventre jusqu'à ce que, ensanglantée et molle comme de la pâte, elle eût accouché d'un fœtus en bouillie, avant de trépasser au milieu de hurlements inhumains. Tout ceci, sous les yeux exorbités de son mari immobilisé et attendant son propre supplice. Antoine LOUISOL, l'époux épouvanté, spectateur impuissant de cette scène horrible, vivra dans une demi folie, habité désormais et à jamais par les visions dantesques du martyre atroce de sa femme.

15 ans plus tard, il confessera à ses amis sa satisfaction d'avoir pu identifier ce jour-là la plupart des assassins à qui, d'ailleurs, il fit mauvais sort l'un après l'autre. À son lit de mort, à l'Hospice Saint-François de Salles, dans l'oppression saccadée d'une dyspnée de crise cardiaque, en présence de l'auteur de ces lignes appelé comme médecin traitant, il pleura de rage, criant son regret de s'en aller rejoindre sa femme avec un palmarès incomplet. À son tableau de chasse, disait-il, il manquait un gibier. Un seul. Il choisirait volontiers d'aller en enfer pour voir brûler cet assassin échappé à ses griffes terrestres et éventuellement brûler à ses côtés, rien que pour avoir le plaisir de lui tordre le cou.

En effet, de tous les meurtriers reconnus ce jour-là, il manquait un, et le plus important, selon Louisol. Celui-là, il l'avait cherché partout, de Jérémie à Ouanaminthe, de Port-de-Paix aux Anses à Pitre. Quel déception suprême de n'avoir pu tenir sa promesse de vengeance complète envers les mânes ensanglantés de son épouse mutilée !

Ainsi s'en alla Antoine Louisol, la vengeance inassouvie. De toutes façons, pour avoir tant tué de gens, fussent-ce les présumés assassins de sa femme ou combien d'innocents, ou bien pour n'avoir pas rempli son contrat terrestre, Louissol ne verra pas son épouse glorifiée sur les cimes du paradis. Comme il s'y attend, comme il le souhaite lui-même, il sera certainement jeté dans les forges de l'enfer, un enfer peut-être bien mérité. Pour Antoine LOUISSOL, alias BOSS PINTE.

LE COMPROMIS HISTORIQUE

Les hostilités du 25mMai se prolongèrent toute la journée. Le Commerce resta fermé; le ROULEAU COMPRESSEUR occupa la rue et se livra à des actes d'un vandalisme outrancier. Les voitures étaient interceptées et passées au peigne fin, les vitres brisées, avec une rage de bêtes féroces. La plèbe fignoliste se délecta à fouiller des femmes qui, par leur carnation et leur mise, paraissaient être de la haute. Celles-ci étaient palpées dans toutes leurs rondeurs pulpeuses et soyeuses, triturées et malaxées au plus intime et au plus sensible de leur corps parfumé. Quant aux hommes, ils étaient humiliés, secoués et parfois rossés sous le regard embué de leur épouse déjà sous virile et populacière palpation. On enregistra aussi des nombreuses scènes de pillage, ancêtres plutôt anodins des "déchouquages" sanglants, des " Père-Lebrun ", des autodafés d'êtres humains, que d'autres illuminés, comme pris de folie meurtrière et de misanthropie viscérale, institueront, en 1986, comme instrument de génocide politique et, en 1991, comme méthode de gouvernement.

À la nouvelle du revers du Champ de Mars où trois officiers et un sergent perdirent la vie, la garnison du Camp d'Aviation fut prise de panique. Les supporteurs militaires d'Armand avaient, comme des enfants jouant aux soldats de plomb, enclenché une dynamique de guerre civile, sans s'ima-giner que la faux de la mort pouvait passer dans leur rang. Croyaient-ils donc que, pour déloger Cantave, il eût suffi d'une timide sortie d'avions essoufflés crachotant péniblement dans le ciel de Port-au-Prince, ou du tir approximatif de quelques obus froids perdus loin de la cible ? Ces militaires de parade, ces stratèges en chambre climatisée, dans l'euphorie prématurée de la victoire facile, s'étaient engagés dans un engrenage mortifère, sans qu'un seul instant il leur fût venu à l'esprit que la confrontation pouvait décimer leur propre camp.

Déjà le sang-froid de Cantave les avait décontenancés. Sa riposte fulgurante les désarçonna. Ils s'effondrèrent totalement à la nouvelle du raid assassin du Champ de Mars : le camp se désagrégea, se liquéfia ; le courage déserta et les hommes à sa suite. La bataille était perdue de ce côté-là.

Elle n'était pas gagnée pour autant de l'autre. Déjoie, de son bunker, soutenait le moral de ses troupes ; les masses aveugles de Fignolé imposaient dans les rues la dure loi de la jungle. Pour prendre le pouvoir dans de telles conditions, Cantave eût été obligé de noyer le pays sous un bain de sang. D'autant que ses soutiens civils, Duvalier et Jumelle, étaient en train de livrer un combat d'arrière-garde pour leur propre survie. Cantave se résigna donc - *ou fut acculé* - à lâcher le manche après la cognée.

Son hypothétique position de force lui permit, en tout cas, de dicter à l'autre camp en déroute les conditions de son retrait. Il démissionnera - pas question de révocation-. À la double condition que, d'une part, le Collège s'en allât de même, et que, d'autre part, sa succession ne fût pas recueillie par Pierre Armand. (Lequel, d'ailleurs, se réfugiera dans une ambassade après une accolade publique avec Léon Cantave à la cérémonie d'investiture de Daniel Fignolé).

Les deux exigences de Cantave coulaient de source. Le Collège impopulaire et introuvable, principal instigateur de la guerre civile, ce Collège vaincu de surcroît sur le terrain militaire, devenait inapte à gouverner. De son côté, Armand " ondoyant et divers ", portant l'odieuse responsabilité de la mutinerie et finalement de l'éclatement en camps antagonistes de l'Institution Militaire, ne pouvait pas hériter du Haut Commandement au moment où la réunification du Corps s'imposait. La nécessité absolue de la pacification de l'Armée mettait hors-jeu les deux protagonistes militaires de la crise du 25 mai. En définitive, et le Collège et Cantave et Armand devaient partir. L'impératif de la réconciliation de l'Armée avec elle-même et avec la Nation allait inspirer le choix d'un Chef d'Etat-Major au profil bas, plat même, et ayant vécu en dehors de l'arène; bref, un militaire souple, un homme de compromis, sans passé ni…avenir politique.

La problématique de l'Armée étant posée, restait à se collecter aux troubles civils. L'armée était divisée en factions rivales ; la faire intervenir à chaud et officiellement eût engendré des échauffourées interminables, des règlements de compte meurtriers et incontrôlables. Elle devait donc " rester dans ses casernes". Et la Police, une fraction de l'Armée en ce temps-là, fut mise à contribution, avec des instructions précises d'observer la plus grande circonspection, la plus stricte neutralité.

Et puisque le haut du pavé de Port-au-Prince était occupé par le ROULEAU COMPRESSEUR, les politiciens haïtiens, au cours d'une réunion aux Casernes Dessalines, se rallièrent à l'idée que la meilleure façon de maîtriser les hordes sauvages qui terrorisaient la Cité était de consacrer ATTILA…En d'autres termes de remettre la présidence provisoire à Daniel FIGNOLÉ. Emile SAINT-LOT, Sénateur en rupture de session et très fin politique, se dévoua à présenter la chose au candidat, une offre somme toute alléchante, que Fignolé allait s'empresser d'accepter " pour le bien de la Patrie commune". Le coup avait été concocté par le duo Duvalier-Jumelle soucieux de pacifier le pays à n'importe quel prix et, en même temps, de se débarrasser d'un rival gênant et dangereux qu'ils savaient incapable de résoudre le problème et qui, à s'y épuiser, perdrait toutes ses plumes…Dans une déclaration laconique rédigée sous les bombes aux Casernes Dessalines, Duvalier et Jumelle confièrent le pouvoir à Pierre Eustache Daniel FIGNOLÉ.

Déclaration

Nous soussignés, Candidats à la Présidence de la République, en présence de la crise que traverse notre Pays, crise qui le menace dans son unité morale, dans son intégrité territoriale aussi bien que dans l'unité de notre Armée ;

AVONS DÉCIDÉ, dans l'intérêt supérieur de la Patrie, en présence des manifestations non équivoques du Peuple et de notre Armée, de CONFIER PROVISOIREMENT LA PRÉSIDENCE DE LA RÉPUBLIQUE AU PROFESSEUR DANIEL FIGNOLÉ, en attendant que, par des mesures appropriées, il puisse ramener l'Ordre et la Paix nécessaires au rétablissement de nos Institutions Démocratiques et à l'organisation le plus tôt possible d'élections libres, honnêtes et loyales.

Port-au-prince, le 25 mai 1957.

(S) Clément JUMELLE, François DUVALIER

Leaders Politiques

Les événements d'eux-mêmes avaient opéré la décantation. Fignolé le remuant, le manipulateur du Rouleau Compresseur, se trouvait muselé, ligoté dans la camisole de force d'une présidence provisoire qui ruinait ses prétentions à la définitive. De plus, depuis ce 25 mai, la candidature de Louis Déjoie équivalait à une vue de l'esprit, un plaisir du passé. Le camp Déjoie semblait ne pas disposer des ressources d'intelligence ni de suffisamment de savoir-faire politique, pour reconquérir la sympathie nationale, après les dégâts de l'entreprise " patricide " de ce jour fatidique.

3.- LA DÉFAITE ORPHELINE

D'aucuns proclament l'innocence de Déjoie dans la guerre civile du 25 mai 1957. Selon eux, un sens profond de la discipline et un pur élan de patriotisme auraient poussé les officiers déjoistes à démissionner, question de manifester leur réprobation à la rébellion de Cantave. Et ce n'était que par dévouement à la Patrie menacée que le Colonel Pierre Armand aurait finalement accepté de prendre la tête de l'Armée... Et aussi des forces cantonnées au Camp d'Aviation, afin de déloger le hors-la-loi de sa citadelle des Casernes Dessalines…D'ailleurs, déclarent les commentateurs, Armand n'était pas déjoïste, mais duvaliériste pure eau. À voir ! C'est à croire que ces officiers démissionnaires, ô combien désintéressés! étaient brusquement devenus des héros cornéliens tenaillés par le dilemme de culbuter le père rebelle au prix du sang du frère mutin, de ramener la paix au prix de la guerre. Horace obligé de tuer ses demi-frères Curiace pour le bonheur de Rome…

Hélas ! La motivation du drame du 25 mai ne fut pas si pathétique, ni noble. Les contemporains de l'évènement continuent d'incriminer Louis Déjoie sans aucune circonstance atténuante. Certes, l'hostilité de Cantave, ses intrigues scabreuses ont poussé le Collège à bout. Et il paraissait tout à fait logique que le gouvernement limogeât ce militaire politisé au point d'oublier ses devoirs les plus élémentaires. Mais ceci ne montrait que la partie visible de l'iceberg.

Dès son accession à la tête de l'Institution militaire, Cantave essuya une opposition sans nuance de la part de Louis Déjoie. Avec une suffisance obstinée et souvent sans motifs valables, ce candidat présomptueux, trop confiant en son avenir politique, multiplia des déclarations pompeuses et fulminantes où il fustigeait sans ménagement le Commandant, commettant chaque fois la faute irrémissible d'inclure l'armée toute entière dans ses récriminations contre son chef. Si la masse des soldats (fignolistes) et la plupart des officiers noirs (duvaliéristes) couvaient une haine profonde pour l'arrogant et guettaient l'occasion de lui rendre la monnaie de sa pièce, les hauts gradés (mulâtres et déjoistes) jubilaient, heureux qu'un des leurs, un civil, pût publiquement rabattre le caquet à ces quelques éléments noirs et laids qui souillaient les échelons supérieurs de l'armée, échelons considérés depuis 1915 comme la chasse gardée des belles familles claires et stylées de la capitale haïtienne.

De tels courants de pensée, pour imperceptibles qu'ils parussent au regard superficiel, agitaient en profondeur l'institution militaire qui, dès lors, ne pouvait plus connaître la transcendante sérénité de la neutralité. Courtisés par des politiques habiles et bien imbus du poids déterminant du militaire dans la politique haitienne, les officiers donnèrent libre cours à leur élan partisan, aiguillonnés en cela moins par des motifs idéologiques que par des affinités émotionnelles, voire simplement épidermiques. Qui se ressemblent s'assemblent...Chacun s'attacha à l'allié qui lui parût naturel. Les officiers mulâtres, le plus naturellement du monde, dans le sillage de la bourgeoisie et des métis, firent allégeance à Louis Déjoie. Et cela se comprenait fort bien…Rien à redire. Si ce n'est que ce cloisonnement coloriste creusa un clivage profond dans les rangs de l'armée. Sur cette base, la ligne de démarcation se trouvait tout naturellement tracée entre les deux camps de l'affrontement, en dehors de quelques transfuges de part et d'autre. Allez donc dire que Déjoie n'y était pour rien !

Bien avant ce conflit de mai, Déjoie travaillait au renvoi de Cantave. Rien de répréhensible à ce qu'un homme politique, candidat à la présidence de surcroît, se démenât pour embarrasser un chef d'état-major hostile à ses intérêts. Mais les méthodes utilisées à cet effet creusèrent davantage le fossé entre les deux factions, acculées, au fil de frictions quotidiennes, à vider dans le fracas des balles un différend somme toute artificiel.

À la chute de PIERRE-LOUIS, en février 1957, Déjoie s'empressa de lancer sa grève générale pour exiger l'application de l'article 81, en même temps que le limogeage de Cantave fraîchement promu. Il reprochait à ce dernier, à tort ou à raison, sa sympathie pour Jumelle et surtout son indépendance trop manifeste vis à vis de lui, Déjoie, qui se gargarisait, et ses partisans avec lui, d'avoir dans la poche toute la haute hiérarchie (mulâtre) de l'armée d'Haïti. À cette époque le sénateur-candidat dédaigna l'appel de Cantave à tous les candidats en vue de trouver autour d'une table de concertation une solution à la crise de l'après-Pierre-Louis. Il refusa tout net et avec hauteur. Même les officiers réputés déjoistes ne purent avoir raison de l'entêtement absurde de l'homme, qui ne condescendit point à s'asseoir à la même table que Jumelle dénoncé par la clameur publique. Cette argutie sentait le prétexte futile; la vérité résidait ailleurs. Cependant, cette intransigeance maladroite, en humiliant Jumelle, l'ex grand argentier et dispensateur de mille faveurs sonnantes sous le gouvernement du généralissime, lui aliéna une frange importante de cette armée magloiriste, profondément blessée par la gifle assenée en même temps à son chef actuel.

À la chute de Sylvain, même scénario. Refus catégorique de la junte proposée par Cantave. Grève générale pour culbuter le général. Certes, nombre d'officiers manifestaient des réticences vis à vis d'une solution militaire à la crise politique. Mais l'avis public de Déjoie et ses proclamations incendiaires confortèrent ses partisans militaires dans leur opposition au Chef d'Etat-Major. Donc nouveau balisage de la ligne de démarcation. La tension monta à tel point que Cantave, de dépit, démissionna et rentra chez lui. Revenu à son poste à la demande de ses amis, il ne put néanmoins se dégager de l'emprise contraignante du tandem FIGNOLÉ-DÉJOIE, auquel il dut, à son corps défendant peut-être, confier la tâche de résoudre la crise. Dejoie avait encore gagné aux dépens du général à nouveau humilié.

Sous le Collège, l'arrogance du club Déjoie décupla. Son attitude exacerba les rancœurs. Cantave résista à la vague, osa même contrecarrer les projets et les mesures du gouvernement. Et quand, à l'instigation de Max BOLTÉ, beau-fils et fédéicommis de Déjoie, le Collège annonça la destitution du Général, en cet après-midi du 19 mai 1957, les camps de la confrontation s'assemblèrent automatiquement. La rébellion de Cantave fournit à Dejoie le prétexte de décréter encore une fois sa grève générale. Il commit la bêtise de déclarer que " les jours du rebelle étaient comptés, puisque nous avons passé des instructions pour bloquer toute sortie de fonds destinés à la paye des soldats." Imaginez l'aversion immédiate du soldat pour celui qui projetait et se vantait impudemment de l'affamer.

C'est dans ce contexte que plusieurs officiers déjoistes crurent opportun de démissionner pour marquer, disaient-ils, leur refus d'obéir à un rebelle (Cantave). Au fait, c'était vouloir colorer d'une teinte trop fortement patriotique ou morale une prise de position tout à fait terre à terre et intéressée. À qui donc ferait-on croire que ces officiers, jeunes pour la plupart, eussent si follement mis fin à leur carrière débutante, s'ils n'avaient reçu de qui l'on devinait des promesses fermes de réintégration et même de promotion substantielle ? Qui donc pouvait leur garantir de si alléchantes perspectives ? Certainement pas le colonel Armand tout tremblant de l'honneur du généralat. Pas non plus le Collège caduc et introuvable. Mais quelqu'un de plus fort. Un futur président, seul, pouvait faire miroiter aux yeux de ces illuminés l'utopie grisante d'un avenir radieux dans une prochaine " CITÉ DU SOLEIL " conquise grâce à leur dévouement.

Les rares officiers noirs égarés dans ce camp se gargarisaient de rencontrer fréquemment Louis DÉJOIE pour mettre au point la stratégie. Celle-ci consistait pour eux à se désolidariser publiquement du général révoqué, à lancer un appel à la défection et essayer d'entraîner toute l'armée dans un mouvement d'opposition à son général devenu rebelle par son refus d'obtempérer aux ordres du pouvoir civil légitime. La manœuvre n'ayant pas abouti, les démissionnaires durent ravaler leur vomissure, revenir sur cette démission trop hâtive et reprendre du service le 24 mai pour tenter, de l'intérieur, de rallier à leur cause les garnisons de Lamentin, de la Marine, de Pétion-Ville et de l'Académie Militaire. Ils poussèrent Armand, le pusillanime, à accepter sa promotion, à établir son Q.G. à l'Aviation Militaire, corps sélect et à 100% déjoiste, et à lancer de là un ultimatum à Cantave dans les premières heures du 25 mai 1957. Ce groupe d'officiers activistes étaient manipulés par un patron politique: il s'appelait Louis DÉJOIE.

Même cachée, la main gourde et inexperte de Dejoie s'identifiait comme l'instrument de toutes ces manigances. L'objectif : en finir non seulement avec Cantave et sa brochette d'officiers fidèles, mais encore supprimer l'unique obstacle restant sur la route de la présidence, le Docteur François DUVALIER. Et c'était pour accomplir ce deuxième volet de la " solution finale " que des officiers mulâtres, connus pour leur fanatisme déjoïste, s'en furent, à la tête de bandes de civils et même de soldats, attaquer Radio Port-au-Prince et investir la résidence et le bureau politique de Duvalier à la ruelle ROY. Jumelle ne servirait que de dessert après le plat de résistance.

La hargne viscérale de Dejoie vis-à-vis de Cantave, l'appartenance sociale et idéologique connue et l'agglutination sur une base coloriste des protagonistes du camp Armand, le vandalisme exercé sur Radio PAP, caisse de résonance du discours quarante-sixard, l'attaque à main armée du bureau politique et de la résidence de Duvalier, le dernier rival restant, tous ces tirs bien ajustés confortaient l'hypothèse largement partagée que le 25 mai couvrait un vaste complot concocté dans les officines du Sénateur Louis Déjoie. Et c'est une irrémissible distorsion de la vérité historique, une insulte amère pour les contemporains de l'évènement comme pour les générations futures, que des pseudo historiens, notoirement déjoistes et impliqués eux-mêmes, aient poussé l'indécence jusqu'à présenter comme une simple collocation de pur hasard cette démarcation linéaire des camps de l'affrontement, tracée de façon si nette dans une catégorisation précise de la couleur de la peau et des intérêts de classe. Le Hasard est une déesse aveugle et vagabonde, trop inconstante pour une telle application, trop capricieuse pour ces cheminements si rectilignes et si patients…

La guerre civile du 25 mai marquait bien l'aboutissement d'une manœuvre de Dejoie et de ses stratèges. Renverser un Cantave hostile pour le remplacer par un général dévoué à sa cause, consolider un Collège favorable et défaillant, éliminer le rival restant le plus coriace, faire place nette pour une rapide foulée conquérante du tandem DÉJOIE-FIGNOLÉ, avec l'arrière-pensée de jeter à ce dernier un os à sucer une fois la table servie, ou desservie: ainsi était programmée la marche à la présidence de Louis Déjoie.

Ce bel échafaudage s'écroula sous les coups de boutoir d'autres protagonistes plus lucides, plus courageux et bien décidés à contrecarrer “le complot”. Même Fignolé, l'allié embarrassé, avait coupé les ponts la veille du 25 mai. Ses ministres au Collège s'étaient désolidarisés de ceux de Déjoie (4 contre 4), estimant que Max Bolté s'activait à les rouler et préparait un coup d'Etat au bénéfice de son mentor. Fignolé s'était fâché tout rouge et avait signifié que la bonne entente avait vécu, car "il n'acceptait pas de suivre Déjoie dans son coup d'état." Fignolé savait donc. Il était bien placé pour savoir; n'était-il pas son plus proche allié et conseiller ?

Le plan originel de Déjoie prévoyait de nommer HASPIL à la tête de l'armée. Mais devant l'opposition farouche de Fignolé, Déjoie avait capitulé pour appeler Pierre ARMAND, perçu certes comme duvaliériste, mais suffisamment souple et faible pour se laisser ensorceler et manipuler. D'après Grégoire EUGÈNE, Fignolé aurait déclaré péremptoirement au moment où on lui annonça le bombardement imminent des Casernes : «Les évènements se sont amorcés tel que Mathon les avait exposés. S'il y a déloyauté, c'est de votre côté, car Je vous avais bien dit que je ne vous suivrais pas dans votre plan.» "

Ce plan de Louis Déjoie, d'après ce qu'il ressort des réponses de Max BOLTE à la commission militaire d'enquête, englobait : la formation d'une milice de 1500 hommes bien entraînés et bien armés, le sac des stations de Radio, le " déchouquage " des Bureaux politiques et des résidences privées des candidats par des officiers sur ordre de Bolté et de Armand, l'attaque des Casernes Dessalines, la destruction des tanks de l'Armée par Georges STEVENSON au moyen de grenades reçus du camp d'Aviation, l'invasion des Casernes par le Peuple armé de machettes, de piques, couteaux, poignards, revolvers, bâtons…Fignolé a dit qu'il savait, même s'il ramenait l'équation de la conjoncture à l'affrontement Cantave-Armand qui, selon lui, était le duel du rebelle contre l'usurpateur. À son avis, pour devenir Chef d'Etat Major après son refus officiel et public, Armand devait bénéficier d'une nouvelle nomination du pouvoir exécutif, complètement disloqué.

Il existait donc bien un plan DÉJOIE pour le 25 mai 1957. Un plan que Fignolé connaissait dans ses détails et qu'il refusait de suivre pour ne pas être en porte-à-faux sur sa classe et sa clientèle politiques.

Allez donc dire que Louis DÉJOIE n'était pour rien dans la guerre civile du 25 mai 1957 ! ! !

- C h a p i t r e 4 -

LE PRIX DE LA PAIX

1. PIERRE EUSTACHE DANIEL FIGNOLÉ: 25 MAI 1957-14 JUIN 1957

La présidence de Fignolé, loin de ramener le calme escompté, ouvrit une véritable boîte de Pandore qui répandit des calamites insupportables sur la Cite déjà tant éprouvée. La " ROULEAU COMPRESSEUR", au lieu de rentrer sous la tente une fois son patron installé au Palais, s'enorgueillit, s'enhardit. Il ne se contenta plus d'occuper les rues et d'y glaner de quoi manger au hasard de quelques exactions ; il investit en ayants droit la cour du Palais présidentiel, des ministères, exigeant bruyamment l'embauche immédiate. Il se substitua carrément à la Police en opérant des fouilles partout, dans les maisons privées, dans les bureaux publics, sur les routes et dans les rues, sur les voitures, sur les personnes. Il s'érigea en défenseur arrogant du régime naissant : il devint sa police administrative, sa police politique, son bras séculier, son bras vengeur, son arme dissuasive, son ARMÉE. La cour de la maison présidentielle ne désemplissait pas de ces foules impétueuses, bruyantes et menaçantes, qui réclamaient à tout instant que " LEUR " président vienne leur parler du péristyle ou bien qu'il écoute leurs délégués, en tête à tête. C'était un sit-in permanent, Place des Héros. En outre, on enregistrait par toute la ville des scènes de carnage, des agressions, le pillage des bureaux politiques des autres candidats. Partout, la peur et le désespoir.Tout laissait croire que la machine infernale de l'émeute populaire allait fonctionner sans désemparer et broyer inexorablement des pans entiers de la société haïtienne. De ce point de vue, contrairement aux attentes, la présidence Fignolé n'avait pas rétabli le calme immédiatement…Premier échec.

D'un autre côté, si la force des choses, une lecture incorrecte du parallélogramme des forces et le pragmatisme de deux candidats ont imposé Fignolé comme président, celui-ci ne renonça pas pour autant à sa candidature à la présidence. Dans la conjoncture qui prévalait au pays, la présence de Fignolé au Palais constituait une anomalie. Voici un Candidat investi de l'autorité suprême et directe de nommer à travers le pays magistrats, maires, préfets, donc tous les agents effectifs de la fonction électorale. Et quelles q'eussent été les capacités de détachement et d'abnégation d'un homme politique, son altruisme ne pouvait aller jusqu'au don de soi pour la consécration d'un rival. Là encore, l'opération Fignolé se révélait négative pour les stratèges du coup, uniquement dominés en ce 25 mai chaud par la peur d'un dérapage incontrôlable. C'était le cas de dire, parodiant un proverbe du terroir, qu'en voulant éviter le courant de la rivière, on plongeait en plein océan.

Quant à Fignolé, bénéficiaire d'un tel battement d'ailes du destin qui l'avait brusquement porté au pinacle, il s'en donnait à cœur joie. Il pérorait. Désormais, tout lui semblait possible, permis. Parti outsider timide en Décembre 56, il avait pris de l'épaisseur au fil de la campagne et de ses discours imagés très prisés par le gros peuple. Il avait acquis une popularité tapageuse, qui ne dépassait pourtant pas vraiment les limites de la capitale. En dépit des fanfaronnades de la masse fanatisée, l'homme et ses supporteurs éclairés avaient conscience de ces limitations. Au fond, ils ne se méprenaient pas du tout sur le caractère d'appoint d'une candidature condamnée en définitive à faire l'équilibre et, au mieux, la décision entre Duvalier et Déjoie. C'est en bon marin donc que Fignolé tangua, toutes voiles déployées, flairant les bons vents susceptibles de conduire son bateau parfois ivre vers quelque île aux trésors. Le 25 Mai 1957 l'avait surpris dans une alliance honteuse avec Déjoie, " l'ennemi héréditaire ", dans les liens d'un mariage boiteux, inconcevable, impardonnable du point de vue idéologique, entre le "réactionnaire aristocratique" et le mopiste gauchisant et populiste. L'en détacher devait constituer la première étape de sa rédemption, et l'un des objectifs primordiaux des artisans de sa présidence provisoire.

Voici donc ce marin de la politique, ce prestidigitateur à la loterie du destin, brusquement détenteur du gros lot. Cette subite et incroyable faveur des dieux le gonfla d'orgueil. Et fort de l'appui inconditionnel de la plèbe - la pègre - port-au-princienne, il se crut autorisé à toutes les hardiesses, à toutes les imprudences. Il alla jusqu'à commettre le lapsus calami, vite et stupidement répercuté par ses milliers de fanatiques ignorants, qu'il était président pour 25 ans, "pour un quart de siècle". Une présidence à vie, quoi ! Duvalier et lui avaient étudiés à la même école; mais lui n'avait pas su retenir sa langue.

Plus qu'ambigu, ce bavardage imprudent sonna le tocsin qui alerta les concurrents. Et ces politiciens chevronnés, rompus aux arcanes de la littérature politique comme à la technique des coups bas, remirent immédiatement leur ouvrage sur le métier afin de confectionner sa chemise mortuaire à ce hâbleur incorrigible.

Le président du Front Populaire Français, Léon BLUM, disait que " pour durer, il faut donner vite le sentiment de la réussite". Fignolé avait pêché contre cet axiome. En effet, très vite, trop tôt, il avait allumé les clignotants de la panne et de la faillite. Il avait échoué à ramener la paix, ce pour quoi il avait été intronisé d'urgence. À quoi servait donc un Fignolé-président-provisoire, si les désordres s'exacerbaient, si les partisans du régime - qu'on le chargeait de brider - devenaient plus agressifs, plus arrogants ? La baraka avait conduit l'homme au pied du trône ; mais il l'avait abandonné là. Il n'eut plus la parole séduisante, encore moins la main heureuse. Et quand il accepta d'entériner une recommandation malicieuse pour remplacer Cantave à la tête de l'armée, il n'avait fait qu'ériger et affiler la guillotine qui allait bientôt le décapiter.

Certes, Fignolé jouissait d'un certain rayonnement au sein de l'Armée. Mais sa populaire y était factice, car confinée aux échelons inférieurs, dans les cadres subalternes, ensorcelés par ses discours populistes, mais astreints à l'obéissance et à une stricte discipline militaire. Sa promesse électorale sonnait bien d'augmenter la solde des sous-officiers et des soldats, de leur accorder mess généreux et logements décents. Et aux premiers jours de son règne éphémère, il renouvela ses promesses, avec sans doute le désir sincère de les concrétiser. Pour cela, il faut le reconnaître, il avait reçu loyale allégeance de la base de l'Armée.

Mais le hic, c'est qu'en 1957, on était loin de ces temps de Prosper AVRIL (1988) où la seule sympathie des "petits soldats patriotes" pouvait faire des fortunes politiques. Malgré un début de décomposition du corps, la base restait attachée aux principes de discipline et d'obéissance. Et comme les cadres supérieurs et moyens qui donnaient ou transmettaient les ordres étaient ou duvaliéristes ou déjoistes, Daniel Fignolé n'avait aucune chance de mener l'armée par le bout du nez de ses petits soldats, à moins d'une scission de la base.

2. ANTHONIO TH. KÉBREAU, LE PACIFICATEUR

Pour réunifier l'armée écartelée par les courants malsains de la campagne électorale, il fallait trouver un général répondant au profil et aux nécessités de la conjoncture. Le souvenir irritant d'un Paul Magloire maître incontesté des destinées haitiennes durant une décade, les intrigues révoltantes d'un Cantave ambitieux à l'excès, incitèrent les hommes politiques à suggérer et Fignolé à accepter un personnage transparent et malléable, un militaire sans charisme ni relief, ayant évolué loin de la jungle politicienne de la capitale. Un homme pâle et simple, peu intelligent, peu distingué, peu entreprenant, peu connu. Un homme doux, obéissant, un agneau, quoi ! et qui n'aurait pour toute ambition que l'aspiration, exorbitante peut être mais somme toute légitime, de voir scintiller une étoile d'argent sur la fin d'une carrière sans éclat.

Ce profil du militaire banal, insignifiant et fantoche coïncidait avec une incroyable exactitude géométrique avec la figure d'un certain colonel au nom prédestiné de Antonio TH. KEBREAU. Le “TH” = Thrasybulle sera transformé par la malice populaire en “TH”= THOMPSON. Car, dans une symphonie effroyable de mitraillette THOMPSON, Kébreau allait imposer sa volonté de fer et renverser tous les pronostics. On raconte qu'Augusto PINOCHET, affligé de la même insignifiance, sera retenu pour être le fossoyeur de l'expérience socialiste au Chili…Choisi pour les mêmes raisons, il provoquera les mêmes surprises et les mêmes déceptions…

On prétend que Cantave, en partant, s'était fait le principal artisan de cette nomination, plaçant au bon endroit le sabre de sa revanche prochaine. On ne sache pas cependant qu'il ait entretenu des rapports privilégiés avec Kébreau. Avancer et soutenir la candidature de ce dernier participait vraisemblablement d'une tactique imaginée par Duvalier, Emile Saint-Lot, et autres Machiavels, désireux d'éliminer une fois pour toutes le bouillant Professeur : lui faire le cadeau empoisonné de la présidence, tout en glissant dans son coffre à bijoux la vipère qui le piquerait bientôt. Très probablement, la condition a dû être posée au militaire, comme préalable à la recommandation et à sa nomination. Et chose incompréhensible, Fignolé le naif s'empressa de découvrir des raisons personnelles à l'appui de la candidature du colonel qui, se rappela-t-il soudain et si bien à propos, " avait sauvé sa vie au cours d'une tournée électorale qu'il avait effectuée imprudemment dans la ville hostile des Cayes ". Pour tous ces motifs donc, avoués et inavoués, Anthonio TH.KÉBREAU fut nommé Général de Brigade, Commandant en Chef de l'Armée d'Haïti.

KÉBREAU GÉNÉRAL

L'ancien séminariste Kébreau avait accompli dans la garde une carrière sans histoire. Sorti l'un des derniers de sa promotion, il n'occupa, en fonction de son palmarès peu reluisant, que des postes secondaires. Et en province, s'il vous plaît. Au grade de Lieutenant-Colonel, il dirigeait encore le District de Jacmel, poste ordinairement réservé à un simple capitaine, et encore! De Jacmel, il fut muté comme Inspecteur du Département du Nord, puis du Sud. Après quoi, à l'arraché il obtint le poste de Commandant du Département du Sud, sa première affectation vraiment honorable. Et ce fut là, aux Cayes, que ce militaire simple et effacé apprit sa promotion à la distinction suprême. Il entra à Port-au-Prince, tout ébloui de cet honneur inespéré, pour occuper son premier poste à la Capitale, le fauteuil de Chef d'Etat-Major de l'Armée d'Haïti. Bizarrement.

L'erreur fatale de Fignolé - et de tous ceux qui ont érigé l'anarcho-populisme en méthode de gouvernement - fut de croire que l'armée pouvait s'accommoder d'un situation d'anarchie permanente. Le militaire, quel que soit son grade, est allergique aux désordres civils, et en Haïti, au civil tout court. Il avait été éduqué dans de telles dispositions d'esprit depuis les temps de l'occupation américaine, la première s'entend, en 1915. Ainsi même les soldats fignolistes se lassèrent vite des manifestations continuelles, des sit-in ininterrompus. La garde du Palais s'énerva, jalouse de cette présence civile envahissante et arrogante, qui mettait son autorité sous le boisseau et lui ravissait ses prérogatives.

La police, elle, était débordée. Même prise en main et gavée de promesses mirobolantes, l'armée grinçait les dents, grondait comme un dog prêt à bondir sur l'intrus. Fignolé enfonça le clou quand, dans une correspondance officielle du 8 Juin 1957, il réclama un rapport sur tous les officiers, du grade de capitaine à celui de colonel. Cette démarche sonna comme un glas dans l'esprit des hauts gradés. Elle semblait confirmer la rumeur que le "communiste " allait renvoyer la haute hiérarchie de l'Armée et ramener le commandement au grade de Capitaine. Un hasard malheureux voulut aussi que la demande du Chef de l'Etat coïncidât avec une mesure du Chef d'Etat-Major qui, considérant que l'armée avait perdu, ces temps derniers, beaucoup d'officiers (environ 67 selon les bilans officiels) et que l'Académie militaire était fermée, envisageait d'opérer des promotions. À cet effet, et dans le plus pur esprit d'impartialité, Kébreau avait requis des commandants de département " des listes de sous-officiers que leur compétence et leur état de service pouvaient recommander à une juste promotion au grade d'officiers". On prétendit que Fignolé voulait couper court à cette démarche régulière et imposer une liste de civils militants à inclure dans l'armée au grade d'officiers. Cette rumeur indisposa l'armée à tous les échelons.

Un autre grief concernait la solde des soldats. Fignolé mettait carrément l'Etat-Major face au soldat qui apprenait que, contrairement aux promesses démagogiques qu'il avait faites d'augmenter sa solde à 100%, le Budget de l'Armée avait été réduit de 11% par le gouvernement. Cela signifiait que le déjà maigre salaire allait encore baisser. La chose devenait franchement irritante, d'autant que la présence tapageuse du peuple dans les rues mettait le petit soldat sur les dents et commençait à faire tiquer une communauté occidentale hostile à l'anarcho-populisme assimilé en ces temps-là au marxisme-léninisme, l'ennemi viscéral. La coupe était déjà pleine.

Et quand Le Général Kébreau décida de mettre fin à l'aventure Fignolé, il ne rencontra que supporteurs empressés au sein de l'institution comme auprès de la communauté internationale. Cependant, à la conférence qu'il réunit au Grand Quartier Général pour fignoler le renvoi de Fignolé, s'éleva une voix discordante : celle du Colonel Pierre PARET, Chef de la Police de Port-au-Prince. Celui-ci estimait, en effet, qu'une séance de travail avec le président permettrait à l'Etat-Major de lui exposer les dangers de la conjoncture et les griefs de l'Armée; cela aurait peut-être la vertu d'inspirer au Chef d'Etat les mesures idoines, et éviterait une immixtion trop directe de l'Armée dans les affaires politiques. Peine perdue, lui avait rétorqué le Général; le Président représentait un danger, étant devenu l'otage irrécupérable de ses partisans, et de sa phraséologie. Kébreau notifia à Paret que de toutes façons la décision était prise à la majorité de l'Etat-Major de renverser Fignolé. Alors Paret se soumit, obéissance oblige. Et en bon militaire sûr de lui, puisque, de tous les hauts gradés, lui seul avait soulevé des objections contre le coup d'Etat, en s'y ralliant par discipline, il revendiqua le privilège d'en être l'exécuteur principal. C'est ainsi que dans la soirée du 14 Juin 1957, Fignolé fut arrêté, non point par les gardes du Palais comme cela eût paru logique, mais par des officiers de la Police de P-au-P., sur ordre de Pierre Paret.

Au-delà d'une certaine morale politique qui condamne tout coup d'Etat, quel qu'en soit le motif, l'attitude de Paret vis à vis de Kébreau, et vice versa, demeure un modèle de correction militaire. Un opposant se rallie à la volonté de la majorité ; un colonel, au début réservé sur l'opportunité d'une décision, se soumet aux ordres de son chef, ordres qu'il exécute sans réticence ni faiblesse. Un haut gradé obéit aux instructions d'un supérieur, sans considération de ses états d'âme. Et le chef n'éprouve aucune suspicion, aucune méfiance à confier l'exécution d'un ordre capital et ultra confidentiel à un subalterne qui en avait au préalable discuté le bien-fondé. On vivait encore des temps où les notions de devoir, d'honneur et de dignité avaient un sens au sein de la gent militaire. L'armée constituait encore un milieu sain, bien différent de cette espèce de jungle qu'elle allait devenir et où des militaires vendront leurs frères même aux moins offrants, livreront des secrets, pas même pour des plats de lentilles, refuseront d'obéir à leurs chefs, les déshabilleront et les " déchouqueront " comme de vulgaires malfrats.

En tout cas, dans la soirée du 14 Juin 1957, Fignolé fut appréhendé au Palais National, en pleine séance de Conseil des Ministres. Des officiers de la police firent irruption dans la salle, et dans un vernaculaire imagé et trivial, le Major John BEAUVOIR signifia au Chef de l'Etat la fin du voyage. "TI COQ OU K..." Auparavant les putschistes avaient pris soin de " neutraliser " la base, qui se délectait d'un film de cow-boy époustouflant, dans la salle du cinéma soigneusement close des Casernes Dessalines.

On accorda au Président juste le temps de rédiger et de signer sa lettre de démission :

LETTRE DE DÉMISSION DU PRÉSIDENT PROVISOIRE, DANIEL FIGNOLÉ

Port-au-Prince, le 14 juin 1957.

Palais National.
Au Chef d'Etat-Major de l'Armée d'Haïti
En ses Bureaux.

Monsieur le Chef d'Etat-Major,

Appelé à la Présidence de la République à un moment où la guerre civile menaçait de conduire le pays à l'abîme, je me suis évertué à ramener le climat de paix favorable aux présidentielles et législatives.

En présence des difficultés de toutes sortes rencontrées dans l'accomplissement de cette noble tâche, je me vois obligé de remettre à l'Etat-Major de l'Armée d'Haïti ma démission comme Président Provisoire de la République.

En formant les vœux les plus sincères pour le bonheur de ma patrie bien-aimée, je vous prie de recevoir mes salutations distinguées en la Patrie.

Daniel FIGNOLÉ

Daniel Fignolé arrêté et déporté aux Etats-Unis, via le Môle Saint-Nicolas et la Jamaïque, ce fut la curée. Durant la nuit du 14 au 15 Juin, ses partisans hurlèrent à la lune, " battirent les ténèbres ", à la Saline, au Bel-Air, au Morne Atuff, bravant la loi martiale et le couvre-feu. Les militaires les décimèrent par dizaines. À la rumeur *-mensongère-* que Fignolé se trouvait écroué au Fort-Dimanche, des masses humaines déferlèrent vers ce poste situé sur le fond de mer, près de la Hasco, dans le dessein héroïque de libérer l'idole séquestrée. La garnison du poste taillada dans leurs rangs compacts, puis dispersa les survivants. Une attaque civile contre le petit poste de police de Portail Saint-Joseph (aujourd'hui remplacé par le sous-commissariat) fournit prétexte à un véritable massacre des habitants de la zone. Les gardes investissaient les corridors surpeuplées et boueux en tirant à hauteur d'homme. Les nombreux cadavres furent laissés volontairement sur la chaussée, pour frapper l'imagination et décourager toute velléité de résistance. Finalement le Chef de la Police décida d'incarcérer tous les éléments mâles de ces quartiers mal famés. Ceux qui échappèrent aux rafles sanglantes se réfugièrent vite, en longs convois d'angoisse et de détresse humaine, vers les provinces ou à la périphérie de la capitale. Après 48 heures, à un prix indéterminé, mais assez élevé, de sang et de vies, l'Armée rétablit la paix, une paix de peur, dans un silence de cimetière. Un gouvernement nouveau, cette fois-ci militaire, LE CONSEIL MILITAIRE DE GOUVERNEMENT, vit le jour. Il était composé du Général A. TH. KÉBREAU, des Colonels VALVILLE et ZAMOR.

3. L'ARBITRAGE DU GÉNÉRAL-PRÉSIDENT. 14 Juin - 22 Octobre 1957

Les derniers évènements, pour cruels qu'ils parussent, servirent à simplifier au strict minimum l'équation électorale. Fignolé une fois déporté, Jumelle acculé à un semi-maquis, les candidats paillasse emportés par la vague des événements, la confrontation plurielle du début allait se circonscrire autour d'un duel Déjoie-Duvalier, sous l'arbitrage du Général Kébreau. Quelles étaient les forces réelles de ces survivants ? Le Général allait-il, pouvait-il rester neutre ? Sinon, de quel côté allait pencher le fléau de sa balance ? Et pourquoi ?

3-1. L'INGÉNIEUR-AGRONOME LOUIS DÉJOIE.

Il faut ici répéter qu'au début de la campagne, Déjoie semblait se détacher comme le candidat le plus fort, le plus populaire. Agronome progressiste, industriel entreprenant, homme du monde affable, sénateur à la verve pétillante, il a su s'attirer la sympathie agissante de la bourgeoisie haïtienne, des hommes d'affaires, des secteurs ouvrier et paysan, des milieux internationaux. C'était déjà beaucoup. L'installation de plusieurs usines prospères au Plateau Central et dans le Sud porta à son crédit les qualités d'un gestionnaire dynamique et compétent, capable, devenu président, d'amener au pays des capitaux productifs, d'implanter de nombreuses usines et d'élargir le marché du travail et le pouvoir d'achat de la classe laborieuse et de toute la communauté haitienne. Une telle perspective ne manqua pas de séduire la masse des chômeurs, les citadins comme les paysans. Les commerçants lui étaient tout dévoués et leur totale disponibilité à ses mots d'ordre lui procura une arme redoutable, la grève, utilisée malheureusement de façon abusive et souvent dans des combats inutiles. Au sein de l'Armée, l'homme jouissait d'une cote appréciable. S'il n'y pouvait compter sur le nombre, la haute hiérarchie, peuplée en grande partie d'officiers mulâtres, n'avait pour lui que des yeux de Chimène.

Avec de tels atouts, bourgeoisie traditionnelle, forces d'argent, jeunesse dorée, large plate-forme dans les classes ouvrière et paysanne, hauts gradés de l'Armée, i.e. ceux qui donnaient les ordres, appuis internationaux, la route du Palais s'ouvrait toute large sur les pas de Louis Déjoie. D'ailleurs, s'il avait fait montre d'audace et d'un minimum de génie politique, il se fût fait transporter du Pénitencier National au Palais National en ces jours troubles de Décembre 1956, où de foules impétueuses et fanatisées étaient venues accueillir et ovationner les prisonniers politiques libérés sous pression par un Magloire moribond. Il eût pu, à ce moment précis, créer une situation révolutionnaire et, sans coup férir, se saisir des rênes du pouvoir dans l'allégresse de la chute d'un " tyran ", dans l'ivresse de la liberté retrouvée. Et la légitimation eût été chose facile, par la suite.

En fait, qui aurait osé empêcher l'exécution d'un tel scénario ? Pas l'armée, culpabilisée et honteuse du comportement répréhensible de son chef Magloire et pressée de rentrer dans la stabilité opulente d'un pouvoir bourgeois. Pas Duvalier confronté à ce moment aux affres d'un maquis incertain. Pas non plus Jumelle, le dauphin rejeté, acculé à la défensive. Encore moins Daniel Fignolé tout flottant, embarrassé par ses dettes d'honneur envers l'ancien régime. Non, personne ne se fût risqué à lui disputer la préséance.

Mais au dîner du pouvoir, l'histoire accepte rarement de repasser les plats. En politique, les bonnes occasions sont uniques, elles ne se présentent pas deux fois. D'autant qu'à cela veillaient des politiciens chevronnés, étonnés et ravis qu'un Déjoie trop candide eût commis la faute de rater, en ce jour unique, le train de sa destinée. Ils s'évertueraient à ce que ce train ne repassât plus jamais sur sa route.

À ce travail de sape, les adversaires du sénateur furent assistés d'un allié irremplaçable : DÉJOIE LUI-MEME. En effet, le candidat, tel un scorpion, s'appliquait à se piquer lui-même, avec un talent inépuisable. Ses partisans les plus proches - ignorance, ingénuité ou arrogance incontrôlée, mais en tout cas, anachronisme impardonnable - se liguèrent à réveiller les vieux démons du préjugé de classe et de couleurs. Pour consolider la sympathie des mulâtres - ce qui n'était plus nécessaire - ils s'enorgueillirent publiquement de la généalogie olympienne de leur poulain, descendant en droite ligne, disaient-ils, de Fabre Nicolas GEFFRARD et de Boyer BAZELAIS. Boyer Bazelais, le héros du siège de Miragoâne, le chef de l'oligarchie mulâtre et libérale, ennemie historique du Parti National " du plus grand bien au plus grand nombre", l'auteur exécré du douloureux "testament des libéraux". Dans l'aversion irrépressible de la prétendue qualité pour la quantité, ces politiciens n'avaient pas pu se retenir de pérorer que Déjoie une fois président, ils ne manqueraient pas de remettre à leur place ces "ruraux qui envahissent la Cité et encombrent les avenues de l'Administration".

Par leur manque de vision et leur pédanterie, les déjoistes ont amené le débat électoral sur un terrain mouvant et miné, finalement propice à leurs adversaires si attentifs à capitaliser sur les faux pas d'un rival si bien pourvu. On ressuscita vite - ou inventa - " un testament des Libéraux " ; on commenta avec une méchanceté acrimonieuse le sous-racisme de Bazelais et de ses arrière-petits-neveux, (Déjoie compris), qui revendiquaient l'héritage avec tant de morgue et d'impudence. Ainsi se mit à pâlir l'ascendant de Déjoie sur les classes moyennes et l'intelligentsia noire, sur les masses ouvrière et paysanne, qui réunissaient environ 80% de l'électorat.

Dans un autre ordre d'idées, nul n'a jamais bien compris pourquoi un vieux routier de la politique comme Louis Déjoie, si bien pénétré du rôle déterminant de l'armée dans les affaires politiques haitiennes, s'était à ce point appliqué à s'aliéner ce corps. Peut-être croyait-il suffisant d'avoir " dans la poche " les seuls commandants mulâtres ? En tous cas, pas une seule fois il ne rata l'occasion d'attaquer le corps, devenu en fin de compte le souffre-douleur de ses mauvaises humeurs, le bouc émissaire de ses déceptions et contrariétés. Il ne cessa de fustiger ses chefs, en englobant dans ses vertes réprimandes la troupe toute entière. Il se vanta d'avoir à lui tout seul renversé le généralissime Paul Magloire, culbuté le général Antoine Levelt, agenouillé Léon Cantave. Il se plut à éreinter l'armée avec ses interminables grèves du Commerce et ses appels incessants à la désobéissance civile. A l'avènement de Kébreau, seul il l'affronta, utilisant encore une fois l'arme de la grève générale, contre laquelle, cette fois-ci, le général réagit de façon drastique et décisive. Chaque blessure ainsi portée au Commandant faisait saigner le corps tout entier. Et chaque fois, c'est l'armée dans son ensemble qui éprouvait la nécessité solidaire de relever le défi et de laver l'affront.

Cette attitude agressive *-et négative-* de Déjoie vis-à-vis de l'Armée d'Haïti finit par refroidir même des sympathies acquises. Elle gêna aussi ses partisans militaires les plus dévoués. Pis encore, elle lui valut une farouche opposition au niveau de ce qu'on appelait " les reins de l'Armée", la sphère d'exécution, les capitaines, les lieutenants, en général des noirs issus des familles plus ou moins aisées des classes moyennes et ayant eu accès à l'Académie Militaire à la faveur du récent "rééquilibrage coloriste" entrepris par Estimé et…Magloire.

En outre, la stratégie électorale de Déjoie portait en elle-même le vice d'émousser ses armes les plus tranchantes. Pour un oui, pour un non, la grève générale. Cette pratique trop souvent imposée ruinait l'économie déjà moribonde du pays. Elle appauvrissait commerçants et industriels et surtout condamnait à la faim la masse énorme des chômeurs qui puisaient leur subsistance dans les opérations et les tolérances marginales du Commerce et de l'Administration publique. Finalement, et chacune pour ses raisons propres, les catégories les plus diverses de la société se désintéressèrent peu à peu des mots d'ordre de l'homme. Et quand le Général Kébreau émit un décret interdisant la grève du Commerce et fit ouvrir au chalumeau les portes des magasins (qui furent pillés), Déjoie ne disposait plus d'aucun moyen pour imposer ses points de vue. L'arme superbe de la grève était brisée : il n'avait pas su la tenir au fourreau et ne la brandir que quand l'exigeaient vraiment les circonstances et les enjeux.

En dépit de cela, les liens émotionnels étant solides en ce pays, le Sénateur Louis Déjoie demeurait en Juin 1957 un candidat très populaire, capable de se mesurer à armes plus ou moins égales avec le représentant des classes moyennes, le Docteur François Duvalier.

3.-2. LE DR. FRANCOIS DUVALIER

Duvalier, quant à lui, ne portait pas que des fleurs sur son arbre généalogique. En fait, il ne possédait pas de généalogie du tout. Il émergeait comme une apparition soudaine, comme une génération spontanée, dont les plus proches racines plongeaient dans l'inconnu, dans le néant. D'ailleurs, il semble avoir volontairement couvert d'un voile opaque ses origines, ses antécédents familiaux et collatéraux. Nul ne l'a jamais entendu évoquer, comme tout être humain normal, les souvenirs toujours si émouvants d'une mère. Dans ses livres, jamais une dédicace à celle qui l'avait allaité et bercé. Et si on connaissait plus ou moins son père, Duval Duvalier, un obscur Juge de Paix de Carrefour décédé à l'aube de son règne, tout s'arrêtait là. En deçà, absolument rien. Au-delà, pas davantage. Pas de sœur, pas de frère, pas d'oncle ni de tante, ni de cousin, ni de neveu…Duvalier est un nom très peu répandu au pays. Et quand, en 1986, Jean-Claude Duvalier, le seul héritier mâle de François, quittera Haïti avec ses deux enfants, il ne restera plus un seul Duvalier (de nom) sur toute l'étendue du territoire haïtien. La famille Duvalier est ici comme une braise éteinte sitôt enflammée. Mais quelle flamme, Grand Dieu ! ! !

Au renseignement, le grand-père de François, Florestal Duvalier, était un tailleur martiniquais que la misère ou le goût de l'aventure avait poussé sur les rives haïtiennes vers la fin du 19ème siècle. Il installa sa boutique à Port-au-Prince, et procréa, à la limite de la morale sociale, pour engendrer la seule lignée Duvalier existant au pays.

La Constitution Haïtienne de 1950 prévoyait en son article 78 que, pour être élu Président de la République, il fallait être haïtien d'origine, c'est-à-dire. « né d'un père qui lui-même était né haitien». Duval Duvalier, fils de Floresta et père de François, était-il né haïtien ? Certes, il avait vu le jour sur le territoire haïtien (à contrôler), mais d'un père français. Un père français qui aurait pu, comme le lui permettait la loi en la matière, se rendre à la Légation Française déclarer la naissance de son fils et réclamer pour lui un livret de naissance français. Et parvenu à la majorité, Duval aurait pu, comme le lui permettait la loi en l'espèce, OPTER pour l'une ou l'autre nationalité. C'est dire qu'il n'était pas né haïtien, comme l'exigeait la Loi. Et cela suffisait pour interdire l'inscription du Dr. François Duvalier au registre des candidats à la Présidence en 1956-1957. Et pourtant … L'histoire du monde est cousue de telles négligences, de telles approximations, de telles impostures même. Napoléon Bonaparte, Français à la limite, deviendra Empereur des Français et dominera l'Europe; Adolphe Hitler, Prussien de très fraîche date, sera Chancelier du troisième Reich et bouleversera l'Europe et le Monde ; et François Duvalier, français d'origine ou Haïtien d'origine française, établira une dynastie en République d'Haïti….

Les langues de vipère ont raconté que François était le fils de son grand-père: Florestal, par peur du scandale, aurait supplié son fils Duval de reconnaître à sa place le petit François né de ses œuvres ancillaires ou douteuses. Certainement des bobards véhiculés dans le méchant dessein de salir l'homme devenu Chef d'Etat.

En tout état de cause, François Duvalier vécut une enfance difficile matériellement et psychologiquement. Evoluant dans un milieu familial exclusivement masculin et hostile pour naissance non désirée, il était privé d'un champ de libre expression de ses élans œdipiens. À défaut d'être introverti, il devint un adolescent taciturne et morne, timide et replié sur lui-même. Les plaisirs mondains, le sport au grand air, les promenades, les excursions, les conquêtes féminines, toutes ces activités physiques et sociales où la jeunesse trouvait ordinairement un exutoire sain à son trop-plein d'énergie, laissaient totalement indifférent ce jeune homme fragile. Il se cloîtrait, il s'enkystait volontiers dans un univers de solitude, pour cacher ses frustrations et étouffer ses phantasmes.

Dans cette ambiance d'hypocrisie familiale, dans ce climat de méfiance réciproque, de sentiments refoulés et de rythmes contenus, Duvalier développa un psychologie de marron, de maquisard : le marcher lent et feutré du félin qui veut toujours passer inaperçu et surprendre sa proie, la vigilance suspecte de la pintade toujours à l'affût, la simulation de la soumission résignée pour maquiller sa révolte intérieure…Il se composa un visage écran qui occultait les tempêtes de son âme ambitieuse et aigrie. À cette école de l'exil au sein de sa propre famille, dans ce refoulement de l'enfant du scandale, il cultiva l'indifférence, voire la haine vis à vis de l'Autre, un sang-froid reptilien, la maîtrise de soi et de ses émotions, le goût du mystère, l'art supérieur du silence et de la dissimulation. Et par-dessus tout, la méfiance envers l'univers tout entier et le suprême mépris des hommes. Plus que tout il détestera cette oligarchie hermétique qui le condamnait sans ménagement pour l'ambiguïté de sa naissance et qui, plus tard, restera fermée au Médecin qu'il était devenu. Il était aisé de percevoir dans son poême "Les sanglots d'exilé", les grands linéaments de sa doctrine et de son programme de gouvernement.

François Duvalier, une fois diplômé de la Faculté de Médecine de Port-au-Prince, et après son service social, alla parfaire ses connaissances dans un hôpital de Michigan, aux USA. Revenu au pays, il sera embauché par une Mission Américaine vouée à l'éradication du Pian. Cet emploi providentiel et l'accomplissement consciencieux de sa tâche lui acquirent un grand respect et de solides amitiés dans la colonie américaine en Haïti et à l'étranger. Il put surtout parcourir le pays de fond en comble, sympathiser avec " le pays profond ", le pays réel, se familiariser avec les traditions séculaires de la paysannerie et de " l'arrière-pays ", viscéralement attachés aux " dieux tutélaires de la race et de la patrie". Ethno-sociologue, fondateur de l'Ecole Indigéniste et des Griots, il exalta dans maints articles et ouvrages les valeurs d'une culture authentiquement haïtienne et posa avec une acuité saisissante et sans hypocrisie " le Problème des classes dans l'Histoire d'Haïti ". Ce parcours professionnel l'auréola d'un immense prestige et lui gagna un capital énorme auprès de la paysannerie comme auprès de l'intelligentsia haïtienne.

Duvalier fit son entrée officielle dans la politique au milieu des années 40. Le MOP, Mouvement Ouvrier-Paysan de Daniel Fignolé, venait de naître. Il y adhéra et fut élu Secrétaire Général. Il abandonna assez vite ce Parti pour rallier le camp de Dumarsais Estimé qui le gratifia d'un portefeuille de Ministre du Travail. Son " opportunisme " lui attira les foudres de Fignolé, l'anti-estimiste " convaincu et conséquent ", qui ne fera plus confiance à ce petit médecin lâcheur et traître.* Cela explique l'aversion de Fignolé pour Duvalier tout au long de la campagne de 1957 et la totale impossibilité d'une alliance entre ces deux compères originellement mopistes.

À la chute d'Estimé, Duvalier se fondit dans le maquis. Perspicace et intransigeant, il refusa tout compromis avec le colonel Paul Magloire qui, de son poste de commandant des Casernes Dessalines, dominait la politique haitienne. Malgré les appels, il n'approcha pas ce militaire ambitieux qui avait menacé chaque jour et finalement compromis la longévité du Gouvernement Estimé. D'ailleurs, à maintes reprises, il avait conseillé au Président Estimé de limoger Paul Magloire (qui le lui rendra bien en mettant sa tête à prix à l'aube même de son règne).

Une telle sagacité, largement diffusée par ses soins, sa fidélité absolue et même suicidaire aux idéaux de 1946, l'aura conférée par la fréquentation quotidienne du danger et l'acceptation stoïque des privations, rapportèrent au petit médecin des dividendes politiques inespérés. Notamment le si enviable héritage des "AUTHENTIQUES". Pour avoir été à la peine plus que tout autre, plus que tout autre il fut admis à l'honneur. Car, quand il se fut agi de désigner entre lui, Jean DAVID et d'autres, le porte-drapeau de l'Estimisme, Madame Dumarsais ESTIMÉ, érigée en la circonstance légataire testamentaire politique de son feu mari, trancha catégoriquement

---

* Le comportement de Duvalier envers le MOP mérite d'être élucidé. Etait-il un vil opportuniste ? Ou bien, en tant que doctrinaire, n'était-il pas arrivé à comprendre l'entêtement de Fignolé à combattre Estimé, l'homme de la classe comme eux, le progressiste comme eux? Il semblait tout à fait logique que Fignolé fût aux côtés d'Estimé. Alors, quels intérêts cachés poussaient le mopiste dans une telle opposition ? Duvalier ne pouvait le suivre dans ce choix injustifié. Il alla vers son allié naturel, le justicialiste Dumarsais Estimé.

en faveur de Duvalier. Ainsi reçut-il le sceptre de l'estimisme et avec lui le soutien unanime des prétoriens de 1946. (Jean David paiera cher cette émulation involontaire et pourtant tout à fait loyale).

L'héritier ne se départit pas pour autant de son humilité aussi stratégique que caractérielle. Le " petit médecin de campagne " refusa obstinément de sacrifier à la pompe et à la démagogie ambiante. C'est qu'il connaissait ses forces et ses faiblesses. L'art oratoire n'était pas son domaine. Il ne s'estimait pas de taille à mener l'escrime sur ce terrain piégé. Sa voix fluette et nasillarde, son physique approximatif et ingrat, rongé prématurément par le diabète et l'arthrose sénile, son regard triste et glauque de batracien filtré à travers de lourdes paupières sur des lunettes épaisses comme des loupes, ses lugubres costumes noirs assortis de l'inséparable rosette fétiche, autant de limitations, autant de points sombres, face à la " pétillance " oratoire d'un Fignolé éloquent conme Thémistocle, face au charisme ensorceleur d'un Jumelle élégant comme Pétrone, face à l'aisance bourgeoise d'un Déjoie beau comme un héros grec. Mais, l'homme, plus pragmatique que tous ces concurrents réunis, choisira de taper sur d'autres claviers, moins sonores certes, mais infiniment plus efficaces: il utilisera une stratégie oblique.

Il s'enfonça dans sa réserve, dans le silence et la dissimulation. Il afficha un comportement d'homme doux et affable, innocent, inoffensif, un martien angélique égaré dans la jungle de la politique terrestre. Ce masque préfabriqué séduisit beaucoup de gens, dérouta bien d'autres, rassura un peu tout le monde, d'abord et surtout son propre état-major si content d'avoir en ses mains habiles la plus docile des lavettes, la mieux articulée des marionnettes, bref la doublure idéale. Dans les conciliabules, les forums, les conférences, Duvalier parlait si rarement et (volontairement) si bas que quand il daignait ouvrir la bouche tout le monde se taisait afin de pouvoir capter son murmure monocorde. Technique merveilleuse pour en imposer aux autres: celui parle si peu doit avoir des choses intéressantes à dire quand il condescend à parler...C'était là le mystère de la présence et du leadership. Ainsi forçait-il l'attention et le silence et le respect. Il confessait sans honte apparente que lui, Duvalier, il ne savait pas. Aussi priait-il instamment ceux qui savaient de parler à sa place, en son nom. Ah ! se disait-on, qu'il était sympathique ce docteur en médecine pourtant si modeste, ce candidat populaire pourtant si malléable, cet ethno-socioloque cultivé pourtant si humble! Qu'il était séduisant cet homme mesuré et pondéré, au milieu de tant de cuistres et de bavards !

Prononcer des discours ronflants, gonflés de citations latines, exécuter des gestes pathétiques comme au théâtre, n'accorde qu'une faveur populaire fragile et éphémère. Il savait. Plus rentable et durable lui semblait de peser sur la psychologie des gens, d'ancrer sa présence et son image dans le subconscient de chaque citoyen, en compagnie d'autres valeurs transcendantes bien implantées dans l'imaginaire collectif. Pour Duvalier, l'Haitien était un mystique atavique. Au cours de ses pérégrinations dans le sillage de la mission anti-pianique, il avait visité tous les hauts lieux mystiques du pays, les points cardinaux sacrés et secrets, les grottes, les honforts, les péristyles, les temples et les presbytères. Il lia des amitiés solides avec prêtres et pasteurs, houngans et bocors, hounsis et mambos…On dit même qu'il fut un grand initié et qu'à maintes reprises durant la campagne il invoqua les dieux païens. Vrai ou faux ? On ne pouvait l'affirmer, sauf à constater que la confrérie vodoue marcha en bloc derrière lui et que durant son règne tous les honfors du pays se parèrent d'un immense poster du Président, consacré comme un nouveau dieu de la cosmogonie vodoue. Ceci n'était pas une mince affaire dans un pays où 90% de la population, ouvertement ou secrètement, pratiquaient le vodou, croyant ferme que, si " la crainte de Dieu était le commencement de la sagesse", seul le service des dieux tutélaires donnaient pouvoir et richesse. Pour faire bonne mesure en direction du Christianisme, le candidat comme le président ne manqua jamais de terminer ses allocutions par une invocation à l'Éternel Dieu, le Dieu unique et jaloux des chrétiens, le Père de la Trinité. Il restera sincère (?) à tous ces courants religieux qui, pour l'ethnologue, n'avaient rien d'antagoniques.

Ses deux premiers ministres de l'Education Nationale furent des prêtres, Jean-Baptiste GEORGES et Hubert PAPAILLER ; les chefs de sa milice en province seront pour la plupart des houngans, des bocors, des prêtres (Bouillaguet, un français), considérés comme des leaders naturels, des pêcheurs d'hommes. Voilà un syncrétisme politico-religieux qui fit le bonheur et la longévité du régime, jusqu'au divorce inattendu de la Conférence Episcopale Catholique d'avec le Fils Duvalier entre 1983 et 1986. (Après la visite du Pape Jean-Paul II en Haïti et son fameux: " Il faut que quelque chose change ici ").

D'évidence, Duvalier avait bien des tours dans son sac. Il ne reculait devant aucun obstacle, il ne s'embarrassait d'aucun scrupule quand il s'agissait d'élargir sa superficie électorale, ou de renflouer ses caisses désespérément vides. On connaît son marché de dupes avec Prio SOCCARRAS qui lui versa des sommes importantes en échange de la promesse de l'aider, une fois en selle en Haïti, à reprendre le pouvoir que Fulgencio BATISTA lui avait ravi… (Promettez, promettez, il en restera toujours quelque chose !) On connaît de même la cour patiente qu'il fit aux cadres de l'Armée d'Haïti. Une armée que pas une seule fois au cours de 10 mois de campagne il ne commit la bêtise d'attaquer. Au contraire, c'était grâce à lui, on s'en souvient, que les soldats -reconnaissants- avaient pu recevoir leur solde du mois de mai 1957, méchamment retenue par Déjoie. De même, cet inoffensif, apparemment incapable de tuer une mouche, n'hésitera pas au besoin à organiser l'agitation, la subversion même. L'essentiel pour ce dissimulateur chevronné consistait à ce qu'on ne vît pas sa main dans des manœuvres biscornues : on n'a jamais pu remonter jusqu'à lui, par exemple, dans la ténébreuse affaire des bombes de Mahotière, bien que ses plus proches collaborateurs y fussent impliqués jusqu'au cou.

Laissant le coq bourgeois se pavaner dans les réceptions fleuries et empanachées de la haute société, " l'humble médecin de campagne " s'appliqua à ensorceler la colonie syro-libanaise. Il mit en exergue les préjugés dont elle et lui se trouvaient pareillement accablés de la part de la bourgeoisie traditionnelle. Cette conjonction engendra des bénéfices réciproques. Le candidat nécessiteux y puisa de l'argent frais ; la colonie y gagna une prépondérance commerciale longtemps convoitée, de même qu'un prestige politique et social immense. Des syro-libanais occuperont des postes importants de Maires et de Ministres dans le Gouvernement de François Duvalier.

En résumé, la plate-forme du candidat ratissait large, depuis les " phalanges invincibles des classes moyennes et de la paysannerie ", jusqu'aux forces d'argent syro-libanais, depuis " les cohortes des forces vives " jusqu'aux faisceaux des jeunesses estudiantines mobilisées dans de nombreux groupements sous l'obédience du fameux CERCLE DES ETU-

DIANTS du Père Jean-Baptiste GEORGES, à la Ruelle Roy. Cette plate-forme englobait aussi un large aréopage d'intellectuels, les " authentiques", de même qu'une large frange des grades moyens et de la base de l'Armée. Cela faisait beaucoup.

En plus de cela, ce qui servit énormément Duvalier, ce furent les faux pas de ses adversaires. D'un Clément Jumelle englué dans l'héritage marécageux de Magloire. D'un Fignolé tombant stupidement dans le piège grossier d'une présidence provisoire. D'un Déjoie au verbe suffisant et imprudent qui indisposa l'Armée et déchaîna les démons endormis de la lutte de classes et du préjugé de couleurs. Ce qui l'amena à la victoire finale, ce fut sa capacité à traverser d'un pas feutré et inaudible toutes les embûches et aspérités de cette campagne mouvementée et de se présenter finalement seul, oui, seul noir porteur des " légitimes aspirations de 80% de la population haitienne " face à un candidat mulâtre, un bourgeois, un petit-bourgeois, et autant dire, pour sacrifier à l'esprit de ces temps-là, un réactionnaire. Ce qui lui valut le pouvoir, ce fut sa réserve, son sang-froid, sa maîtrise de soi et des évènements, son art magistral de la patience, du silence et de la dissimulation.

Ces qualités furent des appâts et des hameçons mortels auxquels tous se laissèrent prendre, à commencer par Kébreau, brusquement poussé au devant de la scène par une faveur imméritée du destin et tout aussi subitement empoisonné par des ambitions politiques sur le long terme.

3.-3. LE DILEMME DU GÉNÉRAL KÉBREAU

À bien considérer, Kébreau ne pouvait se prévaloir d'aucune qualité particulière pour mériter l'honneur insigne du généralat en ces moments difficiles. Mais justement ce manque de rationalité dans la divine surprise de cette sélection engendra en lui l'illusion qu'il était prédestiné à gouverner ce pays plus durablement que le temps d'une présidence provisoire. Dans cette promotion inattendue uniquement imputable au bas relief de sa personnalité, il se plut à déceler une œillade du destin. Il décida donc de forcer la chance, refusant de n'être qu'un simple passager de l'Histoire.

Puisque la plus élémentaire décence lui interdisait de s'installer définitivement au pouvoir tout de suite, il allait le remettre à un veule, à une marionnette, dont il tirerait les ficelles à loisir et qu'il déposerait tout simplement le moment venu. L'unique problème à résoudre consistait à bien choisir, parmi les candidats en course, le spécimen le plus conforme à ses plans.

En 1988, le Général Henri NAMPHY, pris des mêmes folies, fera les mêmes sots calculs. Il organisera des élections honteusement officielles en faveur d'un candidat, un grand politologue, un grand intellectuel, mais jugé politiquement faible en raison d'un manque évident de popularité nationale. Comme planifié, il le déposera 4 mois plus tard, pour reprendre son pouvoir. Lui au moins aura rempli son contrat envers lui-même, tandis que Kébreau se cassa les dents sur "l'homme d'airain" qui se cachait sous l'apparence angélique de François Duvalier.

À proprement parler, Kébreau n'était pas quarante-sixard ou duvaliériste de conviction. Il ne semblait ni assez intellectualisé ni assez intéressé pour opérer des options idéologiques si compliquées. Il affichait l'insouciance reposante de la neutralité politique. À ce compte, on devrait s'attendre à un arbitrage impartial des prochaines joutes. Mais sa quête d'une doublure allait lui dicter un choix personnel parmi les compétiteurs.

Déjoie n'avait pas trouvé mieux à faire que d'indisposer le président provisoire, lui et toute son armée. Dès son avènement, Kébreau dut essuyer les attaques frontales de ce candidat orgueilleux, qui décréta la grève générale pour désapprouver et…combattre le coup d'Etat du 14 Juin. L'inimitié entre les deux hommes culmina au moment où les magasins fermés sur ordre de Déjoie furent ouverts au chalumeau et livrés pratiquement au pillage. Pour compliquer ce contexte, TALAMAS, un commerçant déjoïste, américain de surcroît, ne vit rien de mieux à faire que de trépasser dans un poste de police, suite, dit-on, aux mauvais traitements subis. L'incident embarrassa énormément le gouvernement qui ne réussit à atténuer les ressentiments qu'en s'excusant publiquement et en versant une importante indemnité. Le général comprit vite qu'une présidence Déjoie creuserait le tombeau de sa carrière militaire et de ses ambitions politiques.

Si Déjoie représentait pour Kébreau le feu rouge sur le chemin du pouvoir durable, DUVALIER LE MALLÉABLE, le taciturne, l'insignifiant, le borné, rassurait pleinement. Il semblait présenter le profil idéal d'un président de doublure. Il avait tout pour plaire, cet homme effacé, à l'intelligence notoirement trop lourde, cette chiffe molle, ce timide, peureux et complexé, qui n'osait jamais regarder un interlocuteur dans les yeux. Il réunissait toutes les vertus de la doublure parfaite, docile et obéissante, entre les mains nerveuses d'un militaire maître de son armée désormais réunifiée et entouré à présent d'une nombreuse et active cour politique de civils.

Car, le militaire s'était mué en politique. Il recevait les grandes têtes du Bureau politique de Duvalier, se les attachait par des promesses, des faveurs, des postes juteux et autres prébendes… Le travail d'infiltration et de noyautage - face à laquelle Duvalier simula la plus totale cécité - était si profond que le monde duvaliériste se scinda en deux factions, les duvaliéristes et les kébreauistes. Ces derniers, arrogants à souhait, ne cachaient pas leur projet de mener Duvalier par le bout du nez et, le moment venu, de le jeter aux poubelles, tel un chiffon inutile. Duvalier feignit celui qui n'entendait ni ne comprenait rien à rien. À ce jeu machiavélique, Kébreau était encouragé par un conseiller de grande envergure: Le Généralissime Raphael Leonidas TRUJILLO y MOLINA, maître de la République Dominicaine, lequel souhaitait que les deux Républiques de l'Ile fussent gouvernées par deux militaires … amis.

Duvalier, le rusé des rusés, ne fut à aucun moment dupe des motivations réelles ni des manœuvres du Général haitien. En jouant magistralement le bébête, le soumis, l'insignifiant, il enferra davantage sa future proie. L'ambition obnubila à ce point le général que pas un seul instant celui-ci ne se rendit compte de la savante manipulation qui le poussait vers la Roche Tarpéienne. Il reçut le coup de grâce le jour où Duvalier, pour ancrer définitivement dans l'esprit du président provisoire la nécessité d'une victoire duvaliériste aux prochaines urnes, organisa à son intention une savante mise en scène, où les dieux allaient donner leurs instructions finales.

En effet, au cours d'une interpellation simulée dans la soirée du 1er Août 1957 (Fête de l'Armée*), Kébreau entendit, venue d'un buisson ardent (comme celui de Moïse), la voix grave et coléreuse d'un Dieu lui transmettant les volontés impératives de la cosmologie tutélaire. « POUR SON BONHEUR À LUI, KÉBREAU, disait le porte-parole des divinités, ET POUR LE SALUT DE LA PATRIE HAÏTÏENNE, les dieux ordonnent que des comices populaires soient convoqués LE DIMANCHE 22 SEPTEMBRE 1957 EN FAVEUR DU DOCTEUR FRANÇOIS DUVALIER, l'élu de leur cœur».

Le céleste messager n'était autre que le frère cadet du futur Sénateur Victor Nevers CONSTANT, grondant dans l'ombre à l'autre bout d'un tuyau galvanisé d'environ 5 mètres de long.

De ce jour, pour Kébreau, la cause était entendue. Les dieux entérinaient ses calculs et son choix. "Pour son bonheur personnel", avaient-ils précisé. Ils lui réservaient donc une surprise agéable. Dès lors, il fonça tête baissée à la rencontre de son destin fatal. Le 23 aoüt, paraissait un Décret électoral réglementant des compétitions générales fixées à la date-fétiche du 22 Septembre. Pour simplifier et se conformer au diktat divin qui n'accordait pas beaucoup de temps, on passa outre les formalités longues et irritantes des inscriptions. Kébreau pouvait se permettre certaines libertés, puisque les dieux étaient de son côté. D'autant plus que l'horizon politique était quelque peu nettoyé et l'échiquier délesté de certaines pesanteurs gênantes.

---

* Le Premier Août avait été décrétée Fête de l'Armée d'Haïti par le Président Sténio VINCENT, en souvenir du jour de la " désoccupation " du territoire national par l'Armée Américaine, le 1er Août 1934. Duvalier choisira le 18 Novembre, date de la Victoire de Vertières qui conduira à l'Indépendance Nationale. Il estimait que le 1er Août résultait de négociations politiques, alors que Vertières consacrait la gloire de l'Armée Indigène Haïtienne.

3.-4. L'ÉQUATION FINALE

En effet, l'homme fort avait surmonté l'un après l'autre tous les obstacles rencontrés sur son parcours. On se le rappelle, la résistance fignoliste avait été noyée dans le sang ; et le corps sans tête qu'était devenu le MOP depuis la déportation du " LEADER "semblait " se reposer à l'ombre des clochers à regarder passer l'Histoire". Nombre de mopistes, les mieux avisés, avaient quitté le pays. Tandis que les moins rancuniers allaient se souvenir bien à-propos des antécédents mopistes de Duvalier pour sauter dans son train en marche rapide vers le palais national.

Quant à Clément Jumelle, il avait cessé toute activité. Sa fréquentation quotidienne d'un Général-Président (Magloire) lui avait appris à mesurer le danger encouru par quiconque se mettait en travers du chemin d'un gendarme infesté du virus politique. D'ailleurs sa situation trop fragile lui interdisait toute manœuvre risquée. Cependant, si les stratèges inégalables de Jumelle, - incomparables de courage, de lucidité et de compétence - lui restèrent fidèles jusque dans son abstention obligée du 22 septembre, sa base rejoignit discrètement le camp Duvalier-Kébreau, dans cette compétition qui, décidément, avait finalement pris l'allure d'une confrontation de classes et de couleurs...

Déjoie, lui, subissait le poids impitoyable des choses. Il se cabra comme un cheval blessé. À l'assaut de l'équipe gouvernementale, il lança sa machine - désormais essoufflée - de la grève générale. Mais l'implacable Kébreau avait mis fin à ce genre de suprématie du Commerce par son fameux décret de Loi Martiale, interdisant toute grève " ayant pour seul effet d'affamer la population " et autorisant de ce fait l'Armée à ouvrir les magasins. Les boutiques ainsi ouvertes en Juillet et octobre 1957 furent copieusement pillées, nonobstant le vœu de la loi qui chargeait les employés des Contributions (aujourd'hui DGI) à y assurer les ventes au profit du propriétaire absent. Ce dérapage voulu et calculé constitua une leçon cuisante que les potentats du bord de mer rumineront durant les 30 ans du règne des Duvalier.

Bref, toute la classe politique raisonnablement s'achemina vers les élections sans inscriptions du 22 septembre, dont l'issue paraissait évidente à tous. Le candide Déjoie semblait le seul qui doutât encore du résultat de ces joutes. Que fût-il advenu, si accédant à l'avis de ses conseillers et faisant enfin acte d'Homme d'Etat, il se fût abstenu, en dénonçant dans une déclaration à large résonance nationale et internationale, les flagrantes violations de la liberté du vote, les pressions trop visibles des militaires sur les comices populaires, le recrutement unilatéral des agents électoraux… etc ? Certes, la machine mise en branle ne se fût pas arrêtée : on était fatigué de cette longue campagne ; il fallait en finir. Mais ces élections entachées de toutes les irrégularités et si clairement orientées en faveur d'un candidat - qui deviendrait unique du fait de son retrait - n'auraient-elles pas été frappées de nullité absolue ? … NON ! L'Homme ne s'accorda pas le panache d'une manœuvre si grandiose. Il se crut en mesure - *ô stupide présomption-* de contourner le dispositif officiel et de défaire, dans cette affaire montée, et le gouvernement, et l'Armée, et les classes moyennes, et les masses, bref d'agenouiller tout le monde et d'émerger victorieux, seul contre tous, tel un mousquetaire hiératique, invulnérable et invincible. Il ne se rendit même pas compte que tout ce monde qu'il voulait humilier s'était ligué à sa perte, aiguillonné qui par de sordides ambitions personnelles, qui par de nobles motivations doctrinales, qui enfin par des sensibilités bassement épidermiques…

Il faut peut-être reconnaître que même sans le concours de Kébreau, la victoire semblait acquise à Duvalier en cet automne 1957, pour les raisons multiples étalées plus1956 Déjoie semblait le plus fort de tous les candidats. Et si les élections s'étaient tenues sous Pierre-Louis en février 1957, nul n'eût pu le battre aux urnes. Mais au fil de la campagne longue et tumultueuse, il accumula tant de bévues qu'il s'aliéna des sympathies déterminantes ; il épuisa ses armes en vains combats; ses partisans soulevèrent imprudemment l'irritante question de couleurs, refroidissant du coup l'ardeur déjoiste de nombreux électeurs noirs et noiristes, lesquels, un peu honteux de la déviation, s'empressèrent de regagner le camp de leurs " alliés naturels ". De plus, l'alliance avec Fignolé, envisagée comme tremplin et maquillage populiste (un peu de café dans le lait) ne lui fut d'aucune utilité au bout du compte. Au contraire, le "peuple" de Fignolé, après le limogeage et le départ du Leader, voua aux gémonies celui dont l'alliance et les fautes avaient causé la perte de son idole. Il se désolidarisa de ce mariage mal assorti et alla renflouer les " phalanges " de l'ancien Mopiste, avant de peupler, dès 1958, et surtout après, la Milice Civile de PAPA DOC.

Pendant que Déjoie perdait ainsi du terrain, François Duvalier, porte-étendard des idéaux de 1946, glanait une large popularité dans le champ multiforme de majorités nationales, dont les élites avaient juré de porter le coup de grâce à l'oligarchie mulâtre qui, depuis l'assassinat de l'Empereur en 1806, avait monopolisé directement, ou indirectement par la doublure, la suprématie sociale, économique et politique en ce pays. À la veille du scrutin, il accueillit les bras ouverts, mais avec sa méfiance indécrottable, la masse immense des flottants et des opportunistes accourus au secours de la victoire.

Un mois après les élections, soit le 22 octobre 1957, le Docteur François DUVALIER, élu Président d'Haïti pour 6 ans, prêtait serment sur la Constitution de 1950, devant une Assemblée Nationale entièrement dévouée à sa cause et qui allait s'ériger en Constituante pour confectionner une Charte Nouvelle à l'exacte mesure du nouveau Chef de l'Etat. Une ère nouvelle commençait, L'ÈRE DUVALIÉRISTE, qui allait durer de ce 22 octobre 1957 au 7 février 1986, soit exactement 28 ans 3 mois et 16 jours, le plus long règne de l'Histoire d'Haïti.

La date du 22 n'a rien de magique, du moins à l'origine. On a vu comment Duvalier savait de dervir des contingences, des hasards et des coïncidences pour asseoir son image de prédestiné dans l'imaginaire collectif. Non, la date du 22 n'a rien de magique. On peut admettre avec Anthony Georges Pierre qu'elle est seulement symbolique. Mais contrairement à ce qu'affirme cet historien, le chiffre 22 n'a pas été choisi parce que, faisant référence à un 22 mai 1948, «il marque l anniversaire de l'abolition de l'esclavage à la Martinique, pays d'origine de Florestal et de Duval Duvalier, respectivement grand-père et père de François de Duvalier». Trop d'embarras et de péripéties lui étaient venus de ce doute sur sa natio-nalité d'origine pour que le madré Duvalier vînt copliquer les choses en rappelant sans y être contraint ce sujet irritant. D'ailleurs la bonne date de l abolition est le 10 mai.

À la vérité, les instructions formelles des dieux, notifiées dans la soirée du Premier août, avaient poussé Kébreau à organiser les élections le plus rapidement possible. Le général se donna seulement 20 jours pour préparer l'évènement et comme en Haïti la tendance dominante consacrait un dimanche à ce genre d'exercice, on opta pour le dimanche 22 septembre. Tout simplement.

De ce jour, Duvalier adopta ce chiffre porte-chance, porte-bonheur, qu' il trouva commode pour plusieurs raisons. Ou bien ces raisons avaient-elles été avancées pour convaincre Kébreau de choisir ce jour de septembre? Les hypothèses restent tout de même ouvertes. En tout cas, c'est un chiffre pair: double deux = 2 pti can'na, dit l'haïtien (Duvalier eüt préféré la pintade). 22:2 x 2 ou 2+2 = 4. Le seul nombre dont l'addition et la multiplication donnent le même résultat : 4. 4 : Le chiffre de la perfection, le tetragrammaton, le signe de jupiter, le plus gros planète du système solaire, le chiffre des quatre éléments (terre, eau, feu, air), le chiffre des quatre points cardinaux, le chiffre des quatres attributs de Dieu (la puissance, la sagesse, l'amour et l'immortalité), le chiffre des quatre dimensions de toutes choses (la longueur, la largeur, la hauteur et la profondeur), le chiffre des quatre démarches de l'esprit humain (l'affirmation, la négation la discussion, la solution) le chiffre du carré et de la croix. Le premier nombre carré et parfait.

Duvalier prêtera sermenr dans un mois, le 22 octobre. Il se fera installer pour son second mandat en 1964, le 22 mai, jour de la Souveraineté Nationale. L'arrêté instituant le Corps des VSN sera plublié en 1962, le 22 novembre. Il sera investi comme Président à vie de la République d'Haïti en 1964, le 22 Juin, jour de la reconnaissance Nationale. Il inaugurera l'Aéroport International Dr. François Duvalier en 1965. le 22 janvier. Il désignera son successeur dans un discours - son dernier discours sur la terre des hommes- prononcé en 1971, le 22 janvier. Il mourra le 21 avril 1971, trop opportunément, pour permettre à son fils et successeur de prêter serment le 22 Avril. Celui-ci fera jaillir la lumière de Péligre en 1971, le 22 juillet.

Ne peut-on affirmer que c'est parce qu'il s'était pas encore focalisé sur ce chiffre 22 qu'il avait prêté serment sur la constition de 1957 le 19 décembre plutôt que le 22 décembre, ce qui aurait porté à 9 sur 12 les mois de l'année frappés de la symbolique duvaliérienne, c'est-à-dire janvier, avril, mai, juin, juillet, septembre, octobre novembre et... décembre?

DEUXIÈME PARTIE

LA PRÉSIDENCE LÉGITIME
1957 - 1963

-C h a p i t r e 5-

LE PRÉSIDENT DANS LA LÉGALITÉ

I.- L'intronisation

L'ère duvaliériste démarra sur des pattes de velours. Une fois proclamés les résultats des joutes du 22 septembre 1957, toutes les dispositions furent prises pour couronner le vainqueur des urnes. La Loi Electorale avait fixé au 22 octobre la date de prestation de serment du nouveau président, et les grèves du Commerce ordonnées par Déjoie le vaincu n'y purent rien. D'autant qu'elles furent drastiquement contrecarrées par Kébreau et les officiers duvaliéristes de l'armée.

À bien regarder, on s'imagine ce qu'il a fallu d'ingéniosité aux stratèges de Duvalier pour déterminer Kébreau à escamoter ainsi la durée de sa présidence provisoire et remettre si vite - ô combien prématurément - un pouvoir auquel il avait commencé à prendre goût. N'était-ce l'injonction des Invisibles en cette mémorable farce du 1er août 1957, il eût certainement utilisé tous les artifices pour prolonger une transition si délicieuse. Mais, en Haïti, les politiciens ne désobéissent pas aux dieux vodous.

La cérémonie d'intronisation se déroula dans un faste relatif. Pas de visite de chefs d'État, ni celle de nombreuses et prestigieuses délégations étrangères. Cependant, de tous les coins du pays affluèrent des masses humaines. Du Palais National au Palais Législatif en passant par la Basilique Notre-Dame, des milliers d'hommes et de femmes, le visage illuminé d'une espérance nouvelle, piaffèrent d'allégresse, brandissant fanions et drapeaux, pour accompagner l'Elu sur les marches du trône.

Une messe solennelle suivie de TE DEUM réunit à la Cathédrale de Port-au-Prince les Grands Corps de l'Etat. Etat-Major de l'Armée chamarré de décorations amassées on ne sait sur quel champ de bataille. Députés et Pères Conscrits en habit et jaquette. Corps diplomatique au grand complet et surtout attentif au profil des nouveaux maîtres. Haute hiérarchie catholique, hostile (déjoiste) et hypocritement recueillie. Et la masse informe de employés du secteur public prêts à tous les excès de zèle pour conserver leur job…La Basilique, remplie comme un œuf et croulant sous les oriflammes, retentissait de cris de joie et d'applaudissements interminables de tous les militants, nombreux et fiers, artisans anonymes de l'apothéose du jour. Dans leur enthousiasme, ils comprenaient et acceptaient que Duvalier cessât d'être le candidat prévenant et aimable, le compagnon taciturne de l'épopée quotidienne, pour devenir un Chef d'Etat au fauteuil sombre, lointain et forcément inaccessible, en attendant de prendre l'allure d'un dieu jaloux, trop prodigue du sang des siens.

De la Cathédrale, la cérémonie se poursuivit au Palais Législatif où le Docteur François DUVALIER délivra son premier message officiel après avoir prêté serment devant le Parlement réuni en Assemblée Nationale.

II.- LA CONSTITUTION DE 1957

Ce 22 octobre, Duvalier prête serment sur la Constitution de 1950, ressuscitée en la circonstance, en dépit de son "épuisement partiel " déclaré en février 1957, nonobstant sa définitive mise en veilleuse décrétée par Sylvain et consommée par le coup d'Etat de Kébreau. Après de tumultueuses séances de validation des pouvoirs, où l'on fit voir de toutes les couleurs à nombre d'élus, notamment Luc Stéphen, Franck Séraphin…etc, le Parlement s'érigea en CONSTITUANTE pour élaborer une nouvelle Charte Fondamentale.

On ne fustigera jamais assez cette pratique ignoble de transmuer en fabricants ou faiseurs de constitution des parlementaires partisans, naturellement enclins à marquer leur œuvre d'une teinte contingente et personnelle. La Loi mère de 1957 souffrira énormément de cet avatar.

La première faiblesse du texte réside dans son silence sur le principe de la rééligibilité du Chef de l'Etat. Les deux chartes précédentes stipulaient clairement la non-reconduction immédiate du mandat du président. On se rappelle les démêlés infructueux de Dumarsais Estimé pour amender ce fameux article 81 (chiffre fatidique) de la Constitution de 1946, lequel interdisait la réélection. Son conflit avec le Sénat à ce sujet servit de prétexte au coup d'Etat du 10 Mai 1950 du Colonel Paul Eugène Magloire. On se rappelle aussi les artifices tortueux de ce même Magloire gêné par l'article 77 de la Charte de 1950 édictant " que le président n'est pas immédiatement rééligible ".

Pour déjouer l'attention, mais sans réussir à masquer le parti pris, les constituants de 1957 laissèrent grandes ouvertes les possibilités de réélection du président en se taisant simplement sur cette espèce irritante. L'article 87 de cette Constitution prévoyait tout juste que " la durée du mandat présidentiel est de 6 ans ". Le reste était laissé à l'entière discrétion du Maître de l'heure, étant bien entendu que " tout ce qui n'est pas expressément interdit est permis ", selon une règle non écrite de droit usuel.

À la vérité, cette formule approximative se révéla une aubaine pour Duvalier le malin. Il n'insista point pour obtenir davantage de ces parlementaires, certes duvaliéristes à 95%, mais aspirant pour la plupart à la succession d'une présidence à ne prolonger à aucun prix. Plus tôt Duvalier s'en irait, mieux cela vaudrait, se disait chacun en son for intérieur, sans se confier à l'autre qui certainement brûlait des mêmes ambitions.

La deuxième remarque concerne la Chambre Unique. Article 48 : " Le Pouvoir Législatif est exercé par une Assemblée Unique, dénommée Chambre Législative". Les 37 Députés constituants profitèrent - minable dédommagement - pour ajouter deux années supplémentaires à leur mandat originellement de 4 ans. (article B des dispositions transitoires). Et pour consacrer l'indéfinie rééligibilité des parlementaires (art. 51). Cela semblait de bonne guerre : du donnant donnant.

L'incompréhensible dans cette affaire résidait dans cet hara-kiri pratiqué par les Sénateurs, des hommes pourtant cultivés et bien imbus de leurs intérêts, de fins politiques, lucides et courageux, et traînant derrière eux des carrières admirables.

Un Hugues BOURJOLLY, constituant de 1946, rompu à toutes les finesses législatives. Un Rameau ESTIMÉ, constituant de 46, frère du défunt président Estimé. Un Jean P. DAVID, constituant de 46, rival prestigieux de Duvalier à l'héritage des Authentiques. Un Thomas DESULMÉ, constituant de 1946, un chevronné. Un Emmanuel MOREAU…etc. Eux tous des hommes de grande valeur, taraudés d'ambitions présidentielles légitimes, versés dans les affaires et les combines depuis une éternité ! Comment ont-ils pu, en sacrifiant si allègrement leur désir le plus secret et le plus tenace, paver la voie de l'autocratie à ce petit médecin myope, lourdaud, insignifiant et malade. Le croyaient-ils si malade qu'il ne pourrait bénéficier de ce présent? Etaient-ils plus myopes que lui pour ne pas voir dans ce cadeau la concession première de toute une série de démissions qui conduiraient finalement à la domestication du Pouvoir Législatif et à la dictature ? Invraisemblable, mais vrai, ils débroussaillèrent avec une célérité déroutante la voie aux manœuvres d'un disciple de Mustapha Kémal ATATURK, soucieux d'alléger l'appareil législatif pour le rendre plus malléable. En tout cas, ces imprévoyants seront les premiers à payer la note.

Ainsi, sous prétexte de dynamiser le Pouvoir Législatif en ce pays commotionné et qui, de vrai, attendait des lois fermes et rapidement exécutoires, Duvalier dépeça d'entrée de jeu le deuxième pouvoir, le rendant plus fragile, plus soumis, plus susceptible de se plier à ses caprices et volontés. La Chambre de 1957, pourtant composée de politiciens chevronnés, se prêta de bonne grâce à ce ravalement, aidant ainsi comme nul autre à l'instauration du régime duvaliérien, de ce qu'on appellera plus tard : L'ÈRE DUVALIÉRISTE.

La Constitution de 1957 fut votée le 19 décembre. Promulguée et publiée immédiatement, elle entra en vigueur et Duvalier prêta serment une nouvelle fois et jura de la respecter. Et comment ! ! ! N'était-elle pas SA Constitution, confectionnée à SA mesure, par des tailleurs dévoués et obéissants? Bien sûr qu'il allait s'appliquer à la respecter pieusement, religieusement…Mais ceci, tant qu'il suffira à son ambition d'être un simple Président de République. " Tant que Napoléon n'aura pas percé sous Bonaparte". Mais on n'en était pas encore là : son règne n'avait que deux mois.

Face à l'opposition

-C h a p i t r e 6-

DUVALIER ET L'OPPOSITION INTERNE

Au début de sa présidence, Duvalier s'évertua à cacher le plus possible ses griffres de tigre sous des pattes de velours. En dépit de la rudesse de l'estocade électorale et des prises de positions radicales d'un Déjoie vaincu mais incorrigible, il inaugura son règne sous le signe de la modération et de la réconciliation. Il invita ses adversaires d'hier à la table de concertation pour, prétendit-il, exaucer un vœu personnel de même qu'une exigence impérative de la conjoncture qui réclamait la formation d'un gouvernement de coalition et d'union nationale. Belle approche et perle magnanime tendue aux concurrents d'hier. À la vérité, personne jamais n'a pu tester la sincérité d'un élan apparemment si généreux. Car, aucun, ni Déjoie, ni Jumelle, ne répondit à ces avances. Au contraire.

1. EXIL ET MORT DE LOUIS DÉJOIE

Dès le prononcé des résultats, le premier cria aux magouilles, lança une grève du Commerce, brisée par Kébreau avec une fermeté et une rigueur draconiennes. Rejetant finalement tout compromis avec son rival qui, d'ailleurs, l'avait reçu au Palais, Déjoie prit le chemin de l'exil, bien sûr après quelques démêlés relatés plus loin. Il mourra en l'année 1965, loin de ces terres tropicales charnellement aimées, et qu'il projetait de fertiliser et d'ensemencer. VAE VICTIS ! ! !

L'entrevue Duvalier-Déjoie au Palais National, se déroula le plus simplement du monde. Déjoie s'y fit accompagner de ses deux plus proches collaborateurs. Le premier, le mulâtre Charles FOMBRUN, traînait une carrière formidable de 20 ans au Sénat de la République. Il avait été président du Sénat durant tout règne de Paul Magloire. L'autre était Marceau DÉSINOR, un noir prestigieux, le père de Clovis Désinor, le duvaliériste. Dans l'esprit de Louis Déjoie, cet attelage avait une haute signification politique...

Au cour de l'entretien, Duvalier fit à Déjoie une proposition de poste... d'Ambassadeur. Déjoie se cabra comme un cheval brusquement et sauvagement éperonné: "Que diront mes partisans", s'écria-t-il? avec une indignation trop violemment manifestée. À ce moment Fombrun intervint et fit carrément la leçon à son patron: "Paps, ce n'est plus au citoyen Duvalier que vous parlez, c'est un chef d'État". Cela plut énormément à Duvalier qui, comme le Christ sur la croix, invita Fombrun à le rejoindre au paradis de son pouvoir. «Sénateur, lui souffla-t-il de sa voix absente, dès aujourd'hui, vous êtes au sein de mon gouvernement». «Non, Président, lui retorqua le sénateur dans le vernaculaire, mwen pante ladan'n. Se kou nou ye ya mwen foure pye-m». Déjoie venait de perdre un allié sûr. Cela ne veut pas dire que Duavalier venait d'en gagner un...

En tout cas, ce Charles Fombrun, quelques semaines plus tard, sera désigné pour représenter Duvalier à la prestation de serment d'Arturo Frondisi en Argentine. On raconte que quand le jeune lieutenant Claude Raymond lui apporta son passeport diplomatique, son ticket et une enveloppe contenant ses frais de voyage, Fombrun cria au scandale: "Comment? Où est le passeport de Madame Fombrun? Lieutenent, allez dire pour moi au Président que le sénateur Fombrun ne voyage pas sans sa femme." En moins de deux, on prépara pour Madame Fombrun toutes les pièces nécessaires au voyage. Ce même Fombrun, recevra une superbe Chevrolet comme cadeau de fin d'année du Président.

Non, Duvalier semblait sincère de son désir d'apaisement et de paix avec ses adversaires politiques d'hier. Il avit montré une attitude similaire vis à vis du clan Jumelle. Adelphin TELSON, le président de la Chambre Basse de Paul Magloire, et jumelliste jusqu'à la moelle des os,fut lui aussi désigné comme représentant du Président Duvalier à la prestation de serment d'un autre chef d'État de l'Amérique Latine. Mais il choisit, une fois parti avec les honneurs et l'argent du nouveau gouvernement, de fuir et de prendre l'exil, sans fait ni cause...

Quelle différence de comportement et de correction entre le mulâtre Fombrun et le noir Adelphin Telson!!!

En tout cas, on s'accorde à dire que le cynique Duvalier avait longtemps arrêté de réduire le clan "oligarchique" de Déjoie, et d'une façon qui, pour des décennies, ferait passer à la gent mulâtre le goût du pouvoir politique. Pour éviter de s'entendre accuser, en tant que " noiriste ", d'être un mangeur de mulâtres, il fit appel à un exécuteur incomparable de discrétion et d'efficacité. Le bourreau fut tiré de la classe même des victimes ciblées.

Frédéric DUVIGNEAU, mulâtre pur sang (si l'on peut parler ainsi), ancien maire de Port-au-Prince, était un duvaliériste inconditionnel. Nommé Secrétaire d'État (Ministre) de l'Intérieur et de la Défense Nationale, il reçut mission de débarrasser Duvalier et l'échiquier de ses congénères les plus remuants. Homme intelligent et pragmatique, il s'y employa avec un tact admirable. Il chuchota des conseils…désintéressés, exprima des mises en gardes…échappées, orchestra des indiscrétions… calculées, tempêta sans frapper, menaça sans agir…Une lenteur bien chronométrée dans l'exécution de certaines mesures drastiques, bruyamment annoncées dans des communiqués fulminants, laissait le temps voulu à l'état-major déjoïste de se mettre à couvert, de prendre l'avion ou de trouver asile dans les légations étrangères. Louis DÉJOIE s'embarqua paisiblement en plein aéroport de Port-au-Prince, en présence même de certaines autorités du régime, notamment du Chef de la Police, le Major Pierre MERCERON. Max BOLTÉ, le beau-fils de Déjoie et son lieutenant le plus activiste, se sauva en plein jour d'un hôpital de la capitale pour prendre asile dans une Ambassade, comme si la police du gouvernement avait été brusquement frappée de cécité et de surdité. Ainsi, sans coup férir, du moins officiellement, sans une seule victime *-toujours officiellement-* Duvalier éloignait l'aile la plus dangereuse de l'opposition interne. Et la bourgeoise haïtienne, fondamentalement dépourvue de tout grief sérieux contre le président qu'elle ne pouvait logiquement accuser- *pour le moment*

- d'avoir attenté à la vie de ses patrons, restait ouverte aux reniements et alliances futurs. Malheureusement cette doucereuse opération d'asepsie politique allait être souillée par les extravagances de la jeune police secrète sous la houlette de Clément BARBOT et de ses cagoulards, les TON-TONS-MACOUTE.

2. MAQUIS ET MORT DE CLÉMENT JUMELLE

Quant à Clément JUMELLE, il choisit délibérément de rester au pays. Simple était son analyse. Simplistes ses conclusions. Il tabla son raisonnement sur les rumeurs et pronostics qui accompagnent invariablement en Haïti l'avènement de tout nouveau gouvernement…" Le président ne pourra pas tenir…tout juste 2 ou 3 mois… impossible pour lui de résister aux courants contradictoires qui secouent le pays…il est gauchiste, l'américain ne va pas le tolérer…l'armée va le renverser bientôt…", etc. Dès lors, la bonne tactique parut à Jumelle de demeurer sur place comme l'alternative obligée, à portée de main, à portée de trône. Duvalier lui-même ne donnait-il pas l'exemple ? Ne s'était-il pas caché sur place, durant le long règne de Magloire, pour se voir aujourd'hui récompensé de son courage et dédommagé des risques encourus ?

Une situation économique précaire, la réserve, si ce n'est l'opposition de l'Oncle SAM depuis le décès de TALAMAS, les intrigues d'un Kébreau à la tête d'une armée profondément magloiriste (et donc secrètement jumelliste), autant d'éléments qui confortaient Jumelle dans la certitude de la chute prochaine de Duvalier. Fignolé absent, Déjoie parti, lui demeurait là, avec naturellement les risques inhérents à une telle imprudence, mais là, sur place, immédiatement disponible, les mains déjà prêtes à saisir le sceptre qui allait glisser du poing visiblement débile de François Duvalier.

Mal lui en prit. Hypertendu soumis au stress d'un maquis incertain et remuant, incapable de s'assurer des soins médicaux compétents et réguliers, Clément JUMELLE succomba un beau jour à une crise d'urémie.

De retour de ses cours au Petit-Séminaire-Collège-Saint-Martial, l'auteur de ses lignes fut conduit par la curiosité et l'instinct grégaire jusqu'à la clinique du Docteur Gaston Jumelle, à l'Avenue Magny. Là, il vit pour la première fois - et la dernière - Clément Jumelle, vêtu d'un pijama bleu ciel, reposant dans un bac à glace, le visage serein et grisâtre, éternellement figé dans l'immobilité de la mort.

Comme une traînée de poudre, la nouvelle se propagea dans la capitale qui pleura tout bas la disparition d'une si belle tête que les péripéties de la campagne avaient couronnée d'une auréole de martyr. Dans ce pays comme partout ailleurs, un trépassé ne laisse généralement derrière lui que le souvenir de ses qualités, jamais celui de ses défauts ou de ses mauvaises actions. (Autrement de quoi seraient faites les oraisons funèbres ?). De Jumelle on retint la belle culture, la générosité, et surtout le courage opiniâtre et la persévérance héroïque de la lutte des derniers temps. La Mort venait de le rendre unanimement sympathique.

Deux jours plus tard, un cortège funèbre imposant s'ébranla de l'Avenue Magny vers l'Eglise du Sacré-Cœur de Turgeau. Beaucoup de partisans, grands et petits, riches et humbles, étaient venus rendre un ultime hommage à leur idole, leur compagnon ou leader prématurément et inopportunément fauché par la camarde. Beaucoup de curieux s'étaient mêlés à la foule ou faisaient la haie sur les trottoirs. L'église du Sacré-Coeur de Turgeau, elle, était apprêtée pour la circonstance, décorée et pleine à craquer, avant même l'arrivée du corbillard et du long cortège. Décidément ces funérailles menaçaient de prendre l'allure d'une colossale manifestation populaire jumelliste ! ! !

Le pouvoir en place ne courut pas ce risque de laisser se détériorer une telle situation. Le médecin-président, hygiéniste de surcroît, savait plus que tout autre que " prévenir vaut mieux que guérir ". Au Petit-Four, grand carrefour à 5 voies (Ave Christophe, Ave Magny, Chemin des Dalles, Ave Lamartinière, Ave Charles Sumner), le cortège fut stoppé. Et sous le regard médusé de la foule endeuillée, un groupe d'officiers de la Police barra la route au cortège, ouvrit le corbillard, transborda le cercueil, et d'une seule traite (dit-on) s'en fut enterrer le cadavre à Saint-Marc, la ville natale de Clément Jumelle.

Dans la rue, le recueillement fit place à la consternation, les mornes chants funéraires aux cris hystériques. On pleura. On bouda. On vociféra.

On gesticula. Après un premier moment de saisissement et de colère, la foule se dispersa dans un sauve-qui-peut indescriptible. Les hommes s'échappèrent subrepticement, enlevant prestement vestes et cravates, retroussant leurs manches, pour retrouver l'allure banale du passant ordinaire occupé à toute autre chose qu'à honorer un mort. Les femmes, au bord de la crise de nerfs, se déchaussèrent, ouvrirent en rage les pans de leur jupe plaquée (à la mode en ce temps-là), et mirent leurs pieds à leur cou, dans une absence de distinction et de dignité qui n'avait d'égale que la lâcheté des hommes envolés pour la plupart sans aucun égard pour la sécurité de leur épouse.

La scène nous fut contée dans ses détails comiques et honteux par une jumelliste pure eau, Madame Chavannes ANTOINE, née Andrée Lapierre, d'une famille aristocrate de Jacmel, laquelle nous arriva à la pension Catinat Saint-Jean de la 2ème Avenue du Travail, les pieds nus, le visage en compote, la coiffure ébouriffée, ayant perdu dans la mêlée souliers, sac à main, honneur et prestige et, par-dessus tout, le respect pour la gent masculine.

On parla de l'évènement quelque temps encore…Puis tout sombra dans la silence. Cependant, les frères Jumelle, Ducasse et Charles, ne digérèrent pas l'affront. Leur vengeance, ils ne semblaient point disposés à la manger tout à fait glacée. Pour apaiser les mânes de leur frère persécuté et humilié par-delà le trépas, ils rallumèrent, prétendit-on, l'ardeur de certains militants, menèrent contre ce Duvalier iconoclaste, qui méprisait jusque la majesté de la mort, une campagne soutenue de désinformation et de déstabilisation. Vrai ou faux ? On n'en mettrait pas les mains au feu: la vérité n'était jamais évidente sous le gouvernement d'un homme qui avouait, dans un de ses rares moments de sincérité, " savoir créer des évènements pour mieux saisir ses ennemis". Toujours est-il qu'un beau jour les frères Jumelle tombèrent, au cours d'une sanglante chasse à l'homme, sous les balles de la Police Secrète, conduite par l'implacable Clément Barbot.

3. MÉTHODE ET PROCÉDÉS

Si la réduction au silence des forces déjoïstes de l'intérieur se passa sans grandes conséquences politiques, l'élimination du clan Jumelle produisit quelques remous. Elle désilla tout au moins les yeux de la société haïtienne. Tout le monde pensait que le jumellisme sans Clément Jumelle était devenu débile; il pouvait difficilement émettre une idée forte, une parole catalytique. Il ne dégageait plus ce magnétisme attractif; il ne possédait plus de ressort pour opérer une contre-attaque sérieuse. La violence mise à le détruire n'en parut que plus disproportionnée, plus criminelle, voire gratuite: la vaine sauvagerie de la puissance aveugle contre la contestation muselée et - pourquoi pas - contre l'émulation soumise et l'innocence méconnue. Cette cruauté dans la répression illustrait les méthodes du gouvernement et éclairait sa volonté désormais manifeste d'anéantir toute opposition.

Les pattes de velours du félin commençaient à laisser dans le sillage de sa foulée feutrée des marques de griffes et des empreintes de sang. Menaces, intimidations, règlements de comptes, arrestations, perquisitions, bastonnades, attentat, assassinats, toute la panoplie de l'arsenal fasciste pour établir et consolider la tyrannie naissante et ouvrir devant le nouveau prince une allée sans ornière, un horizon sans limite, sans nuage.

À ce travail de déblayage se dévouaient les gros calibres du régime. Ils s'organisaient en commandos légers. Déguisés, portant cagoules et sacoches en bandoulières où ils cachaient leurs armes, ils opéraient des ratissages nocturnes à bord de petits véhicules banalisés: les combien mémorables DKW.

Au début, on les appelait des CAGOULARDS (à cause de la cagoule qui cachait leur visage, bien entendu). Puis, peu à peu, la malice populaire en vint à les désigner, en raison de la sacoche (macoute en créole), sous le nom folklorique du père fouettard à barbe blanche, portant " halefort " et réglant par sa seule évocation la discipline et l'obéissance de l'enfant haïtien. Cette locution-appelation allait faire fortune, parce devenue désormais - *et pour combien de temps encore*- le nom générique, le symbole du système duvaliériste. Et la référence à l'anti-démocratisme dans le monde: TONTONS-MACOUTE.

Dès que, dans un quartier résidentiel, on entrevoyait au crépuscule le nez aplati d'une DKW, dès que la nuit résonnait de son ronronnement cataire, les femmes et les enfants se terraient sous les lits, les hommes sautaient les murs mitoyens et prenaient la poudre d'escampette. L'apparition de ce véhicule annonçait comme le drapeau noir la catastrophe imminente. Le crachotement lugubre de son moteur asthmatique, sinistre et oppressant comme un glas, précédait viol, mort et deuil: l'ange exterminateur rôdait dans les parages pour planifier le sabbat des cagoulards, des tontons-macoute.

La découverte des premiers complots de Mahotière et de Frères (avril et juin 1958) offrit l'occasion aux jeunes structures de répression de démontrer l'efficacité de leurs méthodes et au gouvernement d'indiquer le cadre où il entendait développer sa stratégie de lutte pour conserver son pouvoir. Tandis que cagoulards, tontons-macoute, Police Secrète arrêtaient les conspirateurs et les torturaient sauvagement pour obtenir des aveux et la dénonciation des complices, le gouvernement, lui, organisait des procès militaires, comme au théâtre. À ces assises se distinguèrent des avocats célèbres…qui ne s'imaginaient pas tout le mal que leur causeraient leurs belles joutes oratoires. Le gouvernement saura faire fi du principe cardinal en droit criminel, savoir que le défendeur n'est pas le complice de son client. Les avocats de la défense furent tenus à l'œil et beaucoup d'entre eux durent s'exiler par la suite.

Les procès se terminaient invariablement par des condamnations à la peine capitale. Même Déjoie, jugé par contumace, essuya cette sentence. Cependant, au seuil du régime, Duvalier hésita à exécuter ses opposants sur la place publique. Des arrêtés de grâce ou de commutation de peine venaient toujours mettre en évidence “la sollicitude paternelle et la magnanimité du Président de la République".

Au début de septembre 1958, commença le procès Yves BAJEUX. Cette assise aurait pu se passer tout autrement ou ne pas avoir lieu du tout, si le 29 juillet 1958, la prise avortée des casernes Dessalines par un commando magloiriste n'avait engendré dans le pays un climat de triomphalisme gouvernemental sur fond de délire de persécution. Les accusés pour complot contre la sûreté de l'Etat (avril et de Juin 1958) allaient payer la note de " la folle équipée " du 29 juillet.

-C h a p i t r e 7-

MILICE CIVILE VERSUS TONTONS-MACOUTE

Une entreprise délibérée de désinformation a ancré dans la mentalité politique haitienne la confusion pernicieuse entre miliciens et tontons-macoute*. Erreur grossière au triple point de vue sémantique, politique et historique. La manipulation de l'information fait désigner de l'un ou l'autre vocable, plutôt du second plus péjoratif, tous les militants qui ont travaillé à l'instauration du régime, tous les partisans qui l'ont supporté, tous les technocrates qui lui ont seulement prêté leur service patriotique sans aucune référence ou obédience idéologique. Au point que, sans faire la part du feu, dans une extension de sens méchamment conçue et entretenue, on en est arrivé à appeler tonton-macoute le citoyen haitien qui avait choisi, au prix souvent de risques inouïs, de rester au pays durant la "dictature". C'est là un imbroglio alimenté par les chapelles politiques, surtout la Gauche et la Diaspora, soucieuses avant tout de diaboliser et d'ostraciser des adversaires potentiels, duvaliéristes ou non.

De pauvres hères, des pères de famille incultes, des citoyens sans aucune activité politique, parfois inscrits au corps des VSN uniquement par souci de sécurité, subiront à la chute de Duvalier Fils en 1986 le supplice du collier, c'est-à-dire seront brûlés vifs, un pneu enflammé passé autour du cou

---

* F. Duvalier a peut-être à dessein entretenu la confusion en établissant une exacte synonymie entre ces termes dans sa Mémoire d'un Leader du Tiers-Monde. Pouvait-il s'imaginer la regrettable campagne de diffamation qu'allait cautionner cette négligence sémantique. Beaucoup de mensonges et de manipulations, pour les besoins de la cause de l'ostracisme : " Macoute pa la-dan ". Il convient de démêler l'écheveau et de dire le mot de vérité.

sous prétexte qu'ils étaient des Macoutes. Des politiciens formés aux meilleures écoles de l'Occident, des prêtres, des religieux et même des hommes d'Etat, inciteront la plèbe à pratiquer en série cette forme d'autodafé d'êtres humains, avec cette frénésie macabre, cette allégresse obscène qui caractérisent les sociétés primitives et cannibales. Tout le monde, toutes les élites sociales, économiques et intellectuelles. des classes moyennes y seraient passées, ne fut-ce le coup d'arrêt du 30 septembre 1991, lequel, au-delà de son défaut originel et tout à fait condamnable en tant que tentative de rupture de la légitimité électorale et démocratique, a eu la vertu, reconnue par tous, de stopper cette folie criminelle de vouloir " donner à tous les possédants de la société haïtienne CE QU'ILS MÉRITAIENT ", c'est à dire le supplice du collier

1.- MILICE CIVILE ET VOLONTAIRES DE LA SÉCURITÉ NATIONALE (VSN)

La Milice de Duvalier est née en 1958, à la faveur d'un pur hasard, ou d'une collocation de causes, comme eût dit plus philosophiquement Henri Bergson. Dans la nuit du 28 au 29 juillet 1958, trois officiers magloiristes, aidés de cinq mercenaires étrangers, entrèrent aux Casernes Dessalines, bâtiment jouxtant le Palais National. De même qu'on sonne le tocsin pour ameuter une population à l'approche ou à la survenue d'un sinistre, Duvalier donna de la sirène pour appeler au secours les partisans du gouvernement menacé. Ceux-ci accoururent dans la nuit, allègres et décidés, méprisant le danger, armés qui de piques, qui de pistolets rouillés et sans chiens, qui de vieux fusils de chasse, qui - *et ce furent les plus nombreux*, de leurs mains nues, mais les poitrines bombées de ferveur partisane. Ils investirent la cour du Palais et, à la vérité, ne firent pas mieux que de gêner les mouvements de la garnison militaire, exception faite de quelques-uns qui tiraillèrent toute la nuit aux côtés des forces de contre-attaque.

Quand finalement on eut raison des envahisseurs, au lieu de regagner leurs pénates, avec la satisfaction du devoir partisan magistralement accompli, ces volontaires d'une nuit s'installèrent sur les lieux, se délectant, en se les racontant sans fin, de leurs prouesses imaginaires, trop heureux de bivouaquer sur la cour et dans les coulisses du Palais et de recréer cette ambiance de fraternité virile de la campagne électorale toute récente et tant regrettée. Pour le président reconnaissant, cette présence tumultueuse constituait un dilemme. Que faire de ce monde bavard et envahissant qui encombrait inutilement les couloirs et les salles, qui prenait la délicieuse habitude de se sauver le jour régler quelques affaires pour revenir l'après-midi, avec un zèle intact de néophyte, monter la garde auprès du Leader ? Allait-il rester là toute la durée du mandat ? Et ne serait-ce pas trop vilaine ingratitude que de le congédier tout de go à la manière d'un citron devenu inutile après qu'on en eut exprimé le jus désinfectant ?

Bon ! Il finira peut-être pas se lasser, espérait Duvalier. Et puis que c'était bon de se sentir entouré de chauds partisans comme aux temps héroïques de la campagne, de revoir à chaque apparition aux fenêtres et sur les balcons des silhouettes familières dont le profil commençait déjà à s'estomper dans la mémoire du compagnon devenu Chef d'Etat! Qu'il était agréable de découvrir à chaque pas des visages illuminés d'espoir patient, des mains tendues et ouvertes comme des paniers pour la moisson politique! Que c'était enivrant de recevoir à chaque encoignure hommages déférents et serments d'allégeance ! Oui, que les militants restent un peu encore ! Qu'ils montent la garde auprès de leur idole, de leur dieu ! On verra…On verra…C'est sans doute de ces temps-là que date ou que s'est renforcée en Duvalier la tendance mégalomaniaque au culte de la personnalité. L'historien se rappela bien à propos la mise en branle des premiers faisceaux de Mussolini, constitués par les anciens combattants de la Grande Guerre.

Sur ces entrefaites, soit éclair de génie, soit improbable référence idéologique (on lisait beaucoup Maurice DUVERGER en ces temps-là), soit souci viscéral du militaire pour l'ordre et la discipline, soit enfin tout simplement intrigue de courtisan, un jeune officier du nom de Franck ROMAIN offrit d'inculquer à ces masses informes quelques bribes d'entraînement militaire. Garde à vous!…À droite, face!… Portez armes ! En avant, marche, Une-deux…Une-deux! Par le flanc gauche !…Halte !…Reposez armes !…Les armes, à ce moment, étaient des fusils de bois fabriqués par les menuisiers du groupe…On prit goût à la chose. Le nombre des adeptes décupla rapidement, un ami en amenant un autre; et au bout d'un certain temps la cour du Palais se mit à bruire chaque après-midi de commandements gutturaux et de marches cadencées exécutées bien maladroitement par " ce ramassis de civils ".

Duvalier, historien, sociologue et psycho-sociologue, " vit que cela était bon ". Puisque tout le monde s'en accommodait et que la société haïtienne s'en gaussait en bon enfant, il saisit la balle au bond et forma, avec l'approbation tacite et amusée de la nation entière, sa MILICE, son armée parallèle, personnelle. Il n'imposait rien du tout ; il se pliait simplement aux exigences des choses, des circonstances…

Jouant magistralement sur la psychologie du civil ensorcelé par la cadence militaire, en même temps que sur la pédanterie du militaire enclin à la démonstration publique de son élégance et de sa capacité à commander, le président ouvrit des centres de recrutement à travers le pays. Du Palais National, le mouvement atteignit d'abord le Fort-Dimanche, puis le Camp d'Application à Lamentin. De là il s'étendit à tout le territoire. Il prit l'allure d'une conscription, d'une mobilisation générale. Tous les citoyens étaient comme appelés sous les drapeaux. Le peuple était pris comme d'une frénésie militariste. Paysans, citadins, ouvriers, professionnels, artisans, intellectuels, universitaires, tous se présentaient ou se faisaient recommander. Bien entendu les opposants s'en gardaient bien et riaient de ce qu'ils appelaient une mascarade. Les véritables tontons-macoute, eux aussi, s'amusaient du zèle de ces néophytes qui marchaient au pas et se gonflaient la poitrine tout naïvement, tandis qu'eux opéraient depuis longtemps sur le dur et avaient dû mener bien des actions chirurgicales pour aménager à ces paradeurs la possibilité de gambader ainsi…

Ce mouvement engendra un fructueux marché d'armes et de munitions. On acheta à prix fort de vieux revolvers, des calibres 32 ou 44 obsolètes, des pistolets de musée incapables de tirer un seul coup. Qu'à cela ne tienne! L'essentiel consistait à porter bien visible aux côtés une arme, symbole tangible de l'autorité. Parfois un simple gonflement sous la chemise suffisait.

Ainsi vit le jour la fameuse milice de Duvalier, dans la plaisanterie d'un jeu amusant. Cependant, le poids du nombre, ses parades burlesques, ses bruyantes manifestations d'allégeance, ses menaces à tout casser, finirent par lui donner un profil monstrueux et une puissance apparente et dissuasive d'une incomparable efficacité. Cette masse informe et inorganisée allait continuer longtemps encore de s'appeler MILICE CIVILE à la satisfaction des uns et des autres. Le nom de " VOLONTAIRES DE LA SÉCURITÉ NATIONALE " lui sera donné par l'un de ses plus irréductibles contempteurs, et en l'occurrence l'homme le plus puissant de la planète TERRE: John Fitzgerald KENNEDY, président des Etats-Unis d'Amérique.

En effet, au moment de la crise des fusées de Cuba, en octobre 1962, le Chef d'Etat américain, maniant avec un égal cynisme l'élégance condescendante et l'ironie cinglante du tout-puissant conscient de se suffire à lui-même, requit l'appui des nations latino-américaines pour le verrouillage de l'Ile caraïbe. Et imposant momentanément silence à son antipathie morbide pour le régime de Duvalier, il sollicita, dans son discours du 22 octobre 1962, le concours de toutes les armées de la zone, notamment " les Forces Armées et les VOLONTAIRES DE LA SÉCURITÉ NATIONALE DE LA RÉPUBLIQUE D'HAÏTI". Quel bel euphémisme pour désigner ceux que d'aucuns prenaient pour un ramassis de malfrats. Et un " 22 " du mois de surcroît, date fétiche des Duvalier. Et de la bouche du Champion de la Démocratie occidentale…Le mot était lâché et la " BÊTE " cessait d'être immonde ; elle recevait une consécration internationale.

Jusqu'à cette date, la milice offrait l'image d'un corps inorganique, informe et tout à fait illégal. Aucun texte de loi ne prévoyait sa création, ni ne régissait son fonctionnement. Et voici que le Maître du Monde, le chef de la Superpuissance super-hégémonique lui accordait un baptistaire international. Cadeau inespéré pour François Duvalier à qui était offerte l'aubaine de pouvoir tirer d'un texte officiel de la Maison Blanche la dénomination de son armée personnelle. Le 7 novembre, soit environ 15 jours plus tard, parut un Arrêté Présidentiel instituant le Corps de la Milice Civile, l'intégrant à l'Armée d'Haiti et désigné officiellement et légalement sous le nom (proposé par KENNEDY) de VOLONTAIRES DE LA SÉCURITÉ NATIONALE. (V.S.N.)

Plus qu'un auxiliaire de l'Armée, ce corps en était le contre poids. Une force de dissuasion anarchique et arrogante, destinée à terroriser les opposants réels ou potentiels, à intimider les hauts gradés militaires à qui

Duvalier ne cessait de prêter des tendances réactionnaires et putschistes. Détenteur de tous les pouvoirs informels, le corps des VSN ne possédait aucune attribution propre. D'ailleurs, Duvalier ne l'employait presque jamais à des actions militaires ou policières sérieuses.

La clientèle

À côté d'exceptions illustres, les VSN étaient des partisans incultes, sans formation, sans discipline, sans aucune vision des choses. Des fanatiques qui adoraient littéralement leur "père spirituel", considéré comme un "être immatériel", comme un dieu. Ils ne concevaient pas qu'un haïtien, qu'un être humain quelconque pût penser autrement que Duvalier ou se prosternât devant une idole autre que lui. Des illuminés qui ne vivaient que pour la louange à Duvalier mais qui entendaient tout autant tirer profit de ce culte idolâtre.

À vrai dire, ces militants chauds et disparates constituaient tout naturellement un poids pour la République, condamnés qu'ils étaient, de par leur manque de préparation et leur incapacité à exercer une fonction sociale, à parasiter l'administration publique et à dévorer sans contre partie le budget de l'Etat. À cause d'eux et par eux, cet état de choses allait installer ou exacerber des vices répugnants en ce pays misérable : la corruption, le trafic d'influence, le clientélisme, les pots de vins, le racket, le chantage politique, le détournement de fonds publics…Toutes choses existant déjà depuis longtemps, mais qui allaient être mises en exergue à l'ère de la médiatisation de l'information et de la…désinformation.

À côté du rôle d'intimidation où elle excellait, la milice n'a jamais su administrer la preuve de sa force réelle ou de sa capacité intrinsèque à soutenir vraiment son gouvernement ou même à assurer sa propre survie. On en eut preuve en février 1986, quand un communiqué laconique de Henri Namphy, général d'une armée de 6 mille soldats, porta dissolution de ce corps de 300.000 mille hommes et femmes armés et bien entraînés. Les redoutables (?) VSN jetèrent mitraillettes UZI et pistolets automatiques pour fuir devant de petites bandes d'individus vociférant des slogans anti-macoute et brandissant d'inoffensifs bouquets de feuilles de Nîme. La société haitienne put constater ce jour-là que ce qui l'avait terrorisée durant 29 ans n'était qu'une armée de parade, un bibelot creux et fragile, un vain ornement de la vitrine fasciste des Duvalier. Elle se défoula alors dans une frénétique chasse aux sorcières, moins dans le souci d'éradiquer cette engeance - tous rêvent secrètement d'imiter la formule - que dans la rage d'exorciser après coup cette peur honteuse et vaine que cet appareil lui avait inspirée et devant lequel elle avait courbée si longtemps avec tant de couardise.

2.- CAGOULARDS ET TONTONS-MACOUTE

Les Tontons-macoute, eux, représentaient une toute autre espèce. Ces pères fouettards, qui dépeçaient l'opposition au début du règne, réunissaient une clientèle bigarrée : des militaires duvaliéristes, des hauts gradés, des hommes politiques bien endoctrinés, de jeunes loups fougueux et pressés de gravir les échelons, de grands intellectuels parfois, des ministres en place, des directeurs d'administration…En petits comités, on analysait les situations, on identifiait les têtes chaudes, on planifiait des sorties nocturnes qui laissaient de tristes souvenirs. L'arme enfouie dans des sacoches portées en bandoulière (macoutes), ces porteurs de macoute hantaient les nuits insomniaques de Port-au-Prince. Poursuites, tortures, assassinats, viols, intimidations, règlements de compte…tout y passait. Terroriser et éventuellement décimer le camp adverse, intimider les contestataires réels ou potentiels, se faire justice des fois d'offenses personnelles, éliminer un concurrent politique, parfois même défricher devant soi le chemin de la promotion administrative et politique…Tel duvaliériste trop gênant pouvait tomber ; tel autre jouissant de trop d'attention présidentielle et susceptible de faire obstruction à la percée d'un membre du commando pouvait comme par hasard être victime d'un regrettable accident…Le Docteur ROUSSEAU, ami personnel très écouté du Président, fut froidement assassiné chez lui et tout le monde savait quelle main l'avait frappé.

Duvalier, bénéficiaire et probablement instigateur originel de ce mouvement, encaissait ses dérapages avec sérénité, douleur parfois, mais sans mot dire, avec cependant assez d'indiscrétion périphérique pour que tout un chacun sût qu'il souffrait de ces agissements sauvages qui éclaboussaient son trône. Il s'appliqua à bien assurer les assises de son gouvernement avant de contrecarrer son omnipotent chef des Tontons-macoute, Clément BARBOT. En attendant d'assener le coup de patte décisif à ce partisan trop zélé qu'il avait secrètement condamné à mort, il lui laissa la bride sur le cou pour nettoyer les écuries de l'opposition, manœuvrant toutefois à cristall-ser sur sa seule tête toute la haine accumulée, tout le mécontentement épars provoqué par ce banditisme d'Etat. Et quand le moment vint de lui casser les reins, on sut gré à Duvalier, les duvaliéristes oppressés comme les opposants menacés, d'avoir débarrassé le paysage politique de ce carnassier insatiable de chair et de sang humain.

Clément Barbot, le premier des Tontons-Macoute

En effet, malgré des mises en garde et des silences éloquents qu'il ne sut pas décoder, Barbot n'arrêta pas sa chirurgie dévastatrice, pratiquée même dans la propre chair du pouvoir. Pis encore, il s'appliqua, dans la logique de ses ambitions présidentielles et commettant en cela un impardonnable délit d'initié, à effectuer des mises en place envahissantes et suspectes, convaincu que les ennuis de santé de Duvalier pouvaient tôt ou tard, - mais plus tôt que tard-, créer subitement une vacance à la tête de l'Etat. Duvalier savait et surveillait son homme au millimètre près. Finalement Barbot commit la bêtise irrémissible de conspirer: il fut dénoncé par deux officiers supérieurs qu'il avait essayé de recruter. Ce fut la goutte de trop. Duvalier le limogea en 1961.

La Police Politique et le corps anonyme et clandestin des Tontons-Macoute passèrent en d'autres mains qui, pour être plus discrètes, n'en furent pas pour autant moins implacables. De nouvelles étoiles allaient briller au firmament de la répression : l'heure était venue pour les tristement célèbres Luc DESYR, Eloïs MAÎTRE, Jean TASSY…etc.

3.- MILICE CIVILE: PRODUIT DE LA DOCTRINE OU DU HASARD ?

Que la Milice soit née d'un pur hasard de l'histoire n'autorise personne à affirmer que sa création n'entrait pas dans les calculs de Duvalier. Si le sociologue a bénéficié d'un coup de pouce du destin, il eut la suprême intelligence d'exploiter à son profit les heureuses contingences du moment. L'éducation politique de François Duvalier, l'aigreur de son âme mutilée par les frustrations sociales, sa ferme détermination de se venger de l'oligarchie qui avait rejeté le bâtard même glorifié d'un titre de Médecin, le souvenir obsessionnel d'un Estimé populaire mais ballotté aux caprices d'un gendarme, sa doctrine de promotion des classes moyennes destinées par le nombre et la compétence à gouverner le pays, son culte secret pour les forces armées en même temps que sa méfiance pour le militaire, son vocabulaire même où dominaient les termes mussoliniens comme " phalanges invincibles", " cohortes armées ", " monômes imposants ", " binôme armée-peuple, peuple-armée ", tout cela montrait clairement que l'homme couvait secrètement le projet d'une force paramilitaire, d'une armée parallèle. Il aimait à parodier Sonthonax, le Commissaire Civil qui avait aboli l'esclavage en 1793 et qui s'était écrié au moment d'armer les nouveaux Libres: "Celui qui tentera de vous prendre ce fusil voudra vous remettre en esclavage". Il lui plaisait de rappeler de temps en temps l'axiome de Mao Tse Toung : " Le Pouvoir est au bout du fusil ".

Ce chercheur avait suffisamment étudié l'Histoire des peuples et des systèmes socio-politiques pour se convaincre bien à tort que les gouvernements durables et forts étaient ceux-là qui reposaient, non point sur la faveur fragile et passagère de la popularité, mais sur la crainte, sur les armes. L'histoire enseigne que les Prophètes et les Princes désarmés représentent les candidats tout désignés pour la potence, la croix et la guillotine. Les pays d'Afrique qui possédaient des milices ont accédé à l'indépendance; celle-ci sera accordée aux autres comme un cadeau paternaliste, empoisonné du venin de la division, de l'assimilation, de l'acculturation ou du néo-colonialisme.

Ce lecteur attentif de Machiavel et de Cursio Malaparte connaissait toutes les arcanes du coup d'Etat. Il savait comment prévenir un putsch du genre de celui qui renversa Estimé. Il avait appris comment jongler avec les contradictions politiques et les alimenter à son profit, comment domestiquer, " zombifier " une société, une armée…Pour lui, il ne s'agissait pas d'avoir l'armée derrière soi, de recevoir à chaque cérémonie officielle les honneurs militaires et des serments d'allégeance dont l'avenir a montré à quel point ils étaient hypocrites et mensongers; ce n'était même pas de compter sur des loyaux sujets au sein de l'Armée. Il fallait disposer de sa propre armée, une force civile nombreuse et imposante et dissuasive, une armée de fanatiques, de militants enragés, prêts à tout sacrifier: femme, enfants, pays, voire soi-même, pour consolider et pérenniser le pouvoir d'un Chef vénéré comme un dieu.

Si donc la Milice a vu le jour à la faveur d'un incident fortuit, celui-ci n'aura été que le facteur adjuvant et déclenchant. Duvalier caressait depuis toujours le projet de s'armer de ce puissant instrument politique. L'idée habitait l'esprit méfiant et tourmenté de ce sociologue-historien nourri aux exemples nationaux et internationaux, depuis la remarquable efficacité des Zinglins de Soulouque jusqu'aux glorieuses prestations des milices dans les luttes de libération africaines en passant par les S.S. d'Hitler et les Chemises Noires du Duce italien… qu'il voulait imiter plus que tout autre.

Dès son accession au pouvoir, donc bien avant le 29 juillet 1958, Duvalier avait aménagé un espace légal pour sa future milice. En effet, sans raison apparente, il changea la dénomination de l'Armée d'Haïti, qui devint FORCES ARMÉES D'HAÏTI (FADH). Pour l'homme de la rue, ce pluriel grammatical n'évoquait rien de spécial. Mais le politicien perspicace se posa des questions : il comprenait à l'analyse qu'Haïti allait être doté d'une force armée «plurielle» c'est-à-dire l'armée traditionnelle plus quelque chose d'autre. Quoi ? Il ne le savait pas encore. Il ne tarderait pas à le savoir.

On dit même que Duvalier aurait confié l'étude du dossier de la Milice à un jeune Professeur de Méthodologie de l'Histoire, un salomoniste convaincu et conséquent, lecteur fervent d'Alfred SAUVY, de Maurice DUVERGER, de Sédiou Badian KOUYATE, de Julius NYERERE, de Kwamé N'KRUMA, de toute cette pléiade d'écrivains politiques et de politologues qui, à l'orée des grands mouvements de libération africaine de la fin des années 50, préconisaient l'organisation d'une armée nationaliste et politisée pour la stabilité du pouvoir politique et la survie des régimes nouveau-nés. Nul ne connaît les grandes lignes de ce dossier confidentiel. D'ailleurs, ce professeur a-t-il jamais accédé au vœu de François Duvalier? La demande lui en a-t-elle jamais été produite ? On dit tant de choses en ce pays pour gonfler ou ruiner les réputations. En tout cas, la Milice fut instituée avec une structuration, une méthodologie d'établissement progressif, de pénétration et de fonctionnement, qui suggéraient étonnamment l'existence d'enquêtes et d'études préalables, voire d'un chronogramme d'exécution…Ses tentacules paramilitaires s'infiltrèrent jusqu'aux extrêmes confins du territoire. Chaque ville, chaque commune, chaque quartier, chaque section rurale, possédait son corps de milice, entraîné volontiers et avec empressement par les soldats du poste correspondant. L'institution était hiérarchisée à l'image de l'Armée d'Haiti. Avec ses détachements, ses escouades, ses pelotons, ses compagnies, ses bataillons, ainsi que ses officiers, sous-officiers et soldats. Et Duvalier, olympien, coiffait cet échafaudage. Il condescendait à déléguer des parcelles de pouvoir à des dieux secondaires, les commandants des villes et des provinces. Mais le Commandement Suprême, il le gardait jalousement pour lui-même. Il lui plaisait de répéter qu'il demeurait le seul Chef de sa Milice, sans aucun intermédiaire, de sorte que le plus petit " milicien des mornes " (selon l'expression amicale et affectueuse du Colonel-écrivain Max VALLES), s'enorgueillissait de relever directement du Président Duvalier lui-même.

Le VSN n'obéissait aux chefs intermédiaires que pour les choses mineures et par souci de commodité et de longévité. Pour l'homme de la troupe, le commandant n'était qu'un " chef " local, circonstanciel, un simple primus inter pares. Le VSN ne rêvait que de se trouver en face de Duvalier pour décrocher le gros lot : soit devenir " chef " lui aussi, soit recevoir un revolver flambant neuf ou de l'argent -invariablement. Ah ! ces adorables billets neufs, signe de la richesse subite ou d'une promotion récente - *et tout aussi éphémère* - dans la sympathie du " père spirituel de la Révolution Duvaliériste".

Homme prudent et méfiant jusqu'à la paranoïa, Duvalier prit soin d'écarter l'élément masculin du haut commandement de son armée personnelle. Pas question de confier un tel outil aux mains trop remuantes d'un homme, tous les hommes de ce pays rêvant, d'après lui, de s'approprier le fauteuil présidentiel. La femme lui semblait dépourvue d'ambitions politiques. On était en 1958-60: le mouvement féministe pour l'égalité des sexes n'avait pas encore sérieusement investi les côtes haïtiennes. Ce n'est qu'en 1957 que Sylvain avait accordé droit de vote aux femmes ; c'est sous Jean-Claude Duvalier qu'en 1980 pour la première dans l'histoire d'Haïti une femme avait été nommée Juge.

Il faudra attendre 1990 pour voir une femme, Madame Ertha Pascal TROUILLOT, occuper la fonction suprême. En 1960, la chose était impensable, en Haïti.

Duvalier confia donc le commandement de sa Milice à Madame Max ADOLPHE. Celle-ci avait débuté sa carrière de commandant à la tête de la Milice de Fort-Dimanche. Puis elle devint chef de la Milice de la Capitale en 1963 après le limogeage du Major Franck ROMAIN et le transfert au Fort-Dimanche de la milice du Camp d'Application de Lamentin. (La disgrâce venait de frapper ce Major qui paradait un peu trop à la tête de la Milice. Duvalier estimait que Romain était devenu trop politisé, brusquement trop riche et donc trop fort pour détenir ne serait-ce qu'une fraction minime de son armée personnelle).

On n'insistera jamais assez sur le fait que Duvalier n'a jamais toléré la présence d'hommes forts à la tête de sa Milice. Au moment de mourir, il laissa des instructions formelles en ce sens à son fils et successeur. Ainsi, malgré les premières hésitations de ce dernier, d'abord sollicité et tenté de dissoudre la milice au profit du Corps des Léopards, puis nommant à sa tête des hommes, de surcroît des politiciens (Félix HERARD, Wébert GUERRIER) et - ô sacrilège des sacrilèges ! - des MILITAIRES (MEDOR, DARDOMPRÉ)…, on reviendra pieusement au prescrit du testament paternel. Et l'inamovible Marie Jeanne, Mme Max ADOLPHE, sera rappelée et demeurera SUPERVISEUR GÉNÉRAL DU CORPS DES VSN, jusqu'à la dissolution de la Milice en Février 1986, après le départ de Jean-Claude DUVALIER.

-C h a p i t r e 8-

FRANÇOIS DUVALIER ET L'ARMÉE

1. LA MALADIE CONGÉNITALE

L'Armée d'Haïti est affligée d'un travers historique qui, au fil du temps, s'est comme incrusté dans le génome de ses généraux. La majorité des chefs d'Etat du pays ont été des militaires ou des chefs de bandes armées. Depuis l'Empereur Jean-Jacques DESSALINES, le fondateur de la Patrie, Henri CHRISTOPHE, le roi du Nord, Alexandre PÉTION, l'instaurateur de la République, BOYER, RICHÉ, PIERROT, SAGET, SOULOUQUE, GÉFFRARD, HIPPOLYTE, NORD ALEXIS…Tous, des héros de la guerre de l'Indépendance. Ils se sont prévalus d'un droit historique à gouverner ce pays, d'autant qu'au lendemain de l'Indépendance pesait la menace d'un possible retour de l'armée française pour rétablir l'esclavage. Il paraissait donc logique que le sort de la nation fût confié à un Général qui se soucierait davantage de fortifier les défenses du territoire que bien gérer l'Etat et le pays. Ainsi pouvait-on compter sur les doigts de la main les civils qui ont dirigé Haïti avant l'Occupation américaine de 1915. De 1915 à 1957, cinq (5) gouvernements se sont succédé, ponctués ou interrompus par des coups d'Etat militaires : Calixte en 1937 ; Paul Magloire en 1946, 1950, 1956; Léon Cantave en 1957, Kébreau en 1957. Plus tard, après le long règne des Duvalier, ce fut le tour d'Henri NAMPHY en 1986 et 1988

; Prosper AVRIL en 1988 ; Himler REBU en 1989; Raoul CEDRAS et Michel FRANÇOIS en 1991. Il est trop tôt pour savoir si le démantèlement de l'Armée en Novembre 1994 par Jean-Bertrand ARISTIDE met fin à ce cycle infernal.

De mémoire d'historiens, on retient que toutes les " révolutions ", toutes les insurrections en ce pays aboutissaient invariablement à la mainmise de l'armée sur la puissance publique, obligée qu'elle se disait " d'assurer la sécurité des familles, l'intégrité du territoire et le continuité de l'Etat". Le Chef de l'Etat-Major en arrivait à se considérer sans aucune gêne ni complexe comme l'héritier prédestiné du pouvoir politique. Dès sa nomination à la tête de l'armée, il se mettait en ligne - ou bien il était entrepris par son entourage étoilé et ses amis civils intéressés - pour accomplir et assumer l'ultime étape de son destin : la Présidence de la République.

Ce serait pure naïveté de croire qu'après le départ de Déjoie et de ses lieutenants les plus remuants, après le décès tout à fait naturel de Clément Jumelle et l'assassinat honteux de ses frères, le terrain se trouvait débarrassé de toute opposition politique. Duvalier considérait - *et on ne pouvait dire qu'il eût tort* - que le danger le plus immédiat résidait dans la composition et les tendances de l'Armée en 1957. (Le péril s'affirmait d'autant plus grave et imminent qu'à la tête de l'Institution trônait un certain général Kébreau, ancien chef d'Etat " rentré dans ses casernes " et qui ne faisait aucun mystère de ses projets de suprématie politique).

En 1957, en effet, en dehors de Pierre PARET, chef de la Police de Port-au-Prince, tous les commandants de départements militaires étaient des officiers mulâtres. Tous. En fait, 80% des hauts gradés avaient la peau claire, jouaient aux aristos, fréquentaient des clubs mondains de la haute société et se trouvaient pour cela et pour bien d'autres raisons encore crédités de convictions déjoïstes. Le jeu des mariages " inter et intra-classe", des alliances et mésalliances, resserrait encore plus le tissu de ce clan qui s'est érigé en une véritable caste, hautaine et hermétique.

Pour un idéologue des Classes Moyennes doublé d'un noiriste sournois mais impénitent, une telle situation méritait correction. Un élémentaire instinct de survie politique lui commandait de se prémunir contre tout aventurisme de l'Armée, une armée idéologiquement et sociologiquement hostile et traînant dans la trajectoire de ses étoiles les ombres et les orages menaçants d'une longue pratique insurrectionnelle et putschiste.

Mais si Duvalier se méfiait avec raison de l'armée, celle-ci couvait à son endroit des griefs non moins justifiés. Le plus évident aura été justement la création de la Milice, ces " hordes de va-nu-pieds et de ruraux " enrégimentés soit disant pour contrebalancer son influence et sa puissance. Au début elle s'en moquait ; elle en avait vu d'autres et de plus coriaces ; elle ne s'inquiétait pas des fantasmes ridicules de ce petit médecin de campagne taciturne, peureux et timide. Donc insignifiant. Cela lui semblait un jeu puéril et elle s'acquittait sans zèle aucun de ses devoirs strictement militaires en attendant les faux pas inéluctables du civil qui lui offriraient l'occasion propice pour mettre un terme à cette mascarade populacière.

2.- ANTHONIO TH. KÉBREAU AUX OUBLIETTES

Les craintes de Duvalier étaient donc bien fondées. Et le Chef d'Etat-Major du moment ne faisait rien pour atténuer ses appréhensions. Aucune retenue. Aucune prudence. Il se pavanait. Il pérorait. Sa résidence privée, ses bureaux ne désemplissaient pas de politiciens et d'opportunistes en quête de faveurs, à l'affût de privilèges et de prébendes. Comme si le centre nerveux du pouvoir politique avait glissé du Palais National vers le Grand Quartier Général des Forces Armées d'Haiti. Kébreau, obnubilé par les flatteries, commettra la bêtise inouïe de répondre, sans l'avis préalable du Président de la République, son chef hiérarchique, à une invitation du Généralissime Raphael Leonidas TRUJILLO, celui-ci tout hanté - et Duvalier le savait - par l'idée d'une domination militaire sur l'Ile de part et d'autre de la frontière. L'homme lige de Trujillo, Garcia ABBES, se rendait fréquemment en Haïti et était reçu avec ostentation par Kébreau. Au cours de sa visite là-bas, en République Dominicaine, le Général afficha un faste présidentiel, une allure et une aisance impériales : il semblait plus aimable, plus accommodant, plus puissant même que l'Elu du 22 Septembre.

Duvalier le renard avait tout ce monde et ces mouvements à l'œil. Il tardait cependant à mettre le bistouri dans la plaie, à limoger un général décidément trop fort parce qu'entouré d'un Etat-Major et de troupes à lui tout dévoués. Il s'appliqua au contraire à endormir et enferrer son fanfaron de général. En plus de lui déclarer que de la présidence seul le titre l'intéressait, le pouvoir réel et effectif pouvant rester à Kébreau, il alla établir domicile chez lui. Chaque soir, après le travail au Palais National, il se rendait en cortège bruyant chez Kébreau pour passer la nuit. Il tenait à ce que tout le monde le sût et particulièrement le monde de l'Armée qui verrait dans ce geste une preuve supplémentaire de confiance et de dépendance. Le général était "aux anges". Son orgueil se gonflait de loger un président de la République qui jugeait sa maison privée plus confortable et mieux sécurisée que le Palais National. Ainsi, en dépit de l'ambition qui le tenaillait, le général, parce qu'auréolé d'un tel honneur et d'une si grande responsabilité, hésita à porter la main sur un homme qui se livrait à lui avec tant d'ingénuité: l'hospitalité est sacrée en ce pays. Il ne pouvait l'assassiner en sa propre résidence, ni le kidnapper pour prendre le pouvoir. C'eût été trop vilain : il existe quand même un seuil d'immoralisme qu'on ne pouvait pas franchir. Et c'était justement là le piège. Ce rusé de Duvalier, se sentant en danger et voulant faire croire à Kébreau qu'il ignorait tout de ses intentions et tractations, s'en était allé se réfugier dans la gueule du loup, sous le toit de l'assassin potentiel, afin de lui lier les mains et la conscience…Le temps de s'organiser, pour le désarçonner.

Bien sûr, Kébreau se tenait sur ses gardes, tout en menant ses préparatifs pour renverser Duvalier. Ainsi chien et chat, dans la cuisine du pouvoir, (la cuisine de chez Kébreau en l'occurrence), se lorgnaient, s'épiaient, se surveillaient, les crocs à peine cachés sous leur museau dégoulinant de bave, les griffes à peine enfouies sous leurs pattes apprêtées pour l'estocade finale. Ils se minaient mutuellement, réciproquement, avec un talent prolifique. Chacun attendait le moment propice, chacun guettait de l'autre la minute de faiblesse, de distraction, de déconcentration pour lui sauter à la gorge et lui porter le coup fatal.

Le moment était-il venu, ou bien le jeu forçait-il à couper, en ce début de mars 1958 ? En tout cas, la coupe semblait pleine pour les deux protagonistes. On raconte que ce jour-là, le Président, entouré de son Cabinet Ministériel et de l'Etat-Major de l'Armée, assistait à une cérémonie à Miragoâne. À un moment donné, Duvalier toujours aux aguets ne remarqua plus Kébreau dans son entourage immédiat. En vain il le chercha dans l'assistance. C'est que le général était parti subrepticement pour Port-au-Prince afin de profiter de l'absence de Duvalier pour exécuter ses plans.

Rapide comme l'éclair, Duvalier prit sa décision. Avec une clairvoyance lumineuse et aussi un sans-gêne sans égal, Duvalier quitta les lieux, laissant tout le monde pantois, et le Maire de la Commune suspendu au beau milieu de ses envolées oratoires de Bienvenue au Président. Et sur des chapeaux de roues, il regagna Port-au-Prince. Il dépassa la limousine de Kébreau à hauteur de Martissant, devant l'Eglise Sainte Bernadette.

Arrivé au Palais National, il prit les mesures fortes. Le canon tonna 13 fois: Kébreau était mis à la retraite. Duvalier profita pour révoquer tous les officiers proches du déchu et qu'il jugeait indignes de sa confiance. La liste était prête longtemps déjà: Duvalier n'improvisait jamais.

On a tissé, à propos de l'éviction de Kébreau, une anecdote cocasse, bien du genre de François Duvalier, le dramaturge consommé de la politicaillerie haitienne. Rentré au Palais après sa course folle sur la route de Miragoâne, le président voulut s'assurer que le général condamné allait bien rester chez lui. À cet effet, il dépêcha auprès de lui un de ses fidéi-commis militaires, en l'occurrence le blagueur prolixe bien connu, le Major Pierre Merceron. Pierre Merceron passa une pleine heure à faire rire notre général et à boire avec lui des cocktails-maison. On n'entendit même pas les coups de canon. Et quand Merceron estima que tout était consommé, il prit congé en claquant les talons avec respect et élégance. Kébreau l'accompagna jusqu'à la barrière ou plutôt aurait voulu le faire. Mais la sentinelle, celle-là même qui une heure plus tôt tremblait devant son Chef, lui barra le passage. Que se passe-t-il, demanda le général ? D'ordre supérieur, lui répondit le soldat qui avait déjà reçu des renforts. Merceron s'éclipsa devant le Général hébété.

Merceron sera récompensé : 6 mois plus tard, il sera nommé Chef d'Etat-Major. Six mois pour passer du grade de Major à celui de Général de Division : il fallait le faire.

La course folle sur la route de Miragoâne, de même que l'intervention de Merceron auprès du Général, pour conformes qu'elles puissent paraître à la logique des procédés de Duvalier, semblent relever de l'imaginaire haïtien toujours prêt à enjoliver ou à noircir les choses. Rien de tout cela n'a pu être vérifié.

En fait, le limogeage de Kébreau se passa bien plus prosaïquement en cet après-midi du 12 mars 1958, juste 6 mois après sa nomination pour 6 ans par un Arrêté Présidentiel. Pris de peur, le Général courut se réfugier à l'Ambassade Dominicaine. Ses amis obtinrent du Président, en lieu et place d'un sauf-conduit pour un exilé, une nomination comme Ambassadeur au Saint-Siège. Le noms de ces amis empressés furent soigneusement notés : ils seront écartés sous peu. Et le Général qui avait fait la fortune politique de Duvalier, trépassera bientôt, mystérieusement, empoisonné, dit-on, au cours d'une visite à Rome d'un ami commun à lui et à Duvalier. Cet ami sera récompensé d'un portefeuille de ministre. Simple coïncidence peut-être…; mais la rumeur est tenace. Pas de fumée sans feu.

3.- LA NOUVELLE ARMÉE DE DUVALIER

Ainsi débarrassé de ce fardeau, Duvalier commença à placer ses hommes à la tête de l'Armée. Flambert, un ancien garde de corps de Dumarsais ESTIMÉ, devint Chef d'Etat-Major. De nouvelles étoiles militaires allaient monter au firmament du duvaliérisme: l'incontournable Pierre MERCERON, le loyal et hautain Claude RAYMOND, Henri NAMPHY le " caravacheur ", Fred ARTY le poltron, Monod PHILIPPE le philosophe à la gachette d'or, Franck ROMAIN l'implacable, Jean TASSY l'impitoyable, Harry TASSY l'intrigant au bégaiement sélectif…etc.

C'est peut-être ici qu'il convient d'analyser le comportement de Duvalier vis à vis de l'Armée. Considérant la chirurgie dévastatrice qu'il y pratiqua, on déduit bien trop vite qu'il cultivait une haine féroce pour l'Institution Militaire. C'est là une contrevérité. Certes, il ne l'aimait pas du tout dans sa composition et sa mentalité de 1957. Il estimait, et avec raison, qu'elle représentait un danger pour son pouvoir. Plus que la haine, c'est la peur qui dictait la plupart de ses mesures à l'encontre de l'Armée. D'autant qu'à son avènement, l'armée était encore cette garde d'Haïti formée au creuset de l'Occupation Américaine, entraînée, recyclée, subventionnée, surveillée, infiltrée par cette fameuse Mission Militaire Américaine peuplée d'agents déstabilisateurs et putschistes. À un nationaliste indigéniste de la trempe de Duvalier, de telles accointances n'inspiraient que méfiance et angoisse. Craignez un chef qui a peur. Sa survie à lui, en tant que Chef d'Etat, impliquait l'anéantissement de l'ennemi.

Cependant, il ne choisit pas la solution de la facilité: la dissolution de l'Armée. Il refusa de sacrifier aux sensibilités puériles de la basse vengeance et aux imaginations paranoïdes du délire de persécution. Son sens élevé de l'Histoire et son respect des Institutions Républicaines lui interdisaient de renier l'héritage deux fois séculaire de cette superbe Armée Indigène, née à la racine du combat pour la Liberté universelle et qui culbuta les colonnes aguerries de l'Armée Napoléonienne, pour enfanter la Première République Noire Indépendante du Monde. Non, il ne céda pas à la paresse d'un Arrêté présidentiel de dissolution, dans un mouvement de peur et de panique indigne d'un homme politique et d'un grand Chef. En Homme d'Etat, respectueux de l'histoire de son pays et de l'idiosyncrasie de son peuple, il choisit de se mettre à l'œuvre constructive, même si la méthode qu'il employa déplut à nombre d'adversaires. En chirurgien habile ayant soigneusement étudié le matériau à transformer et l'image finale à obtenir, il s'appliqua, avec la rigueur et la patiente nécessaires, à remodeler le profil de l'Armée d'Haïti. Au bout du compte, il créa ce qu'il aima appeler " la Nouvelle Armée ", une armée à l'entière dévotion de son idéologie.

En fait, Duvalier cultivait, si l'on ose dire, une sainte adoration pour l'Institution Militaire. Il était fasciné par l'uniforme, la propreté, le maintien, la discipline de la gent d'arme. Même en temps normal de détente et de paix, on le trouvait dans son bureau, littéralement enveloppé dans un ample uniforme kaki, qu'il empruntait le plus souvent à Franck Romain, la tête enfouie dans un képi trop grand, portant dans ses mains déjà débiles un énorme revolver antédiluvien décidément trop lourd et trop long. Il prenait un malin plaisir à circuler en ses appartements privés dans cet accoutrement pour le moins insolite. C'est qu'il était assuré qu'une telle tenue impressionnait, inspirait la peur, le respect. Il aimait la chose militaire.

Mais il voulait d'une autre armée. Une nouvelle armée, composée d'officiers noirs, dénués d'ambitions politiques, respectueux du pouvoir civil.

Il poussa jusqu'à la caricature le profil du haut gradé anodin et inoffensif, au point de fermer l'Académie Militaire et de promouvoir un aréopage d'officiers supérieurs sortis des rangs et à la formation intellectuelle très approximative, convaincu - ô combien faussement, hélas! - que les limitations sociales et intellectuelles de l'enrôlé devenu haut gradé mettaient ce dernier à l'abri du venin politicien. Après la dernière promotion Magloire, sortie prématurément en janvier 1957, avec les Abel Jérôme, Williams Régala, Grégoire Figaro…etc, le règne de François Duvalier ne connut qu'une unique fournée d'académiciens: les Acédius Saint-Louis, Prosper Avril, Jean-Claude Paul, les Lacrète et l'inénarrable Hérard Abraham…etc.

Cette politique obscurantiste fit un tort immense à l'Armée, qui en arriva à un moment donné à manquer d'officiers d'Etat-major. A la fin du règne de Duvalier Père, sur trois généraux régnants, un seul était académicien, Claude RAYMOND, qui avait d'ailleurs étudié au Mexique. Les deux autres étaient des enrôlés glorifiés pour leur fidélité: Breton CLAUDE, le commandant des Casernes Dessalines, chef de la Police Secrète, qui va tomber en disgrâce à la suite d'une simple plaisanterie, en Mars 1974; Jacques GRACIA, l'inamovible commandant de la Garde Présidentielle, la fidélité faite Homme.

4.- LA GARDE PRESIDENTIELLE

Cette méfiance viscérale poussa Duvalier à monter, au sein de l'Armée, sa propre garde prétorienne. Auparavant la sécurité du Président d'Haïti était assurée par ce qu'on avait coutume d'appeler "la Maison Militaire", relève quotidienne de gardes opérée à partir de la garnison des Casernes Dessalines, adossées au Palais National. Cette garnison - et donc la " Maison Militaire " - se trouvaient aux ordres exclusifs du Commandant des Casernes. C'est pourquoi, plus que le Chef d'Etat-Major, ce commandant ayant sous ses ordres les seules troupes de choc du pays et qui, de surcroît, " surveillait " la Palais National et le Président, était perçu comme le militaire le plus puissant, le plus craint, sinon le plus populaire, le plus aimé, le plus sollicité. C'était d'ailleurs le poste le plus envié par les militaires habités du virus politique, qui le considéraient comme une étape obligée vers le trône: Arnaud Merceron, Paul Magloire (d'où il déposa deux présidents, Lescot et Estimé), Léon Cantave…etc. Les chefs d'Etat-Major prenaient l'habitude d'installer leur bureau aux Casernes Dessalines, pour s'assurer d'avoir bien en mains à la fois le bataillon tactique de l'Armée et le Président civil. (Un général sans troupe est une coquuille vide).

Duvalier avait retenu de son cheminement politique une leçon brûlante et inoubliable : les malheurs de Dumarsais ESTIMÉ confié à la garde du colonel Paul Magloire et finalement renversé par celui-ci, malgré son immense popularité. Il se souvint de même des démêlés de Franck Sylvain et du Collège avec le Général Léon Cantave infesté du virus politique, ce même et incorrigible Cantave qui reviendra en guerrillero sur la frontière haitiano-dominicaine.

Il semblait impératif à Duvalier de se libérer de cette tutelle étouffante et dangereuse : La " Maison Militaire " allait faire place nette à la Garde Présidentielle. Claude RAYMOND, jeune capitaine, intelligent, racé et dévoué, fut chargé de la constitution de ce corps d'élite. Il choisit - ou Duvalier lui donna - comme assistant le Lieutenant Henri NAMPHY. Ce Namphy, devenu président en 1986 certainement grâce à ce choix originel, - *ô insondable ingratitude humaine* - livrera Claude Raymond à la curée populacière, en dissolvant son Parti politique, le PRAN, et en le traitant publiquement de " macoute ". Comme si lui-même ... ! " Seigneur, que t'ai-je donc fait pour être ton élu "?

À toutes les fêtes de la bourgeoisie mulâtre, Duvalier invité se faisait invariablement représenté par un officier de sa Garde personnelle. Et c'était toujours Henri Namphy. Ce dernier avait le teint clair et ressemblait à s'y méprendre à un mulâtre. Duvalier plaisantant lui recommandait de bien enfoncer son képi jusqu'aux oreilles et de ne l'enlever à aucun prix. Il ne voulait pas qu'on découvrît le pot aux roses: Namphy avait les cheveux crépus. On riait de cette bonne blague et Henri Namphy, appelé par tous "LE MULÂTRE DU PRÉSIDENT", s'enquérait chaque matin de la liste des invitations. Il aimait ça. Et d'ailleurs quel privilège d'être taquiné par un président que tous craignaient tant ! Vingt après, combien de fois ...avant le chant du coq ...

Bref, ces deux officiers s'attelèrent à la tâche, avec un pragmatisme qui n'avait d'égale que leur loyauté au Chef. Ils recrutèrent officiers, sous-officiers et soldats, avec une nette prédilection pour les jeunes des provinces, surtout de l'Artibonite " sacrée " où trônait Zaccharie DELVA dit PARRAIN'N. Bien entraîné, bien éduqué, superbement motivé et surtout royalement choyé, ce corps d'élite s'imposa comme un modèle dont la fidélité allait défier le temps. Hélas ! Sous la présidence provisoire de Prosper Avril à la fin des années 80, cette garde présidentielle deviendra l'ombre d'elle-même: chacun de ses membres, du colonel au simple soldat, voulait devenir président d'Haïti. Tous voulaient être riches immensément et immédiatement. De là à succomber aux tentations du vol à main armée et du trafic de stupéfiants, il n'eut qu'un pas. Il était impensable qu'un soldat de la Garde Présidentielle osât envisager pareilles choses du temps du Docteur François ni même de Jean-Claude Duvalier. Bref…

Ainsi entouré de sa Garde Prétorienne, en son palais inexpugnable, où il avait, depuis le coup de force du 29 juillet 1958, concentré toutes les armes et munitions de l'Armée, Duvalier prenait une assurance décisive sur la turbulence traditionnelle de l'Armée. Le quartier général des Forces Armées, situé en face du Palais et vers lequel pointait en permanence une pièce d'artillerie "chargée et non-assurée ", faisait figure de château de cartes, de tigre en papier. De ce côté-là, Duvalier se disait tranquille. Il pouvait à loisir attaquer l'Armée, pratiquer en son sein des purges monstrueuses, même fusiller des officiers supérieurs, sans craindre mutinerie, révolte et insurrection. En tout cas, il croyait détenir de quoi mâter toute réaction indésirable: sa Garde présidentielle, une armée dans l'Armée, garantissait sa sécurité et, dans un certain sens, la pérennité de son pouvoir.

-Chapitre 9-

DUVALIER ET L'OPPOSITION EXTERNE

Le renvoi de Kébreau soulageait Duvalier d'une épine au talon. Il pouvait cheminer désormais d'un pas plus ou moins assuré vers une suprématie personnelle, vers cette autocratie tant désiré, car à l'intérieur le terrain était nettoyé. Cependant, on ne pouvait en dire autant de l'extérieur.

1.- EXILÉS NOUVEAU CALIBRE

Comme bien l'on pense, cette Haïti tropicale, terre de rancune et d'intolérance, exsude son cortège d'exilés à chaque mouvement politique, à chaque chute de gouvernement. Avant même que le nouveau pouvoir s'installe et se consolide, les supporteurs du régime déchu mettaient l'océan entre eux et les nouveaux maîtres. En 1957, une nuance de taille allait cependant marquer la physionomie et la psychologie de ce monde. Auparavant, en effet, les exilés étaient en général des anonymes, des éléments disparates, sans fortune, sans auréole internationale. Ils appartenaient aux branches diverses et multiples des classes moyennes et du prolétariat urbain ; la plupart étaient des intellectuels romantiques, sans le sou, qui fuyaient les régimes " petits-bourgeois " et répressifs installés au pays. Bannis volontaires ou forcés, souvent secrètement attirés par la promesse fallacieuse d'un pactole facile, ils s'en allaient mener sur la terre étrangère, souvent raciste et hostile, une existence de proscrits, traqués par la meute de la faim, de la misère et du désespoir. Leur préoccupation majeure se limitait à survivre, à savoir chaque jour où trouver demain le pain quotidien de leur subsistance minable. Pour ces déracinés, la politique haïtienne devenait un exercice de nantis, et qui se déroulait comme sur une autre planète.

Sous Duvalier, les exilés afficheront un tout autre calibre. Ce seront des bourgeois bien pourvus, des rentiers qui souvent possèdent déjà leur appartement sur les rives du Potomac ou en Floride, là où les radios et les journaux offriraient leur service…au plus offrant. Libérés des inquiétudes immédiates du "primum vivere", ils pourront se payer le luxe de " faire de la politique ", ne serait-ce que pour occuper leur oisiveté et se consoler de leur échec politique au pays natal. Leurs richesses et leurs relations d'affaires rendront le monde de la politique et de la finance internationale infiniment plus sensible à leur situation. La bourgeoisie est une famille, une véritable confrérie mondiale qui se préoccupe sans relâche du bien-être de ses membres, où qu'ils se trouvent, et à quelque pays qu'ils appartiennent. L'homme riche est un citoyen de l'univers ; l'argent efface les frontières entre races, entre nations, entre les pays et les êtres humains.

Bien entendu, tous les exilés ne jouissaient pas d'une telle opulence, il s'en fallut de beaucoup. On comptait également une masse d'anciens fonctionnaires, des candidats évincés, des " leaders d'une campagne ", des militaires réformés ou révoqués, bref, des individus d'horizons divers, munis certes de quelques réserves hélas ! vite épuisées, dans l'euphorie des premiers rêves d'un retour glorieux et l'illusion de la chute très prochaine du gouvernement honni. De sorte que, au fil du temps, tout ce ramassis de rêveurs, à de rares exceptions, finit par s'agglutiner autour de quelques pachas, ainsi condamnés à s'appauvrir dans l'entretien d'une cour, d'un auditoire, d'un vivier de sbires, de sicaires, d'exécuteurs de hautes comme de basses œuvres.

Les exilés de Duvalier vont donc se trouver libres de leurs mouvements aux USA, en France, au Canada, et ailleurs. Ils bénéficieront de tous les complicités et appuis pour concocter, financer et exécuter leurs projets de déstabilisation et de renversement du régime. D'autant que le nette propension de Duvalier pour la dictature libérait la conscience internationale généralement respectueuse de la légitimité électorale et populaire.

Si des tiraillements internes, alimentés par de multiples ambitions personnelles divergentes, ont fortement compromis l'unité et la solidité de l'opposition extérieure, les actions ne manquèrent point d'exécutants fougueux et fanatiques, voire de desperados de la cause. Le plan global de renversement du gouvernement comportait un triple volet: à l'extérieur, une vaste campagne de désinformation pour obtenir l'isolement diplomatique; à l'intérieur, un travail de sape entretenu par un climat de tension, d'intoxication, de déstabilisation, de conjuration permanente. Ainsi honni à l'extérieur, empêtré à l'intérieur, le gouvernement ne pourrait résister à la frappe d'une invasion armée, troisième volet décisive.

Grâce aux complicités internationales et à la complaisance des pays voisins, l'espace hertzien haïtien fut envahi par une infinité d'émissions pirates, diffusées à des heures de large écoute. Déjoie et des déjoïstes notoires, Fignolé et des fignolistes virulents, René Dépestre et d'autres dialecticiens communistes, s'en donnèrent à cœur joie. On fit la radioscopie de la dictature en gestation (selon le titre d'un livre de Gérard Pierre-Charles). On appela le peuple à subvertir cet " ordre de choses duvaliérien indésirable". On monta au pays des réseaux clandestins de distributions de tracts et de matériels subversifs. On créa de nombreux foyers de conspiration politique et de conjuration militaire.

Il faut reconnaître que l'opposition accomplissait une besogne admirable. Elle parvint même à recruter des espions au sein du pouvoir et, pourquoi ne pas le dire, au cœur même de la citadelle, c'est à dire jusque dans les appartements privés du Président de la République. Un jour, une tasse de café s'échappe des mains tremblantes de Duvalier. Deux heures plus tard, Radio VONVON livrait la nouvelle avec forces détails et commentaires. On crut, sur la foi d'une enquête menée par un destroyer américain, que Radio VONVON logeait au Palais même. On saura plus tard - vrai ou faux- qu'elle fonctionnait plutôt en face du Palais, dans une maison de Commerce située derrière le Marron Inconnu. Considérant les pratiques atroces de la Police Politique de Duvalier, le défi était de taille, plus qu'héroïque, de s'installer et de mettre en ondes une radio d'opposition à quelques mètres de l'antre du fauve.

L'opposition externe était bien motivée, gonflée à bloc. Elle possédait des têtes pensantes, des hommes courageux ; elle travaillait avec méthode et assiduité. Sa besogne aurait pu porter des fruits si, à l'intérieur, Duvalier ne veillait au grain. La thèse et la position du Président ne variaient pas : faites tout ce que vous voulez et pouvez À L'EXTÉRIEUR ; dites tout ce que bon vous semble sur les ondes ; vous ne faites que vous épuiser en jeu vain et stérile. Car, MOI, JE VOUS ATTENDS SUR LES MARCHES DU

PALAIS NATIONAL. C'est là que je vous livrerai la dernière bataille et je la gagnerai.

Dans la logique de sa thèse, Duvalier s'appliqua avec un talent minutieux et apocalyptique à démanteler les foyers de conspiration et les réseaux subversifs. Au bout du compte, l'échec de l'opposition externe était imputable en grande partie au fait que ses actions, pourtant bien pensées et des fois admirablement exécutées, n'avaient jamais trouvé la correspondance interne promise et attendue. En disciple attentif de Machiavel et de Hédouville, Duvalier utilisa la technique de la peur et de la division au sein des populations Haïtiennes, pour empêcher cette collusion. Même à l'intérieur d'une seule catégorie sociale ou d'une même clique politique, il distilla la méfiance: chacun se sentait surveillé par l'autre. Personne n'était sûr de l'identité ou de l'appartenance de l'autre. Qui était qui, on ne saurait jamais le dire avec certitude. Dans cette ambiance malsaine de suspicion mutuelle et réciproque, nul n'osait s'ouvrir à son copain le plus proche de ses projets ni de ses pensées. Dans ce royaume visqueux de la peur et de la division, Duvalier trônait en maître souverain: QU'ILS ME HAÏSSENT POURVU QU'ILS ME CRAIGNENT, selon la formule lapidaire de César BORGIA.

À l'intérieur donc, sa poigne d'airain imposait un silence de plomb, même s'il lui était difficile de maîtriser totalement les turbulences de l'extérieur, lesquelles allaient lui assener des coups d'une violence inouïe.

2.- " LA FOLLE ÉQUIPÉE DU 29 JUILLET 1958 "

La première frappe sérieuse que Duvalier encaissa de ses chers exilés, la prise des Casernes Dessalines, façonnera en quelque sorte le profil de son régime et le marquera de cicatrices hideuses. Dans la soirée du 28 au 29 juillet 1958, les Casernes Dessalines furent investies par un commando de huit hommes: trois (3) officiers magloiristes, Pierre Dominique, Alix Pasquet et Henri Perpillan, aidés de cinq (5) mercenaires étrangers, Arthur Payne et Dany Jones, assistants-shériffs de Miami, Lee Kersten, ancien forçat, Bob Mickey et Joe D. Walker. Venus de Miami, ils débarquèrent à Délugé, près de la ville de Saint-Marc. Le groupe s'empara du véhicule d'un particulier et fit route vers Port-au-Prince, traversant à la faveur de l'obscurité et de la négligence des gardes, plusieurs bourgs et bourgades et les avant-postes de l'entrée Nord de la capitale. Sans aucune inquiétude. En ce temps-là, le pays n'était pas encore militairement occupé; un an plus tard, une telle randonnée serait impensable, car toutes voitures seraient identifiées et même fouillées à tous les postes de police ou de milice disséminés à l'entrée de chaque bourg et le long de toutes les routes.

En tout cas, dans les tâtonnements de la mise en place et le laxisme de début de règne, les aventuriers de juillet atteignirent la capitale sans encombre. À la grande barrière des casernes Dessalines, à Port-au-Prince, la sentinelle, au garde-à-vous, laissa passer ces officiers chamarrés et jouant merveilleusement les éméchés qui semblaient revenir d'une fête en ville. Une fois sur les lieux qu'ils connaissaient comme leur propre maison, ils prirent les leviers de commande, firent prisonniers certains officiers endormis à cette heure tardive, convainquirent certains autres et quelques soldats de la garnison.

Avaient-ils sur place des frères d'armes déjà au parfum de leur entreprise et qui les attendaient ? Avaient-ils réussi à contrôler ce poste par leur seule audace foudroyante et leur seul savoir-faire, ou bien avaient-ils bénéficié de complicités internes ? Questions demeurées ans réponse…

Néanmoins l'on retiendra l'arrestation récente du Lieutenant Raymond CHASSAGNE accusé d'avoir au début de l'année, reçu Arthur Payne et essayé d'aménager pour lui des contacts avec des membres de l'armée. Payne avait été, en effet, expédié en Haïti par Alix Pasquet pour " tenter d'ébranler la fidélité des officiers de l'Armée et de fournir aux conspirateurs des secours en hommes". On avait d'ailleurs fait un procès à ce Chassagne du 12 mai au 4 juin 58. Il avait été condamné à un an de réclusion. Il sera libéré par un arrêté de grâce le 8 mars 1959.

Chassagne avait entraîné dans son douloureux sillage le Député Franck SERAPHIN, accusé de lui avoir prêté assistance notoire. Les faits de la cause ne purent jamais être prouvés. La suspicion venait de l'initiative de Séraphin d'interpeller le Ministre de l'Intérieur, Frédéric DUVIGNEAU, le 2 mars 58 et de le questionner sur les évènements en cours, notamment l'arrestation de René LAFOREST et de Raymond Chassagne et la mise à prix de la tête de Louis Déjoie. (Ce Séraphin enquiquineur avait eu toutes les peines du monde à faire valider ses pouvoirs parlementaires en 1957). Au cours de ses procès en juillet 58 et janvier 59, il avoua avoir bénéficié de la sympathie de grands duvaliéristes et de François Duvalier en personne qui, dit-il, s'était érigé en avocat de la cause de sa validation. Séraphin sera reconnu coupable de CRIME CONTRE LA SURETÉ DE L'ETAT et condamné à 3 ans de réclusion. Dans l'énoncé de la sentence, le Cour Militaire le " recommanda à la clémence de l'autorité compétente ". Le lendemain du prononcé de la peine, le 8 janvier 1959, il fut gracié par Arrêté de François Duvalier.

Complicités internes ou pas, toujours est-il que 30 minutes après avoir franchi le portail des casernes, ces militaires du commando se sentirent suffisamment assurés sur leurs arrières pour s'installer tranquillement au bureau du Commandant et téléphoner à François Duvalier. Ils lui annoncèrent la prise du poste et de tous les dépôts d'armes et de munitions de l'Armée d'Haïti. Ils lui intimèrent l'ordre de remettre le pouvoir sans condition et illico. Faute de quoi, ils se verraient dans l'obligation de venir, avec toutes les forces des Casernes acquises à leur cause, le déloger du Palais.

Pour un coup dur, c'en était un. La mainmise sur ce poste signifiait effectivement la détention par l'ennemi de tout l'arsenal du pays. Toutes les armes de guerre, hormis les vieux Springfield et Mauser à un coup que portaient les soldats des avant-postes de provinces, se trouvaient entreposées aux Casernes Dessalines. Et ces envahisseurs le savaient pour avoir occupé ce poste, durant le règne de Magloire. Ils savaient où trouver ces armes et aussi quel impact aurait cette nouvelle sur le moral des troupes, des politiciens et surtout sur la fraction de l'Armée demeurée loyale au gouvernement constitutionnel. D'autant que de prime abord, il semblait logique que seule une force nombreuse et bien armée, bien aguerrie et possédant des intelligences internes, pouvait enlever si vite un poste aussi important et si bien pourvu en hommes et en munitions. On eut peur dans le camp du pouvoir. On trembla. On se méfia de tout et de tous. On se trouva dans la confusion la plus totale; le pouvoir de Duvalier semblait en train de chanceler.

On raconte que Duvalier, lui, montra du sang-froid. Du sang-froid ou de la résignation? En tout cas, au téléphone il parla calmement à l'envahisseur, lui répéta qu'il détenait un mandat populaire et légitime qui ne devrait pas être interrompu par la force et que, s'il devait être amené à quitter le pouvoir, ce ne serait qu'après consultation avec ses proches et l'accomplissement de certaines formalités obligatoires pour son voyage à l'étranger. " Rappelez donc dans une heure et vous serez informés de la décision finale", leur dit-il. Question de gagner du temps ou panique réelle ? Cette soumission feinte de Duvalier déconcentra l'adversaire qui allait commettre des erreurs irréparables.

Une "SPLENDID", s'il vous plaît

Au Palais on commença à penser à la défense. Duvalier appela ses officiers les plus proches: Claude Raymond, Henri Namphy, André Fareau, Pierre Flambert…etc. Il donna de la sirène pour alerter la ville et les forces duvaliéristes contre le danger qui menaçait le gouvernement et le pays. Cet appel amena une multitude au Palais, civils et militaires. On se mit à organiser la résistance. Avec incertitude, certes, mais avec le nombre et les fanfaronnades étaient revenus l'assurance et le courage.

Le hic, c'est qu'on ignorait tout de la nature du problème et du poids des forces d'en face. Si, comme s'étaient vantés les envahisseurs au téléphone, toute la garnison participait au coup de force ; si, comme la rumeur courait déjà, un soulèvement populaire devait accompagner l'opération militaire, la cause à Duvalier semblait entendue. Certains prétendirent même que le président avait discrètement pris des dispositions pour mettre sa famille à l'abri. N'était-ce d'ailleurs pas légitime, d'autant que lui restait vaillamment à son poste pour livrer bataille et sauvegarder son pouvoir ? Dans l'entourage immédiat des Duvalier, on discutaillait interminablement sur la meilleure stratégie à adopter, quand sur ces entrefaites embrouillées arriva un petit soldat.

On ne connaît pas le nom de cet individu. Il s'amena tout candidement et annonça au Président et à son monde tout angoissé qu'il n'avait compté en tout et pour tout que huit (8) envahisseurs. Il fit ressortir que la garnison des casernes ne pactisait pas du tout avec eux. Ouf ! Béni soit l'Éternel des Armées !

Mais, attention ! D'où venait donc ce soldat providentiel ? N'était-il pas un agent provocateur, un espion délégué en terrain adverse pour étudier l'état d'esprit et des lieux et induire les hommes du président en erreur ? Angoisses et suspicions. Interrogations, interrogatoires et contre-interrogatoires...Et le soldat raconta...L'un des aventuriers, un haïtien, dans la déconcentration de la réponse résignée de Duvalier au téléphone, fut pris d'un désir irrépressible de fumer. Mais pas n'importe quelle marque de cigarettes. Il en avait assez des Malborouh, des Winston ou Kent de Miami. Il voulait d'une "SPLENDID". La Splendid était la cigarette en vogue sous le gouvernement de Magloire; on disait même que la compagnie appartenait à Magloire et à sa " petite Junte ", justement Dominique, Pasquet et Perpignan. Huit mois déjà depuis que ces messieurs se trouvaient astreints au tabac américain, fade et insipide. Ah ! voici venu le moment où une divine Splendid allait les regaillardir et leur rappeler leur passé de bonheur. On dépêcha donc ce soldat à la recherche de ces inoubliables Splendids.

Suspicion encore : Duvalier ne jouait pas avec l'ennemi. Comment fut-il impossible de trouver sur place, aux Casernes, cette cigarette si commune, la seule que fumaient tous les officiers, tous les soldats ? Incroyable! Mais on n'avait pas d'autre alternative que d'ajouter foi aux dires du soldat. Il fallait tenter le coup. Cette imprudence suicidaire de l'officier, fallait-il la mettre au compte d'un bas instinct incontrôlable, de la bêtise insondable d'un aventurier amateur, ou bien du génie de l'Histoire, de la Main de Dieu ou des Dieux Tutélaires, comme aimait à le répéter François Duvalier ? Toujours est-il que cette énorme bévue ramena toutes choses à leur exacte dimension. Grâce à ce faux pas des envahisseurs, Duvalier découvrait in extremis qu'en face "le roi était nu". C'est ainsi qu'au second coup de téléphone des envahisseurs pressés de s'entendre annoncer le départ de Duvalier, celui-ci dédaigna de répondre à des perdants. Henri Namphy se saisit du combiné pour égrener dans son bégaiement agressif un hommage à rebours aux mères des imposteurs finalement gifflés d'un tonitruant mot de Cambronne.

Les envahisseurs n'eurent pas le temps de s'interroger sur le motif de ce revirement subit. Des rafales d'armes automatiques s'abattirent sur les murs des casernes et jusque sur leur P.C. (le soldat avait indiqué tous les détails de leur position). Sous la conduite du Chef d'Etat-Major, P. Flambert, le Palais passa à l'attaque. On tirailla une bonne partie de la nuit ; puis on monta à l'assaut et au petit matin tout était consommé. On donna la chasse aux fuyards jusqu'à la rue Saint-Honoré, au-delà de l'Hôpital Militaire. Le dernier des " Mohicans " tomba derrière la Clinique Denizé-Beaulieu, à l'angle des rues Saint-Honoré et Oswald Durand (actuel Radiolab). On ne fit pas de prisonniers: tous les envahisseurs étaient tombés les armes à la main. Perpignan serait parvenu, dit-on, jusqu'aux environs du Ciné Paramount, de l'autre côté du Champ de Mars. Il s'en fallut donc de peu qu'il ne s'évaporât dans la capitale toute prête à le cacher. Parmi les mercenaires étrangers, on retiendra surtout le nom d'Arthur Payne, un aventurier bien connu des services secrets de nombre de pays instables.

Au tableau d'honneur

Du côté des forces gouvernementales se distinguèrent nombre de civils et de militaires. Il convient de citer au tableau d'honneur André FAREAU le stratège, le Ministre de l'Agriculture, Henri MARC-CHARLES, le fonceur, Saintonge BONTEMPS, le tireur d'élite…etc. Il y eut également des défections et des absences remarquées... On enregistra aussi des bévues monstrueuses, comme celle où Dady MATHIEU perdit un bras, une grenade dégoupillée lui ayant été mise subrepticement dans la main et y ayant éclaté au moment de son lancement. Mais l'euphorie de la victoire couvrit ces déceptions et ces plaintes passagères. On organisa des réjouissances; on se donna inlassablement l'accolade virile des matins d'épopée.

Le gouvernement se plaignit bruyamment auprès des puissances amies qui avaient affiché à l'occasion de la sortie de ces hommes hors de leur territoire une cécité pour le moins suspecte, si ce n'est carrément complice. Il semble que le 30 juillet la Police de Miami aurait arrêté une vingtaine d'individus au moment où ils s'apprêtaient à voler vers Haiti dans un avion chargé d'armes et de munitions. Tout avait donc été planifié là-bas. Les premières protestations diplomatiques avaient donc porté des fruits. Ceci conforta Duvalier dans son bon droit. Il se lança dans la chasse aux sorcières locales. Les familles Dominique, Pasquet, Perpignan furent terrorisées. On voua leurs noms aux gémonies, ainsi que celui de l'ex-Président Paul Eugène Magloire, identifié comme l'instigateur de cette audacieuse équipée.

Et dire que 25 ans plus tard - *O défaillance impardonnable de la mémoire*! *O ironie des choses humaines* ! les petits-fils d'Alix PASQUET et de François DUVALIER deviendront des frères de sang et gambaderont ENSEMBLE sur les terrasses de ce Palais National que l'un de leurs grands-pères avait défendu au prix du sang de l'autre. En effet, Jean-Claude DUVALIER, fils et successeur de François, épousera l'ex-femme d'Alix Pasquet Junior, fils de l'envahisseur du 29 juillet. Michèle Bennett PASQUET, puis DUVALIER, traînera avec elle au Palais ses deux fils Pasquet pour folâtrer avec les deux Duvalier, Ania et Nicolas, qu'elle donnera à Jean-Claude.

L'antipathie à peine voilée de Michèle Pasquet Duvalier pour la vile engeance duvaliérienne trouvera dans l'aveuglement de son présidentiel époux - qui ira jusqu'à mettre ses proches parents, rejoints par sa mère sur les bancs de la police secrète en attente de départ pour l'exil - la faille qui lui permettra, après cinq (5) ans d'un labeur appliqué, de fragiliser le pouvoir et de consommer la perte irrémédiable du régime. L'on dit que cette entreprise de sape interne aurait été longtemps concoctée. On le savait, semble-t-il, dans l'entourage de la mariée. Une tante de Madame la présidente, Violène LIGONDÉ, au parfum et prise de peur, quitta le pays contrairement à toute attente. Interrogée sur la signification de son geste, incompréhensible de la part d'une personne à la veille de jouir des faveurs d'un pouvoir réputé népotique, elle répondit sans ambages: " Ma famille n'a qu'une seule chose en tête: venger les Pasquet. Je m'en vais pour ne pas subir les revers de la médaille, car je sais qu'un Duvalier ne peut pas se laisser tromper si facilement ". Hélas ! un Duvalier s'était pourtant laissé faire. Ainsi donc, ce que les armes n'avaient pu réussir en ce 29 Juillet j1958, le sexe et la passion irraisonnée l'avaient réalisé. Et Alix Pasquet, l'envahisseur vaincu, aura ainsi obtenu une revanche posthume sur François Duvalier, le conquérant. Quel retour de choses ! Ô fragilité des choses humaines !

RESPONSABILITÉS ET CONSÉQUENCES

Tenant compte de l'appartenance des aventuriers à l'Armée d'Haïti et soupçonnant les amitiés probables, les compagnonnages et les complicités possibles avec des officiers en service, Duvalier promena une nouvelle fois le bistouri dans la chair encore sanguinolente des Forces Armées. Une large fraction de hauts gradés et d'officiers furent mis à la retraite. Il prit prétexte de l'événement pour concentrer dans les entrepôts du Palais National toutes les armes lourdes et les munitions destinées à l'Armée. Sa Garde Présidentielle, structurée et renforcée à l'occasion, devint du même coup le centre nerveux sans l'influx duquel le reste du corps se trouvait paralysé.

C'est aussi à la faveur de cette aventure que la Milice Civile vit le jour. Des instructions furent passées à travers tout le territoire de la République d'embrigader tous les hommes et femmes valides - entendez les duvaliéristes dans un premier temps- et de les former à monter la garde autour de "la RÉVOLUTION". De partout s'éleva la rumeur bourdonnante du recrutement et de l'entraînement intensifs. Une mobilisation générale. Ministres et Directeurs Généraux, Fonctionnaires et Magistrats, Paysans et Ouvriers, Jeunes et moins Jeunes, personne ne voulut être en reste. Et Duvalier, avec son regard terne de grenouille éclairé cette fois-ci d'un sourire avare, assista à la première parade de sa Milice, le 22 septembre 1958, anniversaire de sa victoire aux urnes.

-C h a p i t r e 10-

LA FOULÉE D'UN AUTOCRATE

1. L'OBSESSION DE LA LÉGITIMITÉ POPULAIRE

En ce premier anniversaire de son élection, Duvalier ne se délecta pas seulement d'une parade militaire. En bon disciple de Benito Mussolini, il offrit au pays et au monde une démonstration de sa capacité à concentrer et à déplacer des masses humaines. De toutes les villes du pays, des communes, des quartiers, des sections rurales, des habitations, des centaines de milliers de partisans affluèrent sur Port-au-Prince. À cet effet, des véhicules publics furent réquisitionnés, des camions privés furent loués ou sollicités, des fois à la limite de la courtoisie. Les locaux scolaires de Port-au-Prince servirent de logement à ces multitudes venues des provinces.

Durant deux ou trois jours, ce fut la fête, dans un tohu-bohu indescriptible. Les rues furent envahies par des paysans éberlués, émerveillés, égarés dans une ville capitale jusque là inconnue. À chaque siège ou au carrefour voisin du siège, des groupes musicaux entretenaient l'ambiance. De temps en temps, dans la masse humaine compacte, une voiture se faufilait, les portes hérissées de canons de fusils, et traînant dans son lent sillage un cri strident de sirène, question de conférer une note militaro-politique à ce rendez-vous, qui prendrait autrement une allure de fête foraine.

Au jour J du 22 septembre, la marée humaine déferle sur la cour du Palais National, devant la cathédrale, le long du parcours du cortège présidentiel. Elle acclame chaque voiture qui passe, chaque sirène qui hurle ; elle chante sans désemparer: " *mache pran yo Duvalier mache pran yo* ". Elle s'éreinte, elle piaffe, elle pisse, elle défèque partout. Dépaysée, hébétée, elle vit comme mouton de Panurge, charriée par le courant, criant des slogans qu'elle ne comprend pas du tout, applaudissant à tout rompre au moindre bruit. Venue pour glorifier Duvalier, elle ne sait même pas où il est. Personne d'ailleurs ne voit le président. On entend à peine sa voix nasillarde débiter à un rythme lent et essoufflé un discours composé dans un langage d'académiciens tout à fait inaccessible à ces ruraux analphabètes. On applaudit et crie à chaque fin de phrase ou à chaque hésitation ou silence de l'orateur. Vers midi ou 13 heures, le rideau tombe. La fête est finie.

Fatigués d'être restés debout depuis 6 heures du matin, brûlés par le soleil, le gosier en flamme, frustrés de n'avoir pu voir le Chef de qui chacun attendait un profit personnel, les paysans sont ramenés aux différents sièges pour un repas à l'incontournable riz et hareng-saur. Puis ils seront embarqués ou " empaquetés " dans des camions et renvoyés dans leurs patelins d'origine.

Dans l'empressement et le brouhaha du départ, on se perd, on s'égare, on rate son camion. Certains n'atteindront jamais leur siège originel, ni ne seront jamais retrouvés. Des habitants du Sud échoueront au Nord-Est et vice versa. Certains choisiront délibérément de rester tenter leur chance à la capitale. Sans pied à terre, sans parent, ces aventuriers de l'exode politique dormiront sur les trottoirs, sur les galeries des magasins; ils mendieront leur subsistance, en attendant que, devenant plus audacieux, ils se mettent à construire des maisons en carton au bord des marchés publics ou sur les berges des ravines. Voici les pionniers des bidonvilles faméliques qui, au fil des 22 septembre et plus tard des 22 mai, proliféreront comme des verrues immondes dans la périphérie de la capitale haïtienne.

Cette pratique de concentration populaire restera chère à Duvalier. Il y recourra à chaque occasion propice. Que cela tienne au penchant fasciste de l'homme, nul n'en doute : il était fasciste dans l'âme ; il ne s'en cachait d'ailleurs pas. Il aimait à " mobiliser ses phalanges ", " ses faisceaux " de partisans, les rassembler " en monômes imposants ", ancrer sa Révolution sur l'invincibilité du " Binôme Peuple-Armée, Armée-peuple". Les marches à la Mussolini, les parades à la Hitler, les concentrations populaires à la Staline, à la Mao, à la Castro, demeuraient pour lui les indices non-équivoques de la popularité d'un chef et de la solidité de son régime. Ou de sa LÉGITIMITÉ POPULAIRE, contre laquelle, répétait-il souvent, aucune force au monde ne pouvait prévaloir.

Durant ses 14 ans de pouvoir absolu, Duvalier utilisa fréquemment ce procédé qui participait à la fois de l'instinct fasciste de l'homme et d'une manœuvre habile vers une espèce - bien que dangereuse et dépassée - de Démocratie Directe. Même dans la pénurie gravissime des années 1960-1963, il accepta d'engloutir des sommes immenses dans ce genre d'opérations. Il faut admettre qu'elles lui rapportaient parfois des dividendes inespérés. Certes, elles épuisaient des fonds qui auraient pu servir à des fins plus humanitaires ; certes, elles initiaient et accéléraient la " bidonvilisation " de la capitale. Mais ce n'était là pour Duvalier que des inconvénients mineurs. L'essentiel résidait dans ce qu'elles apportaient à la réalité et à la solidité de son pouvoir. Le monde pouvait crouler autour de lui, du moment qu'il sentait palpiter dans sa main le pouls plein et puissant d'un pouvoir effectif. Tel Napoléon envisageant de tirer un million de conscrits de la France exsangue du lendemain de Waterloo, tel Hitler envoyant les fameuses jeunesses hitlériennes à la boucherie des troupes Alliées qui piaffaient déjà aux portes de Berlin, tel Mussolini croyant pouvoir emporter dans sa fuite éperdue les lambeaux d'un pouvoir qu'il ne pouvait plus exercer à Rome, Duvalier estimait que rien ne valait la divine sensation du pouvoir, même pas le respect minimal de la vie de ses plus proches amis, même pas sa propre vie. Pour lui, le pouvoir tient tout en échec, même le bonheur d'un peuple qu'il dit aimer charnellement. Ne se déclara-t-il pas, parodiant Ibn Séoud, " disposé à combattre jusqu'à la fin pour sauvegarder son pouvoir, même si sa dernière victoire consiste à périr en combattant "? Ne se disait-il pas disciple de Mustapha Kémal ATATURK, celui-là qui, de retraites audacieuses en batailles perdues, liquida l'immense empire ottoman pour finalement poser une main de fer sur une Turquie réduite à d'humaines dimensions, plus propices à l'autocratie d'un tyran moderne ?

Grâce à ces concentrations répetées, Duvalier réussit à élargir sa popularité et à apposer un sceau de légitimité sur des actes des fois franchement illégaux. De l'éternel conflit académique entre la LÉGALITÉ et la LÉGITIMITÉ, Duvalier privilégiait la LÉGITIMITÉ. Pour lui, la souveraineté populaire demeurait une réalité inviolable. Le peuple se situe à la source, à la racine de tout pouvoir. C'est lui qui fabrique le Constitution par la voix de Constituants élus par lui. C'est de la Constitution que procèdent les Lois et le droit réglementaire en général. S'il survient un conflit entre le désir du peuple et un prescrit constitutionnel, la volonté du peuple doit primer. Donc un chef couronné de l'auréole de la légitimité peut avancer sans hésitation sur son parcours politique, fouler et détruire sur son passage tous les obstacles. Le peuple est souverain ; aucun texte d'officine ne doit s'opposer à sa volonté toute-puissante. Voilà une thèse grosse de toutes les licences futures du régime des Duvalier.

Fort de cette légitimité populaire, Duvalier organisa au pays des élections anticipées en Avril 1961 et s'octroya un mandat de 6 ans. On l'accusa de fraude et de coup fourré, il n'en eut cure : le 22 mai 1961, à l'occasion de sa prestation de serment, il massa à Port-au-Prince des centaines de milliers de citoyens et citoyennes qui apportèrent à ses détracteurs la réponse du souverain. Le peuple avait parlé ou plutôt Duvalier l'avait fait parler.

Devant un tel accroc à la Constitution, l'opposition haïtienne grinça ses dents et le président américain se rebiffa bruyamment. Celui-ci ne reconnut pas ces élections du 30 avril ni le second mandat de Duvalier. Par la voix de son ambassadeur en Haïti, il somma Duvalier de quitter le pouvoir le 15 mai 1963, date de fin de son mandat de 6 ans acquis le 22 septembre 1957. Duvalier réagit avec violence: il expulsa le représentant de l'ONU qui avait émis des critiques publiques; il déclara l'ambassadeur américain persona non grata.

En réponse aux humiliations infligées à ces hauts dignitaires diplomatiques, les USA suspendirent les relations diplomatiques avec Haïti; la 7ème flotte viola les eaux territoriales haitiennes et se porta derrière l'île de la Gonâve, prête à intervenir pour renverser Duvalier. Devant la menace, en trois jours, Duvalier réunit au Bicentenaire, près de local de l'Ambassade Américaine, plus d'un million de partisans venus crier à la face du monde leur allégeance irréversible au Chef pour qui, disaient les orateurs du jour, ils sont prêts à mourir ou à brûler le pays tout entier. C'est à cette occasion que Duvalier prononcera la phrase célèbre: " Si un seul soldat américain foule le sol de la Patrie, je refais le geste de l'Empereur ". C'est à dire le feu partout, la politique de la terre brûlée : les envahisseurs ne gouverneront que sur les cendres.

Kennedy ne put honorer son ultimatum ni relever le défi de Duvalier. Car pour déloger ce dernier, il eût fallu bombarder Port-au-Prince et tuer - assassiner - ce million de paysans éparpillés dans la ville. Le rusé avait aménagé un bouclier humain pour désamorcer la bombe Kennedy. Sa stratégie - "la stratégie du Fou" - eut raison de la puissance américaine ... Kennedy sera assassiné 6 mois plus tard. Son successeur, plus pragmatique, se posera la question très élémentaire de savoir pourquoi et comment renverser un président objet de tant de fanatisme, auréolé d'une telle LÉGITIMITÉ POPULAIRE. Un Chef d'Etat capable de contrôler son pays était justement ce genre d'allié que recherchait l'Amérique. Ce président civil légitime et fort offrait quand même meilleure image qu'un chef militaire imposé par un coup d'Etat, comme c'était le cas un peu partout en Amérique Latine. Lyndon B. JOHNSON pactisa avec Duvalier qui, sur les ailes de cette légitimité, fut assez puissant pour épauler efficacement la CIA dans sa lutte contre le Communisme haïtien et caraïbéen. Cette lune de miel en arrivera au point où l'establishment acceptera que le " dictateur" organise sa propre succession et installe au Palais un jouvenceau de 18 ans. Mais ça, c'est une autre histoire.

Revenons plutôt en 1959: l'horizon politique de Duvalier s'éclaircit miraculeusement: Kébreau déchu, l'armée quelque peu nettoyée de l'ivraie petite-bourgeoise et putschiste, l'opposition intérieure anéantie, momentanément du moins, avec les départs de Déjoie et de Fignolé et avec la mort de Jumelle, l'opposition externe tétanisée par la défaite du commando Pasquet. La voie semblait ouverte au Président pour appliquer son programme socio-économique, donner libre cours à ses penchants et extérioriser les facettes cachées de son âme.

2.- LE DRAPEAU NOIR ET ROUGE

François Duvalier était un mystique né. Il adorait les symboles. Il estimait, non sans raison, que seules des images fortes pouvaient frapper durablement l'imagination d'un peuple analphabète et frustre. L'utilisation intelligente et appropriée de ces images et symboles allait peser sur le mental de l'Haïtien, au point qu'à un moment tous les temples vodous du pays s'ornaient d'un poster de Duvalier, entouré de tous les accessoires d'un culte d'adoration.

Pour la Nation Haïtienne, ballottée à travers les vicissitudes et les turpitudes de 2 siècles d'histoire mouvementée, le Drapeau représentait l'emblème le plus significatif et le plus constant. C'est la quintessence de la Patrie. C'est le point d'appui de l'orgueil et de la fierté nationale. On le vénérait comme un totem. Anathème contre qui tenterait le geste sacrilège d'y toucher ou de remettre en question sa configuration et les circonstances pathétiques de sa création. Pourtant, on osa. Dès le lendemain de la première occupation américaine et dans la logique du Parti National, les indigénistes et la plupart des ethno-sociologues avaient rejeté les couleurs BLEUE et ROUGE. Maints historiens avaient prouvé que ces couleurs constituaient une imposture historique. D'après eux, le véritable drapeau, celui qui avait subi l'épreuve du feu au cours des luttes pour l'Indépendance, était le NOIR et ROUGE, avec le NOIR attaché à la hampe comme pour signifier la légitime prépondérance - numérique - du Noir (la Majorité) sur le Mulâtre.

L'interprétation idéologique de cette configuration avait fourni les éléments de base à la Doctrine du Parti National qui, à la fin du 19ème siècle, avait brandi la devise : " Le plus grand bien au plus grand nombre ", face à celle du Parti Libéral : " le Pouvoir aux plus capables". C'est à dire la minorité, les Mulâtres, fils et petits-fils des Colons, revenus la tête pleine des Ecoles et Universités françaises et européennes. Bien que le NOIR et ROUGE n'eût jamais reçu les honneurs du Parti National, (dont au moins il aurait pu être l'emblème), Duvalier, issu de la même lignée intellectuelle et nationaliste que Salomon, alla plus loin que ce dernier qui, pourtant, avait osé, dans une Eglise du Sud, violé un tabou quadragénaire et ressusciter la mémoire honnie de l'Empereur. Dessalinien sans réserve, Duvalier décréta, avec l'appui de quelques historiens, que le fanion de Jean-Jacques Dessalines méritait d'être l'étendard de la Nation qu'il avait libérée du joug français. C'est à son ombre tutélaire qu'on avait mené et gagné la guerre de l'Indépendance ; c'est lui qui avait flotté sur les édifices publics le Premier Janvier 1804, lui qui avait flotté sur le Royaume de Christophe, le fidèle lieutenant et le successeur historique du Libérateur....Le geste théâtral et cinématographique de Dessalines à l'Arcahaie, arrachant le blanc du Drapeau français, de même que l'application patriotique de Catherine Flon à recoudre les morceaux restants n'ont été que des fables imaginées plus tard par qui l'on sait pour assassiner l'idée nationaliste et impériale après le parricide du Pont Rouge. Duvalier dit avoir juré aux PÈRES FONDATEURS et aux DIEUX TUTELAIRES de restituer le symbole originel à la Nation et de jeter aux poubelles de l'Histoire le viel oripeau du colonalisme français, porteur de surcroît de toutes les souillures accumulées, depuis les Affaires Barthe et Luders jusqu'à l'Occupation Américaine de 1915. (!994, 2004 et 2005 lui feront trois accrocs de plus en seulement 11 ans).

Ce drapeau Noir et Rouge devait donc constituer pour le citoyen ordinaire la référence historique qui sous-tend l'idée de la Patrie. Et pour un nationaliste intransigeant comme Duvalier, il demeurait à jamais " Le Symbole de l''Unité et de la Souveraineté Nationale, qui doit rappeler à tous les Haïtiens les prouesses de nos sublimes Martyrs de la Crête à Pierrot, de la Butte Charrier et de Vertières " et non les flétrissures de notre histoire tourmentée. Dans la logique de tels raisonnements et professions de foi, le BLEU et ROUGE était devenu indigne et littéralement impropre à flotter sur la Terre d'Haïti.

Fort de sa conviction et de l'argumentation - parfois spécieuse - des historiens acquis à la cause de "la réparation historique ", Duvalier porta la question par-devant le Parlement, assuré du succès d'une si patriotique démarche. D'autant que Sénateurs et Députés, inscrits à sa propre liste électorale du 22 Septembre 1957, étaient censés appartenir à son obédience doctrinale. En outre, comment ne pas se persuader que la logique politique dissuaderait le Législatif d'humilier un Exécutif si visiblement en état de grâce, de contrecarrer un Président qui venait de réduire par les armes une invasion d'officiers magloiristes, qui venait, sans coup férir de limogé un général fort (Kébreau)? Comment oser affronter un Leader qui pouvait si aisément réunir à la capitale 2 à 300.000 partisans fanatiques prêts à tout pour pérenni-ser son pouvoir ! Manquant de finesse de perception et de clairvoyance, les Sénateurs s'opposèrent au projet avec dédain et suffisance. Duvalier fut profondément déçu et dégoûté du comportement de ces politiciens sans vision et surtout de l'attitude inqualifiable - de la trahison - de ses amis les plus proches. Seule l'ambition forcenée et aveuglante, la " présidentite aigue ", pouvait expliquer ce coup bas : tout sénateur, en effet, se croyait présidentiable à court terme et saisissait toute occasion de rabattre le caquet au locataire du Palais. Cette perspective rendait Duvalier malade, car déjà " François commençait à percer sous Duvalier ".

Duvalier avait reçu le camouflet dans la pleine ivresse de ses récentes victoires politiques et militaires. Il encaissa dans le silence torturé de son âme rancunière. Il tira les leçons correspondantes. En fin dissimulateur, le bon joueur feignit de prendre les choses avec magnanimité. Il abandonna. Il fit semblant d'oublier ce qu'on avait qualifié de "lubie extravagante d'un nationaliste anachronique". L'animal à sang froid, maître absolu de ses émotions et de ses nerfs, si patient, tel un félin, à épier sa proie, aura bientôt raison de ces factieux incorrigibles qui se gargarisaient d'avoir imposé leur volonté au Président. Le petit renard de la Politique haitienne fera le mort. Il hibernera deux ans durant. Et un jour, dans l'oubli quasi-général de l'évènement, dans un contexte de calme total qui ne laissait présager d'aucune mesure forte, Duvalier imprima une brusque accélération à l'histoire nationale : il porta dissolution des Chambres. Et par des élections dirigées, il institua le Chambre unique, sur le modèle de la Turkie de Kémal Ataturk. Mais on n'en était pas encore là…

Le silence et l'humilité affichés par Duvalier après sa défaite législative de 1959, au lieu d'inspirer aux Parlementaires un peu de respect pour sa longanimité, les poussèrent au contraire à des exagérations. Le Sénat, de tout temps considéré comme une pépinière de candidats à la Présidence, fut placé dans le collimateur de la Police politique. On surveilla tous faits et gestes de chacun, ses déplacements, ses fréquentations, ses rencontres, ses infidélités conjugales, ses vices…Rien n'échappait à la sagacité des policiers. C'est qu'il y avait de fortes têtes au Sénat: Bourjolly, Jean Magloire, Rameau Estimé, Désulmé, Bordes, Bélizaire, Moreau…tous, des hommes compétents, populaires, des " présidentiables ", sans parler de l'illustre Jean David, celui-là même qui avait disputé à Duvalier l'héritage quarante-sixard et l'eût certainement emporté vu son éloquence et son charisme ensorcelant, n'était-ce l'intervention décisive de Madame Dumarsais Estimé, s'improvisant et s'imposant légataire testamentaire de son défunt mari.

Duvalier cristallisa sur la tête de ce compétiteur évincé toutes les rancœurs de l'Exécutif. Il en fit le bouc émissaire, le rival à abattre. On était en 1959 et les élections législatives et présidentielles étaient prévues pour 1963, selon le vœu de la Constitution. Jean David, incapable de retenir ses ardeurs, car trop pressé d'accéder à la succession, enclencha une campagne précoce, essayant en tout premier lieu de souiller l'image du président. Le camouflet législatif participait de cette stratégie.

Son entreprise allait pourtant connaître un dénouement prématuré et bien douloureux. En effet, la santé du président chancela brusquement , au point d'inquiéter très sérieusement l'entourage.

3.- À DEUX PAS DU TRÉPAS

Duvalier a toujours été un homme malade. Médecin de son état, il se savait condamné à plus ou moins brève échéance. Il avait réussi à cacher à son entourage immédiat et intime ce facteur pourtant déterminant de sa carrière et de sa fortune politique. Car, ce que ses partisans et même ses adversaires prenaient pour du sang-froid, de la sérénité et du courage n'était en réalité que résignation et bien souvent une forme d'énergie du désespoir.

Certaines décisions fortes, certaines mesures et actions apparemment suicidaires, saluées par la propagande gouvernementale comme actes d'un héroïsme supérieur, ne s'expliquaient que par le fait banal que l'homme n'avait rien à perdre dans l'aventure qu'une vie à demi éteinte et qui ne se réanimait à chaque réveil du matin que par l'influx d'un miracle absolu. Les plus grands spécialistes de la Médecine Occidentale, appelés au début du règne pour des check-up semestriels, ne se gênaient pas de déclarer ce que les médecins haitiens n'osaient dire : la survie du président constituait un défi quotidien à la science.

L'homme traînait depuis le jeune âge un diabète qui se compliqua, au fil des ans, de troubles nerveux, d'artériosclérose, d'hypertension artérielle, d'hypertrophie cardiaque, d'insuffisance valvulaire...etc. De temps en temps il piquait des crises d'infarctus du myocarde et d'œdème pulmonaire. En cette année 1959, une brusque poussée de tension se compliqua d'accidents cérébro-vasculaires (ACV), et plongea le président dans un coma profond. La mort semblait imminente : un organisme rongé et affaibli ne pouvait logiquement remonter d'un tel abîme.

Pour les Sénateurs et les politiciens à l'affût de vacances potentielles à la tête de l'Etat, la campagne de la succession était ouverte. Vite, qu'on se dépêche d'investir le terrain, avant que, le trépas annoncé, ne reviennent au pays les grands ténors, Déjoie, Fignolé, tout automatiquement admis à reprendre leur place au-devant de la scène. Les messages clandestins partaient vers tous les coins du pays ; les contacts se faisaient ouvertement ; les intrigues se nouaient de même que les alliances et les mésalliances. On ne se gênait plus: le président était moribond. Duvalier, c'était déjà le passé.

Il se trouva cependant des hommes politiques pour rester fidèles et continuer d'attacher leur char à l'étoile pâlissante du président mourant. Clément Barbot se démena pour maintenir la cohésion dans la camp craquelé. Il profita de sa position pour prendre la tête du peloton. Mais ses initiatives, pour magnanimes qu'elles parussent de prime abord, participaient beaucoup moins d'un élan sincère de loyauté que d'une stratégie de prise en charge à toutes fins...possibles. Il croyait venu le moment - " inespérément" précoce - d'accaparer lui-même le pouvoir. Une telle aubaine semblait à portée de ce militant hautement apprécié dans le monde duvaliériste dès les premiers jours de la campagne électorale de 1956 et bien avant, depuis les pérégrinations de la campagne anti-pianique. L'héritage pouvait facilement glisser vers ce chef de la police secrète, ce confesseur attentif de l'entourage présidentiel, aimé pour ses largesses, craint pour ses menaces et actions résolues (assassinat du Dr Rousseau et des Jumelle).

Barbot se mit donc à l'œuvre. Mais il alla trop vite en besogne. Il poussa l'incongruité jusqu'à réclamer de présider le Conseil des Ministres et d'orienter les décisions politiques. Il trouva en face de lui un homme de grand calibre, un Ministre de l'Intérieur loyal et tout aussi résolu, un chevronné de la politique, un citoyen honnête et d'un courage inégalable: Jean A. MAGLOIRE.

Jean Magloire, s'estimant à juste titre le deuxième personnage de la République après le président empêché temporairement, prit ses responsabilités devant l'Histoire. Il affronta l'opposition sur deux fronts simultanés. Il combattit le Sénat qui voulait exciper du coma, "de la mort biologique" du Chef d'Etat pour installer un gouvernement provisoire. Il imposa silence à Barbot qui, sans titre ni qualité, réclamait la présidence du Conseil et la présidence intérimaire de la République.

La bataille fut rude; il y fallait du cœur et beaucoup de savoir-faire. Mais Magloire n'était pas né de la dernière pluie. Il était venu à Duvalier avec un bagage bien garni. C'était un vieux routier de la politique haïtienne. Chef de Cabinet du président Sténio Vincent, membre de Cabinet du président Dumarsais Estimé, journaliste chevronné, Sénateur de la République, 3ème personnage en lice pour l'héritage de 1946 avec Duvalier et Jean David, M. J. A. Magloire, à 50 ans, pouvait se vanter d'avoir fait le tour des choses et des hommes en ce pays. Au cours de sa carrière opulente, il avait vécu bien des drames et survécu à des situations apparemment insolubles. Connaissant l'opportunisme abject des politiciens haïtiens, témoin des instincts criminels d'un Barbot impitoyable, il prit, à contrecarrer les camarillas qui s'agitaient au chevet de Duvalier moribond, un risque inouï. Suicidaire. Mais il le prit avec lucidité et courage. Et ce fut à son honneur, en marge du jugement de l'histoire qui le glorifiera ou le fustigera, selon la tendance dominante, d'avoir, par son audace, prolongé le règne des Duvalier. De 27 ans.

Pendant que J. Magloire résistait à ces frondes, Duvalier, contre toute attente, se mit à renaître à la vie. Il sortit du coma, récupéra tous les mouvements de ses membres impotents, reprit peu à peu des forces. Et comme un animal blessé acculé, pour sa survie, à attaquer le chasseur, F. Duvalier, dans une demie convalescence, affronta les ennemis de son pouvoir. Avec l'énergie du désespoir, comme la chèvre de Monsieur Seguin.

Il traça le parallélogramme des forces. De quel appui disposait le Sénat en rébellion ? Quels étaient les atouts de Barbot ? Y avait-il collusion entre ces deux factions en lutte simultanée contre sa présidence? Avaient-elles des chances de s'entendre pour former un front commun? Pouvait-il hésiter à trancher au risque de leur donner le temps et l'opportunité d'une si dangereuse conjonction ? Ses espions lui firent comprendre que les deux camps menaient lutte séparée. Et Duvalier de sonder sa chaîne, de nouer ses réseaux, de régler ses batteries, et de passer à l'offensive.

La discrétion de la préparation de la riposte, la feinte d'une convalescence incapable de concevoir et d'agir, et par-dessus tout la rapidité foudroyante et la " radicalité " de la frappe prirent de court les adversaires et les paralysèrent. Les sénateurs les plus remuants plongèrent dans le maquis ou s'exilèrent. Duvalier, à la grande stupéfaction de la société haïtienne et de la communauté internationale, viola les immunités diplomatiques et parlementaires. Il ne craignait plus rien, il ne respectait plus rien, cet homme irrémédiablement condamné par la science. Ce médecin éduqué à sauver des vies se mit à mépriser souverainement la vie humaine, puisque sa propre vie n'était qu'une cendre à peine chaude que le vent tardait seulement à disperser. Il mit en place sa machine à broyer ses adversaires politiques et deux ans lui suffiront pour faire planer sur eux et leurs noms un silence de cimetière.

Barbot, dont la déloyauté n'avait jamais pu être prouvée, fut épargné. On n'évoqua même pas son attitude suspecte. Au contraire, on loua sa détermination et son esprit d'initiative. Il plaisait bien à Duvalier que dans son entourage évoluent deux hommes qui se haïssaient cordialement et se surveillaient mutuellement. Il avait besoin du bras de fer de Barbot pour organiser la répression et étendre un voile de peur sur la société haïtienne. Barbot ne perdrait rien pour attendre. Son tour viendra en 1961.

4.- LE TOURNANT

Le rejet humiliant du projet de loi sur le Drapeau Noir et Rouge, la conjuration des Sénateurs et le folle tentative de Barbot marquèrent plus que tout le grand tournant du régime DUVALIER. Le Président déjà si dissimulateur, si timide apparemment, se replia sur lui-même. Il devint ombrageux, suspicieux. Certes, un tel travers participait de son tempérament de frustré et de complexé. Mais la perfidie de ses amis les plus proches décupla sa méfiance et lui inspira un profond dégoût pour les hommes et une remise en question de ces valeurs supérieures qu'on appelle fraternité, amitié, respect d'autrui, compréhension, altruisme et reconnaissance. C'est à cette époque que son dépit lui dicta une phrase lapidaire par laquelle les adversaires politiques peindront désormais son amoralisme. On poussa la méchanceté jusqu'à la retirer de son contexte et à l'amputer des deux premiers mots: "En politique, la reconnaissance est une lâcheté, avait-il dit". Par là, Duvalier voulait signifier à ceux qui l'avaient trahi durant sa maladie, à tous ceux qui envisageaient de le faire à l'avenir, que sa réaction vis à vis d'eux, fussent-ils amis ou zélés partisans, ne tiendrait aucun compte des services rendus à la cause. Il leur disait par là que ce pouvoir, il l'utiliserait au besoin à détruire ceux-là même qui l'avaient aidé à le conquérir. Ce serait une LACHETÉ de sa part que de tenir un compte sentimental des amitiés de jadis aux traîtres d'aujourd'hui ou de demain. À bon entendeur, salut !

À partir de cette époque, Duvalier s'enkysta littéralement. Plus confiance en personne, même pas en ces hommes les plus porches, les plus dévoués. Un regard trop appuyé sur ses pieds gonflés d'œdème, une moue souriante sur sa démarche trop lourde..., etc suffisaient à éveiller des soupçons qui justifiaient un séjour dans la géhenne du Fort-Dimanche.Il jouait parfois au théâtre pour surprendre les imprudents. Il s'arrêtait des fois, tout essoufflé, au beau milieu d'un escalier pour se retourner brusquement et promener son regard scrutateur sur sa suite, afin de déceler un cillement suspendu, un pincement accroché aux lèvres, un froncement de sourcils, toutes mimiques indicatrices d'un pronostic fatal ou d'un simple doute sur sa longévité.

Le gouvernement prit désormais une allure nettement répressive. Plus aucune illusion sur l'option démocratique de l'Elu du 22 Septembre. L'homme avait décidé de concentrer en ses mains tous les pouvoirs, au prix de crever sous le fardeau de cette besogne contraignante d'autocrate. Il ne voulait plus rien ni personne en face, ni à côté de lui. Il tenait à émerger, seul Zeus sur l'Olympe, titan du savoir, du savoir-faire et du pouvoir, au-dessus de lilliputiens qu'il gouvernait et qu'il écrasait à volonté et à satiété.

Des slogans significatifs envahirent l'espace mental et politique, qui indiquèrent nettement le profil et le contenu nouveaux du régime duvaliérien. "Un seul pays, une seule nation, un seul peuple, un seul parti, UN SEUL CHEF". À l'instar de De Gaulle qui répétait souvent: "Je suis la France" ou de Louis XIV: " L'Etat, c'est moi ", Duvalier, parodiant directement Mustapha K. Ataturk, ne se lassait pas de déclarer : " Je suis la Nation Haïtienne. C'est pour elle que je vis, c'est par moi qu'elle respire ". " Rénovateur de la Patrie ", " Père spirituel de la Nation ", Duvalier initia un culte de la personnalité et du paternalisme qui n'avait peut-être pas son pareil dans l'histoire d'Haïti. La propagande gouvernementale l'érigea en Leader du Tiers-Monde et de la Caraïbe. Il était un prédestiné, un Messie : le petit médecin de campagne, le président Duvalier, était devenu PAPA DOC.

Le népotisme, accessoire commode du despotisme, envahit l'administration publique. Celle-ci fut nettoyée pour faire place à la militance, mais la militance éclairée et endoctrinée. On révoqua dans la foulée la plupart des Maires mi-kébreauistes élus en 1957, pour les remplacer par des duvaliéristes inconditionnels, nommés jusqu'aux prochaines élections…qui auront lieu, hélas ! en 1983, soit 24 ans plus tard. On engagea des Préfets d'Arrondissement tout à fait dévoués à la cause nouvelle et bien imbus des exigences de la dictature en marche.

De ce jour, le système s'irrigua à la sève de la peur. La devise de César Borgia devint le leit-motiv de F. Duvalier. " Qu'ils me haïssent pourvu qu'ils me craignent! " Tout le monde tremblait tout le temps, même les hommes forts du régime. Personne n'était assuré de sa situation actuelle, ni de sa longévité dans l'estime du Chef ou dans le poste occupé. Le Leader avait pris possession de l'esprit de chaque partisan; il terrorisait l'âme de chaque adversaire. Et son image omniprésente dans la pensée de chacun se voulait comme " un œil de Caïn " qui violait les territoires interdits de la conscience politique de chacun. Les fils surveillaient et dénonçaient les pères ; les épouses soudoyées épiaient les maris pour le compte d'un pouvoir policier qui achetait et corrompait à la ronde. C'était une surenchère de la délation, de la dénonciation, de la déraison. " L'Apôtre de la Dignité Nationale", pour les besoins de sa cause personnelle, dépouillait chacun du sens élémentaire de la dignité personnelle.

Il faut aussi reconnaître que Duvalier avait la main heureuse dans le choix de ses collaborateurs. Au service de sa machine se distinguèrent des hommes et des femmes d'une audace extrême et qui appréhendaient dans toute leur finesse les exigences, même secrètes, du régime naissant, malgré que certains fussent limités intellectuellement. À tous le Maître répétait que le Pouvoir - pouvoir d'influence, s'entend -, ne se donnait pas, mais se prenait. ***Yo pa bay pouvwa, ou pran pouvwa***. Stimulés par un tel aiguillon, les hommes à Duvalier, du haut en bas de l'échelle politique et sociale, gravissaient et sautaient même les marches. Finalement, la nomenclature de la hiérarchie civile ou militaire ne renvoyait à aucune réalité. Le simple milicien pouvait avoir barre sur le Ministre, d'autant que l'ignorant au pouvoir n'était embarrassé d'aucune inhibition, alors que le Ministre connaissait bien les limites de son autorité. Aussi ce dernier évitait-il soigneusement les accrochages publics où son prestige aurait pu souffrir: l'équilibre s'établissait donc sur la compréhension des plus éclairés. On ne connaît qu'un seul exemple d'un tel affrontement : le Ministre des Travaux Publics avec Justin Bertrand, un duvaliériste inconditionnel, qui mourut d'ailleurs en prison, non pas seulement pour son conflit folklorique permanent avec tous les Ministres des TPTC, mais surtout pour avoir " descendu " Pierre Novembre, le valet de Chambre et de table de Duvalier.

Le militaire ou le milicien garait sa voiture en pleine rue et bloquait la circulation. On portait plainte à Duvalier qui faisait mine de tempêter. Mais en tête à tête l'indiscipliné était félicité et gratifié parfois d'une enveloppe chargée : " Des gens comme toi ne peuvent se permettre de telles libertés que sous mon gouvernement, lui disait le Chef charismatique. Autrefois, " ils " faisaient bien plus, bien pire que cela. Et voilà qu' " ils " commencent à crier déjà. Il faut les agenouiller". De tels propos faisaient le tour du pays et les exemples se multipliaient. Ainsi chaque fidèle se croyait détenteur d'un pouvoir extraordinaire, qui s'étendait des fois sur des quartiers entiers, pouvoir qui n'était limité que par la seule volonté de Duvalier en personne. Chacun avait son territoire et régnait dessus, en maître quasi-absolu.

Dans cette espèce de jungle politico-sociale, il arrivait qu'un partisan en fusillât un autre. Duvalier accordait au mort des funérailles grandioses. Et disait, à qui voulait l'entendre ou attendait la punition exemplaire pour le meurtrier, qu'il ne pouvait se payer le luxe de perdre deux partisans à la fois. Chacun évitait donc d'être la victime de l'autre. La vie au plus rapide : les morts ont tort. On prenait ses précautions à être du bon côté de la gâchette. Ainsi dans le royaume de Duvalier, chacun vivait dans le respect et la crainte de l'autre. La dissuasion entretenait l'équilibre et la paix internes du système.

Ainsi, insidieusement, sans que le commun des mortels ne s'en rendît compte, Duvalier instaurait un système qui lui permettra de perpétrer tous ses coups d'Etat contre la Constitution et la Démocratie libérale. Ce système sera si fort, si bien huilé, si bien enraciné dans les mœurs et la mentalité haïtiennes, que l'insouciance juvenile du Fils mettra 15 ans à l'extirper de subconscient haitien, 15 ans entiers, malgré l'action appliquée d'une taupe conjugale aidée, peut-être inconsciemment, par des séides fort talentueux. Ce système n'était pas l'effet du hasard, mais le fruit d'un labeur patient et opiniâtre. Motiver ses collaborateurs immédiats sans leur dévoiler le fond de sa pensée, fanatiser ses militants jusqu'à les déshumaniser, instituer et consolider les structures adéquates sans éveiller les soupçons, choisir les hommes et les femmes qu'il fallait sans jamais se tromper, opérer à temps les ajustements et rectifier l'alignement au fil des déviations et des dérapages, sacrifier son humanisme inné ou éducationnel à l'amoralisme impudique des pratiques machiavéliques ; cela requiert un immense travail sur soi-même, sur les hommes et sur les choses.

Duvalier pouvait brûler des cierges aux dieux de lui avoir accordé un sens infaillible de l'opportunité dans le choix des serviteurs placés aux carrefours de ses ambitions.

5.- " LES HOMMES ET FEMMES DU PRÉSIDENT "

Le profil définitif du régime a été façonné en ces temps-là par le burin expert de Duvalier, à partir du matériau... de certains individus hauts en couleurs qui, au fil de leurs actions et attitudes, ont distillé à la fois la peur et la haine au sein de la communauté haïtienne. Les têtes brûlées qui viendront après ont suivi l'exemple des premiers spécimens, dont les actes, au lieu d'être réprouvés ou réprimés, avaient souvent reçu la consécration et l'encouragement du silence. Duvalier faisait la sourde oreille sur les monstruosités enregistrées, car il voulait justement créer des échantillons qui frappent l'imagination. Sa technique consistait à quadriller le pays et les villes et à confier chaque zone jugée turbulente ou infestée d'opposants à un homme lige capable d'y faire régner la peur et la paix.

Durant la campagne électorale, sur chaque quartier trônait un chef de "bouquement". Il passait les mots d'ordre, invitait les gens au meeting du candidat, les conduisait aux bureaux d'inscription et de vote, leur distribuait les bulletins, organisait les bouillons populaires…Il jouissait d'un grand rayonnement sur les populations riveraines qui, une fois la victoire acquise, s'agglutinaient encore plus étroitement autour de ce pôle de pouvoir, dispensateur de faveurs et de privilèges. Affublé désormais du titre pompeux de "Leader", ce rassembleur fouinait dans les mi-nistères à la recherche de récompenses et de " jobs " pour son monde. Ce sera encore lui qui procèdera au recrutement de la milice et qui continuera de rassembler les partisans aux meetings et concentrations populaires pour la propagande gouvernementale.

Port-au-Prince comptait une trentaine de " Leaders populaires" qui recevaient des Départements ministériels et du Palais, surtout du Ministère de l'Information et de la Coordination, de quoi entretenir la flamme partisane. Il en était également ainsi dans les villes de province, à la différence que Duvalier avait préféré remettre des régions entières à un seul Caïd. Sanette Balmir dans la Grande Anse, Astrel Benjamen dans le Sud, André Simon dans le Sud-Est, Pelota (Giordani) dans le Nord, Zaccharie Delva dans l'Artibonite, Juulio Bordes dans le Nord-Est, les Jean dans le bas-Nord (Pilate et Plaisance), les Adolphe dans le Plateau Central.

Ces proconsuls régionaux jetaient des parcelles d'autorité à des dieux secondaires, le plus souvent les préfets, les commandants de milice ou les commandants de district militaires…Grâce à cet échafaudage compliqué mais fonctionnant à merveille, Duvalier contrôlait le pays. En alimentant la discorde, l'espionnage et l'émulation au sein de ce vaste réseau de pouvoir, il assurait l'équilibre politique et son autorité exclusive et finale. L'un surveillait et combattait l'autre, et se référait au président de tout écart, de toute indiscipline, de toute erreur ou faute du coreligionnaire. On ne connaît pas d'exemple de deux hommes (ou femmes) forts qui se fussent entendus pendant longtemps: le président veillait à cela. Divide ut regnes ! Ainsi Duvalier savait tout, et bien, car ce que lui apprenait le caïd régional était vérifié par des sous-fifres, eux-mêmes contrôlés sur la foi du rapport quotidien du Commandant du District, lui-même analysé à la lumière des tripotages du Commandant de la Milice, eux-mêmes passés au crible sur la base des dénonciations et papotages hebdomadaires ou ponctuels du Préfet d'Arrondissement. Chacun de ces niveaux s'adressait directement au président, sans étape intermédiaire qui risquerait d'être obstructive ou déformante.

Ces chefs de quartiers ou de régions étaient dédommagés de leur peine par l'autorité sans limite qu'ils exerçaient sur leurs ouailles, autorité agrémentée d'une assistance financière tirée des ministères...Certains s'en servaient - argent et pouvoir - pour faire du bien autour d'eux, d'autres pour semer la terreur. Duvalier aimait bien les deux catégories. Être aimé et craint à la fois, tel était son objectif, telle était sa devise.

Si les tenants de la première catégorie se contentaient de rassembler les foules pour les meetings et de parasiter les caisses de l'Etat à leur profit ou pour le bien-être relatif de leurs ouailles, le seconde catégorie a produit des spécimens d'humanité ou d'inhumanité qui méritent quelque attention. À la première liste, celle des modérés et des bienfaiteurs de la communauté, appartenaient des " leaders " au profil multiforme.

1.- Julio BORDES, dans le Nord-Est, était un saint, un lunatique, un idéologue utopique. Il avait bâti à Ouanaminthe un imposant building pour abriter un Night Club, son quartier général et son bureau politique. À son passif, aucune mauvaise action sur les 30 ans du régime. Il fut un homme discret, honnête et correct. Il occupa dans des moments très difficiles le poste épineux de Consul Général d'Haïti à Bahamas où il se distingua par sa loyauté et son savoir-faire. Il exerça un leadership calme, mais efficace, hautement apprécié par les deux Duvalier.

2.- Les BLANC et ADOLPHE dans le Centre. Madame Max ADOLPHE a été le Commandant de toutes les Milices sous Duvalier. Cette femme superbe, membre du Faisceau Féminin durant la campagne de 1957, a stoïquement porté sur ses épaules un poids injuste d'accusations pour des crimes et exactions qu'elle n'a pas commis. Elle avait été nommée chef de la Milice du Fort-Dimanche à la fin d'une pleine année d'études à

Paris. C'était une femme intelligente, cultivée, à personnalité transcendante, aimable et perspicace. Elle a mené son monde turbulent avec brio et dextérité. On ne cessera jamais d'expliquer que la milice était un corps de parade, jamais mêlée aux actions terribles des Tontons-macoute ou de la Police secrète. (Cela ne veut pas dire que certains miliciens n'étaient pas des Macoutes). Son rôle se limitait à parader et intimider par ses fanfaronnades et le poids du nombre. Elle ne comptait pas vraiment de tueurs caractériels dans ses rangs. (Cela ne veut pas dire que certains miliciens ne tuaient pas). On aurait beau chercher, on ne trouverait pas les noms de Ti Bobo ou de Boss Pinte dans ses registres. La milice était astreinte à la stricte discipline militaire. Les tueurs du régime ne s'y recrutaient pas. La regrettable confusion " Tontons-macoute/Miliciens " a valu à la milice une réputation imméritée. Il serait vain d'essayer de renverser ce quiproquo. Seul le temps peut se charger de la décantation. Il n'empêche qu'il y eut des exceptions et des écarts qui furent d'ailleurs drastiquement punis. Notamment le cas Koury, " le mexicain du régime ", qui fut jugé, condamné et incarcéré pour avoir tué un jeune qui l'aurait giflé. N'oublions pas Justin Bertrand mort en prison pour le meurtre de Pierre Novembre…

3.- Zaccharie DELVA dans l'Artibonite peut, doit être classé parmi les grands caïds. Pédant mais inoffensif. Grand rassembleur d'hommes, il se piquait du don rare de l'Art oratoire. Ancien " sara " de Curaçao, il parlait le Papamiento avec une aisance surprenante. De vrai, il possédait des qualités naturelles de leadership. Les hommes du régime, Duvalier en premier, se garderaient bien de vouloir mêler ou d'inviter " PARRAIN"N " à la perpétration d'un crime politique ou même d'un abus quelconque. Ce n'est pas qu'il eût pu s'y refuser: il ne reculerait certainement pas si son gouvernement courait un danger évident. Mais cela n'entrait pas dans son tempérament. Il excellait en d'autres domaines. Aux carrefours périlleux, Duvalier avait le don d'assigner à chaque collaborateur une place et une mission conformes à ses exactes possibilités et capacités. Parrain'n avait pour rôle principal d'amener du monde à Port-au-Prince à l'occasion des concentrations populaires. Ses contemporains se rappelleraient peut-être les longues files de camions stationnés, durant des semaines entières, sur l'Avenue John Brown, Lalue, devant l'Ecole Sainte Rose de Lima, devant la maison de Zaccharie, depuis l'intersection du Chemin des Dalles jusque devant l'actuel Service d'Immigration. C'est là le domaine où son talent excellait.

Duvalier avait découvert en lui une autre qualité : sa perspicacité innée - comme un sixième sens - sa quasi-infaillibilité dans son jugement sur les hommes. La plupart des soldats de la Garde Présidentielle venaient de l'Artibonite, choisis par Zaccharie Delva. En outre, le président le chargeait souvent de panser certaines blessures faites au monde duvaliériste par des intermédiaires mal inspirés. Quand Sanette Balmir avait exagéré dans la répression de l'Affaire Numa, famille duvaliériste, les poteaux-mitan jérémiens du régime furent ébranlés : Delva a été expédié là-bas pour les rassurer. De même, il s'était rendu dans le Sud-Est, à Thiotte et Bodarie, pour ramener à la raison le Député André Simon qui pourchassait certains duvaliéristes de la première heure, l'esprit un peu englué dans les lascives privautés à lui accordées par certaines déjoïstes résiduelles qui s'étaient glissées dans son lit. Bref, Zaccha était un grand pontife, aux mains pures.

Parmi les " Leaders " sans tâche de sang - *visible* - sur les mains, il convient de citer également :

4.- Max GUERRIER, au Bel-Air. Un sage. Il nous enseigna un jour, sous J-C. Duvalier, que de Leader il était devenu un NOTABLE. Pour lui, le leader devait être capable de répondre à certaines obligations vis à vis des partisans. Or, avoua-t-il, le gouvernement (de J-C. D) ne lui en donnait pas les moyens. Au fil des limitations et des incapacités, il s'était transformé en un simple notable, respecté et aimé certes, mais inefficace. C'était déjà le temps où le duvaliérisme d'origine affrontait le mépris des jeunes loups et commençait à faire face - et même à tourner le dos - au Jean-Claudisme aristocratique instauré par Michèle Bennett et sa clique. Guerrier tout de même eut le mérite de tenir son monde par la parole persuasive et certaines petites faveurs plutôt que par le pistolet. Il a fait bien du chemin et ce serait étonnant qu'il ne fût pas un tonton-macoute, au début du régime.

5.- Ernst BROS prit la relève de Guerrier, au chapitre du leadership bel-airien. Lui s'adonna à des œuvres sociales plutôt qu'au terrorisme politique. Il construisit des centres récréatifs, des écoles, notamment le Complexe Educatif du Bel-Air (toujours en activité), des centres de santé et entreprit l'adoquinage de la plupart des rues du Bel-Air. L'ingratitude des habitants du Bel-Air ne lui sut pas gré de ces œuvres si utiles à ce quartier nécessiteux: il fut "déchouqué" avec rage au départ de Jean-Claude Duvalier en février 1986.

6.- Valcius ESTINVAL au Portail Léogane. Un homme éloquent et progressiste qui, sous Jean-Claude Duvalier, sera élu Maire de Léogane. Il ne connut pas d'exploit au pistolet. Il appartient à la catégorie des duvaliéristes incultes qui avaient eu le courage d'aller à l'école à l'âge adulte ou d'engager des professeurs dans le secret de leur chambre. Il sut faire de belles démonstrations publiques de dialectique au cours de nombreux meetings de propagande.

7.- Pierre NOVEMBRE au Carrefour-Feuille. Valet de chambre et de table du Dr. François Duvalier, il ne compte aucun acte répréhensible à son actif, à part son âpreté dans les luttes d'influence et de palais. Il affichait une puissance politique que craignaient même certains ministres. Ce fut pour la conquête de l'hégémonie sur le quartier du Carrefour-Feuille qu'une rixe aboutit à sa mort. Justin Bertrand, un autre ayant droit, lui tira plusieurs balles dans la poitrine, par une belle après-midi de dimanche d'octobre 1965. Cette fois-ci, Duvalier se fâcha tout rouge. Il ne fusilla pas cependant le meurtrier. Il emprisonna Bertrand sans jugement et le laissa mourir au Fort-Dimanche. Ces deux hommes forts disparus, ce fut Ti LEON, un "secrétaire" de Novembre, qui hérita de son job au Palais comme de son territoire au Carrefour-Feuille. Léon partagea son double rôle avec Dieumaître LUCAS, un autre fidèle que Pierre Novembre avait ramené des " mornes " de Jacmel..

8.- THEODORE au Fort National. Un philosophe, un sophiste qui se plaisait inlassablement à démontrer la logique de ses idées souvent saugrenues. Il installa derrière le bâtiment du Fort-National un bureau politique dans une sorte de grande salle où il endoctrinait son monde. Il tenait toujours un livre à la main, comme pour signifier qu'à la différence des autres, lui, il était un intellectuel. Il savait lire…Rien de malhonnête à son compte. Même à la chute de Duvalier, il avait pu demeurer sur place, sans inquiétude, et faire le taxi dans les rues de Port-au-Prince, alors que la plupart des " leaders " avaient été immédiatement " déchouqués " ou avaient plongé dans le maquis.

9.- Georges REFUSÉ à Martissant, un vieux routier de la campagne électorale de 1957, hideusement mutilé au visage le 25 Mai 57, au cours de l'attaque de la Maison de Duvalier. Un homme calme et sage, qui sut mener son troupeau sans houlette de métal.

10.- SHERPAIN, à Ravine Pintade. Un milicien toujours en bleu pour régler ses affaires et celles de ses ouailles. Toujours souriant, il acceptait bien la plaisanterie sur sa laideur ; il était réputé le milicien le plus laid de toute la troupe. Dur au début, à la fois milicien et tonton-macoute, il s'était amendé au fil du temps. Le soir du 17 mai 1965, l'auteur de ces lignes a eu le bonheur d'assister à une scène édifiante, qui lui permit de fixer ses idées sur le régime de Duvalier. Dans la matinée, le Chef de l'Etat avait assisté à l'inauguration de la Cafétéria des Etudiants de la Faculté de Médecine. où l'auteur de ces lignes avait rempli le rôle de Maître de cérémonie. Il semble que ses prestations avaient plu au président Duvalier, qui le fit chercher, chez lui à la ruelle Cameau, par le capitaine Coicou, vers 8 heures du soir. Au Palais, j'attendis au Salon Jaune environ une heure ; Sherpain, également convoqué, blaguait avec les officiers du jour. À un moment, un déclic, la porte du bureau présidentiel s'ouvrit. " Sherpain, cria le président apparu sur le seuil, ***mwen tande ou al pote general Constant plent pou Tassy***, un officier de ma garde présidentielle. ***Ou byen pèmet ou encò, frekan. Ou pa connen messie-sa-yo en face-la, se veye yap veye pou yo fe kou deta***. Si je n'avais pas créé la garde, ***ou conprann se kon sa ou tap ye, nèg sot, nèg lèd. Ou con you bagay, Chèpin, si ce pat etudian-yo ki te fè kem contan matin-yan, a swè-a mwen tap foure mim an dedan ou pou rache tout trip ou, mwen tap pran gr.. ou, m'tap pese-l jus tan mwen ta fè-l soti nan bouch ou… Mwen pase sa pou ou jodi-ya, al di etidian yo mèsi. E pi veye zo-ou avè-m.***". Duvalier rentra. Je fus atterré. Sherpain partit comme la balle d'un fusil, sans me dire merci comme le lui recommandait le président. Cinq minutes plus tard, je fus introduit. Un homme calme, souriant, qui prit le temps de me faire toute l'histoire de son passage au gouvernement d'Estimé et qui m'avoua être redevenu ce matin le petit étudiant en Médecine, comme j'avais osé lui demander, pour suivre, avec le professeur-étudiant Evry Archer, un cours-sketch de Chimie Minérale sur un métal ayant pour symbole Fe : la Femme. (Evry et moi avions convenu de ne pas faire ce cours de chimie féminine en présence de Madame Duvalier. Celle-ci n'avait pas été présente à la cérémonie).

La deuxième catégorie de ce qu'on avait appelé très improprement les "leaders politiques"fait référence aux hommes durs et implacables du régime. On n'y consacrera pas ici une étude exhaustive ; et l'on comprendra aisément pourquoi. Mais quelques cas spéciaux méritent néanmoins une brève radioscopie.

BOSS PINTE était un spécimen rare, connu à travers tout le pays pour ses nombreux assassinats commis de sang-froid. Qu'au cours d'une opération de police un geste imprudemment agressif de l'interpellé déclenche une riposte violente de la part d'un agent, cela se comprendrait facilement. On admettrait même à la rigueur qu'un individu attaqué ou publiquement humilié ne maîtrise pas l'ampleur de sa réaction et commette un acte incontrôlé. Cela n'était pas le cas avec Boss Pinte. Il s'amusait à tuer avec une joie malsaine ceux qui avaient le malheur de lui déplaire ou de ressembler aux images et silhouettes qui peuplaient ses délires de persécution. À sa décharge on peut seulement avancer qu'on ne sache pas qu'il ait trucidé publiquement des opposants politiques. Sous prétexte de venger sa femme horriblement mutilée par des fignolistes le 25 mai 1957, devant Radio Port-au-Prince de Rodolphe Hérard, il interpelait tel individu en pleine rue et lui disait tout bonnement : "***A pa ou sa-non, compè. Ce dat map chache-ou.*** " Et sans complexe ni inhibition, il lui tirait une balle au vu de tout le monde.

Son terrain de chasse de prédilection se situait au Portail Saint Joseph, à l'entrée Nord de la capitale. Il y avait établi son bureau politique, en face du Marche Tête-Bœuf, à deux maisons de la pompe Shell, devenue National. Là, il recevait ses affidés dans un vacarme radiophonique assourdissant et ininterrompu de " ***Duvaliè a Vie ou de Mache Pran yo Duvalie, Mache Pran-yo*** ". Le fait le plus spectaculaire de sa macabre carrière fut une triple exécution qui atterra toute la population et même le gouvernement. Un jour, de la " galerie " de son " bureau politique", il vit passer un quidam qui, dira-t-il, ressemblait comme deux gouttes d'eau à l'un de ceux qui avaient piaffé sur le ventre de son épouse le 25 mai 1957. Il l'interpella amicalement. Après un bref échange de civilités pour s'assurer de l'identité de l'individu, qui naturellement protestait de toute son énergie, Pinte l'exécuta. Des badauds s'attroupèrent autour du cadavre. Un lieutenant de passage s'avisa de produire des reproches. Mal lui en prit. Son corps bascula sur le cadavre, fauché par les balles de Boss Pinte.

L'exécuteur, excité, proche de la crise de nerf ou de la folie, avait les yeux exorbités, haletait. Et voilà qu'au milieu de la foule des curieux apeurés il avisa quelqu'un qui rappelait un peu trop le profil d'un des assassins de sa femme… Une véritable obsession. *Ou menm*, cria-t-il à l'homme tout souriant d'innocence, *kote ou te ye consa-a* ?

- *Neg te la wi, Pinto, répondit affectueusement l'autre. Neg ap goumen ak la vi-ya.*
- *Dat map chache-ou. M'al dèyè-ou jouk Wanament*
- *Mwen-men-m, protesta le malheureux. Mwen pa Konn kote Kon-sa.*
- *Tan pri sou ple we, papa.*

Il ordonna à l'homme de se coucher sur les cadavres et le fusilla sous le regard ébahi de la foule médusée. Puis il rentra revêtir sa tenue bleue et son casque métallique. Et pistolet à la main, chien en arrière, il se mit à faire les cent pas jusqu'à ce qu'une délégation de gardes et de miliciens vînt lui annoncer que le président Duvalier l'attendait au palais national. Personne n'oserait l'embarquer. Ce fut donc seul au volant de sa voiture 4554 qu'il se rendit au Palais pour revenir une heure plus tard continuer d'animer le quartier d'un tonitruant MACHE PRAN-YO, DUVALIER, MACHE PRAN-YO.

Boss Pinte est mort dans son lit, à l'Hospice Saint François de Salles, d'une défaillance cardiaque.

TI BOBO était un petit bout d'homme, un moignon de 1m50, portant une bedaine proéminente, d'où son sobriquet. Plus que Boss Pinte, il effrayait l'entourage. Il n'avait pas besoin de prétexte pour tuer. Il ne savait pas plaisanter. On raconte qu'il tenait un restaurant où aucun convive ne pouvait commander un plat pour n'en consommer qu'une partie. Bobo lui disait qu'il n'avait pas de chien : il devait tout avaler, même au-delà de son appétit et de ses goûts. Au poker, des partenaires acceptaient de cacher des jeux gagnants quand Ti Bobo semblait trop intéressé à la cagnotte... L'homme tuait les gens sans aucun respect de la vie. Pour un oui, pour un non, on tombait. On ne pouvait recenser combien de scalps honoraient son tableau de chasse. Cependant l'assassinat qui fit le plus de bruit fut sans conteste celui de Lamarre.

Lamarre était un homme simple, doux, réservé, qui servait avec Pierre

Novembre à la table de François Duvalier. Une simple discussion à la Ruelle Alerte, et Ti Bobo, sans crainte ni état d'âme, le fusilla à bout portant. Duvalier se rendit aux funérailles de Lamarre pour montrer l'estime qu'il portait au défunt. Mais, en dépit de sa grande douleur, il n'infligea aucune punition au cow-boy à la gâchette trop facile.

Alors que la plupart des DURS de Duvalier mouraient dans leur lit ou ont survécu au régime, Ti Bobo fut assassiné par un soldat de la garde présidentielle. Eloüs Maitre dira à cette occasion : " Celui qui frappe par le " peu " périt par le même " peu ". " L'habitude de Ti Bobo d'humilier les gens n'épargnait pas ses plus proches compagnons. Il dormait très souvent au Palais, à côté et au dortoir des soldats considérés comme ses véritables frères d'armes. Et ne voilà-t-il pas qu'un jour de malédiction du 11 Février 1967, pour une affaire banale, il se permit de gifler un soldat en public. Celui-ci eut le sang-froid de ne pas riposter sur le champ. Il rentra au Palais, arma son fusil et s'en fut vider son chargeur dans la poitrine de Ti Bobo. Après quoi il entra calmement à la base.

La nouvelle secoua et terrifia la ville. Tout le monde rentra à la maison, le ciel était chargé ; on s'attendait à des actes de folie meurtrière. Mais les justiciers de Ti Bobo ne donnèrent pas à Duvalier le temps de prendre les choses en main et de s'en tenir à l'application de son principe cardinal : ne jamais perdre deux hommes à la fois. Quand Madame Max Adolphe arriva, appelée en urgence pour calmer les esprits, il était déjà trop tard. Les officiers et les macoutes du Palais se saisirent du soldat fautif, le conduisirent à la Grand-Rue, là où il avait commis le crime. Le lieutenant de la G.P., Josmar Valentin, se dépêcha de l'attacher au mur, craignant de recevoir une décharge des exécuteurs trop pressés. Il criait incessamment Attendez ! Attendez ! À peine eut-il fini de ligoter le soldat à quelque gond de la porte de la maison que 15 à 20 hommes en ligne déchargèrent leurs armes automatiques sur le corps du malheureux réduit en bouillie…Voilà comment on traite ceux qui osent. Le message était passé.

Ti Bobo reçut une décoration post-mortem et l'Etat-Major des Forces Armées d'Haïti, au grand complet, dut, probablement à leur corps et cœur défendant, assister à ses funérailles officielles.

Il y eut certainement d'autres énergumènes du même genre. Il n'est pas opportun de faire ici l'étalage de leurs talents macabres. Cependant, on ne peut clore ce chapitre sur les implacables de Duvalier sans un mot sur quelques échantillons qui méritent une mention spéciale : Luc Désyr, Eloüs Maitre, Jean Tassy, Breton Claude, Jean Valmé, Albert Pierre dit Ti Boulé.

JEAN TASSY était en 1960-1961 un jeune lieutenant aimable, joyeux drille, bon viveur, éclairant en permanence d'un sourire bon enfant un visage bouffi et sympathique. On le rencontrait par exemple chaque dimanche matin, de Janvier à Mars en pré-exercice carnavalesque, dans les " bandes de la Cité " à Delmas 3, rendez-vous hebdomadaire de la jeunesse dorée des années 1960. Nommé Commandant des Recherches Criminelles (Anti-Gang), il allait changer du tout au tout. Il en viendra à offrir l'image d'un militaire sans pitié qui, dit-on, crevait de la pointe de son crayon les yeux des voleurs ou de ceux qu'il interrogeait. Un homme cynique dans l'arbitraire, jovial dans la cruauté. Duvalier recherchait cette espèce rare pour sa police secrète. Il l'engagea.

Là, Tassy donna l'incroyable mesure de son efficacité dans l'atrocité, par une systématisation méthodique et sadique de la torture. Le fait qu'en ces temps-là le gouvernement Duvalier était attaqué de toutes parts ne justifiait pas du tout les méthodes inhumaines qu'utilisait son chef de la Police secrète.

On perdrait son latin à essayer de disséquer la psychologie de ce carnassier insatiable. Jean Tassy, le gai Jean, qui aimait tant la vie et s'amusait si follement à chaque occasion propice, se cloîtra désormais, transférant volontiers son goût du plaisir et des dancings fumeux, empuantis d'alcool et de tabac, aux chambres de torture hantées du cri des suppliciés. Il ne sortait plus : il se confinait dans cet univers clos, embaumé d'urines, de fèces, de sang caillé et de chair lardée et pourrie. Il avait accepté de sacrifier les délices succulentes de la vie mondaine et bourgeoise aux plaisirs austères et ingrats de la puissance politique. Il se mit à aimer le pouvoir pour la seule jouissance sacrilège d'humilier ses semblables, de les ravaler, de les voir se traîner à ses pieds et implorer pardon et pitié.

Pour assurer ses arrières et la longévité de son pouvoir fragile, Jean s'acoquina avec la camarilla toute-puissante du Palais National: les Donald Manigat, Harry Tassy, Josmar Valentin, Probus Monestime, Joseph

Laroche, Max Dominique…etc. Ses contacts avec l'INTERPOL, la CIA, l'Ambassade Américaine,...lui garantissaient, d'après ses calculs simplistes, une couverture internationale. Mais Duvalier gardait l'œil. Il ne laissait jamais rien au hasard. Il avait une police ultra secrète qui surveillait son chef de la police secrète. À un moment, il estima que Jean Tassy était devenu trop fort et trop ambitieux, qu'il avait mis trop d'alliés personnels dans son jeu, qu'il en était venu à ne plus dépendre uniquement de lui, Duvalier. En Avril 1967, Jean Tassy fut transféré en même temps que 17 autres officiers de la Garde Présidentielle. Mais alors que les autres se leurraient, Jean, qui avait l'habitude de ces transferts-piège et au besoin les suggérait même, comprit très vite le manège. Il évita donc la charrette des condamnés en courant se réfugier illico dans une ambassade étrangère.

ELOÜS MAITRE était l'inamovible second de la police politique de François Duvalier. L'homme à tout faire. À la fois doux et dur, ferme et souple, implacable et généreux. Ancien marchand de pain dans les rues de Port-au-Prince, il avait réussi, à force de discipline et d'opiniâtreté, à émerger, à posséder sa propre boulangerie, La Boulangerie VENUS, sur la Grand-rue, à côté de la Boulangerie Saint Marc. Ils étaient deux frères à s'adonner à ce commerce et la dénomination d'une forme originale de pain resta comme nom de guerre au deuxième frère qui s'accommoda à merveille d'être appelé: **TI CABICHE.**

Eloüs était un analphabète total. Il eut le courage et l'humilité de prendre des leçons au point de savoir plus ou moins lire et écrire. Malheureusement il commit l'excès et la bêtise affichés par tout autodidacte de se croire le plus grand sinon l'unique intellectuel de l'univers. Il se fit une obligation de ne parler que français et chaque fois qu'il ouvrait la bouche sortaient des perles qui rapidement faisaient le tour du pays et lui modelaient une image vilaine et cocasse. "Qui frappe par le peu périt par le même peu"…Voilà la phrase par laquelle il était désigné dans toute Haïti.

Ce sous-chef de la terrible S.D. savait pourtant se montrer très discret. Il n'opérait jamais à visière levée. Ce qu'il accomplissait au vu et au su de tous, c'était de distribuer des faveurs, de faire du bien. Cette technique lui tressa l'auréole d'un homme bon, crédité d'assez de mansuétude pour s'opposer aux injustices et aux rigueurs des chambres de torture. Il déployait un talent particulier à cacher la seconde face de sa vie d'agent secret. Il est vrai que la branche-police du Palais exigeait le secret absolu : on " volait " l'individu, on l'interrogeait pour la pure forme pour vérifier ce qu'en général on savait déjà…et puis il disparaissait…La discrétion naturelle de Lorius (comme on l'appelait couramment) cadrait avec les devoirs de sa fonction. Il ne se déplaçait pas comme les autres " chefs " avec un impressionnant contingent de gardes du corps.Il restait un commerçant et un bon père de famille. Chaque soir il semblait dormir chez lui, à moins d'un cas spécial. Chaque jour, de 11 heures à 14 heures, on le trouvait immanquablement à son magasin de la Rue des Césars où il restait largement accessible et s'entretenait gentilement avec tout visiteur ou acheteur, en français, s'il vous plaît, surtout quand il s'adressait à des intellectuels ou des étudiants (comme l'auteur de ces lignes qui eut l'opportunité de s'entretenir avec lui à trois ou quatre reprises, pour solliciter -et obtenir chaque fois - la libération d'amis ou de co-citadins de Grand-Gosier emprisonnés même pour des causes pendables, telles que la borlette au temps où elle était formellement interdite et sanctionnée par la peine capitale)...

Bien entendu, Eloüs n'était qu'un exécuteur primaire, à la différence d'un Tassy, d'un Valmé, d'un Breton Claude, d'un Albert Pierre, tous des universitaires, des planificateurs méthodiques de la répression duvaliériste. Eloüs agissait en amont et en aval des interrogatoires et des salles de torture : il opérait les arrestations et accomplissaient les actions finales, comme amener les prévenus au Fort-Dimanche et désigner les condamnés. Conduire les " condamnés " au poteau incombait plutôt au Commandant militaire du Fort-Dimanche. Ces choses ultra secrètes, Duvalier les confiait presque exclusivement à des militaires qui respectaient, plus que des civils fanfarons et pédants, leur serment de la discipline et de l'omerta.

Les prisonniers sortis vivants des cachots de la mort ne gardaient pas un trop mauvais souvenir de ce visage en demi-lune et au sourire de bébé. Les coreligionnaires le décrivaient comme un chef extrêmement jaloux de ses prérogatives, mais sensible et bon. Et pourtant ce fut à lui que les communistes tentèrent de faire payer la note de leur conflit avec Duvalier. Le 13 Décembre 1967, peu de temps après l'audacieux hold-up sur la Banque du Canada (sis en ce temps-là à l'angle des rues des Miracles et des Magasins de l'Etat.), Eloüs Maitre fut mitraillé dans les parages de l'Aéroport

International Dr. François Duvalier (Aéroport Mais Gaté ou Toussaint Louverture). Transporté inconscient à l'Hôpital, il subit une thoracotomie avec ligature de nombreux vaisseaux pulmonaires écharpés par les balles. Son corps de taureau réussit tout de même à récupérer suffisamment pour lui permettre de reprendre du service.

LUC DESYR projette une toute autre image. Un hypocrite et le dur des durs. On le disait - à tort - appartenir originellement au clan Jumelle, venu du Cap-Haïtien d'un job subalterne au Bureau des Contributions (D.G.I.) en quête d'un pactole à la loterie de la politique. Le destin lui fit la grande œillade, puisque Duvalier le recruta, dès sa victoire aux urnes pour l'installer dans les sous-sols du Palais National où, à l'ombre du terrible Clément Barbot, il allait faire l'apprentissage des méthodes et techniques qui cadraient excellemment avec son tempérament d'implacable.

Désyr circulait avec sa BIBLE sous les bras, tel un pasteur fervent semant l'évangile du Seigneur. Il se faisait un point d'honneur d'imiter Duvalier en tout, surtout sur voix et la foulée. Par son marcher feutré, à pas de félin, par son parler onctueux à la voix nasillarde et chuchotée, il se forgeait l'image d'un homme bon et sage, aimable et sympathique. Pourtant c'est bien lui qui conduisait dans les soutes du palais national les interrogatoires musclés par le bâton, les électrochocs et des tortures ignobles. Cet évangéliste d'un genre nouveau poussait le sadisme jusqu'à enregistrer ses séances macabres, moins, semble-t-il, pour des besoins d'archives que pour la délectation perverse de se repaître, à ses moments de loisir, du cri des torturés.

On en a eu une écœurante illustration en 1986, au cours de son procès, où l'on déroula l'enregistrement de la bande sonore de l'interrogatoire de Rameau Estimé, le frère de feu le président Dumarsais. On entendit cet ex-Sénateur de la République demander grâce, supplier d'une voix larmoyante, tandis que Luc Désyr, impitoyable, ordonnait au bourreau de casser les doigts du prisonnier qui levait la main pour se protéger des coups qui pleuvaient sur son visage.

Luc Désyr, pourtant un inconditionnel, vécut des hauts et des bas dans la confiance des Duvalier. À la fin du règne du Père, il avait reçu le " lacet de soie. "Il fut interdit d'entrée au Palais. Homme discipliné, sûr de sa bonne conscience duvaliériste, il resta chez lui et attendit patiemment. Il récupéra son pouvoir au début de la succession, rappelé par Simone O. Duvalier qui exerçait à ce moment-là une sorte de régence pour son fils inexpérimenté. Il joua un rôle de conseiller politique en même temps que celui de chef de police secrète. Il basculera avec la disgrâce de l'aile dure, au moment ou Jean Claude se décida à gouverner par lui-même. Soupçonné d'appartenir à l'équipe qui s'opposait sournoisement au mariage de Jean-Claude avec la mulâtresse Michèle Bennett, ex-femme d'Alix Pasquet Junior, Luc Désyr fut définitivement mis sur la touche après les noces de 1981. De cette date à 1986, il n'occupa aucune fonction ni n'exerça aucune influence dans la vie du régime. Cette longue traversée du désert ne lui épargna pourtant pas, à la chute de J.C. Duvalier en Février 1986, d'être arrêté à l'aéroport, jugé et condamné à 25 ans de prison ferme. Libéré après environ une dizaine d'années pour raison de santé, Luc Désyr mourra dans l'anonymat et le mépris général.

BRETON CLAUDE a commandé jusqu'en 1974 la garnison des Casernes Dessalines. C'est dans ce bâtiment que logeaient les bureaux de la police secrète. B. Claude affila et affina cet instrument policier pour en faire le scalpel meurtrier de l'éradication du communisme en Haiti. Claude était un enrôlé discipliné et ambitieux. Durant sa longue ascension en grade, il avait pris des leçons et à force d'application et de loyauté il était parvenu au grade inespéré de Général d'Armée. Il s'exprimait dans un français assez bon pour ne pas dire châtié certaines fois, mais sans recherche. Toujours souriant, charmant et serviable, surtout en public, il dévoilait un tout autre caractère et comportement dans les chambres sombres des Casernes Dessalines.

Impitoyable, mais juste, disait-on. Il était crédité d'honnêteté et du plus grand sérieux dans la conduite de ses enquêtes. Il n'arrêtait un citoyen qu'après vérification de toutes les données accumulées contre lui. Pas d'arrestation préventive, ni d'interpellation pour satisfaire quelque gros bonnet du régime ou pour sacrifier au plaisir malsain de la pédanterie ou de l'orgueil. Pas de forfanterie, pas d'abus. On n'était plus au temps durs de la consolidation du pouvoir où certains excès ou écarts, sans être aucunement justifiés, pourraient paraître compréhensibles à première vue superficielle.

À la mise à la retraite de Breton Claude en Mars 1974, la " Commission d'Enquête Administrative", bel euphémisme pour la police politique, échappa au Commandant des Casernes Dessalines pour échoir au Chef de la Police de Port-au-Prince, qui acquit ainsi un double instrument pour atteindre un seul et même objectif. À ce moment, émergea à la tête de la police politique le Colonel JEAN VALMÉ, Chef de la police de la capitale, assisté du Colonel ALBERT PIERRE, Commandant du Département Militaire de l'Ouest, siégeant à la Croix des Bouquets. Ces deux vont former la paire et un attelage complémentaire : Valmé le méthodique et Pierre le cynique, Valmé le joyeux drille, Pierre-Ti Boulé - l'impitoyable. Avec Valmé la police prend une allure scientifique dans ses méthodes et ses actions. Le cas pathologique de Ti Boulé se passe de commentaires.

JEAN VALMÉ développait la théorie qu'il était plus rentable de frapper un prisonnier psychologiquement qu'avec un bâton. Un prisonnier qui est complètement nu devant 8 à 10 personnes perd toute arrogance, toute superbe. C'est déjà un honte anihilante de voir sa nudité exhibée et de se sentir examiner par les autres dans tous les défauts cachés de son anatomie. La technique complétive consiste à dévêtir de force l'élément masculin, en portant, par l'acte de lui arracher ses vêtements, une atteinte irréparable à sa virilité incapable de le protéger de l'affront. La femme, elle, on la force au strip-tease. En se déshabillant elle-même, elle viole elle-même, son sens inné et irrépressible de la pudeur. Si l'homme est profondément humilié d'être dévêtu par d'autres hommes, la femme est mortellement touchée dans sa pudibonderie de devoir s'exhiber elle-même devant une nombreuse assistance attentive aux plus intimes plis et rides de son corps…Certes, la coercition existait toujours, mais avec Valmé, la torture est psychologiques - *torture, tout de même*- les méthodes brutales de Ti Boulé devenaient de plus en plus anachroniques. Mais Jean Valmé et Albert Pierre, c'est déjà l'après-François Duvalier.

Sans s'éterniser sur les grands intellectuels du régime et qui ont, à un moment ou un autre, occupé des postes importants, tels que Simon et Frédéric Desvarieux, Clovis Désinor, Jules et Paul Blanchet, Michel Aubourg, Luc François, Jean Julmé, Jean A. Magloire, Gérard De Catalogne, Edouard Berrouet, Ulrick Saint-Louis, Jean Montès Lefranc, Hervé Boyer, Joseph Baguidy, les Raymond, les Cinéas, et j'en passe, nous pouvons clore ce chapitre sur les hommes du Président. Cependant, on saluera au passage, et pour finir, la FIDELITÉ faite homme: Le Général GRACIA JACQUES. Un enrôlé tout à fait inculte, duvaliériste jusqu'à la moelle des os, G. Jacques occupa, au transfert du Colonel Claude Raymond, le poste de Commandant de la Garde Présidentielle. Jusqu'à sa mort. Si, au début du régime, il avait certainement appartenu au corps secret des cagoulards ou Tontons-macoute, il devint par la suite un homme olympien qui ne s'intéressait qu'à la sécurité du Chef de l'Etat. On n'avait jamais vu Gracia Jacques dans un Ministère ou un bureau public. Il ne participait pas non plus aux luttes d'influence politique qui empestaient les coulisses du palais. Il ne sortait pas; il ne dormait pas chez lui. Invariablement, pendant 20 ans, il a résidé au Palais National à côté de son protégé-protecteur. Chaque matin, à l'aube, il se rendait chez lui, pour rentrer au palais vers 9h.30. Lui et Duvalier, c'était le chien et son maître.

Personne en Haïti ne peut revendiquer l'honneur d'être la victime d'un abus de la part de Jacques Gracia. Il n'avait de maître que Duvalier; il n'avait d'ami que Duvalier; il n'avait de créancier ou de débiteur que Duvalier. Il ne s'abaissait pas à s'occuper des choses futiles ou terrestres. Pour lui, la terre et sa population, c'était le Palais National et sa Garde Présidentielle. Son dieu, François Duvalier. La Garde présidentielle l'aimait follement, le respectait religieusement et le craignait comme un dieu terrible. Il était sévère et bon, implacable et juste. La discipline et le respect des valeurs et des hommes, il les prêchait d'exemple. Il avait une âme de chef, avec tous les qualités et défauts inhérents à ce don naturel. Sa loyauté connue de tous le mettait au-dessus de la mêlée, au-dessus de tout soupçon. Sous François Duvalier, il était le seul militaire qui avait pu se permettre de passer des ordres à la milice civile. Quand celle-ci préparait ses parades, c'est très affectueusement qu'elle voyait arriver ce géant ventripotent, tant aimé. Elle acceptait comme une masse d'enfants reconnaissants les paternelles réprimandes et injonctions du colosse.

Jacques Gracia était si sûr de son bon droit qu'il s'autorisait à produire des reproches à F. Duvalier en personne. Un jour que celui-ci était sorti sans l'aviser, J.G. mit toute l'armée en état d'alerte, assiégea littéralement Port-au-Prince à la recherche du fugueur. Françoix Duvalier, rentré sans avoir été retrouvé, subit avec un sourire embêté les affectueuses récriminations de son impérial garde du corps. " ***Si you bagaye te rive-ou, lò fini yo ta vin di ce mwen ki responsab. Mon chè, fè ròl ou tanpri sou ple, papa."***

La société haitienne a profondément respecté ce militaire tout-puissant, mais simple et loyal, et qui a donné au monde entier l'exemple et la leçon de la correction et de la fidélité. Au fil du temps, Gracia Jacques s'était embourgeoisé, matériellement et psychologiquement. Devenu actionnaire au Ciné Triomphe, sous le gouvernement laxiste de Jean-Claude Duvalier, il venait, chaque dimanche soir, en tenue civile bien taillée sur son ventre proéminent, recevoir aimablement et tout sourire les habitués de la séance sélecte de 7 heures.

On a fait les gorges chaudes de certaines de ses perles verbales. De nombreuses blagues circulaient à son sujet, qui mettaient en relief le degré infra-primaire de sa formation intellectuelle. Des méchants ont suivi sa voix jusque dans le serment au drapeau pour montrer comment, en répétant après F. Duvalier, il mangeait les mots ou les gargarisait de sa voix gutturale. Un jour, raconte-t-on, il annonça à Duvalier sa joie d'être grand-père. Sa fille venait de mettre au monde son tout premier petit-fils. À lui revenait le privilège de le nommer. Il lui avait donné un prénom magnifique, se vantait-il. "Devinez, Président, Pour vous faciliter la devinette, je vous donne la première lettre: R." Et Duvalier de se mettre à citer une trentaine de prénoms commençant par R. Roger, Rodrigue, Raymond, Roland, Ralph…etc « ***Non, President. Mwen te konpran ou te pi fò ke sa. Ti sa-a ou pa kapab jwenn ! Se simp, monchè ; se Ernest*** !!!» Un autre jour, F. Duvalier fait un tour à Kenscoff avec un visiteur venu d'Afrique du Nord. Celui-ci, pour montrer sa bonne appréciation de la température ambiante, déclara au Président : " Mon Cher Président, il fait ici un froid de Sibérie." " Hô hô, souffla Gracia Jacques aux officiers proches, ***sa m'sie ap di la-a ! A pa blan-sa se you nèg sòt ? Ki zafè 6 beri misye ap pale la-a ? Li pa wè se you fwa 14 ou 16 beri*** ?"…Et ainsi de suite. Bref, on en riait. Il en riait aussi. Tout le monde pouvait rire de tout et de rien. Mais il ne permettait pas que quelqu'un s'avisât de toucher à un seul cheveu d'un Duvalier.

-Chapitre 11-

L'EFFORT NATIONAL

1.- PREMIÈRES DIFFICULTÉS ÉCONOMIQUES

Malgré ses victoires déterminantes sur les forces d'opposition et l'excellente motivation de ses militants, F. Duvalier était gêné à toutes les entournures. Le pays était confronté à une situation économique exécrable. Les bamboches et les coûteuses concentrations populaires, le laxisme administratif des débuts du règne, la corruption généralisée entretenue par le système de dépouilles post-électorales, la course effrénée de la classe moyenne aux prébendes, et parfois le gaspillage inconsidéré des ressources publiques, tout cela avait contribué à vider les caisses de l'Etat. L'opposition sournoise du secteur privé, de la bourgeoisie traditionnelle et du monde des affaires, qui utilisaient leurs relations internationales pour fermer au pays les jugulaires de l'emprunt externe et interne, n'arrangeait pas les choses. Au point que Duvalier, pour obvier aux insuffisances et s'accommoder de la pénurie, se vit réduit à prêcher le développement endogène. " Sauve-toi toi-même ! clamait-il. L'Haïtien ne doit pas regarder vers l'extérieur. Il ne doit compter que sur lui-même et ses propres moyens". Conscientiser le nouvel homme pour le porter à rentabiliser les ressources internes, humaines et matérielles, déjà rares ou inexistantes, participait d'une réelle démagogie destinée à occulter un profond désespoir. " Les plus désespérés sont les chants les plus beaux". N'est-ce pas ?

Le discours duvaliérien était pathétique et émouvant. La majorité des citoyens et citoyennes, fouettés dans leur orgueil et leur patriotisme, se disaient disposés à l'EFFORT DE SAUVETAGE NATIONAL. La situation s'avérait à ce point tragique qu'on ne parlait plus de vie, mais de survie nationale. Car la charité internationale nous avait accoutumés aux solutions de facilité ou aux attentes de l'aumône, à la paresse, à la mendicité. Au lieu de nous colleter aux impératifs du redressement, nous avons préféré nous laisser aller aux attitudes honteuses de la main tendue, et attendre que la pitié des pays riches fasse pleuvoir sur nous, avec bien entendu leurs diktats, la manne d'un bonheur improbable…

L'appel aux sacrifices pour la régénération endogène introduisait un thème nouveau qui séduisait la société haitienne, dépourvue de tout, mais nourrie d'une fierté historique capable de tous les miracles. On se trouvait à la croisée des chemins. La production nationale connaissait son niveau le plus bas, dans ce pays récemment dévasté par le cyclone AZEL (1954), et où les paysans, éternels ouvriers agricoles, délaissaient les champs pour s'embrigader dans la milice nouvelle ou aller gonfler les bidonvilles faméliques à la faveur des concentrations port-au-princiennes périodiques. L'administration publique enregistrait dans la perception des salaires des retards qui atteignaient 3 mois ou 4.

On subissait cette situation avec des soupirs étouffés. Même l'Armée s'y résigna, pour la double raison que, d'abord, il fallait de la chance et une allégeance ostentatoire pour être encore dans les rangs et qu'ensuite le système policier et coercitif ne tolérait aucune récrimination. Une grève de l'administration publique était chose impensable sous François Duvalier. D'ailleurs les syndicats n'existaient pas. Même le fameux syndicat des Chauffeurs-Guides, dont on parlait tant, ne renvoyait qu'à un euphémisme qui couvrait la réalité d'une association formée exclusivement de miliciens ou d'agents de la Police Secrète.

La situation économique et financière frôlait à ce point la tragédie que le gouvernement dut fermer nombre de chantiers ouverts dans un désir trop hâtif de concrétisation des promesses électorales. Le tableau le plus navrant fut offert par les travaux de réfection de la Grand-Rue rebaptisé Avenue Jean-Jacques Dessalines. Au lendemain même de la prestation de serment de Duvalier, la rumeur des bulldozers entretint un attroupement permanent de chômeurs et d'oisifs le long de cette artère commerciale de la capitale haitienne. On détruisit la chaussée et dans l'allégresse d'une main d'œuvre massive et tumultueuse, on commença les travaux de dallage. Ah ! Voici enfin un président qui savait tenir ses promesses. Voici enfin l'homme providentiel qui vient donner du travail et sauver Haïti ! Louange prématurée.

Car, 2 ou 3 semaines plus tard, au grand désespoir de cette foule joyeuse, les machines se turent. Le silence perdura un an plein, durant lequel la Grand-Rue resta impraticable. Imaginez l'état d'insalubrité de la zone où les pluies charriaient boue et immondices ! Imaginez la colère contenue des commerçants qui ne pouvaient atteindre leur magasin que grâce à l'exploit quotidien de cheminer dans un équilibre fragile sur la crête émergée de grosses pierres jetées dans la fange! Imaginez la joie perverse des opposants qui trouvaient dans ce tableau la preuve visible pour tous de l'incapacité gouvernementale et qui, pour enfoncer le clou, s 'amusaient à semer du maïs dans cette gadoue improvisée et superbement fertilisée par les alluvions et les engrais organiques ! De belles tiges sortirent d'ailleurs de terre; et un peu plus on eût récolté des épis magnifiques.

2.- LES GRANDS TRAVAUX.

La réfection de la grand-rue participait d'un plan de grands travaux d'infrastructure industrielle, électrique, routière…Rentabiliser le barrage de Péligre édifié par Paul Magloire en y faisant tourner des turbines capables de générer assez d'électricité pour libérer le pays, du moins une partie, notamment la capitale, du black-out, construire des routes à travers le pays, notamment la route du Sud dont la grand-rue représentait le premier tronçon. Asphalter les routes du Nord et du Plateau Central. Percer des voies de pénétration vers les sections rurales, grenier du pays…Capter le plus de sources pour l'alimentation des populations en eau potable, reconstituer et élargir les réseaux d'irrigation dans les plaines d'Haïti…Dans la même veine, le culte naissant de la personnalité fit émerger une cité plus ou moins moderne qui porterait le nom du président bâtisseur : DUVALIERVILLE. Sa construction engloutit des sommes et des efforts immenses et constitua la vache laitière à la mamelle de laquelle la plupart des partisans vinrent sucer leur part de lait pour l'érection de leur propre maison à Port-au-Prince. Cependant, d'entre tous les rêves, le plus grandiose et le plus audacieux concernait la construction de l'Aéroport International à Maïs Gaté.

La réalisation d'un programme si ambitieux exigeait des sommes immenses que ne possédait pas l'Etat Haïtien et que les institutions internationales, contre-motivées, refusaient d'avancer. Pour obvier à ces inconvénients, Duvalier institua le BUREAU DE LA RENOVATION NATIONALE, dont le fonctionnement échut aux jeunes loups du régime: Cambronne et les Cinéas. Si on a accusé ces derniers, à tort ou à raison, plus à tort qu'à raison, de s'y être enrichis et d'y avoir fait le bonheur de leurs amis, il convient toutefois de leur rendre la justice qu'ils exécutèrent la plupart des travaux confiés à leur charge.

Ce fameux BUREAU s'appliqua avec une ingéniosité intarissable à collecter des fonds. Mendicité internationale, réquisitions et sollicitations diverses vers le secteur des affaires, prélèvement à l'origine du denier patriotique sur le salaire déjà si maigre du fonctionnaire, création d'une loterie de la RENOVATION NATIONALE, puis de la LIBÉRATION NATIONALE, tous les artifices furent utilisés pour amener l'argent dans les caisses. Le procédé qui fit le plus de vagues - et le plus de fortunes suspectes - fut l'institution du droit de péage sur les principales routes nationales, à l'entrée de la capitale. Mal organisée, cette forme de perception irrita les transporteurs, surtout les chauffeurs de tap-tap si besogneux, qui se rendaient compte, en première loge, de l'impudente corruption pratiquée par les préposés dénués de tout scrupule (et qui leur refilaient à des prix dérisoires des fiches déjà payées).

En dépit de tout le mal qu'on put dire de ce bureau de la Rénovation Nationale, nombre de projets furent exécutés. On bétonna l'avenue J-J. Dessalines, la cité de Duvalierville vit le jour, on construisit le bâtiment moderne de la DGI, l'Aéroport International, et tout ceci avec très peu d'apport extérieur.

Le peuple haïtien vécut un moment de grande fierté nationale quand, en cette matinée du 22 Janvier 1965, un avion à réaction atterrit pour la première fois en Haïti, " sur la piste de l'EFFORT NATIONAL". Un moment unique d'orgueil et de gloire pour Duvalier qui avait su convaincre le peuple de sa capacité intrinsèque à opérer ce miracle. Il est infiniment douloureux que 20 ans plus tard, soit exactement 15 ans après le décès de celui qui l'a érigé de ses propres moyens et par le seul pouvoir de sa ténacité et de sa vision grandiose, l'Aéroport de Port-au-Prince ait été rebaptisé pour porter le nom de Charlemagne Péralte (trahi) ou honorer des individus sans aucun lien avec le lieu ni le contexte historique de l'érection de cette œuvre herculéenne. Le comble fut atteint quand on l'affubla du nom d'un obscur Ministre de la Justice (pas même des Travaux Publics) qui n'eut, semble-t-il, le mérite d'une telle médaille que par le seul fait d'avoir été assassiné. En ces temps-là, tous les accidentés, tous les assassinés d'un certain parti politique avaient droit à la glorification, à la canonisation et surtout à un buste sur l'une ou l'autre de nos places publiques. Démagogie exigeait…L'Histoire, arbitre de l'Éternité, rendra peut-être justice à François DUVALIER et attachera son nom - éternellement - à cette œuvre colossale, conçue et réalisée grâce à sa force d'âme, par l'EFFORT NATIONAL, aiguillonné par son énergie inlassable et sa grande foi en l'avenir de son pays.

3.- DÉGRADATION

Les premières années de la décennie 60 se révélèrent les plus dures pour Duvalier. Et pas seulement sur le plan économique. 1959-1960, on se le rappelle, furent les années de la Décolonisation. Une à une, par les armes ou la concertation, les colonies d'Afrique noire accédaient à l'indépendance. Le départ des colons, pour la plupart français ou belges, ouvrait un formidable marché de travail dans cette Afrique francophone brusquement dépourvue de professeurs, d'éducateurs et de cadres en général. Encouragé par la PNUD, les haïtiens s'y engouffrèrent avec une précipitation bien compréhensible : ils partirent par milliers vers l'Alma Mater.

Ce fut à cette époque d'émigration massive que Duvalier, sur les conseils de partisans intéressés, institua le visa de sortie et les listes de proscription. Pour quitter le pays ou y rentrer, obligation était faite d'obtenir un visa du Service d'Immigration et d'Emigration attaché au Ministère de l'Intérieur et de la Défense Nationale. Une seconde tracasserie consistait à faire "descendre" son nom. Chaque matin, le Service d'Immigration et d'Emigration expédiait au Palais National la liste des postulants. Et chaque après-midi, le Palais retournait la liste épurée. Dans l'intervalle, police secrète, femmes et hommes forts du régime, trafiquants d'influence, racketteurs... intervenaient en " haut-lieu " et obtenaient le feu vert pour celui-ci ou celui-là, sur la base de relations amicales ou moyennant finances. En fait, le palais aseptisait les listes et les renvoyaient délestées des noms des opposants et de ceux qu'on voulaient garder au pays pour une raison ou une autre. Plus tard, pour se couronner de l'auréole de l'exil et opérer les retours en apothéose, certains émigrants vers l'Afrique allègueront qu'ils s'en étaient allés pour échapper à la répression du régime. Faux. Ils miraient vers le pactole africain. D'ailleurs, les listes ne "descendaien " que les noms des amis - chauds ou tièdes - du régime. Ils avaient pu partir justement parce qu'ils étaient en excellent terme avec la pouvoir en place, directement ou par amis influents interposés.

Bien entendu, ce système anachronique engendra beaucoup d'abus: il enrichit maints escrocs gravitant autour du pouvoir et certainement des pontes du régime. Il appauvrit maintes familles qui dépensèrent des fois tout leur avoir sans aucun résultat.. On profita pour faire obstacle au départ des opposants - c'était fait pour cela - de peur qu'ils n'allassent gonfler là-bas les rangs de l'opposition externe, alors que la bonne logique duvaliérienne eût dû suggérer de s'en débarrasser, de les refouler jusqu'aux côtes lointaines de l'Afrique. On refusa le visa à des professeurs éminents, jugés indispensables à la formation de la jeunesse, lesquels, sans ajustement salarial compensatoire, durent se contenter de la pitance servie parcimonieusement avec un retard de trois mois. En tout état de cause, cet exode de cerveaux et de techniciens dépeupla tragiquement la corps professoral et dès lors le niveau de l'enseignement commença à chuter. Coup dur et irréparable pour le pays, si l'on considère l'éducation comme le véritable moteur du développement.

Bien entendu, en ethnologue-historien et en bon démagogue, François Duvalier profita de ce mouvement d'indépendance africaine pour se rapprocher des Etats émergents et se poser en Leader du Monde Noir, en sa qualité de PRESIDENT DE LA PREMIÈRE RÉPUBLIQUE NOIRE INDÉPENDANTE DU MONDE, Président du pays de Toussaint

Louverture où la "NÉGRITUDE SE MIT DEBOUT POUR LA PREMIÈRE FOIS". La propagande gouvernementale assimila l'exode massif des haitiens à l'élan de solidarité d'un peuple aîné volant au secours de ses frères nouveau-nés au soleil de la Liberté.

Duvalier ne ratait aucune occasion pour prendre position publiquement - et courageusement, il faut le dire - en faveur des peuples africains et réaffirmer sa volonté farouche de lutter pour le droit inaliénable et imprescriptible des peuples à l'autodétermination et à l'indépendance. De même, il entretenait des rapports fervents avec le POUVOIR NOIR aux Etats-Unis, lequel se consacrait aux mêmes idéaux de respect de l'homme Noir, avec des procédés peut-être très hétérodoxes, insupportables dans le contexte américain, (ce pourquoi cette forme de lutte violente était condamnée à l'échec sur ce territoire)...Duvalier eut l'intelligence de maintenir le contact avec les deux pôles de la lutte pour les droits civiques et politiques des Noirs aux USA, Malcolm X l'enragé et le Pasteur Martin Luther King, la non-violence faite Homme, tous deux, leaders, comme lui (?), du Monde Noir, travaillant chacun de son côté et avec ses méthodes propres, à la reconnaissance de l'éminente dignité du Nègre et de la valeur intrinsèque de sa culture originale.

Ce discours grandiloquent du Chef de l'Etat ne pouvait cependant occulter la réalité précaire, la misère atroce, où se débattait le peuple haitien. Pour se donner bonne conscience et offrir une image de grandeur au sein de la pénurie, Duvalier fit le choix de se mentir à lui-même et au monde en pratiquant un certain POTEMKINISME, du nom de ce maréchal russe qui faisait dresser sur la parcours de l'impératrice Catherine II des toiles peignant mensongèrement des villages prospères. À coups de parades militaires et miliciennes, de concentrations populaires, de discours pompeux, de fêtes somptueuses et de prodigalités somptuaires, Duvalier affichait une vitrine d'opulence et une théâtralité de bonheur et de démocratie sur une réalité sordide et quasi-invivable.

L'allure nettement répressive adoptée par le régime lui aliéna les sympathies américaines ; et l'assistance externe, déjà si faible, se tarit. La contrebande florissante étouffa la production nationale et réduisit à néant les recettes de l'Etat. Le commerce ralentit délibérément ses activités dans un mouvement sournois d'opposition. Le chômage s'accentua. La misère s'installa dans sa réalité hideuse. On assista à une prolétarisation généralisée de la société haïtienne et Haïti en vint à constituer un merveilleux bouillon de culture pour la prolifération du virus communiste.

-Chapitre 12-

LE COMMUNISME À L'ASSAUT

1.- AMOURS, DÉLICES ET MORTS

Le Premier janvier 1959, à la suite d'une longue guérilla de 6 ans dans les contreforts de la Sierra Maestria, Fidel CASTRO effectua une entrée triomphale dans La Havane en liesse. À ce moment, le Leader Maximo n'affichait aucune tendance marxiste-léniniste. Un peu plus il s'en serait publiquement démarqué. Cependant, l'orientation de ses réformes économiques et sociales, la justice expéditive et populacière pratiquée par CHE GUEVARA, la fréquentation assidue des conseillers techniques et militaires russes, et bien d'autres choses, commencèrent à inquiéter le grand voisin du Nord. Fidel entreprit, dès la première année de son mandat, une campagne d'alphabétisation qui s'apparentait plus à l'endoctrinement marxiste qu'à l'éducation fonctionnelle des adultes illettrés. Dès lors qu'il parut évident que Castro s'acheminait vers l'instauration du Communisme à Cuba, ce qu'il fera le premier janvier 1961, il devint la bête noire des USA, gendarme vigilant et intransigeant du monde occidental. Et le vieil EISENHOWER passa des instructions sévères pour le renversement immédiat du Barbudo cubain.

La CIA monta une opération à laquelle le successeur du Général-Président, J.F. Kennedy, donna son aval du bout des lèvres. Ce fut la catastrophe de la Baie des Cochons, le 17 avril 1961.

L'Amérique, en ces temps de guerre froide entre deux pôles idéologiques, pouvait difficilement s'accommoder d'une épine communiste au talon monde occidental. Le contexte international interdisait une telle complaisance. L'URSS déployait un effort colossal à exporter sa révolution et accélérer la marche du monde libre vers " le paradis du socia-lisme ". Dans cette stratégie de conquête universelle, Cuba représentait l'aiguille d'or plantée au cœur de l'Amérique, la sentinelle avancée pour l'infestation de l'Amérique Latine, la Caraïbe et même l'Afrique.

Nikita KROUTCHEV, successeur de Joseph STALINE, divorça d'avec les méthodes de ce dernier dont il dénonça d'ailleurs " les crimes " au 20ème Congrès du Parti , en 1956. En effet, le nouveau choix par les deux blocs de la Coexistence Pacifique exigeait une attitude plus sereine, un comportement plus raisonné. Certes, avant d'opérer ce virage, le Premier Secrétaire Général du Parti Communiste de l'Union Soviétique dut nettoyer ses écuries et mettre son monde au pas. Il fut " obligé " de mâter dans le sang les émeutes de Berlin en juin 1953. En juillet 1956, il avait bien massé des divisions de l'Armée Rouge aux portes de Poznan, dans une Pologne en pleine insurrection; et il y serait entré de force, n'était la sagesse de Gomulka. Il avait bien envahi la Hongrie en octobre 1956 pour ramener à la raison - et fusiller - Imre NAGY qui avait osé retirer son pays de la constellation communiste de Pacte de Varsovie. Oui, il avait fait tout cela parce que, confessait-il, ces actions musclées constituaient le prix à payer pour l'unité du Bloc Communiste.

Mais à l'aube des années 1960, il devint impérieux de changer de méthodes pour rassurer et surtout tromper, endormir l'adversaire capitaliste. Création et infiltration de mouvements de Libération Nationale en Afrique et de guérilla paysanne et urbaine en Amérique Latine, endoctrinement insidieux des pays-cible, surtout latino-américains, caraïbéens et africains, création de partis-miniature, de cellules communistes, disséminés à travers les pays occidentaux, installations de centres d'entraînement et de formation clandestins...Toute la panoplie. Par des réseaux compliqués, des armes sophistiquées parvenaient à ces groupes. Par des canaux encore plus emmêlés, des boursiers quittaient leur pays pour les meilleurs centres universitaires de l'Europe de l'Est et de Moscou. Et sur le trajet vers leur destination finale, ils faisaient escale -et souvent demeuraient- dans des camps d'entraînement à la guérilla, au terrorisme, à la subversion, à la manipulation, à la déstabilisation…

Haïti n'avait pas échappé à cette offensive tous azimuts, d'autant que le terrain, fertilisé par la misère ambiante, offrait un sol propice à cette semence. Bien entendu, Haïti a toujours eu ses communistes. Des communistes de salon, des socialistes saint-simoniens utopiques et pacifiques, qui animaient des clubs restreints où ils se jetaient à la face des citations de Politzer, d'Engels et de Marx. Des théoriciens en chambre qui proposaient, à partir de la dialectique marxiste du déterminisme historique, une lecture neuve et prétendument plus scientifique de l'histoire nationale haïtienne. Ce communisme romantique a produit un foisonnement d'œuvres remarquables, parmi lesquelles il convient de distinguer un COMPÈRE GÉNÉRAL SOLEIL de Jacques Stéphen ALEXIS, un GOUVERNEUR DE LA ROSÉE de Jacques ROUMAIN… Au fait, il existait bien un mouvement communiste, structuré en deux partis : le PSP ou Parti Socialiste Populaire et le PCH ou Part Communiste haïtien. Ces formations avaient exercé un rôle déterminant dans la préparation et le déroulement des GLORIEUSES de janvier 1946. En effet, les jeunes de la Ruche, tels René Dépestre, Jean Dominique…ne cachaient pas leur ancrage gauchiste.

Au fait, dans l'Haïti des années 1940, tout intellectuel se piquait de fréquenter la littérature et la culture marxiste-léniniste. C'était la mode. Aucun homme ou femme ne pouvait prétendre à la qualification prestigieuse de " personne cultivée", s'il n'avait tâté de ce côté-là. Et il est même douteux que Duvalier lui-même ne se fût pas vanté d'appartenir à cette famille de pensée. Fignolé ne pourra jamais s'en défendre. Se dire marxiste signifiait des lectures ardues, réservées à une minorité de savants. Utiliser à tous propos le vocabulaire et la terminologie hermétiques de la dialectique marxiste, parler de lutte de classes, de révisionnisme, de dictature du prolétariat, de démocratie populaire, conférait une auréole enviable d'intellectuel profond en ces jours du communisme caviar, sans danger apparent.

Mais en 1960, le mets allait prendre un goût de cendre et de sang. La volonté manifeste de Kroutchev de faire du monde une tribu communiste changeait du tout au tout les données de l'équation. Il s'employait avec un zèle prolifique à investir le monde capitaliste qui n'était pas décidé à s'en laisser conter…et qui opposa des parades efficaces et meurtrières à l'avancée de l'ennemi. En ces heures précoces de la Guerre Froide, l'éthique se pliait aisément aux impératifs de la lutte: tous les moyens étaient bons pour désarçonner l'ennemi. Et si jusqu'à présent la bataille s'était circonscrite aux champs d'action des deux polices, la CIA et la KGB, les armes allaient bientôt prendre le relais. Les deux K se gardèrent bien de s'affronter directement en un combat singulier ; la dissuasion nucléaire interdisait une telle aventure. Le pont aérien sur Berlin-Ouest assiégé en 1961, la crise des fusées de Cuba en novembre 1962, peuvent être recensés comme des épisodes cruciaux et exceptionnels d'un contact presque direct des deux protagonistes de l'hégémonie mondiale. En général, ils préférèrent se mesurer par pays interposés, dans des confrontations limitées, des " guerres de moyenne intensité ".

La guerre froide mit en lumière la valeur du contre-espionnage et la nécessité de l'infiltration en territoire ennemi ainsi que l'obligation d'une excellente organisation dans la clandestinité. Car le temps du romantisme était révolu. Plus question de déployer sur les places publiques les banderoles écarlates frappées de la faucille et du marteau. Si en terre communiste, l'Etat s'était mué en Léviathan policier qui surveillait et écrasait les peuples et leur imposait par la force et les armes le bonheur socialiste, en Occident les polices s'appliquaient, avec la dernière rigueur, à déceler et éradiquer toute déviation idéologique au sein des populations. La prude et démocratique Amérique du Nord en vint à accepter, voire à encourager des coups d'Etat militaires pour stopper l'avancée communiste. À un moment, la grande majorité des gouvernements latino-américains étaient issus de putsch et de pronunciamiento. L'intolérance se radicalisait sous les bottes. De plus en plus donc, les frontières se fermaient entre les deux mondes : le " Rideau de Fer " était tombé entre l'Est et l'Ouest, selon l'heureuse formule de Winston Churchill.

Après concertation avec la CIA, Duvalier, dit-on, convoqua Roger MERCIER, le capo di tutti capi du communisme haitien à cette époque et lui tint à peu près ce langage. " Réunissez un parti communiste fort et actif. NI POUR MON GOUVERNEMENT NI CONTRE MON GOUVERNEMENT. Vous connaissez mes penchants et mes sympathies socialistes. La lutte de l'occident contre le communisme sera féroce. Je veux épargner à mes compatriotes marxistes le sort infernal planifié par la Grande Agence. Je ne vous cache pas, cependant, que toute tentative du communisme contre mon gouvernement est suicidaire. Evitez cela et vous n'aurez aucun problème ".

Mercier réunit les fortes têtes de l'obédience communiste et leur soumit les réflexions et conseils - intéressés - de François Duvalier. Mais la sagesse de Mercier n'eut pas raison de l'extrémisme de ses camarades. Jacques Stéphen Alexis se montra le plus acerbe; il étrilla vertement Mercier, "le traîte". Il discuta ferme ; et de l'accuser de travailler pour Duvalier comme espion infiltré en leur sein, il ne manquait pas grand-chose. Sa verve persuasive convainquit ses collègues et perdit le Parti qui méprisa hautainement les objurgations de Duvalier. Il préféra engager la lutte contre le régime duvaliériste pour son plus grand malheur personnel. Jacques .S. Alexis poussera le romanesque jusqu'à débarquer dans le Nord-Ouest du pays avec 2 ou 3 camarades tout aussi illuminés que lui. Il portait dans la doublure de sa ceinture une forte somme d'argent, entre 100.000 à 200.000 dollars US, dit-on. Il sera lapidé, hélas ! par ceux-là même, les Hilarions** du Nord-Ouest, qu'il était venu accompagner vers la liberté, la prospérité et l'eldorado hypothétiques du communisme.

Qu'on ne se méprenne pas ! Dans l'Occident démocratique et libéral, la stratégie communiste s'était heurtée à une répression systématique et sauvage. Sous quelques ciels qu'on se trouvât dans le monde dit libre, les partis communistes n'étaient que peu tolérés. Déclarés hors-la-loi presque partout dans l'Occident chrétien, ils durent s'enfoncer dans la clandestinité pour survivre et accomplir leur zèle d'endoctrinement. Pour les marxistes, " *le temps était venu de se parler par signe*", selon la formule du poète haïtien Anthony Phelps. On ne discutait dialectique que dans l'univers clos des bibliothèques privées ou dans les sous-bois des campagnes profondes. On écrivait sous des pseudonymes codés des romans équivoques où par exemple le syncrétisme vodou se mêlait à l'athéisme marxiste. Plus question de

---

** Hilarion est le héros de son ouvrage, *Compère Général Soleil*

polémiquer dans les cercles littéraires ouverts ou dans les journaux, comme jadis. Autre temps, autres mœurs, autres tactiques…Descendre prudemment sur le terrain, monter des organisations solides et bien structurées, des réseaux tentaculaires et labyrinthiques, des cellules pyramidales hermétiques, endoctriner, en biaisant, les jeunes capitalistes, les fils de papa, infiltrer les partis et groupes " réactionnaires ", en vue de les imploser, multiplier les mouvements de libération nationale ou de guérilla pour déstabiliser et renverser l'ordre établi, organiser et politiser les syndicats, entretenir secrètement des foyers de subversion, des commandos terroristes…On ne savait plus.

Pour abattre cette besogne immense, le Parti se mit à la tâche. Il recruta sans relache et motiva ses partisans ; il s'activa particulièrement dans le vivier crédule et fougueux de la jeunesse estudiantine. De nombreux filiales et tentacules proliférèrent dont les plus sérieux s'appelèrent UNMES ou Union Nationale des Maîtres de l'Enseignement Secondaire et la fameuse UNEH ou Union Nationale des Etudiants Haïtiens. Le terrain semblait libre et propice aux activités de ce parti. Mais Duvalier, qui avait mis ce monde en garde, suivait pas à pas, sans mot dire ni maudire, la mise en place des réseaux et structures, se réservant, au moment opportun, de les étriller ou de les utiliser comme moyen de chantage vis-à-vis de l'Américain.

2.- LE CHAT ET LA SOURIS

François Duvalier se piquait d'être un intellectuel ouvert à tous les courants de pensée. Une pointe d'orgueil mêlé de cynisme le poussa à tolérer, voire encourager l'extension du mouvement dans le monde professoral et estudiantin. Peut-être n'y pouvait-il rien ? En tout cas, il le surveilla avec une très grande attention, convaincu que le discours apparemment anodin des socialistes véhiculait un venin mortel pour son régime. Pour sa part, il estimait n'être pas en reste avec la gauche qui n'avait rien à lui reprocher, du moins pour le moment: il lui facilitait la tâche et semblait même défricher le terrain sous ses pas au début assez hésitants. La lune de miel était allée si loin que les dignitaires du régime, jusqu'au Ministre de l'Education Nationale, assistèrent au Congrès National de l'UNEH, le 17 mai 1960. À cette occasion, le Ministre Hubert PAPAYER, prêtre de son état, déclara, pour féliciter les étudiants gauchistes, que ceux-ci menaient comme le gouvernement, sinon à ses côtés, une lutte sublime contre la ségrégation raciale et le colonialisme. Dans l'ivresse de cette conjonction intellectuelle passagère, on alla jusqu'à envisager l'émission d'un timbre qui serait mis en circulation par l'UNEH et dont les profits iraient aux étudiants noirs de l'Afrique du Sud croupissant sous le régime ignoble de l'Apartheid.

Les communistes bénirent donc ce Duvalier infiniment amène, qui non seulement leur laissait le champ intérieur libre, mais encore leur donnait les moyens d'une audience internationale colorée de magnanimité envers cette Afrique vierge et fragile en pleine lutte de libération. Et Duvalier, comme de fait, faisait relayer les messages et slogans anti-impérialistes si chers à la littérature léniniste parce que résonnant si douloureusement sur les tympans nord-américains. Les étudiants et leurs mentors gauchistes finirent par se convaincre que Duvalier préparait une surprise de taille à la naïveté occidentale, à l'exemple de Fidel Castro. Décidément, se disaient-ils, ce fieffé rusé avait plus d'un tour dans son sac ! Il avait trompé tous les candidats à la présidence et son propre état-major durant la campagne électorale de 1956-1957. Il avait roulé Kébreau et tous ceux qui l'avaient porté au pouvoir. Il avait vaincu le commando Pasquet. Il avait déjà mâté 2 ou 3 conjurations militaires. Maintenant il allait désarçonner le "tigre en papier capitaliste". Aidons-le…Chacun se prenait toujours pour celui qui décrypte tous les codes secrets et que personne ne peut rouler.

Mais si le communisme, en tenant congrès et meetings ouvertement et avec force tapage, voulait accompagner ou acculer Duvalier vers la rive gauche et lui offrir le tremplin pour le saut ultime, l'homme d'Etat, quant à lui, poursuivait un objectif plus machiavélique: affiner un outil capable indirectement de déverrouiller les coffres-forts de l'Amérique trop avare vis-à-vis de son gouvernement.

En effet, l'Amérique, estimant que le Chef d'État haïtien ne respectait pas suffisamment les droits de l'homme, lui refusait toute assistance financière et technique ou réduisait celle-ci au strict minimum acceptable de la " charité " humanitaire. Malgré ses professions de foi et ses protestations d'amitié, Duvalier ne recueillait que des oboles humiliantes. Mais sachant à quel point l'américain craignait l'extension communiste, il s'attacha à forger un instrument de manipulation. Certes, l'Amérique avait soupé du Maccarthysme, cette peur obsidionale du marxsime-léninisme qui avait poussé l'Amérique aux pires excès. Cependant l'establishment américain continuait de trembler chaque fois qu'un de ses alliés menaçait de passer dans l'autre camp. Duvalier estimait que le géant dédaignait un peu trop l'allégeance d'un ami pourtant héréditaire. Si donc le tapage estudiantin ne suffisait pas à l'oreille sensible du colosse américain, il allait taper sur des claviers plus sonores.

3.- " LE CRI DE JACMEL "

François Duvalier se rendait rarement en province, du moins officiellement. D'abord à cause de son état physique : son corps ankylosé par l'arthrose et les complications du diabète ne pouvait supporter les longues randonnées sur les mauvaises routes d'Haïti. Ensuite, par principe. Pour lui, le palais national représentait la résidence officielle et permanente du Président. Il représentait le sanctuaire, le centre nerveux du pouvoir, d'où partaient tous les influx de la gouvernance. C'était la forteresse inexpugnable, la place forte, l'ultime rempart, le dernier carré de résistance. Duvalier déclarait ne craindre rien ni personne tant qu'il tenait le palais national. Pas question qu'il se laissât surprendre hors de ses murs, pour quelque raison que ce fût. On avait l'impression que c'était à son corps défendant qu'il le quittait pour assister aux cérémonies officielles. Il y résidait et s'y fortifiait sans cesse. Les différents complots et invasions l'inquiétaient fort peu ; il lançait à tous le défi de venir le déloger du Palais National. " ***Men kwa manman'w, men kwa papa'w. Si'w capab, vin pile'l***".

Duvalier était habité d'une véritable hantise du Palais. Quand il était obligé de quitter son antre, il portait avec lui d'énormes sommes d'argent : 500.000 jusqu'à un million de dollars. Un ami, un jour, osa lui en demander la raison. "Quand un Chef d'Etat quitte son palais, lui répondit Duvalier, il doit toujours disposer des moyens de reconquérir la place si elle venait à être prise durant son absence. Cet argent servira à acheter soldats, mercenaires, espions et armes, si la nécessité s'imposait ". Maladie honteuse ou perspicacité insondable ! ! ! Combien de chefs d'Etat africains ou latino-américains ont été renversés par des coups d'Etat durant un déplacement en province ou un voyage à l'étranger ?

Le 21 juin 1960, Duvalier quitta son palais pour aller inaugurer le nouveau wharf de Jacmel. Depuis son avènement en 1957, il n'avait pas eu grand-chose à inaugurer, tant était précaire sa situation économique. Cette nouvelle installation portuaire, il en avait fait la promesse ferme du temps de la campagne, au moment de sa fuite éperdue sous la pluie de pierres avec laquelle la population déjoïste de la cité lui avait souhaité la bienvenue. Le président se faisait un point d'orgueil de revenir en bienfaiteur magnanime et longanime, dans cette cité bourgeoise et réactionnaire qui l'avait " si royalement " reçu.

Belle cérémonie, s'il en fut, au terme de laquelle, comme de coutume, le Chef de l'Etat prit la parole. On s'attendait à un discours mièvre, truffé de chiffres sur les dimensions et les capacités du wharf et aussi sur les perspectives de commerce international qui s'ouvraient pour le Sud-Est. Rien de tout cela. Ce fut plutôt la bombe ! ! !

" Nous voici parvenus à la limite humaine de nos capacités à la patience. Nous sommes à la limite du temps des sacrifices. Nous sommes éreintés. C'est depuis 33 mois que mon gouvernement et mon peuple vivent de promesses, de sourires, d'encouragement, de recommandations, d'hésitations, d'attentes lentes et d'incompréhensions... Deux grands pôles, l'un dans le nouveau monde, l'autre dans la vieille Europe, attirent les groupes de peuples à un pélérinage au cours duquel ils laissent toujours quelque lambeaux de leur chair et des déchirements d'âmes. Un Leader du Tiers-monde se doit de chercher le bien-être de son peuple là où il est assuré de le trouver. Si en dépit de ses allégeances et de ses témoignages d'appartenance et d'amitié, il est rejeté par l'Ouest, il devient logique et légitime qu'il se tourne vers l'Est qui garde toujours les bras tendus pour l'accueil fraternel. Peuple Haïtien, nous sommes à la croisée des chemins. Je vous invite à faire le choix qui s'impose. Je vous attends dans votre décision d'effort collectif pour vous sauver, vous-mêmes. MOI, JE SUIS PRÊT! ! ! ". Telle fut la substance du " Cri de Jacmel".

Ce fut un véritable coup de tonnerre ! Manman Pimba avait grondé! Le grand jeu de l'insincérité et du chantage international était déployé. Pratiqué au moment le plus sensible de la conjoncture mondiale. Dans le chassé-croisé de la Guerre Froide, chaque camp s'évertuait à recruter le plus de pays et de peuples partisans. Chacun s'ingéniait à ravir l'allié de l'autre. Cuba, qui abolissait la grande propriété en 1959, nationalisait les entreprises capitalistes en 1960, représentait l'exemple à étouffer, d'autant que pour féconder sa lune de miel avec son nouveau satellite occidental, l'URSS gavait Cuba plus que généreusement, excitant envie et convoitise régionale, séduisant outre mesure les républiques pauvres de l'Amérique Latine et de la Caraïbe où pullulaient déjà des partis communistes et des fronts de libération nationale...

Le hasard de la géopolitique ajoutait du piment à la sauce. Haïti partage l'île du même nom avec la République Dominicaine où un Parti Communiste sera assez puissant pour prendre le pouvoir par les urnes en 1963. Si donc Duvalier, qui montrait une capacité incontestable à fanatiser les foules, s'avisait de basculer dans l'autre camp, l'Amérique aurait plus d'une épée aux reins.

Pour toutes ces raisons évidentes et d'autres moins apparentes, le chantage au communisme fit mouche. Certes, l'oncle Sam n'ouvrit pas les coffres de la Federal Reserve, mais il desserra l'étau : l'aide internationale commença d'affluer…

Les effets pervers du " Cri de Jacmel "

Duvalier n’a pas dit clairement qu’il tournait casaque. Il s’était contenté de montrer que pendant 33 mois on l’avait méprisé à droite. Il n’a pas dit non plus qu’à gauche c’était l’Eldorado: il a bien convenu que, à droite comme à gauche les peuples étaient confrontés à des déchirements et des humiliations. Mais en tout domaine, surtout en politique, c’est la perception qui compte. Si l’expérience n’était pas concluante avec la droite, il devenait logique de tenter d’aller chercher à l’Est ce que l’Ouest vous refusait. Et le gouvernement de Duvalier ne se fit pas faute de véhiculer oralement cette velléité de dériver vers la gauche.

Le " Cri de Jacmel " produisit sur la classe politique haïtienne des échos à la fois confus et pervers. D'aucuns les attribuèrent au cynisme consommé de Duvalier. Duvalier se disait dessalinien farouche. Or, il considérait, il a écrit, que Dessalines était le premier socialiste haïtien. Les intellectuels gauchistes en déduisirent par un syllogisme simpliste que Duvalier est un socialiste, un communiste même. Ceux qui l'attaquaient dans les émissions radiophoniques l'affublaient invariablement de l'étiquette communiste, qu'il n'assumait pas, mais dont il ne se démarquait pas non plus. Pourtant il ne cessait de répéter dans le cercle restreint de ses conseillers que son camp à lui se situait dans l'occident chrétien et qu'il combattrait le communisme avec la dernière rigueur. Car, disait le doctrinaire en lui, pourquoi adopter une doctrine exotique, élaborée par et pour l'Europe orientale, quand nous pouvons ici en échafauder une qui soit conforme à notre culture et à l'idiosyncrasie du peuple haïtien. Il critiquait le bovarysme des intellectuels et sociologues haïtiens et les conviait à concevoir une Doctrine Nationale Haïtienne capable de susciter le consensus de tous les secteurs . On s'étonna dans son entourage, bien informé de ses tendances intimes, qu'il laissât une telle marge de manœuvre aux communistes. On crut à la manie du double jeu chez ce dissimulateur né. Ainsi le rédacteur du discours tomba des nues quand lui fut indiquée l'idée maîtresse du " cri de Jacmel". On croit que ce fut Clovis Désinor. D'autres ont pensé à Lucien Daumec.

Le grand lecteur de Machiavel que fut Duvalier savait pourtant très bien où il allait. Non seulement il avait réussi un chantage payant en direction de l'Oncle, mais encore il anéantit le sens viscéral de la prudence et de la clandestinité chez ces marxistes si obstinés à rester dans l'ombre. Le "cri de Jacmel" fut interprété par ces derniers comme un visa du gouvernement pour leur entrée officielle sur la scène publique. Des bibliothèques fermées, le débat marxiste-léniniste investit les places publiques, les bistrots, les cafés...On parla haut. On parla fort. On se congratula publiquement d'avoir survécu dans le maquis et d'être enfin autorisé par un allié au pouvoir à manœuvrer au grand jour.

Duvalier put ainsi mesurer à quel point son entourage immédiat était truffé de marxistes. Débarrassés de toute inhibition, des ministres et de hauts commis de l'État lui offrirent des livres de gauche portant des dédicaces éloquentes. Même les pauvres miliciens qui ne comprenaient rien à la bicyclette, comme on dit vulgairement, mais qui étaient pris dans l'écholalie de ce qu'ils entendaient dans les couloirs du palais et des ministères, répétaient en se frappant la poitrine : " NOU VIRE ". Eux le faisaient, le disaient en toute ingénuité, sans bien appréhender la chose, uniquement prêts à suivre leur idole et guide spirituel. Mais les intello, les jeunes loups du régime, savaient bien où menait le chemin qu'ils se vantaient de vouloir emprunter. Mais au lieu de les amener au paradis d'une nouvelle Haïti socialiste, cette voie allait les conduire aux abysses insondables du Fort-Dimanche et de la mort.

Duvalier, tout souriant intérieurement de ce jeu macabre du chat et de la souris, nota les attitudes, les comportements, les prises de position…Sa police secrète put compléter son fichier de communistes haitiens évoluant à l'intérieur du pouvoir, à l'intérieur du pays comme en terre étrangère. Et l'on attendit.

Ce fut dans ce contexte d'expectative armée que les communistes, prenant le “cri de Jacmel” pour une invite sincère à passer à l'EST, commirent des excès qui mirent en péril le pouvoir de Duvalier. Ce qui était intolérable. Car, redisons-le, ce qui importait à Duvalier, c'était la politique et non l'idéologie. Qu'il vous plaise d'adopter la doctrine de votre choix, d'en discuter librement chez-vous : cela importait peu pour Duvalier, même si les thuriféraires ombrageux et frustrés du régime le voyaient d'un autre œil. Au fond, cela restait égal au chef. Mais poser le plus petit acte susceptible d'ébranler son pouvoir provoquait chez lui une réaction de la dernière violence. Il réagissait en la circonstance avec d'autant plus de férocité que l'américain, pris au piège du chantage, avait desserré les cordons de la bourse et paraissait tout disposé à absoudre ses premiers écarts sur les principes de la démocratie et des droits de l'homme.

En ce domaine particulier du combat contre le marxisme, Duvalier comprit qu'il pouvait encore se permettre quelques excès. On arrêta. Expulsa. On exécuta sommairement même. Les grands intellectuels du régime, même les amis proches qui lui avaient offert les bouquins aux dédicaces confraternelles, les grands commis qui s'étaient trop découverts de leur penchant gauchiste, furent persécutés, poursuivis, mis aux arrêts, fusillés même. Les fils d'un grand duvaliériste, Secrétaire général du Parti Unité Nationale, connurent le Fort-Dimanche à cette occasion, ils n'eurent la vie sauve que grâce à la faiblesse réelle du Président pour le Père et aussi à l'intervention rapide de Madame Max Adolphe qui, raconte-t-on, resta agenouillée environ deux heures aux pieds d'un F. Duvalier implacable comme

Zeus. (Je suis disposée à rester un jour, deux jours, trois jours dans cette posture, sans manger. Je ne me relèverai que quand vous m'aurez rendu ces enfants, lui avait déclaré sa Marie Jeanne). Les prisonniers lui furent remis, à elle. Et le père, exaucé de ses vœux, eut l'intelligence de ne pas déposer durant 2 ou 3 mois sa tenue bleu denin, convaincu que Duvalier saurait gré à un intellectuel de si belle eau, un mulâtre de surcroît, de porter si assidûment l'accoutrement milicien si décrié. Cet homme est en effet un homme d'une vaste culture et surtout d'une correction parfaite.

4.- LA GRÈVE DES ÉTUDIANTS

Les mamours avec la gauche et le cri de Jacmel levèrent les réticences de l'Oncle SAM qui vola au secours d'Haïti, un membre de la constellation occidentale en train d'être poussé pas la misère vers des rives ennemies. Et pour maintenir l'Oncle affolé dans ses bonnes dispositions, Duvalier effectua avec une effronterie sans égale un virage à 180 degrés : il lui servit une propagande anti-communiste fervente sur fond de répression sauvage. Cela ne dérouta nullement les marxistes, habitués à ces volte-face réactionnaires et entraînés à leurs conséquences tragiques. Ils ne désarmèrent pas. Au contraire, ils passèrent à l'offensive ouverte contre ce pouvoir hypocrite qui les avait piégés. En sus des brigades d'endoctrinement, des commandos armés entrèrent en action ; des équipes de sabotage furent lâchées sur la ville. Mais la police de Duvalier se montra impitoyable. Au cours d'une de ses rafles le 1er septembre 1960, elle embarqua une vingtaine d'activistes pris la main dans le sac, au moment ou ils posaient des bombes sous les ponts et dans les carrefours. Parmi ces terroristes figurait un certain RODNEY JOSEPH, membre dirigeant de l'Union Nationale des Etudiants Haïtiens (UNEH).

Rodney JOSEPH était déjà fiché. D'après les dossiers de la police secrète, cet homme avait déjà mené plusieurs actions de sabotage. On le suivait à la trace. Et les rapports des espions infiltrés au sein des cellules communistes mentionnaient régulièrement sa présence et ses activités, en compagnie de nombreux autres éléments subversifs. Et ce ne fut point pur hasard si au cours des vacances d'été 1960, le terroriste, hors des devoirs de son statut d'étudiant, fût arrêté en pleine nuit, sur les lieux mêmes où il exerçait son zèle de saboteur. Plusieurs voix s'élevèrent pour réclamer sa libération. Cela fit quelques vagues, car la société haitienne des années 60 percevait l'étudiant comme un enfant de chœur uniquement attaché à la religion de ses livres et tout à fait incapable d'actes répréhensibles.

À l'ouverture de l'Université d'Haïti, à la mi-octobre 1960, aiguillonnée par le PPLN (Parti Populaire de Libération Nationale), l'UNEH déposa officiellement une demande de libération auprès des instances gouvernementales. Qui firent la sourde oreille. Les étudiants insistèrent. Et devant le silence obstiné et gêné des autorités, l'UNEH déduisit que Joseph était décédé en prison, d'autant plus que depuis le jour de son incarcération personne n'avait eu de nouvelles de lui, ni parents ni amis.

Forts de cette déduction tout à fait logique parce que conforme aux pratiques duvaliériennes, les opposants et conspirateurs entrèrent en scène, ou plutôt en arrière-scène. Ils y étaient déjà d'ailleurs, chatouillant l'orgueil et le sens de la solidarité des étudiants et les persuadant de leur capacité et de leur devoir de renverser ce pouvoir assassin qui ne respectait pas la noblesse de leur état. Comme les Jeunes de la Ruche qui avaient renversé Lescot, ce que donc les armes n'avaient pas réussi le 29 juillet 1958, ce que les conspirations savamment ourdies n'avaient obtenu, eux, les étudiants, à l'âme blanche et aux mains nues, allaient le réaliser. Les manipulateurs en coulisses assurèrent ces oies blanches qu'une fois leur mouvement enclenché, le commerce, l'administration publique et même l'armée suivraient pour paralyser le pays et renvoyer Duvalier. Et à eux seuls toute la gloire historique du chambardement si largement souhaité, comme les Glorieuses de 1946 furent portées au crédit exclusif des jeunots de la Ruche.

Bien entendu, le gouvernement était au courant de ces menées souterraines, car il avait longtemps déjà noyauté tous ces groupes et associations. Il laissa volontairement aller les choses, au risque d'atteindre le point de rupture, prenant le temps de bien identifier les instigateurs, guettant le moment propice pour mettre la main au collet de ces manœuvriers cachés derrière la jeunesse…innocente.

Ainsi chauffés à blanc par les conseils intéressés de ces deniers et le silence embarrassé du gouvernement qu'ils assimilaient à une faiblesse, les étudiants déclenchèrent la grève le 29 novembre 1960. Revendication officielle : la libération immédiate et sans condition de leur camarade Rodney Joseph (qu'ils croyaient pourtant décédé).

Durant toutes les tractations étudiants-politiciens opposants (que le gouvernement suivait à la syllabe), Duvalier afficha une léthargie trompeuse. Il se garda surtout de démentir les rumeurs du décès de Joseph. Au point que même les partisans du Gouvernement étaient convaincus de la liquidation du prisonnier. "Pourquoi, s'interrogeaient ces derniers, pourquoi le président refusait-il de libérer cet homme ? Il eût par ce geste évité tant de tracasseries. Un problème avec la jeunesse n'est jamais facile à évacuer ! Prévenir vaut mieux que guérir. Si donc il ne le libérait pas, c'est qu'il était vraiment mort". Ainsi pensait la majorité de la population, mais dans l'entourage même du Président, personne n'osait faire état de cette tendance générale.

Les partisans éclairés du régime étaient allés de leur analyse militante dans une autre direction. Si les étudiants sont convaincus de la mort de Rodney et qu'en dépit de cette certitude, ils aient décidé de déclencher la grève, c'est qu'ils visaient un tout autre objectif que l'élargissement du prisonnier. Et cet objectif caché ne pouvait être que la chute de leur gouvernement. Or si ces étudiants s'acharnent à renverser le chef en sachant bien ne pas pouvoir eux-mêmes prendre la place, c'est qu'ils étaient manipulés par des politiciens tapis dans l'ombre. Alors, concluaient-ils, serrons les rangs pour combattre tout ce monde, visible et invisible.

Les étudiants croyaient dur comme fer qu'une simple grève, pour autant qu'on l'étendît de l'Université à l'école en général, pourrait avoir raison de Duvalier. Les meneurs souterrains, eux, ne se leurraient pas. Mais ils se gardèrent de dévoiler à la gent estudiantine l'autre face de Janus : les actions terroristes, la guérilla urbaine qu'ils allaient développer parallèlement à la grève paralysante. Les étudiants, restés pour la plupart en dehors des menées terroristes, étaient euphoriques, car eux, autant que leurs mentors marxistes et pour d'autres raisons, étaient convaincus de la victoire prochaine. Ils entrèrent en grève.

Ils en eurent tous pour leur plus amère déception. Le 1er décembre 1960, c'est à dire deux jours plus tard, le gouvernement riposta avec une rapidité et une brutalité foudroyantes. Il assimila la grève estudiantine à une attaque du communisme international contre un gouvernement constitutionnel et légitime. L'Oncle SAM capta 5 sur 5, lui si sensible au discours légaliste, lui si soucieux de recruter ou de conserver des alliés sûrs et forts dans sa lutte herculéenne contre l'extension communiste. Par ailleurs, le gouvernement prit l'audacieuse décision d'anticiper sur les vacances de Noël: il décréta des vacances prématurées: il ferma tout bonnement les écoles et les facultés. Les élèves du primaire et du secondaire, non concernés par la grève, se réjouirent de la mesure, qui leur procurait l'immense plaisir de griller les examens du premier trimestre. Les grévistes, eux, perdirent dans la manœuvre leur moyen de pression : c'eût été une stupidité, en effet, que de continuer à se déclarer en grève d'écoles en pleines vacances, de se vanter de fuir les facultés publiquement et officiellement fermées ! La contre-attaque porta le coup mortel à l'entreprise estudiantine. Le bébé était donc mort-né. Plus rien à faire, à moins de se lancer dans la subversion et la sédition ; et sur ce terrain, la police de Duvalier attendait les factieux de pieds fermes. Le piège était posé. Gare aux imprudents ! Ceux qui y tombèrent y laissèrent leur peau pour la plupart. Bien que, sur un ordre formel du Chef de l'Etat -qui ne fut pas du tout suivi à la lettre - , il fût interdit de toucher à un seul cheveu de la tête d'un étudiant. Mais on ramassa politiciens et opposants à larges brassées. Beaucoup prirent l'ambassade.

Les fêtes du bout de l'An se déroulèrent sans incident majeur ; les arrestations s'opéraient en toute discrétion. On festoya ferme tout en se préparant à la rentrée. Le gouvernement avait donc la latitude d'effectuer le geste magnanime d'inscrire Rodney Joseph sur la liste de grâces du 24 décembre. Cette libération eût fait des heureux dans tous les camps et eût permis en tout cas de noyer le poisson une fois pour toutes. Non. Et cette abstention de la part du gouvernement comportait pour tous désormais la preuve supplémentaire et définitive du décès de R. Joseph. Plus de doute là-dessus, Rodney Joseph n'était plus de ce monde.

Au début de l'année, un communiqué du Gouvernement fixa au 8 janvier 1961 la réouverture des classes. Duvalier profita pour enfoncer la couteau dans la plaie, car, pour lui, dès le début, les étudiants étaient partis perdants. Au milieu d'un tapage médiatique et populacier orchestré pour fustiger les tentatives de déstabilisation du communisme international et solliciter, exiger même une réunion urgente du Conseil de Sécurité des Nations Unies, l'homme d'Etat émit un décret-loi - jugé pour le moins provocateur - qui instituait l'UNIVERSITE D'ETAT D'HAÏTI (UEH). Dans la même foulée, il porta dissolution de l'Association des Etudiants et des Professeurs. Un autre décret savamment élaboré actualisa et adapta le régime de l'asile politique, message lumineux en direction des manipulateurs qui, après avoir jeté les étudiants dans la mêlée, s'étaient réfugiés dans des Ambassades dès les premiers signes évidents de la défaite.

Les étudiants prirent prétexte de cette restructuration de l'Université pour durcir leur position. Désormais leur grève compilait deux revendications majeures :

1.- la libération de Rodney Joseph, qu'ils croyaient mort.
2.- le retrait du décret créant l'Université d'Etat d'Haiti (UEH)

Et quoi encore ? Ils déclaraient dans les tracts disséminés sur la ville que le décret faisait de l'étudiant de l'UEH un simple employé du gouvernement, passible de révocation et susceptible d'être sollicité à tous moments par l'Etat pour l'accomplissement de tâches incompatibles avec l'honneur et la noblesse de l'Etudiant. Comme si y était compatible l'entreprise de subversion politique dans laquelle ils baignaient! Et puis pour être honnête, l'Université haïtienne, depuis toujours et jusque dans les année 2000, fonctionnait à la charge exclusive de l'État. C'est l'État qui rémunérait les Maîtres, construisait ou agrandissait les locaux, fournissait et organisait bibliothèques et laboratoires…,etc. L'étudiant, à quelque faculté qu'il appartînt, parcourait son cycle en entier sans jamais débourser un seul centime, jusqu'à l'obtention de son diplôme, dont il ne payait même pas le parchemin. Comment oser dire que cette Université gratuite et entièrement à la solde de l'État n'était pas toujours en réalité une Université d'État, même sans le nom?

Mauvaise foi insondable, car si peut-être, et sans doute, le moment était mal choisi, il était clair que le décret ne faisait qu'institutionnaliser une situation de fait. Il n'est pas trop tôt pour faire remarquer que dans la folie furieuse des remises en question des années 1986, à la chute de Duvalier

Fils, les étudiants et les politiciens menèrent une lutte sans répit pour l'autonomie de l'Université et la suppression du statut de l'UEH, comme pour effacer une vilaine empreinte de Duvalier. On ne put savoir ce qui empêcha cette réforme tant souhaitée. Pourtant 20 ans après ces vagues dévastatrices, l'Université d'Etat d'Haïti demeure, imposante et respectée, pour signifier que même l'anarchisme le plus fol avait dû se courber devant une œuvre grandiose et durable, que la logique avait construite et consolidée.

Mais revenons à notre sujet. Des gauchistes ne pouvaient ignorer que toutes les Universités de l'EST appartenaient à l'État et que, en ce temps-là, l'étudiant communiste devait son accès à une faculté plus à sa carte de membre du parti qu'à son succès au concours d'admission. D'ailleurs, si l'UNEH avait réussi en 1960 à renverser Duvalier, la première chose qu'elle eût exigée du nouveau gouvernement serait l'institution d'une Université d'État, à l'image des pays de l'Est et dans la logique de l'étatisme du communisme international. Et alors ? D'ailleurs le maintien de cette entité d'Etat après 1986, malgré la volonté affirmée d'éradiquer tous les stigmates du Duvaliérisme, ne procédait-il pas d'une réflexion plus sereine des marxistes revenus en Haïti et à la raison, après les hâtives ruades de l'anarcho-populisme galopant ?

En définitive, les protestations des étudiants à ce propos couvraient une hypocrisie flagrante. Ils durcirent leur position et ne réintégrèrent pas les salles de classe en ce 8 Janvier 1961.

Duvalier ne s'en émut guère. Il accentua la propagande anti-communiste sur les médias d'Etat ; des instructions drastiques furent passées pour que les facultés restassent ouvertes, que tous les professeurs respectassent leur horaire et continuassent de dispenser régulièrement leurs cours à la poignée d'étudiants non grévistes. Instructions suivies à la lettre. Et Duvalier ignora souverainement les grévistes. Qu'ils perdent l'année scolaire, c'était leur affaire ; l'Etat, quant à lui, accomplissait sans relâche ni négligence son devoir d'instructeur public.

Entre-temps, Duvalier s'appliqua à peupler les salles. Il établit des contacts avec des étudiants modérés ou sympathisants ou fils de duvaliéristes. Ainsi, hormis la Faculté de Médecine, les autres Ecoles Supérieures fonctionnaient avec des effectifs presque normaux. La Fac. de Médecine demeurait le casse-tête. C'est à la faveur de cette situation que Roger LAFONTANT allait entrer en scène.

Roger LAFONTANT était un membre influent de l'UNEH, un instigateur enflammé de la grève de 1960. Il fut approché, circonvenu, amené à Duvalier qui le couvrit d'argent et finit par le convaincre de créer au sein de l'UNEH un mouvement dissident…Tout royaume divisé… Pendant qu'il recrutait les membres de sa nouvelle équipe, Lafontant par la voix des ondes, demanda aux grévistes de mettre fin à leur entreprise où ils avaient tout à perdre et où ils étaient manipulés au préjudice de leurs propres intérêts.

Le Communisme national et international ne pardonna jamais sa trahison à l'étudiant Lafontant, ce fignoliste ardent des années 1956-57, cet allié hier si éloquent dans les tribunes de l'UNEH, cet anti-duvaliériste si radical dans les réunions des grévistes et qui, aujourd'hui pour un plat de lentilles, vendait si allègrement ses camarades et leur rêve commun.

Grâce à son dynamisme échevelé, Roger Lafontant réussit à ramener quelques ouailles au bercail, une trentaine environ, surtout en 3ème et 4ème années. Bien que peu nombreuse, cette petite poignée suffit à donner une sensation de mouvement dans toutes les années de la Fac. Pour épaissir le nombre, on détermina le Doyen Raoul PIERRE-LOUIS à repêcher une vingtaine d'impétrants sur la liste du concours d'admission de Septembre 1960. Le concours de Septembre n'avait retenu que 45 admis. On reprit la liste et on appela les 20 suivants. Ainsi la fac., surtout le PCB, se remplit quelque peu. Et tout observateur admettrait que l'Ecole de Médecine fonctionnait avec un contingent décent. La grève était brisée, la défaite consommée.

Brusquement anxieux de voir leur faculté vivre presque normalement sans eux, les étudiants en Médecine pressèrent leurs stratèges de trouver la voie honorable de la reddition. On convint dans un premier temps d'atténuer les revendications. Des conditions plus souples pour la reprise des cours furent proposées: sécurité pour les étudiants, reprise de l'enseignement exactement là où on en était au 29 novembre 1960, expulsion des repêchés péjorativement appelés " resquilleurs". Duvalier ignora souverainement ces pèlerins sur la route de Canossa, ainsi que leurs exigences farfelues. Quelle affaire d'exiger des garanties pour jouir d'un bien qu'on vous offre gratuitement ? Quelle question de présenter des conditions à qui ignore votre existence et votre bon droit à la sédition ? Votre objectif était de me renverser. Vous avez perdu : ayez le courage d'accepter votre défaite. L'école fonctionne normalement. Plaise à vous de la fréquenter ou de rester chez vous. Tel semblait être le message du silence gouvernemental.

De guerre lasse, se voyant en passe de perdre l'année académique, le 29 mars 1961, les grévistes reprirent le chemin des salles de classe. Reddition sans condition. Naturellement, ils déchargèrent leur hargne et leur dépit sur les non-grévistes et les " resquilleurs ". Qui n'en eurent cure.

Il convient de faire remarquer que durant la grève- comme pendant tout son règne- Duvalier a interdit qu'on utilisât la force et la violence à l'encontre de la gent estudiantine. À l'occasion de la grève, aucun étudiant ne fut arrêté ni molesté en tant que tel. Bien entendu, il était bien difficile de brider les excès individuels de miliciens fanatiques et de la police politique qui pinça quelques étudiants trop entreprenants, suivant la logique qu'un individu pris en flagrant délit de poser une bombe susceptible de tuer des dizaines d'innocents n'était pas un étudiant, mais un délinquant, un terroriste, passible de toutes les poursuites et condamnations. Cependant, la consigne de Duvalier fut respectée, à ces rares exceptions près.

La propagande gouvernementale précisait que le terroriste, le saboteur, le subversif ou le séditieux, violait ou reniait son statut d'étudiant pour devenir un politicien, un factieux quelconque assujetti aux rigueurs de la loi et à la réprobation sociale. Cela signifiait - et on le disait tout haut - que l'étudiant respectueux de ses devoirs jouissait de toutes les prérogatives de son état et pouvait compter sur la protection de ce gouvernement dirigé par un universitaire jaloux de ce titre et doublé d'un père de famille très proche de ses fils. Le paternaliste a toujours préféré fustiger les politiciens traditionnels qui empoisonnaient l'âme de la jeunesse par des ambitions précoces et utilisaient son ingénuité à des fins malhonnêtes. Impossible d'affirmer que Duvalier, durant son règne, a pourchassé l'étudiant même coupable parfois d'imprudences graves. Nous connaissons un étudiant en

Médecine arrêté un soir avec un groupe de 33 communistes notoires en pleine activité terroriste. Les 34 furent incarcérés dans une ou deux cellules au Fort-Dimanche. Chaque fois qu'on venait chercher la cargaison de 3 ou 4 pour le poteau, il se cachait dans un coin pour ne pas attirer l'attention. Au fil des jours, 33 disparurent, aux dires de l'étudiant lui-même qui en vint à demeurer seul dans la cellule. Si on ne lui avait apporté le plat quotidien, il eût crut qu'on l'avait oublié. Un jour, on vint le quérir ; il crut son heure arrivée. On l'apprêta, on l'habilla de neuf et il fut conduit au Palais. Il fut accueilli par Duvalier en personne, dans une ambiance de relaxation et de décontraction totale. Le président discuta avec lui de toutes les doctrines de gauche. Voyant que l'étudiant avait peur de parler, il le conduisit dans sa bibliothèque personnelle, sortit des rayons de nombreux ouvrages très à gauche qu'il offrit au prisonnier étonné d'y lire des dédicaces surprenantes, telles que: don de untel (Ministre des Finances…etc).

Finalement l'homme partit avec les livres, de l'argent et les incontournables tomes des Oeuvres Essentielles. Et avec une sympathie indestructible pour l'intellectuel-président. La fin de l'histoire ne manqua pas de saveur. C'est que le prisonnier libéré n'avait aucune idée de la nouvelle adresse de ses parents. Il ne sut où aller. Désormais couvert de l'amitié du Président, il envisagea ingénument de retourner se coucher au Fort-Dimanche pour la nuit. On l'en dissuada tout de même : on pourrait fort bien l'oublier là. Et comme sous Duvalier tout le monde avait peur d'héberger un prisonnier fraîchement sorti des "geôles de la mort", l'étudiant demanda au chauffeur mis à sa disposition par le palais de le conduire chez Madame Max Adolphe, connue pour sa courtoisie. Celle-ci le reçut en effet, lui offrit le gîte et le couvert et l'aida à retrouver ses parents. L'étudiant reprit le cours de sa résidence hospitalière; après quoi il fut nommé par Duvalier Médecin de service à ce grand hôpital des hauteurs de Port-au-Prince. Bref ! ! !

Les grévistes de 1960 disposaient de toutes les latitudes pour vaquer à leurs activités et même prendre part à des réunions secrètes, à des conjurations. Sous Duvalier il existait toujours un risque énorme à participer à de telles activités qui débordaient le cadre des " innocentes sautes d'humeur estudiantines". Cependant même quand sa police secrète l'informait que des jeunes de diverses facultés se réunissaient avec des marxistes notoires dans des champs de canne de la Plaine de Léogane, Duvalier faisait la décantation, mettait la pression sur les manipulateurs et ignoraient les étudiants. Les identifier, eux et leurs mentors, les suivre, connaître l'objet des réunions pour éviter toute surprise désagréable. Mais ne rien entreprendre contre les premiers, comme si ces rencontres échappaient à la vigilance policière. Ces étudiants utopiques seront étonnés et terrorisés quand ils apprendront par exemple l'arrestation de ceux avec qui ils venaient tout juste de concerter dans les sous-bois. Ils prendront peur naturellement, croyant leur tour imminent. Ils gagneront le maquis, se croyant recherchés, ne comprenant pas encore dans leur naïveté indécrottable que si la police de Duvalier avait voulu réellement se saisir d'eux, ils n'auraient eu aucune chance de lui échapper ni de se cacher dans cette ville, en ce pays si bien quadrillés par la police, l'armée et la milice de Duvalier.

Demain, dans quelques temps, pour tracer autour de leur tête anonyme l'auréole du martyre, ils accuseront le gouvernement de les avoir pourchassés. Mensonge ! D'ailleurs, tout étudiant possédait dans l'establishment duvaliérien un macoute paratonnerre. À la moindre menace, il courait se blottir chez ce macoute. Duvalier n'ignorait rien de cette pratique. Il considérait même comme un juste retour des choses, une ironique revanche de l'histoire, qu'un petit mulâtre philosophe et futur médecin ou ingénieur, fût acculé à se réfugier chez un Boss Pinte par exemple ou à dormir sur la descente de lit d'un Ti Bobo. Il en riait, car il savait chez quel macoute tel étudiant prenait ses quartiers de maquis. D'ailleurs l'hôte compatissant n'aurait jamais couru le risque de ne pas l'en aviser tout de suite. Ce serait grand danger pour lui et sa famille que quelqu'un d'autre dénonçât sa faiblesse vis-à-vis d'un opposant au régime. Car Duvalier était plus implacable envers ses partisans que pour ses adversaires. Le pardon est magnanimité, la reconnaissance lâcheté.

L'étudiant pour lui était un inoffensif, s'il n'était pas manipulé. Et dans le cas précis de la grève de 1960-1961, malgré la certitude que l'objectif final des politiciens cachés derrière le paravent blanc des facultés visait le renversement de son régime, Duvalier protégea les étudiants, à la manière, disait-il, de ce Père incompris, souffrant amèrement, sans les punir du reste, des déviations et extravagances du fils prodigue.

En tout cas, diverses leçons furent tirées de l'évènement par l'une et l'autre partie. Le communisme découvrit en Duvalier un homme à l'intelligence nuancée, d'une effronterie inouïe et d'un machiavélisme consommé. Non, décidément, le petit médecin de campagne timide et peureux s'était métamorphosé en un Chef d'État que ne pouvaient point renverser des manifestations sectorielles, des marches à mains nues, des grèves candides d'étudiants, même ponctuées d'escarmouches terroristes. En vertu du principe qui veut que " tout soulèvement qui ne détruit pas un gouvernement le fortifie", il se reprocha d'avoir apporté de l'eau au moulin de ce despote tropical qui gagna de précieuses sympathies américaines pour sa disponibilité et sa capacité prouvée à combattre " l'ennemi héréditaire ". Dans l'aventure, il aura offert à Duvalier, avec la palme internationale de l'anti-communisme, la possibilité inespérée de redorer son image, d'anéantir un mouvement et des réseaux si savamment élaborés et si péniblement structurés. Le communisme allait devoir dépenser beaucoup de temps et d'argent pour panser ses blessures haitiennes. Il allait devoir replonger dans une clandestinité plus ténébreuse, renouer d'autres fils, échafauder de nouveaux réseaux et appliquer d'autres tactiques. On en viendra au système cellulaire, pyramidal, à l'infiltration, au noyautage, à l'invasion armée, à la guérilla paysanne et urbaine, aux complots, aux coups d'Etat…Le grand jeu. Le combat au finish.

Duvalier profita de l'aubaine pour nettoyer ses écuries. Le parti communiste fut littéralement décimé. Les grands ténors furent arrêtés et moururent, dit-on, dans les geôles du Fort-Dimanche. D'autres eurent le temps et la chance de s'exiler ; tous les intellectuels soupçonnés de sympathies socialistes furent inquiétés. À cette occasion, l'armée subit une nouvelle purge, de même que l'administration publique. Nombre de professeurs d'Université furent limogées, certains pour la seule imprudence d'avoir opiné dans le sens des grévistes ou des théories marxistes. Le système de sélection et d'admission aux facultés fut reconsidéré et aménagé à l'avantage des "fils du peuple" et des familles duvaliéristes…

5.- PROMOTION INTELLECTUELLE ET SOCIALE

Duvalier ne s'embarrassa plus de manières. Il allait changer la coloration de l'Université et la peupler de ses partisans et d'éléments des classes moyennes et du peuple. Ce n'est point qu'il l'ouvrît à des incapables. Il avait horreur de la médiocrité. L'homme respectait les valeurs et il tenait à ce que l'école conservât un niveau élevé. Il est à la fois plaisant et édifiant de conter l'histoire de ce représentant politique de Duvalier dans un Département du pays. Ne demandez pas son nom. Un homme très puissant, qui bénéficiait de toute sa confiance. Tout joyeux, ce potentat provincial vint un jour annoncer au président son grand succès universitaire. Non seulement il avait passé l'examen final, mais encore il était lauréat à l'Ecole de Droit d'une ville de province. Duvalier le regarda, éberlué. Il lui présenta des compliments et lui prédit une fructueuse carrière dans le monde de la basoche. Et, là, en sa présence, le président appela Léonce Viaud, son Ministre de l'Education Nationale, pour lui intimer l'ordre de fermer immédiatement l'Ecole de Droit de cette ville qui délivrait des diplômes universitaires à des semi-analphabètes. Non, Duvalier voulait démocratiser la clientèle sociale de l'Université sans en galvauder le niveau scientifique.

À la vérité, on ne s'est peut-être pas suffisamment donné la peine d'étudier le profil, la coloration épidermique, la résonance patronymique de ceux qui formaient avant 1957 les familles de médecins renommés, d'ingénieurs-architectes réputés, d'agronomes-grands propriétaires terriens, et même d'avocats au cabinet luxueux, à la clientèle sophistiquée, de professeurs illustres et propriétaires d'écoles privées...On ne s'est peut-être pas suffisamment interrogé sur les raisons pour lesquelles ces dynasties professionnelles de même que le Haut Etat-Major de l'Armée comptaient 98% de mulâtres, au milieu d'une population comprenant 98% de noirs. Cette gent privilégiée au teint clair détenait-elle, comme un don discriminatoire de la providence et de la Nature, le monopole du talent intellectuel et du génie militaire? Ou bien ne fallait-il pas voir dans cet état de choses la volonté perverse des gouvernements antérieurs de tenir les majorités noires dans l'ostracisme intellectuel et politique en vue de sauvegarder les privilèges des minorités et de perpétuer le régime oligarchique ?

Il convient de lui rendre cette justice : Duvalier, violentant la timidité de l'estimisme initiateur, a ouvert aux fils du peuple et des classes moyennes les sentiers du savoir, du savoir-faire et du pouvoir. Dans cet ordre d'idées, il multiplia les écoles à travers la République. En ses 14 ans de règne, il ouvrit plus d'écoles que tous les gouvernements successifs de l'indépendance à son avènement. Il agrandit les facultés existantes. Les facultés aristocratiques, telles que la Médecine, les Sciences ou polytechnique, l'Agronomie, qui ne recevaient chaque année qu'une mince poignée de postulants (25, 20, 25 respectivement), doublèrent et même triplèrent leur effectif. De nouveaux crédits furent alloués à cet effet. On créa de nouvelles écoles supérieures, notamment l'Ecole Nationale des Hautes Etudes Internationales, devenue l'INAGHEI aujourd'hui si hautement prisée. Le Bureau d'Ethnologie, si cher à l'ethnologue-président, fut élevé au rang de Faculté. À l'Ecole de Droit de Port-au-Prince sera intégrée une Section de Sciences Economiques...Diverses facultés, surtout de Droit, virent le jour dans maints chefs-lieux de département ... etc.

En outre, le président fit tout pour encourager et aider les démunis à fréquenter l'Ecole et l'Université. À côté de la propagande en faveur du savoir, de l'éducation civique et même des pressions en direction des parents négligents, le gouvernement distribua des bourses et demi-bourses dans la plupart des collèges. De nombreux lycées furent ouverts, ainsi que des écoles professionnelles, à la capitale de même qu'en provinces. Malgré ses moyens limités, il entretenait un système généreux et ouvert de subvention de l'éducation privée. Son secrétariat privé apportait une aide pécuniaire mensuelle et aussi ponctuelle à nombre d'élèves et d'étudiants nécessiteux, et pas seulement des familles duvaliéristes. Il est donné à recenser des exemples notoires d'étudiants opposants ou apparemment indifférents à la politique, tel un P.A. qui retirait son petit chèque mensuel du Palais avant comme après son interpellation pour subversion communiste. L'aide de Duvalier aux étudiants était inconditionnelle et désintéressée dans la plupart des cas. Il exhortait les militaires bacheliers à s'inscrire en cours du soir des facultés. Il aidait les enrôlés à poursuivre leurs études classiques et supérieures. Et nombre de soldats étaient ainsi devenus médecins, ingénieurs, avocats, grâce à leurs efforts, certes, mais aussi et surtout à la politique d'incitation et de subvention du Gouvernement de la République. Cet état de fait concluait le mot de l'autre: “le fusil n'exclut pas le stéthoscope ni l'équerre ni la toge”, c'est-à-dire le soldat, le milicien, le militant étaient encouragés à poursuivre ses études et à devenir, ingénieur ou avocat

Même si la chose exhalait un parfum paternaliste, on pouvait l'inscrire, à côté d'un programme global et intégré d'Education Nationale, dans une perspective de promotion intellectuelle, sociale et économique des éléments du peuple et des classes moyennes. Et le succès était palpable. Car, si en 1986-1991, des voix respectées d'avocats, de médecins, d'ingénieurs, d'agronomes, d'économistes, de politologues et de journalistes ont pu se distinguer et résonner pour fustiger la dictature duvaliériste, ce fut encore grâce à ce Duvalier honni par eux, mais qui, pour eux, avait bousculé des barrières séculaires qui les eussent maintenus dans les ténèbres de l'ignorance et la ruralité de leurs campagnes lointaines et profondes. Ce fut cette politique initiée dans les années 1960-61, conduite dans ces conditions héroïques, qui produira la plupart des dirigeants haïtiens de 1991, à ce point oublieux de leurs origines et ingrats envers les artisans de leur promotion que, manipulés de mains expertes, ils cloueront au pilori leurs bienfaiteurs d'hier, saccageront leurs habitats et les brûleront vifs avec un singulier appétit de cannibale. C'est que, eux aussi, fidèles à la leçon du maître méconnu, ils considéraient la reconnaissance comme une lâcheté…

6.- LA MILICE ESTUDIANTINE

Au cours de l'année 1961, au lendemain de la grève des étudiants, Duvalier laissa former la milice estudiantine. L'initiative doit être versée au compte de Roger Lafontant qui se démenait pour gagner des galons et gravir le plus rapidement possible les échelons dans le régime.

Le premier embryon réunissait une trentaine d'étudiants appartenant principalement à la Faculté de Médecine. Le groupe était entraîné par le lieutenant Jean-Claude Delbeau, au Camp d'Application, base de formation militaire sise à Lamentin et commandée par le Major Franck Romain. Ce petit noyau fut si bien entraîné que, quand il participa, armes à la bretelle (on n'eut pas le temps de lui enseigner le maniement des armes), à la parade du 22 septembre 1961 sur la pelouse du Palais National, le public émerveillé crut à une démonstration d'une compagnie de Cadets de l'Académie Militaire. Ce corps d'élite ne remplissait aucune mission, ni de surveillance ni d'espionnage, contrairement à ce qu'avancent les mauvaises langues. Duvalier a toujours refusé de donner des armes, même un banal pistolet ou revolver, à aucun membre de cette milice estudiantine. Si certains possédaient de petits revolvers de parade, ils les avaient cherchés et trouvés hors de l'assentiment de François Duvalier.

Il en est de même de la milice scolaire, réunie par Jeantillon, Chouloutte et Brutus, de jeunes protégés du Président, qui maintenaient une certaine ferveur duvaliériste dans les lycées, sans oublier Casimir, l'inamovible commandant des parades scolaires de tous les 18 mai. (Ce fut sûrement là, à la tête des phalanges d'écoliers, qu'il avait été touché par la vocation militaire: il sera admis à l'Académie Militaire et deviendra un officier de l'Armée d'Haïti).

Bien entendu, la milice estudiantine était sous les ordres de Roger Lafontant. Ce fut le seul corps de milice que celui-ci eût jamais commandé... Et encore, car Franck Romain ne lâchait pas entièrement la bride. Contrairement à ce qu'affirment ses détracteurs, R. Lafontant n'a jamais été Commandant des Tontons Macoute de Duvalier. Le père comme le fils s'en seraient bien gardés. Car cela n'entrait absolument pas dans leurs principes de confier une telle force à un intrigant de la trempe de R.L, un transfuge de surcroît, un transfuge trop zélé.

7.- LA DÉTENTE

Quand Duvalier eut fini de tirer toutes les leçons et tout le profit possible de la grève des étudiants, il desserra l'étau. Il fit des ouvertures, distribua bourses et faveurs spéciales, fit des prodigalités. Et un beau jour, il libéra Rodney JOSEPH. Ah ! ! ! Tiens ! On l'avait oublié, celui-là. On le croyait mort pour de bon…On n'en parlait déjà plus qu'au passé. On n'en parlait pas du tout.

À sa sortie de prison, le prisonnier, en pleine forme, publia une déclaration écrite pour avouer sa participation aux actions de déstabilisation politique. Camouflet posthume pour les stratèges de la grève qui avaient fait tant de bruit sur la pureté outragée, l'innocence injustement punie. R. Joseph eut même l'impudence d'accepter un poste au gouvernement. On l'accuse même d'avoir tourné casaque et aidé le gouvernement à identifier les réseaux communistes, à déchiffrer les codes. Il était devenu l'informateur de la police gouvernementale.

On se débrouilla pour faciliter son départ pour l'étranger, afin que tout un chacun pût retrouver une certaine dignité et se regarder dans un miroir sans se gifler: "Les peuples n'aiment pas que leurs héros redeviennent des hommes". Rodney Joseph reviendra au pays payer sa dette d'honneur à la cause communiste. Il sera capturé en Juin 1969, en compagnie d'Arnold Devilmé. Ce fut son adieu aux armes. Page tournée définitivement, cette fois-ci, hélas !

Entre les étudiants et Duvalier, les ouvertures et les mamours se poursuivirent, tant et si bien que le 15 octobre 1961, le Chef de l'Etat put venir en grande pompe procéder, dans l'amphithéâtre de la Faculté de Médecine et de Pharmacie gonflé d'Etudiants en liesse, à l'ouverture officielle de l'Année Académique 1961-1962 de l'Université d'Etat d'Haïti. Ici aussi, la page était tournée.

-C h a p i t r e 13-

LA RÉÉLECTION

1.- LES LÉGISLATIVES DU 30 AVRIL 1961

Duvalier, tout engourdi et essoufflé qu'il paraissait au physique, se révélait un sprinter, un coureur de fond en politique. Il ne perdait pas de temps à savourer une victoire, si capitale fût-elle. Au contraire, il capitalisait là-dessus : il profitait des premiers moments de commotion de l'adversaire pour l'éreinter et le dépasser.

La mise au pas du monde estudiantin, la reconquête des amitiés internationales perdues, ne furent pas les seuls succès de Duvalier en cette année 1961. Malgré l'opposition de Kennedy, laquelle, dans certaines de ses manifestations, prenait l'allure d'une rancœur personnelle incompréhensible, la conjoncture internationale s'entêtait à prêter main forte au leader haïtien. Le voisinage d'un Castro tonitruant et marxisant, l'antipathie internationale vis à vis de Raphaël Leonidas Trujillo après le meurtre de Calindes et sa tentative avortée d'assassiner le président Romulo Betancourt du Vénézuéla, avaient aménagé, dans les calculs géostratégiques américains, une place privilégiée à ce Duvalier honni, mais devenu en la circonstance un point d'appui stable, un centre de gravité solide pour l'équilibre caraïbéen, et même latino-américain.

Ainsi l'establishment américain, " cette hydre invisible et immuable ", qui veille aux intérêts séculaires des USA, traitait secrètement avec Duvalier, tandis que Kennedy, le président qui passe, continuait d'être intraitable sur des questions de principe. L'Administration démocrate n'arrêtait pas de condamner le président haitien pour violation des droits de l'Homme, et Duvalier ne put même pas recueillir les dividendes -du moins publiquement - des services si généreusement rendus à la CIA et à l'Amérique dans la lutte anti-communiste. La seule concession qu'on lui consentît officiellement se réduisit à l'accomplissement jusqu'à terme de son mandat légitime, c'est à dire jusqu'au 15 mai 1963. Entre-temps, pas d'aide, pas d'argent. Et on ne se fit pas faute de multiplier des chausse-trappes sous ses pas, on l'étrangla financièrement, on encouragea, finança les mouvements d'opposition et de subversion, dans le dessein évident de le faire trébucher bien avant l'échéance constitutionnelle. L'Ambassadeur américain en Haïti s'érigea en véritable proconsul pour donner des conseils, parfois intimer des ordres à Duvalier qui afficha chaque fois un nationa-lisme vertical, jusqu'à le déclarer persona non grata et à l'expulser du territoire national, pour ingérence dans les affaires intérieures de l'État souverain d'Haïti.

Duvalier ne se leurrait point sur sa situation. Il ne se berçait pas d'illusions. Se sachant condamné, il prit tous les risques en connaissance de cause. Il s'arma de lucidité et de courage en vue de tenter par la seule force de son intelligence et de son audace d'imprimer une accélération à l'Histoire et de doubler tout le monde, partisans et adversaires, y compris la puissance hégémonique.

Pour le stratège Duvalier, 1961 représentait une année charnière. Rien ne sert de se battre contre des moulins à vent, comme Don Quichotte, de brusquer les évènements et de bousculer les hommes. L'homme d'Etat ne peut ignorer que "le futur est le déroulement d'une fatalité en constante création par la combinaison continue de la force des choses et des actes des hommes". S'il possède la patience et l'intelligence fonctionnelle de bien se placer dans le flux de l'histoire, il saura engager les hommes et orienter les évènements dans le sens de ses intérêts,

En principe, il n'y avait aucune provision constitutionnelle spéciale pour faire de 1961 une année d'évènements politiques. Le président de la

République et les Sénateurs étaient élus pour six ans. Les Députés, élus pour 4 ans en 1957, sous l'égide de la Constitution de 1950, article 38, s'étaient, comme on doit se le rappeler, mués en Constituants et avaient prolongé leur mandat de deux ans aux termes des articles B et C des dispositions transitoires de la Constitution de 1957. Donc eux aussi attendaient tranquillement 1963 pour se lancer en campagne. Pour le moment, ils s'activaient dans les coulisses du palais et des ministères à la recherche de quelque appui financier ou politique qui consoliderait leur position pour le moment et les temps à venir.

Quant aux Sénateurs, élus pour 6 ans (article 40 de la Constitution de 1950, confirmé dans celle de 1957), ils déambulaient, tout gonflés de leur suffisance, hautains, le torse bombé comme des seigneurs, dédaignant de s'intéresser aux angoisses quotidiennes du commun des mortels. Ils ne pensaient pas encore à ces élections lointaines qui n'auraient lieu que dans deux ans. D'ailleurs, le moment venu, nombre d'entre eux se refuseraient à jouer les seconds couteaux et brigueraient carrément la présidence. Pour l'instant ils s'amusaient à bâtir des sociogrammes, à tracer abscisses et coordonnées, à bien poser les équations de l'arithmétique politique du présent et du futur…

Duvalier coupa court à cette tranquillité et à tous ces calculs tortueux et savants. Un matin, sans crier gare, sans qu'aucun évènement ni rumeur ne donnât à augurer pareille mesure, il porta dissolution des chambres et renvoya tout ce monde devant les électeurs. Les élections législatives anticipées furent fixées au 30 avril 1961. La Chambre Unique allait naître, comme cela était stipulé dans la Constitution de 1957.

Sûr de ses " cohortes duvaliéristes " qu'il avait fanatisées au fil de 4 années de concentrations populaires et de propagande politique, confiant dans l'élite des classes moyennes (...?) qu'il avait gavée de privilèges au milieu et parfois au mépris de la pénurie ambiante, François Duvalier allait effectuer une manœuvre plus qu'audacieuse, qui allait étonner partisans et adversaires.

En principe, dans toute élection, tout citoyen, toute citoyenne pouvait se porter candidat et mener campagne. Mais, les cohortes duvaliéristes ne voteraient que pour ceux que le Leader leur aurait désignés par l'entremise des Préfets ou des Commandants de département ou de district militaire. Le Palais national, en cette occasion particulière, se dévoua à l'impression des bulletins des candidats, comme une subvention, une contribution aux frais électoraux des postulants, tout heureux d'une telle largesse présidentielle.

Trois ou quatre jours avant les comices, François Duvalier remit à chaque préfet d'arrondissement des caisses de bulletins imprimés, bien classés dans des boîtes de carton bien scellées, avec ordre de n'ouvrir les boîtes et de ne délivrer les bulletins que la veille du scrutin. Les candidats purent distribuer ainsi des bulletins de vote à leurs mandataires dans la journée du 29 avril. Le libellé, que tout le monde découvrit à ce moment précis, était ainsi conçu :

VOTEZ

JEAN JOSEPH PIERRE
CANDIDAT À LA DEPUTATION

DR FRANÇOIS DUVALIER
PRÉSIDENT

Personne ne s'interrogea sur cette teneur pour le moins insolite. Duvalier étant élu pour 6 ans, il n'existait pas de vacance présidentielle. Son nom sur le bulletin fut donc perçu comme un jeu innocent, un rappel aux bons souvenirs des votants. Maints candidats se sentirent même flattés d'un tel compagnonnage, interprété comme un signe codé de l'onction du pouvoir à l'adresse des autorités et des électeurs duvaliéristes. Duvalier passa à l'occasion des instructions d'une rigueur inhabituelle, bien que les exécutants n'en décelassent point le sens exact. Même la famille présidentielle et les proches du régime furent étonnés que des foules "spontanées ", la veille de ces élections législatives, se fussent portées nombreuses et tumultueuses aux abords du Palais National aux cris de «VIVE DUVALIER !» Qu'est-ce donc Duvalier avait-il à voir là-dedans ? Pourquoi tout ce monde ici, plutôt que chez les candidats-députés ? Duvalier fit celui qui ne comprenait pas, comme les autres.

Le lendemain, les élections se déroulèrent dans l'ordre et la paix. Dépouillement, signature des procès verbaux, proclamation des résultats, recensement…etc. Les candidats sélectionnés par la Parti Gouvernemental gagnèrent partout et François Duvalier, tranquillement retiré dans son Palais, mais dont le nom figurait, comme pour un jeu, sur tous les bulletins - des vainqueurs comme des vaincus - fut proclamé RÉÉLU président pour 6 ans à l'UNANIMITÉ des votes exprimés. Tiens ! ! ! C'était donc la RÉÉLECTION.

Merveilleusement bien fait. Simple comme l'œuf de Christophe Colomb. Encore fallait-il y penser. Comment Magloire ni Estimé n'avaient-ils pu imaginer une technique si banale, au lieu de s'embourber dans des démêlés avec le Parlement et la classe politique ? Les partisans louèrent le pragmatisme de leur leader. Eux déjà si anxieux de voir arriver à toute vitesse - dans deux ans - la fin d'un mandat non reconductible. Et voici que ce prestidigitateur de la politique tirait un pigeon de son mouchoir et prolongeait de 6 ans la longévité de leurs privilèges…(Sans se douter que, juste deux ans plus tard, le magicien allait accomplir le miracle de la présidence à vie).

Pour l'opposition, comme pour les dauphins cachés au sein du régime, ce fut un coup mortel. On cria à la forfaiture. L'Amérique se cabra. Le monde entier protesta. Duvalier n'en eut cure. Car, ainsi retranché derrière le bouclier de la légitimité populaire, - qu'il forgeait des fois de toutes pièces, comme en cette circonstance-, il se sentait fort, inébranlable, inexpugnable.

Les provisions légales et constitutionnelles de la présidence à Duvalier s'épuisaient le 15 mai 1963. Depuis Lescot, tous les chefs d'Etat haïtiens s'étaient cassés les dents et les reins à essayer de contourner les prescriptions constitutionnelles interdisant la réélection ou une prorogation de mandat. On se rappelle les démêlés infructueux du bien-aimé Dumarsais Estimé avec la Sénat, qui connurent l'épilogue surprenant du 10 mai 1950. On a en mémoire les acrobaties de Paul Magloire parvenu au terme d'un mandat que la constitution de 1950 ne permettait ni de proroger ni de reconduire. Duvalier, imbu de toutes les péripéties de ces deux conflits, ne pouvait ne pas retenir les leçons de l'histoire. Il n'allait pas attendre, pour effectuer ses tours de trapéziste, de se trouver sur la corde raide, aux confins du possible, cette limite critique où tous les politiciens se tenaient aux aguets et où leurs antennes devenues ultrasensibles au moindre courant d'air, aux ondes les plus imperceptibles, balayaient l'espace politique pour détecter les plus faibles pulsations contraires à leurs ambitions et intérêts. Duvalier avait décidé d'anticiper, d'agir à un moment où personne n'avait valable raison de le tenir à l'œil, ni de s'inquiéter de quoi que ce soit. Il fit donc une chose anodine, - un nom de plus au bas d'un bulletin de vote - , qui n'attirerait pas du tout l'attention parce que banale à souhait, et à un moment où les sens engourdis s'endormaient dans la paresse de la routine quotidienne et la jouissance tranquille d'un pouvoir fort et stable. Il n'a pas mis: Duvalier, candidat, ce qui aurait provoqué un déclic chez l'électeur, mais : François Duvalier, Président.

En tout cas, Duvalier était bel et bien réélu. Le plus sûrement et le plus simplement du monde. Mais lui se dédouanait complètement de cette histoire. Le peuple haitien, dans son universalité, à l'unanimité, lui avait imposé sa volonté, sans que lui, Duvalier, - qu'on lui fasse cette justice -, eût sollicité ses faveurs. Car, il n'existait pas de vacance présidentielle ; il n'avait pas décrété d'élections présidentielles, ne s'était porté candidat ni n'avait fait campagne. Pourquoi vouloir lui tenir rigueur, à lui, de l'indiscipline de ces candidats à la députation, qui avaient choisi d'orner leur bulletin de la parure d'un nom présidentiel ? Ou de la spontanéité du peuple qui sauta sur l'occasion pour lui manifester SOUVERAINEMENT sa gratitude en lui octroyant un second mandat, lui déjà si fatigué d'un premier qu'il n'aspirait même pas à terminer ?

Et le 22 mai 1961, baptisé JOUR DE LA SOUVERAINETÉ NATIONALE, ce fut au milieu de centaines de milliers de partisans amenés de tous les coins du pays, que François DUVALIER se présenta devant la Nouvelle Chambre Unique réunie en Assemblée Nationale, pour prêter le serment constitutionnel comme Président d'Haïti pour six nouvelles années : 1961-1967.

2.- AU PIED DU MUR

Ce coup d'audace fut perçu comme une provocation. L'Amérique en conclut qu'il fallait à tout prix, à la limite de la magouille politicienne et de la subversion, se débarrasser de ce " pokeriste " de la politique qui avait trop de tours dans son sac à malices et à surprises. À l'instigation probable de leurs patrons, les fortes têtes de l'opposition avaient constitué un front commun pour renverser le " dictateur ". Depuis un an déjà, des USA, Déjoie et quelques-uns des séides de Fignolé s'étaient rendus à Cuba, en vue d'attiser et d'alimenter la propagande radiophonique contre le président haitien et appeler le pays à l'émeute et à la sédition. Naturellement, ils n'y séjournèrent pas longtemps en raison de la dérive gauchisante de Castro ; ils se rendirent à Porto-Rico où ils constituèrent un gouvernement haïtien en exil.

À Cuba, des disciples d'une autre école prirent la relève. Notamment René Dépestre, Gérard Pierre-Charles… et toute une kyrielle de marxistes-léninistes moins connus. Bien sûr, faisant pendant aux émissions radiophoniques virulentes, des commandos s'entraînaient à Cuba, aux USA, en République Dominicaine, prêts à envahir Haïti. Guérilleros et envahisseurs se promettaient d'opérer la jonction finale aux Champs de Mars de Port-au-Prince, afin d'aller tous ensemble sabler le champagne au Palais national sur les décombres du régime honni. Quand ? Bientôt, assurèrent-ils en chœur. Ils attendront 25 ans. Et le champagne ne sera point des plus pétillants.

À l'intérieur, Clément BARBOT, exaspéré et manipulé par qui l'on devine, passait à l'opposition ouverte et à la guérilla urbaine. Il ne s'écoulait pas un jour, pas une nuit, sans que l'on enregistrât les échos lugubres de ses raids terroristes dans quelque quartier de Port-au-Prince. Des fois il poussait la témérité jusqu'à frapper dans le voisinage du palais national. Le public malicieux commençait à prendre plaisir à l'humiliation quotidienne qu'il infligeait à un pouvoir devant lequel tous tremblaient. Il devenait de plus en plus percutant et sympathique; on espérait beaucoup de lui, dans la mesure ou il comptait déjà au sein du régime de solides amitiés qui pourraient éventuellement lui être utiles. Tous ceux que, du temps de sa puissance, il avait placés dans l'administration, dans la police secrète, dans l'armée, à la garde présidentielle, lui restaient secrètement fidèles et pouvaient servir de relais pour toute entreprise de paralysie des centres nerveux du pouvoir duvaliérien. Dans une certaine mesure, le ver résidait dans le fruit même et pourrait le ronger de l'intérieur si on le stimulait convenablement. Le système était piégé par celui qui l'avait mis en place et l'avait dominé. Sans oublier que l'armée représentait un champ toujours très fertile en conspirations.

De toutes lec conjurations qui se nouèrent à ce moment-là, l'histoire a retenu celle d'HONORAT, potentat militaire du régime, laquelle fit beaucoup de vagues et de victimes dans les rangs mêmes " des fils de la Révolution". Des invasions réelles et fictives secouèrent le régime psychologiquement et matériellement, mais jamais politiquement. Durant ces années folles, Duvalier dépensa immensément d'argent et consacra toutes les ressources de son intelligence et de son énergie à seulement conserver, et défendre un pouvoir perpétuellement menacé et attaqué. Chaque jour que le Bon Dieu faisait, chaque semaine, chaque mois, il se trouvait confronté à un problème, à une défi quelconque, dont l'enjeu engagait la survie de son gouvernement.

Pour se prémunir contre toute surprise, Duvalier se mit à la tâche préventive. Il monta une police secrète digne des plus grandes agences du monde. Chaque centimètre carré du territoire était contrôlé. Des espions travaillaient également dans la diaspora haitienne des grandes capitales du monde, et ils s'affichaient comme les plus bruyants anti-duvaliéristes. Chaque haïtien était surveillé et l'espion épié à son tour. Quant aux pontes du régime, Ministres, Directeurs, Banquiers, militaires…etc, ils n'entreprenaient rien qui ne fût rapporté au Chef de l'Etat à la minute près. S'il le désirait, Duvalier pouvait savoir à quelle heure on mangeait chez soi, à quelle salle ou séance de cinéma on se rendait, qui rencontrait qui et quel était le sujet de la conversation, quelle fille on courtisait, de qui telle femme était la maîtresse, à qui on donnait de l'argent et pourquoi, quel hougan ou honfor était visité par tel commis de l'Etat…,etc.

Le fils surveillait le père, la maîtresse son concubin, la bonne ses patrons, l'ouvrier son employeur, et ainsi de suite. Le pays était tissé d'un immense réseau d'espionnage. Un étranger ou un inconnu se manifestait-il dans la plus lointaine contrée du pays ? Le paysan-milicien, fier et jaloux de sa trouvaille, se dépêchait d'entrer au Palais pour annoncer la chose à Duvalier en personne et recevoir de la main à la main le salaire de sa délation. Toute autorité locale à qui avait échappé la plus petite vétille était accusée de négligence dans l'exercice de sa fonction et devenait immédiatement suspecte de complicité, ce qui, sous Duvalier, conduisait invariablement au Fort-Dimanche et au poteau d'exécution.

Ainsi grâce à ce régime policier, Duvalier était tenu au courant des moindres pulsations de la société haïtienne. Chaque matin d'ailleurs, il prenait le temps de lire le détail des rapports de police venant des quatre coins du pays. Il savait tous les matins ce qui se disait ou se faisait dans les lupanars, dans les salons huppés, dans les écoles et facultés, dans les ateliers des usines comme dans les champs de canne et de café.

La branche internationale de sa police était d'une efficacité déroutante. Duvalier ne lésinait pas aux dépenses pour corrompre et recruter l'agent utile dans la haute hiérarchie des polices et des gouvernements étrangers. La diaspora haïtienne à New York, Montréal, Miami, Boston, Bahamas, Paris, Santo Domingo, était truffée d'espions. Et nombre de ceux qui viendront 20 ans plus tard, sur les ondes complaisantes des radios et télévisions haïtiennes ou étrangères, se targuer de leur statut d'exilé et d'opposant en vue de recueillir quelques miettes des dépouilles de l'après-Duvalier, avaient leur nom de code sur les listes de paye de la Police Secrète des Duvalier (Ti Boulé avait bien fait de détruire les archives et de mourir vite). C'était d'ailleurs grâce à leur travail efficace que le président haïtien n'ignorait rien des tendances et des mouvements et même des intentions confidentielles de l'opposition extérieure.

Si bien souvent il faisait celui qui ne savait pas, ce n'était que pour ne pas brûler prématurément ou inutilement ses indics qui des fois se trouvaient même au sein du commando qui débarquait sur nos rives ou nos frontières. Un opposant crachait impudemment sur un highway de New York, et Duvalier le savait 15 minutes plus tard. Nombre d'insignifiants en voyage d'affaires, s'amusaient, pour se donner de l'épaisseur aux yeux de la diaspora, à critiquer le gouvernement ou à transmettre ou commenter des messages osés. Au retour, ils étaient surpris d'être reçus par un comité d'accueil qui leur brandissait le reportage photographique complet de leur rencontre avec tels " leaders " de l'opposition, et leur déroulait la cassette de leurs billevesées.

À un niveau supérieur, Duvalier payait gros pour se tenir au courant des tendances et changements d'orientation et de sympathies des maîtres du monde. Les coups de poker politique qu'il réalisa ne furent que le résultat de calculs pragmatiques sur la base de renseignements confidentiels et sûrs de ses espions en or. Le " Cri de Jacmel " ne fût jamais sorti de sa bouche, s'il ne fût prévenu des dispositions secrètes du State Department. Le "Je ferai le geste de l'Empereur " et le bouclier humain qu'il mit en face de la menace d'invasion américaine en 1963 eûssent été fanfaronnades d'enfant gâté s'il ne fût informé des dispositions du Pentagone à faire marche arrière devant un prix trop élevé de civils à massacrer pour le renversement de Duvalier par la force. Plus qu'à sa popularité et à une légitimité tant recherchée, Duvalier devait à l'efficacité de sa police secrète nationale et internationale d'avoir passé sans trébucher le pont de ces années difficiles et dangereuses.

3.- LA MÉTAMORPHOSE

C'est dans ce contexte d'attaques incessantes à contrer, de complots périodiques à déjouer, d'adversaires irréductibles à neutraliser, que Duvalier s'acquit les qualificatifs les plus odieux. On l'a décrit comme un obsédé du pouvoir, qui aime et tient le pouvoir pour le pouvoir, pour la satisfaction démentielle de son ego, pour "la volupté sacrilège de gouverner ses semblables ". En fait, il n'en jouissait pas vraiment : il n'avait pour cela ni le temps, ni l'âge, ni la santé. Il ne reculait devant aucune mesure, aucune action, si radicale fût-elle, pour asseoir et consolider son pouvoir. Des rescapés de JEUNE HAÏTI sont-ils capturés dans la Grande Anse? Ne sont-ce pas de jeunes gens ingénus, manipulés par des politiciens cachés et envoyés à la boucherie dans une guérilla de montagne sans avenir ? Pas de quartier ! Pour Duvalier, ils ne sont que des apatrides qui avaient choisi en connaissance de cause d'investir le sol de la Patrie, les armes à la main, pour subvertir l'ordre constitutionnel. Après un procès aussi sommaire que secret, Drouin et le jeune Numa (d'une famille pourtant duvaliériste de Jérémie) sont fusillés devant le Cimetière de Port-au-Prince en présence d'une foule nombreuse. Le cadavre de " l'envahisseur " Yvan Laraque resta exposé trois jours entiers au rond-point du carrefour de l'aviation de la Capitale, à proximité du Mausolée de Dessalines. Pour servir d'exemple…

Duvalier pratiquait également et surtout la répression collatérale. Une fois déterminée l'identité d'un guérillero ou d'un opposant trop entreprenant, à l'intérieur ou à l'extérieur, la famille de celui-ci subissait des persécutions insoutenables : on arrêtait et incarcérait toute la maisonnée. Ainsi tout père ou mère, tout parent, résidant au pays, suppliaient leur progéniture expatriée de se tenir tranquille, de ne rien entreprendre qui pût compromettre leur sécurité en Haïti. On en arrivait en ce domaine à des reniements honteux…

Cette peur instillée dans l'âme de la société haitienne se révéla l'allié le plus efficace de Duvalier. Pour l'entretenir et la nourrir, il faisait des exemples percutants. Le radicalisme de sa répression inhibait l'intrépidité des plus valeureux. Ce furent les communistes qui payèrent le prix fort. Ils furent harcelés, emprisonnés et fusillés sans autre forme de procès. Ils furent les boucs émissaires de toutes les déconvenues du régime. Tous les retards des rendez-vous manqués, toutes les conspirations, même celles inventées pour la diversion, toutes les difficultés économiques, furent imputés à ces malheureux, question de toujours disposer d'un bouc émissaire, d'un ennemi public, l'ennemi hémisphérique, qui puisse servir à justifier la permanence de la persécution politique et du climat d'anxiété et de torpeur.

Les conjurations au sein de l'Armée furent punies également de façon draconienne. Heureux les suspects qui eurent le temps de prendre la fuite ou de se réfugier dans une ambassade étrangère, où d'ailleurs ils végèteront de longs mois en attente d'un sauf-conduit.

L'homme se défendait par tous les moyens, car il était traqué de toutes parts : ses ennemis et adversaires ne lui faisaient pas de cadeau. S'estimant en légitime défense, il avait posé sur les êtres et les choses une main d'airain, comme il aimait à le dire. Une paix de peur étendait son voile grisâtre sur les esprits et les consciences. Le volcan de l'opposition était ainsi tenu en sommeil relatif, bien que toujours en imminence d'éruption au moindre choc, à la moindre négligence…Le grand séisme tant souhaité, attendu chaque année, a pu être prévenu, comme par un miracle quotidien, encore que de petites secousses se fussent succédées avec quelque désastre, mais contrôlés de main de maître.

C'est que le complot était national et international. Toutes les forces dites réactionnaires s'étaient liguées contre lui : l'extrême droite aristocratique qui ne s'accommodait pas du penchant populacier - apparent - du régime ; la Bourgeoisie traditionnelle enfermée dans son conservatisme passéiste et regrettant encore son Louis Déjoie ; l'Armée dépecée et qui soupirait après une prompte revanche; l'Amérique démocratique et fétichiste, attachée au respect des droits de l'Homme; l'Eglise Catholique alliée traditionnelle de la haute bourgeoisie contre ce prétendu adepte du vodou…Oui, même l'Eglise catholique. Un soir, la police interpella un chauffeur suspect ; c'était un prêtre étranger, Geinenberg, de la congrégation des spiritains, qui transportait dans sa jeep du matériel subversif. Il fut expulsé le lendemain. L'archevêque de Port-au-Prince, le Français François Poirier, se formalisa de la mesure et se permit des propos irrévérencieux à l'égard du gouvernement. Il fut expulsé lui aussi pour irrespect des autorités constituées et immixtion d'étranger dans les affaires intérieures de l'Etat haïtien.

Duvalier n'avait pas froid aux yeux. Il ne badinait pas sur ce chapitre. Non seulement il réprimait drastiquement tout acte attentatoire à la stabilité du pouvoir en place, mais encore il ne tolérait pas qu'un étranger, quelque fût son statut ou sa fonction, fût-il prêtre, évêque ou même pape, manquât de respect à une autorité du pays ou à un Haïtien tout court. Tout étranger résidant au pays à titre de touriste ou de diplomate ou d'employé des Organisations Internationales, était astreint au devoir de réserve et au respect de l'Haïtien le plus humble. Les diplomates et les consuls haïtiens à l'étranger avaient reçu des instructions strictes de protester avec force et dignité contre tout abus commis contre un ressortissant haïtien. Les mesures les plus inattendues furent prises par Duvalier pour assurer le prestige de l'Haïtien, du Nègre en général, où qu'il se trouve. À preuve sa position invariable et courageuse dans les Assises Internationales contre l'Apartheid, à un moment où l'International gardait un silence prudent et hypocrite sur cette forme atroce d'exclusion et de discrimination raciale. On se rappelle l'expulsion du représentant de l'OEA, l'expulsion ou le rappel à l'ordre de maints diplomates imprudents, la fermeture de la Mission Militaire Américaine en Haïti…etc. Non, il n'hésitait pas une seule seconde devant des mesures fortes en ce domaine sensible, et après chaque éclat, on prédisait sa chute…

Au contraire de cela, au fil du temps, les puissances étrangères commencèrent à afficher une certaine réserve, une tenue plus appropriée vis à vis du pays et de son gouvernement. On en vint à reconnaître l'existence de la République d'Haïti, non seulement en tant qu'entité physique et géographique (on la confondait le plus souvent avec Tahiti), mais encore comme entité morale et politique, sujet de droit international public, digne d'égalité, de respect et de considération, même au fond de sa pauvreté et de la misère de sa population. Un pays à l'égal de tout autre et sous l'égide d'un chef d'Etat prestigieux et pointilleux sur le chapitre de la dignité nationale et qui n'acceptait pas qu'on le traitât de haut ni qu'on se comportât irrévérencieusement envers ses ressortissants. Et ne serait-ce que pour avoir forcé ce respect inhabituel, Duvalier, ce nègre insolent et arrogant, méritait d'être ravalé, d'être puni, de tomber du pouvoir.

C'est dans ce contexte compliqué et apparemment fragile qu'on s'acheminait vers l'échéance du 15 mai 1963, retenue par l'Oncle SAM comme terme du mandat présidentiel de François Duvalier. Et l'Ambassadeur américain ne se fit pas faute de rappeler la date fatidique à l'insoumis afin que celui-ci n'en pût prétexter ignorance ou oubli : le maître du monde ne reconnaissait pas les résultats des présidentielles " clandestines " du 30 avril 1961. Cependant, Duvalier avait bien prêté serment depuis deux ans déjà devant l'Assemblée Nationale comme Président réélu. Il était bien depuis deux ans dépositaire de la souveraineté populaire. Si ce deuxième mandat ne relevait pas expressément de la loi écrite, la Constitution de 1957 étant muette sur le principe de la rééligibilité, il le tenait de cette légitimité irréfragable qu'accorde le Peuple Souverain. Fort de cela et donc absolument sûr de son bon droit, il ne cessait de répéter à l'adresse de qui voulait l'entendre : " Aucune force au monde ne peut m'empêcher de remplir la mission que m'a confiée le peuple haitien libre, indépendant et souverain ".

Les défis étaient lancés. Les dés étaient jetés. Dans cette guerre psychologique et sournoise, tous les moyens furent utilisés pour désarçonner le récalcitrant. Mais devant la résistance opiniâtre de l'homme malgré les coups de boutoir à lui assénés, on décida de frapper sur des cordes plus sensibles.

4.- PRISE D'OTAGES

Le 26 Avril 1963, vers 7h30 du matin, à l'heure où les rues sont bondées d'écoliers aux uniformes bigarrés, on entendit le staccato d'une mitraille dans les parages de la rue de l'Enterrement, à quelques encablures du Palais National. La nouvelle courut comme une traînée de poudre : on venait d'attenter à la vie des enfants du Chef de l'Etat, Jean-Claude et Simone, qui se rendaient à l'école, le Collège Bird. Leurs gardes de corps furent criblés de balles. Mais les adolescents eurent la présence d'esprit de sauter hors de la voiture et de courir à toutes jambes vers les bâtiments scolaires.

Cette course éperdue des fils de Duvalier a changé la face de l'Histoire d'Haïti. Car, l'opération visait à kidnapper les enfants, à les échanger contre la démission du père. Si les ravisseurs avaient réussi leur coup d'audace, quelle eût été la réplique de Duvalier ? En quel sens eût-il résolu de ce dilemme cornélien entre le pouvoir, sa seule raison de vivre, et ses enfants dont ce Jean-Claude, l'unique garçon de la famille, qu'il prédestinait déjà - qui sait ? - à lui succéder? À quelles pressions insurmontables n'aurait-il pas été soumis de la part de la famille, de sa femme surtout, " la Cornélie du siècle " ?

De toutes façons, une heure plus tard, sa progéniture bien au chaud au sein de la famille, derrière les grilles du Palais, Duvalier eut tout loisir de pavaner et de vociférer que " si un seul cheveu était tombé de la tête de ses fils, Haïti aurait connu le jour le plus rouge de son histoire ". Duvalier était capable des choses les plus inattendues : il ne fallait jamais prendre ses menaces à la légère…

Dans cette affaire du 26 avril, le palais avait commis une double erreur. D'abord, on se trompa sur l'objectif de l'opération. Jamais il n'avait été question de liquider les fils de Duvalier. Un tel geste serait, d'ailleurs, sans aucune rentabilité politique. Au contraire. Car tuer un enfant en uniforme sur la route de l'école, fût-il fils du tyran le plus abject, serait un acte odieux, impopulaire, qui rencontrerait la réprobation de toutes les communautés de la planète. Tout jeune, tout père, toute mère, eussent condamné une telle barbarie. Les supporteurs financiers de tout groupe politique coupable d'un tel forfait se seraient révoltés, retirant immédiatement leur soutien aux auteurs d'une si abominable monstruosité : un massacre d'enfant procède d'un terrorisme trop malsain...Cependant, prendre en otage le fils d'un dictateur, exiger la démission de celui-ci contre la libération de celui-là, voilà - sous réserve du caractère intrinsèquement immoral et illégal du rapt - voilà un coup d'éclat qui à la fois humilie le pouvoir policier craint par tous, et glorifie les auteurs de l'exploit. Les opposants auraient jubilé et la communauté externe, comme à son habitude, serait accourue pour jouer les négociateurs et les intermédiaires.

La seconde erreur - et la plus catastrophique - concernait l'identité des auteurs. La divine précision des tirs qui, sans toucher les otages présumés, atteignirent à la tête et tuèrent sur le coup les gardes de corps, orienta les soupçons en direction des francs tireurs de l'Armée d'Haïti. Encore un complot de l'Armée, se dit-on tout de suite, sans approfondir la question. On dressa les listes d'officiers à révoquer, à arrêter. Naturellement les premiers honneurs échurent aux membres de l'équipe de tir de l'Armée d'Haïti. Monod Philippe, le champion haïtien, François Benoît et quelques autres moins connus. Les noms de ces hommes furent livrés - fuite ou indiscrétion calculée - à la meute qui trépignait d'impatience et de colère dans les coulisses et sur la cour du Palais. Immédiatement commencèrent les représailles.

Monod Philippe, l'homme fidèle, à la conscience si tranquille qu'il déambulait paisiblement dans la ville, fut arrêté et conduit au Fort-Dimanche, " l'anti-chambre de la mort ". On ne saura jamais quel dieu l'épargna d'une exécution immédiate. François Benoît se sauva de justesse vers les locaux de l'Ambassade dominicaine ; mais la maison de ses parents à la ruelle Jérémie, au Bois Verna, fut incendiée avec tout ce qu'elle contenait, meubles et gens, dit-on. Une furie criminelle se déchaîna sur la cité : on brûla, on pilla, on tua. On profita pour régler des comptes personnels. Avait-on un rival plus heureux, un concurrent politique plus prospère et qui pouvait répondre d'une proximité génétique, familiale ou amicale avec les présumés coupables, le moment était propice pour se faire justice. Abus, dérapages, incendies, crimes...Ce fut l'un des jours les plus sombres des trois décennies Duvalier.

Dans l'aveuglement général, il y eut cependant des hommes courageux et sereins, notamment le lieutenant-colonel Claude Raymond, en disgrâce pourtant depuis un an, dans le poste secondaire et insignifiant de Commandant du Garage des FADH. Il s'en alla dire à ce Duvalier furibond et inabordable que cette situation ne pouvait pas durer. Qu'on était en train d'avilir son gouvernement. Ce jour-là, Duvalier n'était point disposé à entendre un tel langage. Mais Claude. Raymond insista. Sa proximité presque familiale avec les Duvalier lui avait appris comment approcher l'homme. Duvalier écouta Claude Raymond et…accéda à ses arguments et analyses. Et comme à son habitude, il réagit vivement, avec une brillante effronterie, dans le sens diamétralement opposé.

Ordre fut passé de rétablir la paix dans les rues. De neutraliser tout milicien, tout soldat, tout militant, qui en faisaient trop. Dans l'après-midi, un calme relatif succéda à tempête. On put analyser plus sereinement les données et la police secrète découvrit des indices conduisant de façon infaillible à l'identité du maître d'œuvre : Clément BARBOT.

Ah ! Que de crimes, que de bévues, que d'injustices, que d'abus n'avait-on pas commis dans la précipitation et l'ignorance ! Quel dommage irréparable pour les maisons incendiées ou saccagées, les familles pourchassées et décimées ! Le mal était sans remède. Ni les regrets ni les remords ne pouvaient cicatriser les blessures et ressusciter les morts. Il aurait fallu la grandeur d'âme d'un De Gaulle face à l'indépendance de l'Algérie, la longanimité d'un J.F. Kennedy assumant publiquement le désastre de la Baie des Cochons… François Duvalier, homme de grande vision et d'un prestige immense, mais enkysté dans un orgueil mégalo, ne sut pas s'élever à ces altitudes. Il libéra Monod Philippe et quelques autres prisonniers échappés miraculeusement au massacre. Mais il ne punit pas assez sévèrement ni assez visiblement ceux qui l'avaient induit en erreur ou avaient commis des excès. Ainsi ni la nation atterrée ni le monde sidéré ne perçurent un signe patent de repentir de l'homme. Même si, par la suite, des coupables furent limogés en des circonstances qui n'indiquèrent pas suffisamment clairement le lien entre les excès du 26 avril et leur disgrâce. À ce faible compte, F. Duvalier avait pu sans doute se sentir en paix avec sa conscience ; mais la compensation paraissait bien dérisoire pour les victimes innocentes de l'hécatombe.

Pour les commodités de l'analyse historique, il n'est pas sans intérêt de rapporter une version cachée de l'évènement ou plutôt de ses suites. Joseph

Benoît, père de François, était un juriste éminent, de rayonnement national et international. Dans le cours de l'année, le Colonel Honorat avait ourdi un complot pour renverser Duvalier. Mais, au contraire des autres conjurations militaires, le colonel avait envisagé de porter au pouvoir un président civil. Il se trouve qu'à son insu, Maître Benoît fut choisi comme bénéficiaire de ce redoutable privilège.

À la découverte de la conspiration Honorat, la plupart des conjurés furent arrêtés, qui dévoilèrent tous les plans et projections, dénoncèrent les complices. Et le nom de François Benoît fut cité comme le probable Chef d'Etat si le coup avait réussi... On prétendit qu'à cette occasion Duvalier s'abstint de mettre la main sur Joseph. Benoît, vu l'immense prestige de l'homme qui, affirmait-on, était membre de l'Association Mondiale des Juristes. Il aurait donc profité de l'épisode Barbot du 26 avril pour faire assassiner J. Benoît et présenter un certain Dupoux comme le meurtrier. Ainsi sa colère était feinte et sa rage sur les Benoît cachait des motivations tout autres.

Une telle thèse étonne les observateurs attentifs du régime de Duvalier. Elle nous semble farfelue. En général, Duvalier ne s'embarrassait pas de ces scrupules Si Duvalier père n'avait pas craint d'expulser des évêques, des prêtres, des congrégations religieuses entières, des diplomates de la trempe de l'ambassadeur américain ou du représentant de l'OEA, la Mission Militaire américaine, affrontant ainsi les foudres de l'Eglise Catholique et de l'oncle SAM, comment comprendre et accepter qu'il eût pu reculer devant l'arrestation d'un conspirateur haïtien, fût-il juriste super éminent et même président de l'Association Internationale des Juristes ?

-C h a p i t r e 14-

LE PRÉSIDENT DANS L'INCONSTITUTIONALITÉ

1.- LA FIN DU MANDAT CONSTITUTIONNEL

Duvalier n'avait pas le temps de s'attarder à des remords de pénitent. Il était assailli de préoccupations trop contraignantes. L'ultimatum américain arrivait à terme le 15 mai 1963 ; et afin que le président haïtien n'en pût prétexter ignorance ou distraction, l'ambassadeur Thurston était venu le lui rappeler au palais national même. Le diplomate fut reçu très aimablement. Mais quand il signifia au Chef de l'Etat qu'il devait quitter le pouvoir à la date indiquée, Duvalier, pris d'une rage soudaine, se propulsa de son fauteuil avec la relative agilité de ses membres à demi impotents. Il reconduisit, poussa même le visiteur indélicat jusqu'à la porte de son bureau et le congédia avec rudesse. Il manda immédiatement son ministre des Relations Extérieure, André Chalmers, à qui il dicta un arrêté. Une demi-heure après son entretien avec le Chef d'Etat haïtien, Raymond THURSTON, ambassadeur américain en Haïti, fut déclaré persona non grata et il ne lui fut accordé que 24 heures pour laisser le territoire haïtien.

Cet acte inédit - et combien courageux de souveraineté et de dignité nationale - fut accompagné d'un train de mesures : notes de protestation multiples, rappel du devoir de réserve diplomatique, mise en exergue du concept de l'égalité des sujets du droit international, évocation du principe d'autodétermination des peuples et de la non-immixtion dans les affaires intérieures des Etats…Une manifestation spontanée (?) se dirigea vers le siège de l'Ambassade Américaine et devant le bâtiment, sous le regard des employés et des marines perchés aux fenêtres, un capitaine de la Garde Présidentielle (du nom de Nelson) brûla symboliquement un drapeau étoilé.

La réaction américaine n'atteignit pas le point de rupture des relations diplomatiques, qui ne furent que suspendues. Relations suspendues: voici une situation très nouvelle, ironisa le ministre Chalmers, sans précédent dans l'histoire du Droit International public. Kennedy dont on connaissait les sautes d'humeur intempestives, ordonna que la 7ème flotte vînt mouiller dans les eaux haïtiennes, prête à intervenir, officiellement pour rapatrier les ressortissants américains, mais positivement pour bouter l'impertinent hors du palais et du pays, à la faveur d'un complot militaire qu'il savait en cours d'exécution. (Complot Honorat)

2.- LE FRONT DOMINICAIN.

Pendant que Duvalier, les yeux rivés sur le Golfe de la Gonâve, surveillait les mouvements de la 7ème flotte, un second front se formait sur ses arrières, en République Dominicaine. Après l'assassinat du Généralissime Raphaël Leonidas TRUJILLO y MOLINA le 31 mai 1961, une ère de turbulence s'installa au pays voisin, qui allait culminer 4 ans plus tard avec la guerre civile (Caamano versus Wessin y Wessin) et à une occupation militaire américaine. Auparavant, dans un climat malsain de troubles politiques et de représailles post-trujillistes, des élections libres (?) avaient porté au pouvoir un vétéran du marxisme tropical, en la personne de Juan BOSCH.

Dès son intronisation en février 1963, Juan Bosch, tel un croisé, se dévoua au renversement de Duvalier. Il ne lui manquait qu'un motif, si futile fût-il, pour déclencher l'opération. Sous prétexte que des policiers haitiens avaient encerclé les locaux de l'Ambassade Dominicaine où François Benoît s'était réfugié au lendemain des évènements du 26 avril 1963, le président Bosch massa ses troupes sur la frontière. Il essaya de se justifier par de puériles arguties. Par exemple, lui le marxiste mondialement connu accusa Duvalier de vouloir instaurer à l'Ouest de l'Ile un régime communiste. Il donnait pour preuve les bonnes relations commerciales de Duvalier avec la Tchécoslovaquie et la Pologne communistes…

Personne ne fut dupe de ces balivernes. La logique politique, inspirée et soutenue par la propagande duvaliériste, préféra imputer son attitude agressive à son racisme viscéral vis-à-vis de l'Haïtien avec lequel le Dominicain avait vécu, en statut de vassal, les sombres péripéties d'une tranche d'histoire commune. Avait-il hérité de Trujillo cette lubie de prépondérance sur l'île entière et conséquemment de maîtrise du jeu politique haïtien ? Voulait-il profiter des difficultés du gouvernement Duvalier pour compléter le massacre de 1937, où même des dominicains incapables de prononcer " PEREJIL " avaient été passés par les armes, pour s'assurer que la race était bien expurgée de toute scorie haitienne et nègre ? Dans cette agressivité disproportionnée et illogique, les analystes allèrent jusqu'à déceler le désir secret de Bosch de tirer vengeance pour les partis communistes haitiens décimés par Duvalier. Bref, pour des raisons avouées et inavouées, l'armée dominicaine fut mise à bivouaquer le long de nos frontières, prête à l'invasion. Bosch poussa le ridicule jusqu'à lancer un ultimatum de 24 heures à Duvalier et à déclarer à l'OEA, qu'il exhortait à plus de fermeté envers le président haitien, que la prochaine proclamation du Président dominicain serait faite, non point à Santo Domingo, mais d'une capitale voisine. De Port-au-Prince occupée, s'entend.

Dans ces évènements qu'il vivait à la manière d'un simple passager de l'histoire, gesticulant et pérorant pour se complaire dans l'illusion de marquer le temps qui passe, Bosch ignorait une chose fondamentale : les rapports privilégiés de Duvalier avec la haute hiérarchie de l'armée dominicaine, à 100% trujilliste de surcroît. Ces liens s'étaient multipliés et renforcés au niveau de la base et dans tous les compartiments, au fil des contacts payants et payés pour assurer la surveillance des exilés haïtiens qui, selon des rumeurs persistantes, disposaient de soutiens politiques, financiers et même de camps d'entraînement en terre voisine. Duvalier pouvait donc compter au sein de l'institution militaire dominicaine sur ce que, par euphémisme, on pourrait appeler un réseau d'amitiés agissantes. Il y était plus fort que le président dominicain lui-même. Ainsi motivée, intoxiquée et manipulée, l'armée dominicaine se laissa convaincre par le chef d'Etat haïtien que la prétendue déclaration de guerre de Bosch cachait tout simplement le stratagème de la tenir en haleine et loin de Santo Domingo, la capitale, le temps d'y opérer sans danger des réformes et les purges nécessaires. Ainsi sensibilisée contre ce gauchiste anti-militariste, l'armée dominicaine se tenait sur ses gardes. C'est pourquoi elle affichait une évidente force d'inertie vis-à-vis des ordres de mobilisation

L'Ambassadeur américain en Haïti s'employa à calmer les ardeurs embarrassantes du Chef d'Etat dominicain. Pour l'arrêter sur le chemin de l'invasion qui ne serait aucunement tolérée par la communauté internationale, Martin, le remplaçant de Thurston expulsé, informa Bosch de l'imminence du départ de Duvalier: un avion de la Compagnie KLM, lui confia-t-il, attendait sur la piste pour conduire le président haitien en Algérie, où BEN BELLA avait accepté de lui accorder l'asile politique. Tout faux ! Mais Bosch tomba dans le piège et résolut d'attendre. Et quand il se rendit compte qu'il avait été roulé de part et d'autre, il ne lui restera que la mince satisfaction d'aider les forces d'opposition à Duvalier, en leur aménageant secrètement des terrains d'entraînement et en leur fournissant des armes.

L'armée dominicaine le lui fera payer très cher : il sera renversé en septembre 1963 par un coup d'Etat militaire dont on accusa Duvalier - non sans raison - d'avoir été l'instigateur et le financier. Certes, Duvalier avait recueilli beaucoup de trujillistes au lendemain de l'assassinat du Benefactor; certes, il entretenait des rapports étroits et assidus avec l'armée dominicaine, par l'intermédiaire notamment du fameux Johnny Abbes Garcia, ex-chef des services secrets de Trujillo. Certes. Contrairement à son habitude de silence et de mystère, Duvalier osa en 1968 avouer avoir travaillé 3 ans durant (de 1963 à 1966), à l'accession de Joachim BALAGUER, fils spirituel de Trujillo, à la présidence de la République Dominicaine. La chute de Bosch participait certainement du plan global, si ce n'était l'étape initiale

Entre-temps, pris entre deux feux, les Marines à l'Ouest, derrière l'Ile de La Gonâve, et l'armée Dominicaine à l'Est, François Duvalier décida d'effectuer les grandes manœuvres. Avec un courage admirable et suicidaire. Avec cette énergie du désespoir qui poussa la chèvre de Monsieur Seguin, acculé au dernier fourré, à se retourner pour attaquer le loup.

On raconte qu'en ce temps-là un profond découragement s'était emparé du camp duvaliériste, surtout dans les sphères supérieures. Car, pendant que la base, dans l'ignorance totale de la cruciale réalité, piaffait d'allégresse inconsciente et ne tarissait pas de louanges pour son demi-dieu soi-disant invincible, les " hommes du président " avaient commencé à douter de l'avenir. L'entourage de Duvalier lui conseilla d'engager des pourparlers pour obtenir l'asile politique. (Est-ce de cela que parlait Martin ?) On dit même que passeports et tickets étaient prêts. Si rien n'était sûr pour François Duvalier, des sources ont confirmé qu'une demande d'asile avait bien été produite pour Madame Duvalier et les enfants. La France, patrie d'adoption…ou d'origine des Duvalier, aurait accepté de recevoir ce monde…Comme elle acceptera de recevoir Jean Claude Duvalier en février 1986. (Ah ! les mystérieux déterminismes de l'histoire ! ! !)

En fin de compte, quelle logique ou quelle folie poussa Duvalier à résister à la coalition conjoncturelle - et peut-être même inconsciente - de tant de forces contraires ? Avait-il une foi aveugle en son destin ? Etaient-ce des assurances secrètes de ses " AMIS " de la CIA ou de l'Armée Dominicaine? Etait-ce son orgueil démesuré, sa mégalomanie, qui lui avait suggérer de programmer une mort héroïque sur les décombres de son palais ? Etait-ce la résignation, le sentiment de l'inutilité, de la fragilité d'une vie qui, si elle pouvait lui échapper à tout moment, trouvait à ce tournant d'une lutte héroïque et grandiose la chance unique de finir en apothéose ? Etait-ce enfin la garantie des " dieux tutélaires de la race et de la patrie", comme il aimait à le répéter? Ou tout simplement, tout prosaïquement la promesse formelle de son grand ami Charles de Gaulle d'apaiser les rancœurs de J.F. Kennedy ?

Car, Duvalier ne restait pas inactif sur le plan diplomatique. Pendant que son incomparable ministre André Chalmers se démenait, d'un avion à l'autre, d'une déclaration virulente de protestation à un arrêté laconique d'expulsion, en passant par des notes d'explications doucereuses et amicales, pour atténuer les colères américaines, tempérer les ardeurs et le suivisme latino-américains, refreiner les antipathies de l'OEA, Duvalier de son côté dépêchait en France un émissaire secret, porteur d'un SOS au Général De Gaulle, homme d'Etat d'un immense prestige international.

Celui-ci intervint, en effet, auprès de Kennedy pour faire comprendre à ce fougueux personnage l'erreur de vouloir démolir Duvalier, certes un peu irrespectueux des droits de l'homme, mais un président fort (comme de Gaulle les aimait), populaire, qui contrôlait son pays et son peuple et restait un allié sûr de l'Amérique et de l'Occident dans leur lutte contre les idéologies nocives.

L'offensive diplomatique porta ses fruits. Une délégation de l'OEA demeura à Port-au-Prince, comme bouclier humain et international, pour contenir la hargne de Bosch: le conflit haïtiano-dominicain fut ainsi désamorcé ou mis en veilleuse La 7ème flotte leva l'ancre ; les USA s'étaient contentés de suspendre les relations sans les rompre : de ce côté non plus, la guerre n'avait pas eu lieu.

Dans cette éclaircie Duvalier fonça avec célérité et intelligence. Là résidait sa force, d'utiliser avec bonheur le temps et les répits de la fatalité. " Aide-toi et le Ciel t'aidera". Au moment de recevoir la Commission d'Enquête de l'OEA, il organisa une impressionnante démonstration de force. Les contempteurs l'accuseront peut-être d'avoir massé sur la cour du Palais des milliers de miliciens et de paysans incultes. Oui. Mais l'Amérique, le monde, cultivaient - cultivent encore - le fétichisme du nombre. 300.000 partisans applaudissant à tout rompre et criant à pleins poumons : " VIVE DUVALIER ! DUVALIER OU LA MORT ! ", il fallait le faire. Echec et mat ! " Comment et pourquoi renverser un homme si populaire, se fâcha de Gaulle ". "Je voudrais bien le renverser, faire intervenir l'OEA, mais sous quel prétexte ?" regretta Gonzalo FACIO, Secrétaire Général de l'Organisation hémisphérique.

Le 22 mai 1963, JOUR de la SOUVERAINETÉ NATIONALE, scénario identique: un million de partisans venus des quatre coins du pays et à qui Duvalier demanda de demeurer quelques temps dans la cité. A quel point serait impopulaire et inhumaine une invasion militaire américaine qui viendrait tuer tant de gens aux mains nues ! Ces masses constituaient un bouclier, un rempart d'innocence face aux armes. Le franchir ou le terrasser exigeait un prix trop élevé de vies innocentes. Ce jour-là, au cours d'une imposante manifestation au Bicentenaire, tout près des locaux de l'Ambassade Américaine, Duvalier prononça des phrases célèbres qui le grandirent aux yeux de tous les nationalistes haitiens et du monde entier, partisans ou adversaires. " Les eaux territoriales de la République d'Haïti, peut-on retenir de mémoire, ont été envahies par des monstres de ferraille qui attendent de déverser sur la terre de nos ancêtres leur cargaison de soldats, de mitrailles et de mort. Je le dis, en vérité : si un seul soldat américain foule le sol sacré de la Patrie, je refais le geste de l'Empereur". Pathétique!

Le Geste de l'Empereur: la politique de la terre brûlée, qui nous conduisit à l'indépendance. On met le feu partout, on brûle maisons et champs, on empoisonne sources et rivières et puis on prend les mornes. L'envahisseur ne marche que sur des cendres ; il n'a pas un seul endroit où se reposer. Qu'on se souvienne du geste de Christophe qui mit le feu d'abord à sa propre maison, à son propre palais, à l'approche de l'armée de Leclerc. Duvalier avait sur place suffisamment de bras pour la besogne. En tout cas le mot d'ordre était lancé, bien qu'il n'eût pas été aisé à un Duvalier arthritique et cardiaque de prendre les mornes à la tête de ses troupes.

Coup de bluff audacieux à l'extrême. David défiant Goliath. Quelle folie! Pourtant Goliath refusa la lutte, tourna les talons. Non qu'il prît peur. Mais par sagesse. Car, quel bénéfice pouvait-on tirer à tuer des milliers d'haitiens pour déloger Duvalier ? D'autant que le mot d'ordre de l'incendie généralisé une fois lancé, des fanatiques ne lésineraient pas à l'exécuter à la lettre? Le jeu ne valait pas la chandelle. "Puisque ces illuminés voulaient adorer ce fou furieux, qu'on le leur laisse. D'autres procédés auront raison de lui et à des moments plus opportuns ". Et la 7ème flotte s'en fut.

Allégé de ce poids, Duvalier se tourna vers l'EST où persistait la menace Bosch. Nouveau coup de poker. Un jour, Duvalier réunit en son bureau quelques fidèles, notamment André Simon, le Major Lhérisson (père), Sonny Borges, Abel JEROME et autres…Et à la stupéfaction de tous, il donna un ordre lapidaire. "MESSIEURS, PRENEZ LES DISPOSITIONS POUR BOMBARDER DAJABON ".

Quoi ? Bombarder Dajabon ? Le Chef a-t-il perdu l'esprit ? Tirer des obus sur cette cité dominicaine située en face de Ouanaminthe constituait un acte de guerre qui provoquerait la réplique immédiate et massive de l'armée dominicaine dix fois supérieure à la nôtre et déjà massée sur les frontières, en état de guerre? Et puis avec quoi ? L'armée haïtienne ne possédait que de vieux canons rouillés tout à fait impropres à telle manœuvre. Ensuite quelle folie d'aller chatouiller un lion endormi, un corps qui comptait en ce temps- là plus de quarante mille hommes de troupes, avec aviation bien équipée et artillerie moderne. Non, folie furieuse que tout cela. Mais personne n'osa faire ces réflexions à haute voix : on se posait surtout de questions sur la santé mentale du président haïtien. On attendit qu'il revînt des imaginations de ses rêves et de sa démence passagère.

Duvalier ne tint aucun compte des hésitations ni des objections, si prudentes et sensées lui parussent-elles. Il réitéra son ordre : BOMBARDEZ DAJABON ! Et comme c'est toujours au prix de sa tête que quelqu'un désobéissait aux ordres de Duvalier ou seulement lambinait à les exécuter, les malheureux élus au privilège de ce jour partirent et , à leur corps défendant, s'en furent tirer sur le clocher de l'Eglise de Dajabnon quelques rafales de mitraillette et deux obus d'un canon antédiluvien déniché à Miragoâne et qui refusa désespérément de lâcher un troisième coup. Là !!! Mission accomplie. Les tireurs déguerpirent en vitesse, croyant l'armée dominicaine caracolant à leurs trousses. À leur grande surprise, l'armée dominicaine ne fit aucun riposte. Au contraire, elle leva le camp, se replia en toute hâte et rentra dans ses casernes à la capitale Santo Domingo. Pour commenter l'évènement, un journal dominicain titra: "Las ballas de Duvalier no perdonan ".

Personne ne put s'expliquer ce honteux retrait. Duvalier, lui, comprenait. Il avait tout prévu, tout manigancé. Ses " amis " de la haute hiérarchie de l'armée dominicaine lui avaient demandé de faire un geste - sans victime- pour mettre fin à l'état de guerre latent. Il le fit. Quelques mois plus tard, ces mêmes " amis " renverseront Juan Bosch. Cela déboucha sur la guerre civile là-bas, l'occupation américaine et finalement à l'accession au pouvoir d'un fils spirituel de Trujillo, le nouveau géant de l'Histoire Dominicaine : Joachim BALLAGUER.

ÉPILOGUE DOULOUREUX

Ouf ! ! ! Duvalier pouvait maintenant souffler. Certes, complots, conspirations, invasions de commandos armés se succédèrent et continuèrent de le ruiner moralement et matériellement. Mais il considérait avoir doublé un cap difficile et tous se demandèrent quel dieu l'avait inspiré dans le choix et la conduite des répliques. D'ailleurs, son estocade avec Kennedy n'était pas à son terme ; elle ne prendra fin bientôt qu'avec la mort de ce dernier en novembre 1963. D'un coup le destin lui avait arraché toutes les épines du talon.

Un ami qui se trouvait au bureau de François Duvalier le 20 novembre 1963 nous rapporta cette anecdote incroyable. Le président faisait sa revue de presse étrangère quand il s'arrêta soudain de lire. Il fronça les sourcils, fixa dangereusement l'ami interloqué et terrifié. Puis il s'écria: " Ah ! Il va à Dallas ? Quel idiot ! Où est donc sa police secrète qui prétend tout savoir? Duvalier se leva, effectua quelques pas, lança le journal sur les genoux du visiteur muet de peur et vaticina : " C'est un homme mort ". En effet, deux jours plus tard Kennedy fut assassiné à Dallas.

Se pouvait-il que Duvalier fût au courant d'un si terrifiant secret ? Dans sa thèse sur l'assassinat de Kennedy, Epstein révéla qu'un certain George de Mohrenschildt avait rencontré Duvalier à la mi-novembre 1963, avait séjourné à l'Hôtel Villa Créole deux semaines entières (payées, dit-on, par Duvalier) pendant et après l'assassinat de Kennedy. Le Juge Jim GARRISON, procureur de la Ville de New-Orleans, découvrit des détails fort intéressants sur les relations d'Oswald, présumé assassin de Kennedy, avec ce baron de l'ancienne Russie tsariste, qui parlait 6 langues, possédait un doctorat en commerce international et un diplôme supérieur en industrie pétrolière et en géologie...Le baron de Mohrenschildt avait travaillé pour les services secrets français durant la seconde guerre mondiale. Il était membre du Petroleum Club de Dallas.

Les rapports étaient si intimes entre le noble et soldat Lee, qu'en octobre 1963, un mois avant l'assassinat, le baron et son épouse se déplacèrent de Dallas pour aller passer une soirée avec Lee Harvey Oswald et sa femme Marina. De telles relations entre un simple ouvrier et un si grand aristo du savoir et de la fortune devaient cacher des collusions insolites. En fait, le baron était, dans le jargon policier, le baby-sitter d'Oswald. Son rôle, en tant qu'agent des services de renseignements, consistait à surveiller Lee, à l'escorter, lui fabriquer l'état d'âme du parfait bouc émissaire. Son travail terminé sur le cobaye, il était devenu malsain de demeurer sur la scène et même dans les parages de l'action prochaine : il se rendit donc en Haïti pendant que les ultimes dispositions étaient prises. La grande question : pourquoi le baron, qui avait fait le tour du monde, noué de solides amitiés à travers la planète et possédait chalets ici et là, avait-il choisi la petite Haïti pour venir se blottir et laisser passer l'orage que le crime allait certainement déclencher. Plus que partout ailleurs dans le monde, se sentait-il en sécurité sous le parapluie d'un Duvalier bien au courant de la nature et des retombées de l'évènement imminent? Quelques temps après le drame, quelque peu rassuré, le baron de Mohrenschildt retournera en son pays et à ses activités. Il connaîtra le même sort mystérieux qui frappa la plupart de ceux qui avaient touché de près ou de loin aux préparatifs du meurtre : il fut découvert mort, d'un coup de fusil de chasse, la veille d'être entendu par la Commission Parlementaire sur l'assassinat…Le Coroner conclut au suicide…Tout cousu de fil blanc.

De toute façon, rançon payée pour services rendus, prix de la discrétion ou compensation méritée, le nouveau président américain prit le contrepied de la politique de Kennedy vis-à-vis de Duvalier. Certes, on ne lui ouvrit pas les coffres de la Federal Reserve ; on continua de le tenir à l'œil pour ses prétendues sympathies communistes, hélas ! Mais on lui lâchera un peu la bride sur le cou et Dieu seul sait à quel point Duvalier se préparait à en profiter. Tout semblait aller au mieux: le ciel s'était largement éclairci. Mais Clément Barbot surgissait pour noircir l'horizon politique qu'on croyait dégagé pour de bon.

-C h a p i t r e 15-

LA MALÉDICTION DE BALTHAZAR OU LA SAGA DES INVASIONS

La prise des Casernes Dessalines, la guérilla de Clément Barbot, l'épisode Hector Riobé sont des articulations port-au-princiennes d'une malédiction qui accompagna Duvalier jusqu'à sa descente au tombeau. Pas un seul instant de ses 14 années de règne il ne connut de répit. Il ne goûta jamais aux calmes délices de la paix sociale, de la stabilité assurée. Il dut continuellement batailler, surveiller ses adversaires, et surtout ses partisans, ici et en dehors du pays. Il n'avait pas fini de déjouer une conjuration interne qu'une invasion armée déversait des aventuriers sur un point quelconque du territoire national. Souvent il était obligé de combattre sur deux fronts à la fois, en même temps qu'il se débattait sous des pressions insupportables de la communauté internationale. On se demande avec raison comment il a pu ériger des œuvres de civilisation, au milieu de tant de forces hostiles (Péligre, Contribution-DGI, Aéroport International, ports maritimes, écoles, lycées…etc). Certains contemplent, tout ce qu'il aurait pu accomplir de grandiose et de durable, s'il n'avait pas été gêné à ce point-là.

Il serait présomptueux de vouloir dresser un tableau exhaustif des complots et invasions essuyés par Duvalier. Difficile aussi. Le gouvernement affichait un goût prononcé du secret et du mystère. Le port-au-princien inattentif ne se doutait jamais de ce qui se passait à Mont-Organisé, aux

Irois ou à Saltrou (Bellanse). De vagues rumeurs parvenaient à certains initiés qui se gardaient bien de les répandre. Et la censure gouvernementale imposait silence aux journaux et radios, tandis qu'elle retenait aux ports et aéroports les périodiques étrangers qui auraient pu affranchir les curieux. Certains complots sectoriels, à faible intensité et vite réprimée, ne furent jamais connus du grand public. Ainsi donc un tableau récapitulatif d'un contemporain, même en position privilégiée d'observation, sera forcément limité et ne livrera qu'un inventaire partiel de ce genre d'évènements.

1- LE COMPLOT DE MAHOTIÈRE

Dés le 30 avril 1958, moins moins de six mois après l'avènement de Duvalier, la nouvelle se chuchote à Port-au-Prince. Une explosion a détruit la veille une petite maison à Mahotière, du côté de Carrefour, causant des blessures graves à un certain Mérion Noël, dit Ti Roy. La chose paraît banale. Mais l'enquête révèle que la cahute servait d'entrepôt à des bombes artisanales, communément appelées Cocktails Molotov. On pousse les recherches pour découvrir qu'un vaste complot, commandité par Déjoie et Jumelle, projetait de faire sauter l'estrade présidentielle au cours de la cérémonie du Premier mai au Palais National.

Naturellement Duvalier s'empressa d'exploiter la coïncidence de l'explosion accidentelle juste la veille de la mise à feu pour accréditer le mythe de la prédestination et de la protection des dieux. Si la police semblait dans l'ignorance totale de la conjuration, les dieux veillaient et, par cette explosion prématurée et combien opportune, l'avaient sauvé d'une mort certaine.

En tout cas, Duvalier profite pour abattre l'opposition. Déjoie et Jumelle sont déclarés hors-la-loi, leur tête mise à prix ($5.000). On nationalise leurs biens. On instaure la loi martiale. L'Assemblée Nationale se réunit et, à l'instigation du Ministre de l'Intérieur et de la Défense Nationale, Frédéric Duvigneau, entérine l'état de siège et accorde les pleins pouvoirs à Duvalier, en dépit des harangues courageuses du député déjoiste Franck Séraphin. Dans le paquet des garanties constitutionnelles suspendues figure justement l'immunité parlementaire : Séraphin sera la première victime.

Ce train de mesures met en relief un trait caractéristique de Duvalier. Il ne frappe jamais à demi. Pour le plus petit écart, il va aux extrêmes. En politique, c'est une pratique qui impressionne, qui dissuade, qui terrifie. Appuyé sur le militantisme assassin de Barbot, il va se servir généreusement du cadeau des pleins pouvoirs pour dépecer l'opposition : couvre-feu, fouilles, perquisitions, arrestations…Tout y passe. C'est à cette occasion qu'une journaliste de l'opposition eut à vivre des heures douloureuses et atroces en compagnie des sbires du gouvernement. Hakime Rimpel fut horriblement mutilée par les tontons-macoute parmi lesquels on retient des noms illustres qui, 28 ans plus tard, signeront des arrêtés …présidentiels. Georges Petit, du journal Indépendance, connaîtra son 17ème séjour en geôle. Il sera rejoint bientôt par son fils Antoine du journal «Le Patriote», dans les locaux duquel une bombe explose trop bien à-propos, posée, dit-on, par les sicaires de Barbot... On instaure un régime de terreur et la presse est muselée.

Au cours du procès dudit " Complot de Mahotière ", (car Duvalier tenant aux formes faisait toujours des procès), furent dévoilés les détails de cette triste affaire. Sur la sellette rouge, Yves Bajeux, un commerçant de la place, se détacha comme le maître d'œuvre, aidé de complices tels que Franck Léonard, Holbert Christophe. Les trois furent condamnés à mort. Le quatrième accusé, Anthony Hendrickson, fut acquitté. Des témoins ont cité les noms de Fritz Vély Thébaud et Justin. Le plan des conspirateurs comportait plusieurs phases, étapes ou alternatives :

1) Lancer des cocktails Molotov sur la foule à l'ouverture du Congrès des Médecins de Langue Française à l'Institut Français, ouverture à laquelle devait assister le Chef de l'Etat.

2) Saboter Radio Commerce, station du Gouvernement

3) Faire sauter l'estrade présidentielle au cours de la cérémonie du 1er mai.

Le sponsor de l'opération, Louis Déjoie, aurait versé la somme de 1200 dollars pour les préparatifs et l'accomplissement final.

On prétend que la jeune police de Duvalier suivait la chose au jour le jour, guettant le moment opportun pour mettre la main au collet des conspirateurs. Il est permis d'en douter. Le risque de l'expectative, même armée, paraît trop énorme. En tout cas, les deux premières phases du complot n'avaient pas été exécutées en raison du fait que les conjurés avaient été avisés que, alerté, Barbot les attendaient sur les lieux du crime pour en finir avec eux une fois pour toutes et en flagrant délit. En tout état de cause, les condamnés à mort obtinrent grâce pleine et entière aux termes d'un arrêté présidentiel en date du 8 janvier 1959.

L'affaire de Mahotière a eu des prolongements inattendus. Les journalistes Georges Petit, Albert Occénade et Daniel Arty furent appréhendés sous prétexte d'avoir, par des articles, essayé de préparer l'opinion publique à " l'attentat contre la sûreté de l'Etat et à la révolte". Arrêtés le 23 mars 1958, ils furent présentés devant une cour militaire le 23 juillet qui les condamna à 5 ans de prison. Mais le même arrêté du 8 janvier 59 mit fin à leur détention.

Louis Déjoie fut également jugé du 12 au 24 Septembre 1958. Malgré les garanties d'impartialité du Chef de l'Etat haïtien, il ne prit pas le risque de se faire écrouer. C'est que dès le mois de Mars on avait commencé à appréhender ses hommes les plus proches sous l'inculpation de complot contre la sûreté de l'Etat : Raymond Chassagne, Petit, Occénade, Arty et, plus tard en Avril, Bajeux, Vely Thébaud, Léonard, Colin…De plus à la découverte du complot, sa tête avait été mise à prix. Il gagna donc l'Ambassade du Mexique. Il quitta le pays le 11 mai 1958. On dut lui faire un procès par contumace comme auteur intellectuel de l'affaire de Mahotière. Il fut condamné à mort et gracié par le même arrêté du 8 janvier 1959

Au moment de partir, Déjoie nia catégoriquement toute participation au complot de Mahotière, lâchant ainsi ses hommes qu'il accusa d'avoir agir, oui, agir de leur propre mouvement. Il demanda publiquement à Duvalier de protéger ses partisans et chargea Victor Nevers Constant de ramener Marceau Désinor, son homme lige, à plus de sagesse et de modération. Voyez la légèreté avec laquelle il reconnaissait l'existence du complot et la culpabilité de ses partisans. Il se dédouanait à bon compte, mais sur la tête des siens. Hélas !

2. LE COMPLOT DE FRÈRES

On n'avait pas fini d'évacuer le problème de Mahotière que, le 29 juin 1958, deux mois plus tard, se produisit un scénario presque identique. Une bombe explosa à Frères. Le lendemain, le Docteur Duvalier avait à assister aux festivités de la Saint-Pierre, à Pétion-Ville. Au terme de la messe solennelle, le programme officiel devait le mener à Frères, et l'itinéraire passait justement sur les lieux précis de la déflagration. Encore une fois, les dieux le sauvèrent en provoquant la veille des cérémonies officielles une explosion accidentelle qui éventa le complot.

Un blessé relevé sur les lieux avoua sa participation à la conspiration et livra les noms des instigateurs et des complices. Jean Desquiron, ami personnel de Jumelle, fut retenu comme le principal auteur intellectuel. Même réaction gouvernementale : la terreur. C'est que ces opératins visaient à assassiner Duvalier. Celui-ci n'eut aucune retenue envers les auteurs. Il se disait en légitime défense.

3.- LA PRISE DES CASERNES DESSALINES.

Un mois plus tard, ce fut " la folle équipée " du 29 Juillet 1958. Elle est décrite au petit détail près dans les pages suivantes. Elle fut la première grande estocade entre Duvalier et les forces armées de l'opposition. L'évènement mérite bien l'exergue pour sa force de percussion politique et aussi pour l'opportunité qu'il offrit à Duvalier de créer sa propre armée, sa MILICE, qui deviendra le Corps des Volontaires de la Sécurité Nationale, selon la formule euphémique de John Fitzgerald Kennedy, Président des Etats-Unis.

Prenant prétexte de leur implication présumée dans les complots de Mahotière, de Frères et possiblement dans la prise des Casernes commandité par Paul Eugène Magloire, les frères Jumelle furent pourchassés. Durant ce temps Clément Jumelle se cachait. Il ne gagnera l'Ambassade de Cuba qu'à la phase terminale d'une urémie qui le terrassera.

4. LES BARBUDOS AUX IROIS

Le 13 août 1959, un an après la prise des Casernes Dessalines, 30 barbudos débarquèrent aux Irois, petite ville située à l'extrême pointe occidentale de la presqu'île du Sud d'Haïti. Ils étaient commandés par un algérien du nom d'Henri d'Anton, alias Fuentes, marié à une cousine de Louis Déjoie. Cette parenté, comme un paraphe, signait la provenance et la commandite du mouvement. On annonça que Les Cayes, Jérémie, toute la côte Sud de la République d'Haïti, étaient occupées. Le " télédiol " plaça le Che lui-même à la tête du commando. À cette date, Cuba n'était pas encore officiellement communiste. Castro se trouvait à ce moment précis à une réunion de l'OEA où iI reçut directement les protestations du Gouvernement haitien. Il protesta de son innocence: il avoua n'être au courant de rien. On en déduisit que Che Guevara avait pris l'initiative sans l'aviser. Castro était dédouané.

De toutes façons les envahisseurs étaient sur place et opéraient. De manière lamentable. Leur ardeur de néophyte et de croisé les avait conduits sur un terrain inconnu, au milieu de gens soupçonneux, dont ils ignoraient la langue et les mœurs. Duvalier envoya à leur rencontre des soldats bien entraînés, superbement motivés, justement formés par les Marines et les Bérets Verts, spécialistes de la lutte anti-guérilla. Faut-il rappeler qu'en ce temps-là Duvalier bénéficiait encore des services de la Mission Militaire Américaine ? En trois à 5 jours, les barbudos furent littéralement décimés, à l'exception de 2 ou 3 miraculés qui seront ultérieurement échangés contre la promesse formelle de Castro de n'autoriser plus jamais l'invasion d'Haïti à partir d'un point quelconque du territoire cubain.

Castro semble avoir respecté la parole donnée, bien qu'on doutât au début qu'il eût jamais l'intention sincère de tenir sa promesse. Il a permis, autorisé, encouragé chez lui une virulente campagne anti-duvaliériste. Il a ouvert les radios d'Etat aux opposants: Otto Louis-Jacques, Déjoie, Fignolé, Dépestre…

L'idée le taraudait certainement de renverser " le dictateur " de droite, de disséminer dans la Caraïbe et en Amérique Latine les ferments de la libération nationale et d'accompagner les peuples de la région vers le paradis du communisme. Mais il n'eut pas la liberté d'action suffisante. Déclaré communiste le 1er janvier 1961, Cuba entra dans le collimateur américain comme l'ennemi occidental # 1. Si cela n'inquiéta pas Castro outre mesure, il fut limité dans sa marge de manœuvre et sa défaite lors de la fameuse crise des Fusées d'octobre 1962 l'accula à signer avec l'Oncle un accord secret par lequel il renonçait à " exporter la révolution cubaine". On peut présumer que cet accord apporta la paix à Duvalier, en tempérant les ardeurs impérialistes de l'Apôtre du communisme caribéen.

5.- LE COMPLOT ERNST BIAMBY

Ernst Biamby était un colonel révoqué de l'Armée d'Haïti. L'opposition externe, adolescente et naïve, voyait en lui, on ne sait trop pourquoi, le bras séculier de sa vengeance contre Duvalier. Déjoie le sollicita, connaissant sa haine pour le gouvernement en place et sa capacité d'organiser les coups fourrés. Le plan, cette fois-ci lapidaire, consistait, non pas à mener la guérilla ou à monter une tortueuse conspiration, mais tout simplement à assassiner François Duvalier. À l'intérieur ou en dehors de son palais.

Biamby s'employa donc à recruter des exécutants. Mais ceux-ci se montrèrent trop zélés à interroger tout le monde, même des miliciens, sur les heures de sortie du Président,. son itinéraire habituel, ses horaires de travail, de récréation, de sieste...Cet intérêt trop bruyamment manifesté attira l'attention de la police secrète qui mit en branle sa machine infernale. La plupart des conjurés furent arrêtés, torturés, notamment Roland Rigaud, fils du dentiste communiste, ancien candidat à la présidence, les Brière père et fils, Justin Napoléon... etc. Ils dévoilèrent le pot aux roses et l'on remonta à Biamby qui fut aussi appréhendé. Quelques autres complices eurent le temps de prendre l'ambassade. Biamby, condamné à mort, fut gracié et put quitter le pays.

6. LIONEL HONORAT OU LE COMPLOT DES MARÉCHAUX

On se souvient: les élections du 30 avril 1961 n'avaient pas été reconnues par les Américains. Et l'ambassadeur Thurston ne s'était pas fait faute de le rappeler à Duvalier. Pour le Département d'État, lui répétait-il chaque fois que l'occasion se présentait, son mandat prenait fin le 15 Mai 1963. Et le 10 février 1963 était, selon le vœu de la constitution haïtienne, la date prévue pour l'organisation des élections présidentielles. Ignorant souverainement les admonestations américaines, Duvalier mena allègrement sa barque, ne cessant de crier qu'il avait reçu mandat du peuple souverain jusqu'en 1967. Il était devenu de plus en plus clair pour l'Oncle Sam que le président haitien ne délogerait pas du palais le 15 mai 63. Les pressions politiques et financières ne pouvant courber l'échine récalcitrante, l'américain, sans se mouiller, allait inciter une fraction de l'armée à chasser Duvalier de force.

Bien auparavant, l'attaché militaire américain, le Colonel HEINL, avait essayé de circonvenir le Chef d'Etat-Major René Bourcicot. Celui-ci, manquant de charisme, n'avait pu déterminer ses pairs à le suivre dans un complot contre Duvalier. Le refus essuyé le prit de court et le désarçonna. Et pour ne pas dénoncer publiquement Heinl, selon la demande du président, mis au courant de ce complot inachevé, il choisit de se réfugier dans une ambassade où il allait poireauter de longs mois avant d'obtenir un sauf-conduit.

La chose se passa de la façon suivante. Un jour Duvalier convoqua Bourcicot et lui dévoila qu'il était au courant de tout. Bourcicot avoua, mais fit remarquer qu'il n'était pas entré dans les combines de Heinl. Le président le félicita de sa loyauté, mais lui demanda de se rendre à Radio Commerce et de dénoncer publiquement le Colonel américain. Cela aurait, lui expliqua Duvalier, la double vertu de le laver, lui, Bourcicot, dans les dossiers le la police et en même temps offrir à Duvalier, la possibilité d'embarrasser l'ambassade et le gouvernement américains et d'en tirer des faveurs substantielles. Bourcicot feignit d'accepter. Il quitta le palais, apparemment libre de tout soupçon, probablement récompensé. Cependant, il ne courut aucun risque, connaissant la maladie du double jeu de François Duvalier. Il passa chez lui prendre sa femme, ses enfants et quelques affaires légères et se rendit d'une traite à l'ambassade.

Après l'épisode raté de Bourcicot, l'ambassade approcha d'autres officiers duvaliéristes, parmi lesquels le chef d'État-Major adjoint, le Colonel Lionel HONORAT, grand meneur d'hommes. Celui-ci accepta de tenter l'aventure. Ainsi recruta-t-il un nombre impressionnant d'officiers qui lui garantirent discrétion et dévouement.

Mais un secret partagé n'est jamais hermétique. Honorat commit la bêtise de s'en ouvrir au nouveau Chef d'Etat-Major, le Général Gérard CONSTANT. Celui-ci en souffla-t-il un mot à Duvalier ? Peu probable, en vertu de la rectitude de ce militaire. Certains affirment, pour étayer l'idée d'une possible délation de Constant, que, sitôt après que confidence lui fut faite, tous les conjurés avaient été placés sous haute surveillance. Argument farfelu, car sous Duvalier, tout haut gradé de l'Armée était strictement surveillé. On avança aussi que Constant poussa la duplicité jusqu'à demander à Honorat de retarder de 1 ou 2 jours l'exécution du coup, ce qui donna à Duvalier le temps de réagir… En fait, ce qui perdit les conjurés, de leur propre avis, ce furent les atermoiements de l'ambassade américaine.

N'ayant pas reçu de cette dernière les armes promises, Lionel Honorat, excipant de sa qualité consacrée de duvalïériste inconditionnel, s'en alla aux Casernes Dessalines au soir du 10 avril 1963 pour essayer de résoudre le problème. Au lieutenant Jean VALMÉ, il demanda amicalement, trop amicalement, les clés du dépôt des armes et munitions. La formulation de la requête, au goût de Valmé, comportait trop de familiarité: un chef d'État-Major n'avait qu'à s'asseoir sur la chaise du Commandant absent et à réclamer d'un sous-lieutenant une clé que ce dernier ne pouvait refuser. Intrigué par le ton trop cordial d'Honorat et l'heure tardive de la requête, Valmé fouilla dans ses poches et, l'air contrit, regretta d'avoir laissé les clés chez lui. Au garde-à-vous et jouant le pénitent, il sollicita la permission de courir les chercher. Il courut de préférence chez son frère Hugues Valmé, l'embarqua et se rendit d'une traite chez Madame Max Adolphe qui alerta François Duvalier. Valmé fut conduit illico au palais pour fournir les détails.

Le président ne sembla pas accorder tout de suite à la chose l'importance méritée. La feinte habituelle. Honorat n'était-il pas " son fils, lui autant que les autres dont on citait les noms ? " Toutes les purges opérées ces dernières années au sein de l'armée avaient épargné ces hommes et non sans raison : ils bénéficiaient de sa confiance. Il se contenta donc de convoquer l'État-Major et les colonels afin d'établir pour les uns et les autres les chaînes de hiérarchie et de commandement en vue d'éviter désormais qu'un chef d'État-Major adjoint s'adressât à un sous-lieutenant directement et verbalementdans l'ignorance des grades intermédiaires et de la tradition des “messages” écrits.

Plus idiot que Bouqui ne se serait pas laissé prendre aux astuces soporifiques de cet ogre des épaulettes. Pour les conjurés subalternes, cette convocation des hauts gradés sonnait l'alarme. Certains se sauvèrent dans le maquis, d'autres coururent aux ambassades. À ce moment seulement, Duvalier réagit avec fureur et angoisse. Comme un somnambule brusquement réveillé, tardivement effrayé du danger passé. Une centaine d'officiers furent mis à la retraite, d'autres arrêtés. Rafles, perquisitions, arrestations… La terreur.

Cependant, il y eut un brave dans la cité: le Colonel Charles TURNIER. Bel officier noir, originaire de Jacmel. On n'a jamais compris pour quel motif cet homme probablement impliqué avait refusé de se mettre à couvert. Il demeura à son poste et fut arrêté, bien entendu dénoncé au cours de l'interrogatoire de ses complices. Deux jours plus tard, il tombera devant le palais national, criblé de balles. Que s'était-il passé ? Après avoir tué son geôlier avec un petit pistolet dissimulé dans sa botte, il sortit de la prison et courut donner l'assaut au palais national,…avec un seul pistolet et…seul. Un cas patent d'héroïsme suicidaire.

De toutes façons il se savait condamné à une mort infecte dans une cellule du Fort dimanche; il avait choisi de mourir en brave. Le sergent Josmar Valentin, de la Garde Présidentielle, s'attribua la gloire d'avoir descendu l'assaillant, ce qui le fera monter en grade et dans l'estime du Président. Sept ans plus tard, le massacreur sera massacré parmi les 19 officiers fusillés au Fort dimanche en Juin 1968.

À cause de Turnier et de Kern Delince, la plupart des officiers jacméliens furent réformés, parmi lesquels le Capitaine Jacques Lapierre, notre compagnon de chambre durant trois ans, très probablement innocent, un militaire correct dans le plein sens du mot. Notre séjour dans cette pension de jacméliens nous permit de vivre en première loge le deuil et la haine des familles jacméliennes frappées dans leur chair et leur âme par le limogeage intempestif et la mort de leurs fils militaires.

7.- LE COMPLOT MÉDIATIQUE

Dès son avènement au pouvoir, Duvalier se heurta à une irrémiscible opposition médiatique. Ses adversaires possédaient largement les moyens de se payer les services des radios et des journaux ici et là-bas. Les Déjoie et les Jumelle étaient considérés comme les candidats les plus riches et déjà la plupart des médias locaux, tenus soit par la bourgeoisie déjoiste, soit par les nantis de l'ancien régime, étaient disponibles pour continuer la campagne contre le nouvel élu présenté comme un incapable et un imposteur. Par la suite, le comportement de Duvalier, sa radicalisme vis-à-vis de la presse indisposèrent ceux des médias qui passaient pour indépendants. Si l'intimidation et parfois la censure brutale imposèrent le silence à cette catégorie de médias dits indépendants, les méthodes de Duvalier rencontrèrent leur totale désapprobation et les jetèrent dans une attitude d'opposition qui, pour sournoise qu'elle fût, n'en était pas moins agissante et nocive.

À certains moments, la main d'airain de Duvalier s'alourdit à tel point sur la liberté de la presse que l'opposition en vint à se rabattre sur la radio extérieure et des postes clandestins locaux. On connaît, au tout début du règne, les sorties virulentes de la VOZ DOMINICANA, à l'instigation de Johnny Abbes Garcia, grand ami de Kébreau récemment limogé. On connaît de même les émissions de Radio Progreso de la Havane, mise à la disposition du Front Unifié de l'Opposition, réunissant Déjoie et Fignolé est ses acolytes principalement.

La manœuvre la plus audacieuse en ce domaine demeure l'installation d'une radio clandestine au cœur de Port-au-Prince. On crut à un moment donné qu'elle logeait au palais même, tant sa voix était claire et ses informations fraîches et percutantes. On fouilla toute la ville. En vain. Alors que ce poste créchait en toute tranquillité dans la boucherie Osso Blanco, située à 200 mètres seulement du palais, dit-on. Le commerce appartenait à un cubain du nom de Rodriguez, ami intime de Clément Jumelle. C'est peut-être cette radio qui s'appellera ou relayera plus tard Radio Vonvon, laquelle ébranlera sérieusement les esprits du monde duvaliériste.

Au fait, Radio VONVON avait été montée par la Coalition Haïtienne des Forces Démocratiques, avec l'aide de la CIA, croyait-on. C'était en

1965, au temps où la CIA, dans son double jeu habituel, envisageait la possibilité de renverser Duvalier qui en faisait trop. Ainsi, cette station pouvait bénéficier gratuitement de sources sélectes d'information pour étonner et ravir son auditoire. Ces renseignements venaient du palais national, de la CIA et des nombreux agents que celle-ci entretenait à travers le pays et l'administration. C'est pourquoi on la crut installée au palais ou à l'intérieur du pays, alors qu'elle fonctionnait aux USA.

Elle portait des coups durs au pouvoir. Une tasse de café s'échappa un matin des mains de Duvalier, dans la solitude de sa chambre à coucher. 15 minutes plus tard, le monde apprenait la nouvelle sur les ondes de Radio Vonvon. Oui, il faut en convenir : elle terrorisait le pouvoir peu habitué à ce genre de transparence et surtout peu enclin à tolérer des incursions si osées dans le champ de son intimité. Mais Duvalier finit par lui asséner le coup fatal. Il réussit à infiltrer le groupe et à faire jouer sur les ondes de la station une cassette préparée par ses services. Un jour donc, à l'heure de pointe de l'émission haïtienne, les auditeurs de Radio Vonvon furent surpris d'entendre la voix nasillarde de Duvalier dans une adresse à ses " CHERS COMPATRIOTES DE L'EXTERIEUR".

On s'affola, mais on se retint tout de même de courir immédiatement au local voir ce qui se passait. C'est qu'en général les émissions étaient enregistrées à l'avance et, à l'heure fixée, on ne faisait que rouler les cassettes. Les dirigeants se gardaient bien de rester en studio par crainte d'agressions toujours possibles venant des fous de Duvalier ou de mercenaires payés par lui. Ce jour-là, les plus naïfs crurent que Duvalier se trouvait au local de la station. On avait à ce point peur de l'homme, on le savait capable de choses si difficiles et si horribles, que même les plus fanfarons s'abstinrent d'aller le "déchouquer" de la station. L'adresse de Duvalier terminée, il y eut tout de même des braves pour aller retirer la cassette.

L'animosité entre Serge Beaulieu et le chef de la Coalition et Directeur de Radio Vonvon datait peut-être de ce jour...Celui-ci accusa Beaulieu d'avoir servi d'instrument à ce coup terrible, d'avoir soudoyé le gardien qui avait fait rouler la cassette, couvrant ainsi de ridicule la Coalition et l'Opposition toute entière. Radio Vonvon ne survécut pas à ce triste épisode. Malgré ses nouvelles fraîches et des fois cocasses, on ne prit plus au sérieux une entité secrète et politique qui s'était laissée si facilement noyauter et infiltrer. Et détourner.

8.- CLÉMENT BARBOT

1948,1949, 1950, Clément Barbot était un fonctionnaire ordinaire de l'administration de Dumarsais Estimé. Duvalier, dans les hautes sphères du pouvoir estimiste et Ministre du Travail en ces temps-là, ne connaissait pas encore ce petit employé subalterne et anonyme du Département de l'Agriculture. À l'avènement de Magloire, Barbot n'arriva pas à conserver son job, en dépit de ses acrobaties et de nombreuses suppliques aux Jumelle bien en selle et originaires comme lui de Saint-Marc. C'est ce manque de clairvoyance et de compassion des Jumelle qui jeta dans l'escarcelle de Duvalier ce collaborateur émérite, cet organisateur méthodique, qui allait l'aider à conquérir la présidence, à consolider son pouvoir et qui, soutenu par une rancune tenace, allait débarrasser le panorama politique de la totalité du Clan Jumelle.

Rejeté et humilié donc, le chômeur fut conduit à Duvalier qui, lui-même, vivait dans un semi-maquis depuis la chute d'Estimé. Tout de suite, l'œil de lynx du médecin décela en Clément Barbot les qualités, vertus et vices complémentaires aux siens. Et dès qu'il put reprendre son emploi à la Mission Sanitaire Américaine pour l'éradication du pian, il embaucha Clément Barbot. À ses amis de la boîte, il présenta le nouveau venu en termes précis et lapidaires: " mauvais caractère, taciturne comme moi, violent, voire cruel. Ne pas trop se frotter à lui. Réactions imprévisibles. Mais d'une loyauté sans égale."

Tel était réellement l'homme. Durant la campagne électorale, Barbot fut le partisan effacé, mais efficace. Pendant que Jean David, les Bélizaire, les Moreau, les Dorsainville, les Hérard...lançaient de grandes tirades dans les radios et sur les journaux, Barbot s'était contenté d'être " le piéton sur la grand-route ", le militant pratique et pragmatique, qui organisait les sorties de Duvalier, désorganisait celles des autres concurents, en posant des embuscades anodines, en programmant des retards contrariants, en faisant " dérailler les trains ", en préparant des accueils décevants...C'est lui qui, le premier, prit contact avec ce Themistocles Fuentes, envoyé de Prio

Soccaras, et garnit patiemment avec lui, au début de 1957, ce fameux dépôt d'explosif de Mahotière qui péta à la face de la présidence Sylvain et faillit mettre K.O. le candidat Duvalier. À cette occasion, il fut provisoirement contraint au maquis, comme de nombreux jeunes loups du camp duvaliériste: Toto Cinéas, Luckner Cambronne, Lahens...etc.

À l'avènement de Duvalier, Barbot put se féliciter -*à juste titre d'ailleurs*- d'avoir été l'un des artisans de la victoire. Et il entendait bien jouir des privilèges afférents à ses sacrifices et à son mérite. Duvalier n'y vit d'ailleurs aucun inconvénient. Et Barbot de s'installer Chef de la Police Secrète et premier garde du corps du Président. D'ailleurs, au fil du temps, les familles Barbot et Duvalier s'étaient liées intimement ; et c'est sans suspicion aucune, sans crainte, que Duvalier abandonna un vaste territoire politique à Barbot, assuré qu'il en ferait le meilleur usage au bénéfice d'eux deux.

Au début du régime, Barbot, à la satisfaction de son compadre, nettoya les écuries d'Augias. Avec une rigueur et une cruauté incroyables et dont l'inoffensif Duvalier des débuts se sentait incapable, il décima le camp adverse et un peu aussi les rangs des partisans trop envahissants et trop intrigants. Il sema la terreur chez ceux-ci comme chez ceux-là. Il mit sur pied les commandos de la mort, les inoubliables CAGOULARDS, qui, montés dans les lugubres D.K.W., lesquels, une fois la nuit tombée, investissaient les domiciles des opposants pour intimider et terroriser. L'homme faisait trembler tout le monde, *et peut-être même François Duvalier en personne* - par ses méthodes draconiennes et meurtrières. Il surveillait tout le monde. Il savait tout sur tous. Au fil du temps et de ses interventions, Barbot acquit une réputation monstrueuse : il se détacha nettement du peloton; il devint une personnalité. Un personnage tout-puissant. Trop puissant. Et en vertu du principe immuable que nul ne peut trop longtemps imposer sa puissance et la peur à un groupe sans attirer envie et hostilité, Barbot commença à susciter autour de lui une ambiance de haine féroce et indifférenciée. On lui en voulut de partout. Mais personne n'osa l'attaquer; il était trop fermement ancré dans l'estime du Président.

Le destin viendra à la rescousse et offrira aux pusillanimes l'occasion de porter quelques coups de massue à l'édifice de sa puissance. Son fils étudiant en Allemagne tomba malade. Papa Clément accourut à son chevet. Durant son absence, la camarilla politique se déchaîna. La lâcheté diffuse des peureux se condensa subitement, à la pointe d'une flèche capable d'atteindre et d'abattre l'adversaire absent. Cependant, le souvenir tenace de son compagnonnage si efficient retint Duvalier sur la pente du limogeage immédiat; il avait encore besoin de sa chirurgicale efficacité pour parachever le déblayage de l'horizon politique. Il comptabilisa cependant la somme de rancœurs accumulées et sous le voile subrepticement levé par ses détracteurs, le président perçut, au-delà du zèle de son Chef de Police Secrète, les fautes camouflées et les ambitions contenues.

En effet, Duvalier releva et factura au compte politique de l'imprudent ses rencontres fréquentes et secrètes avec Trujillo et l'Ambassade Américaine. On finit par lui fourrer dans le crâne que son premier garde de corps ne rêvait que d'une seule chose : lui ravir sa place. C'est à cet effet, renchérissaient les accusateurs, qu'il plaçait patiemment ses sbires et sicaires dans toutes les branches de l'administration publique, qu'il travaillait à circonvenir la haute hiérarchie de l'armée, qu'il assassinait partisans et opposants, terrorisait les militants...C'est le coup d'Etat permanent, insidieux et rampant. " La première étape de son plan vise à vous isoler, M. le Président, et à faire de vous un otage qu'il pourra éliminer au moment opportun, au moment où justement il aura reçu le feu vert de Trujillo et des Américains, susurrait-on ". Duvalier prit bonne note, attendit, mais ne paniqua pas.

Sur ces entrefaites, Barbot revint d'Allemagne. Il ne tarda pas à être informé du complot ourdi en son absence. S'il ne s'inquiéta pas de la réaction du Président, assuré de s'être rendu indispensable, il entendit punir les factieux et ses contempteurs. Des têtes tombèrent à droite et à gauche. Les Jumelle en face, et aussi des partisans, dont le Docteur André Rousseau, un proche de Duvalier qui avait commis l'imprudence de notifier au Président son total désaccord sur le principe de ses sorties impromptues en compagnie de Barbot seul. Duvalier pleura amèrement ce grand ami… en silence.

Le silence de Duvalier sur les agissements de Barbot déchaîné endormit la vigilance de celui-ci sur les chausse-trappes semées sous ses pas. Il se posa pratiquement en vice-président d'Haiti, comme le partenaire, l'associé à l'exercice du pouvoir et peut-être le dauphin. Et il se mit à déborder les limites de son champ d'action. Il donna la démesure de son audace au moment où François Duvalier tomba malade, en Mai 1959. Immédiatement il revendiqua l'avant-scène, éclipsa tout le monde. Il faut convenir que son sens de l'initiative sauva Duvalier d'une mort probable. Pendant qu'on se lamentait, il appela au chevet de l'illustre malade des sommités médicales américaines qui luttèrent un mois entier à tirer Duvalier de la tombe. Barbot s'imposa comme seul maître à bord. Il présida le Conseil des Ministres, publia des communiqués, diffusa régulièrement des bulletins de santé du président qui, officiellement, ne serait atteint que d'une grippe banale…Un seul homme osa résister à sa propension à la suprématie: Jean MAGLOIRE, Ministre de l'Intérieur et de la Défense Nationale, s'imposa à la présidence du Conseil en tant que deuxième personnage politique de la République.

Quand Duvalier reprit ses sens, il fut informé de tout. Barbot fut placé sous haute surveillance : chez le président convalescent, la méfiance supplanta la gratitude. D'autant que l'imprudent continuait à commettre des gaffes: il envahit tous les espaces du pouvoir administratif et politique et poussa l'indécence jusqu'à négocier des contrats de bail à ferme pour des entreprises de l'État. La goutte d'eau qui fit déborder le vase vint des pots de vin qu'il encaissa pour l'octroi du Casino et d'un monopole de la Minoterie d'Haïti. Le 14 Juillet 1960, Barbot fut arrêté et incarcéré au Fort-Dimanche. Luc Désyr et Eloïs Maître lui succédèrent à la tête de la Police secrète.

Ainsi se mesure la fragilité des destins politiques sous le régime des Duvalier. Clément Barbot, le tout-puissant, hier le maître des vies et des biens au faîte du Capitole, se trouvait aujourd'hui sur la Roche Tarpéienne, aux mains des geôliers. Il allait connaître toutes les rigueurs de ce Fort-Dimanche où il enfermait si gaiement ses ennemis et ceux du régime. Il y subit des interrogatoires musclés, conduits dans la même ambiance et avec les mêmes méthodes qu'il avait enseignées et appliquées. On lui fit peut-être grâce de quelques cruautés : ordre avait été donné de ne pas trop l'abîmer. À la vérité, on ne découvrit rien de sérieux ni de précis à lui reprocher du point de vue politique : il était resté loyal à son chef. Et s'il s'était laissé aller à certaines extravagances hasardeuses, c'est que la tentation était grande de jouer innocemment au président second à l'ombre du géant malade, d'autant que les flatteurs, des ambassadeurs mêmes, s'étaient empressés d'agiter l'encensoir et de lui découvrir " des qualités supérieures qui le rendaient plus éligible que " l'autre " à la fonction suprême". Ces propos pernicieux et seulement un goût exagéré pour la théâtralité présidentielle lui avaient un peu tourné la tête. Telle était sa confession. Innocente. Loyale.

BARBOT 2 : Libération et Guérilla

Dans un geste de longanimité qui ne lui était pas coutumier, François Duvalier libéra Barbot après 18 mois de détention. Pas facilement explicable, cet élan de générosité venant de l'implacable Duvalier. Sentimentalisme imputable au souvenir des services rendus, pressions internes ou externes, ou pleine conviction de l'innocence de l'homme. Bref, Barbot sortit de prison Mais ce qui s'ensuivit allait durcir Duvalier et lui faire passer à jamais le goût des pulsions d'humanisme et de mansuétude: pour lui désormais, toute reconnaissance n'était que lâcheté.

Barbot, lui, était trop intelligent et soupçonneux pour croire en la sincère magnanimité de ce Duvalier qu'il connaissait mieux que quiconque. Assurément ce dernier voulait sa tête et cette libération gracieusement offerte sentait le sursis et le piège. Il prit contact avec tous ses obligés au sein du gouvernement, non pour leur demander d'intervenir en sa faveur auprès du président, mais pour recruter des partisans, des supporteurs, des soldats, des militants, en vue d'une entreprise chirurgicale. Il projetait de faire rendre gorge à Duvalier : il est des affronts qu'on ne lave que dans le sang. Cette liberté octroyée, il allait l'utiliser à se relever de la déchéance.

Il mobilisa à sa cause une grande partie des réseaux clandestins de la police politique, ses amis et obligés de l'administration publique, de la Police, de la Garde Présidentielle, de l'Armée régulière, de la milice civile. Des armes furent achetées, volées ou réquisitionnées, ou reçues en don. Grâce à l'argent collecté (chacun lui devait quelque faveur), de nombreuses caches furent aménagées et approvisionnées en divers points de la Capitale. Et quand tout sembla à point, il passa à l'offensive, après avoir mis sa famille à l'abri dans les locaux de l'Ambassade d'Argentine.

Ici et là, des bombes éclataient, faisant de nombreuses victimes. Tout marchand de fresco, tout " shine " ou cireur de bottes, tout panier de pain, toute voiture abandonnée, tout sac à main traînant à terre, pouvait être une mine prête à semer la mort.

Les postes de police à la périphérie de Port-au-Prince furent visités régulièrement, délestés des armes et munitions, les soldats prenant la fuite aux moindres rumeurs de la présence de Barbot dans les parages. Celui-ci, en effet, faisait des apparitions impromptues, jusque dans les bureaux de l'administration, dans les lieux publics et à des fêtes officielles. Il s'évaporait tout aussi rapidement, laissant penauds et sidérés assistants et services de sécurité. L'audace inouïe de ces actions édifia rapidement un véritable mythe autour du personnage. Un jour, raconte-t-on, on cerna au millimètre près une maison suspecte. La planque fut mitraillée copieusement, puis fouillée. Elle était vide. Juste quelques habits et un ou deux revolvers. Mais personne. On avait vu seulement sortir un gros chat noir affolé. Il n'en fallut pas plus pour que l'imagination populaire reconnût à Barbot le don de la métamorphose animalière, le pouvoir de se transformer en chat ou tout autre animal, quadrupède ou oiseau…

Rien n'était sûr dans Port-au-Prince, avec ce Barbot activiste et terro-riste, ingénieux et audacieux, omniprésent et insaisissable. Ses commandos effectuaient des raids meurtriers n'importe où, n'importe quand. On vivait une situation corsée, délétère, dangereuse qui rendit morose le climat des festivités de la semaine du 22 mai 1963. Duvalier lui-même ne mit pas le nez dehors. Il s'enferma à l'intérieur de son palais, comme dans une carapace. On ne s'en formalisa point. Mais on avait oublié un trait du caractère de l'homme: c'est au moment le plus dangereux qu'il décontenançait les imaginations en jouant délibérément avec le feu; comme il le fit jadis en se jetant dans la gueule du loup, en allant participer à une réunion aux Casernes Dessalines avec Déjoie, Fignolé et Cantave, au lendemain de la chute de Sylvain; alors que la rumeur courait qu'il était recherché par la police. Comme il l'avait fait, au mépris des conseils de son staff de campagne, en allant affronter les pluies de pierres dans des villes hostiles de Jacmel et des Cayes...

Barbot, comme doté d'un don d'ubiquité, frappait partout à la fois. Son objectif: tuer Duvalier. La sécurité présidentielle insistait pour que le

Président ne quittât pas l'enceinte du palais; ou ne le quittât que sous un parapluie, et derrière un cordon ou un bouclier infranchissables, et seulement si une sortie s'avérait absolument nécessaire. Pourtant, contre l'attente et les conseils de tous, Duvalier décida d'inaugurer personnellement le nouveau local des Contributions (DGI), à 200 mètres environ du Palais National. Inutile de dire que furent prises toutes les dispositions et mesures de sécurité. Le cortège démarra de dessous l'ascenseur du palais dans un concert impressionnant de sirènes stridentes.

On s'étonna de le voir stopper brusquement à la barrière Nord-Est. Que se passait-il donc? Y avait-il un quelconque problème? Mon Dieu, on l'avait bien prévenu, ce Duvalier têtu. Etait-ce un contre-ordre de dernière minute? Le président se ralliait-il enfin aux objurgations de ses conseillers en sécurité ? Le temps de démêler ces conjectures, on remarqua Duvalier qui descendait de sa Mercedes blindée. Et à pieds, il prit le chemin des Contributions.

Immédiatement on dressa autour de lui un barrage de poitrines et de fusils. Duvalier était submergé. Il semblait suffoquer. Il s'énerva et fit signe des deux bras qu'on dégageât le passage. L'auteur de ces lignes se trouvait à hauteur du président, à 2 ou 3 mètres latéralement à sa gauche. Il l'entendit clairement prononcer cette phrase créole: "*Bam devan'm blanch*". Et comme par enchantement, la rue s'ouvrit sur ses pas lourds et lents. Il ordonna également de laisser libre champ aux journalistes désireux de le photographier ou de filmer l'événement.

Panique dans le monde de la sécurité. Le jeu était tout de même trop risqué. Car Barbot pouvait bien émerger de la foule, déguisé en femme, comme à son habitude, ou en cireur de bottes ou en photographe ou poussant une caisse de fresco bourrée d'explosifs, de cocktails Molotov. Duvalier joua le jeu et gagna : il était donc plus fort que le diable, que le chat Barbot. Tel était le message qu'il voulait passer. Des fanatiques affirmèrent qu'il était intouchable, car placé sous la protection des dieux. Lui-même renchérira bientôt en se déclarant immatériel et que n'était pas encore coulée la balle qui pouvait le tuer. Et il s'était trouvé beaucoup de gens pour le croire. Barbot dut se mordre les doigts de n'avoir pas été sur les lieux. Peut-être se dépêcha-t-il de se porter à l'affût pour le cas toujours possible où Duvalier commettrait l'imprudence du retour à découvert. Mais la cérémonie terminée, Duvalier s'engouffra promptement dans sa limousine blindée et regagna le palais sous forte escorte.

Cette provocation caractérisée exacerba la hargne et la barbarie de Clément Barbot. Malgré la multiplication et la vigilance des forces de police, il réussit à introduire ou à lancer une bombe dans un des sièges de concentrations populaires, à la Place Jérémie, à semer la panique et à tuer un certain nombre de paysans, traînés ici pour les besoins de la publicité politique. Ces drames et l'anxiété entretenue réduisirent à néant la pompe traditionnelle de la parade civilo-militaire du 22 mai 63. On ne pouvait la décommander, mais elle se déroula à la cloche de bois, en tenue civile. Barbot poussa l'insolence jusqu'à accorder des interviews à la presse étrangère. Bien sûr, la masse des haïtiens ne liront pas ces textes ni n'en entendront jamais parler. La censure y veillait.

Duvalier fut acculé à des mesures drastiques et impopulaires. Estimant que les établissements scolaires et des élèves dans les rues constituaient des cibles trop vulnérables, le président décréta la fermeture de toutes les écoles et facultés et annonça la réouverture pour le lundi 15 juillet 1963. DATE PRÉCISE. Pourquoi Duvalier avait-il choisi cette date ? Il ne l'a pas dit et on ne le saura jamais. Cependant, on retient ce genre de coïncidences étonnantes qui, au fil de sa présidence, accréditèrent la thèse que l'homme avait des intuitions qui s'apparentaient au don de clairvoyance, comme s'il possédait un troisième œil capable de percer le voile du futur. Car, le dimanche 14 juillet 1963, la veille de la réouverture annoncée un mois et demi plus tôt, Clément Barbot sera capturé... Tué.

Entre-temps, on s'épuisait à le rechercher. Il restait la seule épine irritative. Tous les autres problèmes du printemps 1963 étaient résolus: l'armée dominicaine était rentrée dans ses casernes, la 7ème flotte américaine avait quitté les eaux haïtiennes et l'ambassadeur américain a annoncé la reprise des bonnes relations avec Duvalier. Il ne restait que Barbot. Inutile de dire que Duvalier mit le paquet. Toutes les forces de police furent jetées aux trousses de cet empêcheur de vivre en paix. En vain.

Et un beau jour, piqué par on ne sait quel dieu ou quel démon, un jeune inconnu se présenta chez le Docteur Jacques FOURCAND, médecin personnel de Duvalier et président de la Croix Rouge Haïtienne. Adolphe ELUSMA, le jeune en question, 20 ans environ, débita un récit qui intrigua profondément le médecin neurologue et un peu psychiatre. Le visiteur fut amené illico au Dr Duvalier à qui il raconta en détail son histoire. Ancien soldat, embauché comme chauffeur de Barbot, il avait vécu avec ce dernier toutes les péripéties de sa guérilla ; aujourd'hui, la bataille lui semblait perdue ; fort de ses secrètes mais solides convictions duvaliéristes, renchérit Elusma, il vient dévoiler au Leader de son cœur la cachette du guérillero: une cahute perdue au milieu des champs de canne, en Plaine du Cul de Sac, tout près de Radio Commerce.

Pour déjouer le piège d'une possible entreprise d'infiltration et découvrir les éventuelles failles de la démarche délatrice, Duvalier promena Elusma chez environ une dizaine de barons du régime à qui le dénonciateur dut chaque fois raconter l'histoire dans ses moindres détails. Question de relever les déviations, les contradictions, les petits mensonges…Les 10 narrations - secrètement enregistrées - semblaient identiques: on conclut finalement à la véracité des faits et à la sincérité d'Adolphe Elusma. Dès cet instant, on ne perdit plus de temps. Elusma fut instruit de rentrer paisiblement à sa base pour ne pas éveiller les soupçons - et aussi comme un ultime test de franchise -, et pour s'assurer que Barbot, peut-être alerté par l'absence prolongée de son chauffeur, n'avait pas changé de planque.

Alors Duvalier s'érigea en stratège et monta dans le plus grand secret avec les dix barons interdits de sortie et de téléphone, une opération militaire minutieuse qui allait mettre un terme à l'épopée de Clément Barbot. La phase finale de la manœuvre consistait à incendier les champs tout autour de la cabane. Barbot pris au piège tenta une sortie au cours de laquelle il périt sous les balles des assaillants. L'histoire officielle s'est tue sur le nombre des victimes du camp gouvernemental.Tous les rebelles furent tués. Adolphe Elusma, bien sûr, était absent au moment de l'assaut final.

Le commandant du commando militaire repéra le cadavre de Barbot et, avec l'assentiment un peu primesautier du Dr Fourcand rayonnant, le fit inhumer sur place. Informé de cela, Duvalier se fâcha tout rouge. Il ordonna d'exhumer le corps et de le livrer sous toutes facettes aux caméras des photographes haïtiens et étrangers : la preuve publique de la mort réelle de Barbot devait être donnée, assortie d'un procès-verbal et d'un acte de décès dressés conjointement par le Juge de Paix de la Zone et un Notaire assermenté. On ne pourrait pas accuser son gouvernement d'avoir organisé une mise en scène pour calmer et tromper les esprits.

Figurez-vous que malgré toutes ces précautions il s'est trouvé des sceptiques et des fanatiques, en premier lieu les parents du défunt, pour affirmer que Barbot n'était pas mort, qu'il s'était retiré dans les montagnes avec armes et bagages en vue de continuer la lutte. Et quand, un mois plus tard, le jeune Hector Riobé, mu par les imaginations de la vengeance, se mit à hanter les mornes de Kenscoff, le spectre de Barbot ressurgit : on parla de son retour; les opposants furent aux anges. En tout cas, officiellement, Barbot était mort. Le lendemain 15 juillet 1963, jour longtemps prévu et annoncé, - quelle précision dans la prévision ! - l'école put rouvrir dans le calme subitement retrouvé. OUF ! ! !

ÉPILOGUE BARBOT

Cet Adolphe Elusma parcourut dans le gouvernement un itinéraire sinueux et chaotique. Duvalier le prit sous sa protection personnelle. Il le récompensa princièrement, comme il en avait l'habitude, et bien au-delà des 10.000 dollars de la mise à prix de la tête de Barbot*. L'argent reçu paya l'acquisition d'une douzaine de véhicules, mis tous en service taxi.

Le chauffeur de métier, un véritable cascadeur, ne trouva pas mieux à faire que d'investir dans les véhicules. Une à une, ces voitures se désagrégèrent: panne, accidents, négligence, vandalisme…etc. Au point qu'au bout de deux ou trois ans, Elusma fut réduit presque à circuler à pied. Il ne put mener une vie moyenne que grâce à une mensualité que Duvalier lui octroyait sur sa cassette personnelle. Chaque 27 du mois, Elusma se rendait au Salon Jaune pour recevoir de Madame Saint-Victor sa petite enveloppe de 200 dollars (en ce temps-là, c'était de l'argent).

Mais Adolphe était un turbulent incorrigible, un arrogant sans pareil. Assuré de la couverture du président, il étalait ses mauvaises manières avec une ostentation révoltante. Il ne respectait rien ni personne. Sûr de son bon droit et convaincu qu'en livrant Barbot il avait fait pour le régime plus que nul autre, il prenait un malin plaisir à couvrir de ses sarcasmes les plus grands dignitaires du régime. Ainsi eut-il maille à partir avec Eloüs Maître à qui il manqua de respect en public, ainsi qu'avec l'implacable Luc Désyr qu'il humilia sous la risée générale, en tordant d'une prise de karaté le poignet de son garde de corps, un sergent des FADH. Ses hauts faits sur de petits miliciens et soldats ou chefs d'administration furent légions: on s'épuiserait à les compter. On se taisait, on le tolérait…C'était l'homme à Barbot, d'autant que, sans avoir la gâchette facile, il était prompt à sortir le pistolet..

À chacune de ces incartades, Duvalier pardonnait. Pour assagir l'effronté et peut-être pour lui rappeler qu'il n'appartenait pas vraiment à sa famille politique, il le punissait des fois de 15 à 30 jours de prison au Fort Dimanche

---

**Sous les Duvalier, officieusement il existait le dollar haïtien qui valait cinq (5) gourdes. 10.000 dollars haïtiens équivalaient à 10.000 dollars américains. C'était le temps de la parité absolue.*

Sa réclusion ne dépassait jamais le mois; car, chaque 27 sans faute, Duvalier le faisait tirer du cachot, amener au palais pour le sermonner et lui remettre de la main à la main son enveloppe de 200 dollars. Mais chaque fois l'homme quittait le palais impénitent, le torse bombé, comme le héros qui venait de recevoir la médaille d'un exploit. Il recommençait des plus belles et Duvalier, patient comme Christ, renouvelait chaque fois le même scénario de la pénitence, du pardon et de l'enveloppe chargée. Entre-temps, il faut le dire, Elusma avait pris une initiative qui avait énormément plu au Président : il était retourné à l'école et grâce à une opiniâtreté sans pareille - *l'auteur de ces lignes, et un peu son professeur de littérature et de chimie son ami, peut en témoigner* -, il avait décroché les deux bac, après 5 ou 6 échecs. (Voilà un fait et un exemple qui serviraient à démentir ceux-là qui affirmaient que la liste des admis au Bac se dressait au palais national. Duvalier ne se ravalait pas à ces petitesses et ne tolérerait pas que ses collaborateurs proches missent la main à ces vilénies).

François Duvalier meurt en avril 1971: Adolphe ne comprend pas qu'il a perdu sa mère poule. À l'occasion d'une banale discussion avec un tenancier de borlette qui tardait à honorer sa fiche gagnante, Adolphe fit un tapage à tout casser devant l'établissement, limitrophe de sa résidence à la Ruelle Alerte (Place Jérémie). Saisi de l'affaire, Luc Désyr le manda. Le dialogue entre les deux hommes dérapa. Désyr ne toléra pas cette fois-ci le ton irrévérencieux de son interlocuteur (autres temps, autres mœurs); il l'envoya au Fort-Dimanche à la mi-septembre de l'année 1971 Adolphe s'en alla allègrement, avec un sourire moqueur, s'attendant à sortir de sa cellule immanquablement le 27 septembre, comme jadis, comme chaque fois, pour aller recevoir son enveloppe. Hélas ! il y restera six années entières. Les démarches de ses amis furent vaines. J'imagine ses états d'âme entre l'espoir revigorant de chaque matin de 27 et la déception amère de chaque aube de 28, durant ces éternelles années de détention. J'imagine aussi son profond désespoir et son mépris justifié, mais immérité, pour ses amis inutiles et ce gouvernement ingrat qui le laissèrent croupir dans la géhenne du Fort-Dimanche.

Finalement, sur l'intervention d'Antonio ANDRÉ, la grâce présidentielle l'atteignit le 22 septembre 1977, à l'aube grisâtre du Jean-Claudisme.

Appelé au palais quelques jours plus tard, selon un rituel suspendu, mais jamais abandonné, il reçut des mains de la Veuve Duvalier une montagne d'enveloppes, un peu jaunies, conservées religieusement depuis le 27 septembre 1971 jusqu'au 27 septembre 1977. Cela voulait dire que le 27 de chaque mois, comme à l'accoutumée, la présidence avait pensé au prisonnier. Affectueusement - et tout aussi cyniquement et sadiquement - Madame François Duvalier avait écrit de sa propre main, et ceci chaque mois pendant 72 mois successifs, le nom de ce proscrit jadis si utile au pouvoir du Père, dont le fils n'eût peut-être pas hérité, sans l'initiative et la trahison de Adolphe Elusma. Chaque mois donc la Veuve respectueuse avait classé ces enveloppes par elle-même adressées. Et elle, véritable régente de la transition, chargée par l'Illustre défunt d'entretenir auprès du Fils le souvenir des dettes du père, n'eut à aucun moment le bon sentiment de libérer ce serviteur emprisonné pour une peccadille. N'avait-elle pas voulu ou craignait-elle à ce point de déplaire à Luc Désyr ? En tout cas, elle et son fils avaient bien appris la leçon: en politique, la reconnaissance est une lâcheté. Adolphe Elusma aura reçu en définitive le double salaire de la trahison: de l'or et du plomb.

Devant cette démonstration paradoxale et cynique d'affectivité contenue et de sévérité caressante, d'amour mitigé et de mépris englué, Adolphe Elusma fut envahi d'une haine féroce. Il reçut, avec sur la face un rictus-sourire, ses enveloppes mensuelles, augmentées de nombreuses autres contenant ses étrennes de chaque décembre de 71 à 76, elles aussi accumulées. Il remercia révérencieusement La Première Dame de la République. Deux ou trois jours plus tard, il prit l'avion. Il ne reviendra au pays qu'à la chute de Duvalier Fils. Et seulement pour quelques jours, car il comprit qu'il avait certainement d'autres dettes à payer ici.

9.- HECTOR RIOBÉ OU L'HÉROISME SUICIDAIRE.

La malédiction semblait attendre Duvalier à chaque carrefour. Le calme relatif survenu après la mort de Barbot ne dura pas longtemps. Un jeune homme, du nom de Hector Riobé, aidé de quelques amis, prit les armes pour venger son père crapuleusement assassiné 3 mois plus tôt. En effet, au cours d'une fouille coutumière sur la route de Carrefour, en mai 1963, une patrouille du Camp d'Application de Lamentin intercepta une Mercedes appartenant au père Riobé.

Riobé était connu comme un grand propriétaire terrien en plaines de Léogâne et du Cul-de-Sac. Son commerce consistait à affermer de vastes étendues aux cultivateurs locaux de canne à sucre. Il venait tout juste de sortir de prison, incarcéré sous une fausse accusation. En fait, l'homme était un inoffensif, qui ne se mêlait pas vraiment de politique. Il gérait ses affaires privées dans un relatif respect des autorités en place. Ce jour-là justement, il revenait de faire la collecte des fonds à Léogâne. Quand il fut interpelé, il n'éprouva aucune crainte. Il se laissa fouiller. Rien de suspect dans sa voiture. Pas d'armes. Pas de tracts subversifs. Rien. Absolument rien de compromettant.

Mais dans le coffre arrière de sa Mercedes, on découvrit une mallette contenant une importante somme d'argent, fruit de la collecte auprès des fermiers. Les convoitises s'allumèrent. Le Chef de la garnison prit les choses en main. On dit qu'il transféra le prisonnier au palais national. En tous cas, Riobé mourut et son argent, souillé de sang, *racontent les mauvaises langues*, serait à la base de certaine fortune subite. En ces temps où les ministres touchaient 600 dollars par mois et les colonels 300 environ, 20,000 dollars représentaient une immense fortune.

En Haïti, les nouvelles qu'on veut tenir secrètes circulent plus vite que vent. Quand on raconta à Duvalier dans quelles conditions ignobles et pour quelles raisons monstrueuses Riobé avait perdu la vie, il réagit avec colère et indignation. Le commandant du Camp, qui était en si haute estime qu'il pouvait se permettre de pavaner à la tête de la milice de Duvalier, portant tenue bleue et machette, au lieu du kaki et de l'épée, tomba dans une disgrâce soudaine et ignominieuse. Il fut transféré à un poste secondaire. La milice du Camp d'Application fut annexée à celle du Fort-Dimanche sous le commandement unifié de Madame Max Adolphe. C'est d'ailleurs à l'insistance de celle-ci que cette branche de la milice ne fut pas tout bonnement dissoute, comme l'orange pourrie susceptible de contaminer l'entourage ou comme une branche dissidente pouvant rester fidèle au major commandant devenu indésirable.

De l'affaire Riobé il y eut une autre justification, celle-là légendaire et ésotérique...Le père Riobé et Duvalier se connaissaient bien, disait-on. Ils étaient même amis. La famille Riobé, par l'entremise de la sœur de Riobé, la mère de Popo, avait contribué au financement de la campagne électorale de Duvalier en 1957. Mais Père Riobé, affirme-t-on, était un grand loup-garou, le chef des " *Chan pwel ou Bizangos* " de la plaine du Cul de Sac, si ce n'était l'Empereur des Bizangos d'Haïti...

Une nuit, comme à son habitude, Duvalier se rendit dans les centres mystiques de " l'Artibonite sacrée ", en compagnie d'un seul garde du corps, le Major Claude Raymond qui conduisait la voiture. De retour vers deux heures du matin, le véhicule fut stoppé par une foule nombreuse aux habits bigarrés et bizarres, à hauteur de Source Puante, non loin de Duvalier-Ville. Pris de peur, Claude Raymond réveilla l'illustre passager qui somnolait à ses côtés. Duvalier, sans aucune panique, descendit lentement du véhicule, et avança délibérément au milieu de la foule. Quand celle-ci se rendit compte de l'identité du personnage, elle se dispersa, prit la fuite même. Un seul individu demeura sur place. Un gros blanc.

Face à face, les deux " taureaux " s'affrontèrent du regard, sans mot dire, du moins pour les profanes qui ne perçurent pas un seul son. Après quelques instants de cet affrontement silencieux, Duvalier recula sans se retourner et remonta dans la voiture qui démarra aussitôt.

Le gros blanc n'était autre que le père Riobé. Le président fut très contrarié de cet épisode. Il conçut, de ce jour, haine et jalousie pour ce " blanc" qui pouvait mobiliser tant de forces mystiques au pays, qui osa l'intercepter sur le chemin de ses recherches ésotériques et le regarder sans peur les yeux dans les yeux, tandis que ses coreligionnaires se débandaient.. On dit que le blanc poussa l'insolence jusqu'à devancer Duvalier dans ses appartements privés. En effet, celui-ci, dit-on, entrevit son ombre dans les couloirs à son arrivée au palais.

De ce jour, en tout cas, la lutte était engagée entre ces deux chefs, entre les deux initiés. Duvalier estimait tout à fait inadmissible que l'empire des bizangos fût confié à un " blanc " qui foulait si impudemment ses plates-bandes. Il jugea que: "*de koq pa chante nan menm baskou*". Le sort de

Riobé était scellé. Entre mille maléfices qu'ils se dédiaient l'un à l'autre, avec une régularité et une cordialité inépuisables, Riobé avait monté une lampe sans appel, à la racine d'un mapou géant dans un endroit connu seulement de trois personnes: Riobé et deux hougans. Duvalier tombait malade de temps en temps ; il dépérissait à vue. Il savait d'où venaient ses tracasseries. Il se démena pour trouver remède et anéantir son adversaire et rival ésotérique. Finalement l'un des hougans de Riobé trahit la combine et livra le secret au président : " Une lampe brûlait au creux d'un arbre que nul autre qu'eux trois (Riobé et les deux Hougans) ne pourrait jamais retrouver. Une seule chose pouvait éteindre cette lampe fatidique, confessa le hougan transfuge, c'était le propre sang de Riobé ". Si donc Duvalier réussissait à se procu-rer le sang vif de Riobé, le traite acceptait de conduire Duvalier au mapou pour les cérémonies magiques d'extinction de la lampe.

On se mit donc à piéger le père Riobé jusqu'à cette fouille impromptue sur la route de Carrefour. Arrêté et fouillé jusqu'à la peau, Riobé, contrairement à ce qu'on avait dit, fut conduit vivant au Palais National où…

Les tenants de cette thèse compliquée et un peu tirée par les cheveux crurent que l'arrestation de Riobé n'avait rien d'un hasard de fouilles sur la route de Carrefour: elle avait été ordonnée d'en haut, soigneusement planifiée, discrètement exécutée. Et ce ne fut pas sans raison que l'homme atterrit au palais national où, dit-on, furent accomplis sur sa personne des rites de haute sorcellerie.

Cette thèses ne tient pas la route. Riobé venait de passer quelques jours en prison. Pourquoi n'a-t-on pas fait le nécessaire à ce moment-là? Pourquoi a-t-il fallu le relâcher, puis le reprendre? Aucune logique.

En tous cas, pour cette sombre affaire de haute magie ou de sou volé, Duvalier allait payer un prix énorme en argent, en hommes et en prestige. Car la punition mitigée et toute politique infligée au coupable ou bouc émissaire ne sembla pas avoir suffi à dédommager l'amour filial au sein du clan Riobé, lequel, en cet été 1963, allait demander compte de l'assassinat du pater familias. Avec des jeunes de son âge, Hector Riobé tenta de prendre d'assaut la Caserne de Pétion-ville, y massacra soldats et miliciens venus à la rescousse, avant de s'enfoncer dans les mornes, et de se loger, tout seul cette fois-ci, dans une anfractuosité choisie avec une vision de stratège étonnante pour son âge de 20 ans. De là, il dominait la route et contrôlait le seul accès possible. Il voyait tout le monde; personne ne pouvait le détecter.

Au début, on ne savait pas exactement de quoi il s'agissait. Plusieurs imprudents du régime payèrent de leur vie leur empressement téméraire à se faire valoir dans le but de décrocher les félicitations habituellement sonnantes et trébuchantes de Duvalier. Chacun voulut coiffer l'autre dans la course à la récompense facile. Quand les renseignements firent comprendre qu'il n'y avait qu'un seul tireur, on courut à la curée: c'est à qui mettrait le premier la main sur cet illuminé de Riobé. Miliciens et soldats se jetèrent en bandes inorganisées à l'assaut du morne à Riobé. Mal leur en prit: on ne dit pas combien périrent, fauchés par la mitraille du soldat solitaire. Assez nombreux en tout cas pour porter le pouvoir à prendre les choses au sérieux et à monter une opération militaire bien élaborée. Pourtant, même le corps d'élite des Casernes Dessalines ne parvint pas à déloger Riobé. On se résolut, après plusieurs tentatives infructueuses, à mettre un siège passif et silencieux, espérant que l'épuisement des vivres et munitions mettrait fin à l'aventure.

Durant ce temps, la tension montait. En ces mois de chaleur, la station estivale de Kenscoff attirait toute la jeunesse dorée de Port-au-Prince et de Pétion-Ville. Cette année, pas moyen de la fréquenter. Le feu rageur de Riobé, du haut de son monticule, ne faisait aucune discrimination : il n'épargnait personne.

Le temps passa. Et les vivres aussi. Les réserves de Riobé s'épuisèrent. Le guérillero solitaire s'affaiblit. Mais il n'accordera pas à la troupe gouvernementale la gloire de le capturer. Il se tira une balle dans la tête. Ce n'est là qu'une version de la fin de l'Histoire.

Par contre, certains racontent que de guerre lasse, Duvalier décida d'utiliser la mère pour mettre fin à la geste du fils. Elle fut conduite sur les lieux dans le but de convaincre Hector de déposer les armes. En voyant sa mère, diminuée par les sévices, gravir péniblement les pentes abruptes où étaient tombés tant de miliciens et de soldats duvaliéristes, il craignit qu'un sentimentalisme de dernière heure ne vînt compromettre ou saper le radicalisme de ses convictions. Il se suicida.

Quelque soit la thèse avancée, l'épisode Riobé fut clôturé. La paix revenue, la station de Kenscoff s'offrit à nouveau à la détente estivale et la récupération du temps perdu. Et Duvalier put fêter son 22 septembre 1963 en toute sérénité. Même ceux qui étaient censés vibrer à la geste du fils vengeant son père reléguèrent dans les oubliettes de leur mémoire le héros vaincu et poursuivirent leur vie de travail, de soucis et de plaisirs petits-bourgeois, comme si rien ne s'était passé.

10.- LA FOLLE ÉQUIPÉE DE L'EX-GÉNÉRAL LÉON CANTAVE

Ainsi qu'on l'a dit en début d'ouvrage, le général Léon Cantave connut des heures de célébrité dans les premières phases de la campagne électorale de 1957. On se rappelle ses empoignades avec le Collège et le piège qu'en passant la main, il avait tendu au Professeur Daniel Fignolé. Après son bras de fer avec le Collège, débarrassé - bien à regret - des sublimes charges de Commandant en chef de l'armée, il était rentré dans une vie civile paisible. Mais les débuts de Duvalier ne le laissèrent pas serein. La méfiance affichée envers les militaires, les arrestations intempestives, la suspicion du régime envers tous ceux qui avaient mené les évènements de 1956-57, notamment Déjoie, Jumelle, Kébreau…etc., le souvenir encore chaud de son attitude agressive vis à vis de Sylvain et des duvaliéristes lors de la fameuse affaire des bombes, tout cela le détermina à se mettre à l'abri, de l'autre côté de la frontière.

Là-bas, cependant, il se rongeait les freins. Ses ambitions et sa mégalomanie ressuscitèrent. Après quelques temps d'oisiveté et d'ennui, il fut pris de la folie de ravir le pouvoir à Duvalier. Pour cela, dans la logique de sa formation militaire, il n'envisagea que le coup de force et l'invasion armée. Il recruta la plupart de ses frères d'armes exilés. Il leur adjoignit des civils qui se retireront finalement du mouvement. Il bénéficia de la chance unique d'être admis à entraîner sa petite troupe dans un camp militaire dominicain. Il reçut également, armes et subsides des autorités dominicaines.

Et le 2 août 1963, il franchit la frontière et occupa Derac, une bourgade insignifiante du Nord-Est. De là, il fit le va-et-vient entre Fort-Liberté et Ouanaminthe. Quelques défections dans les garnisons locales renflouèrent piètrement ses forces. Mais une fois le premier moment de surprise passé, les habitants de la zone se ressaisirent. Paysans, miliciens et soldats, galvanisés -et terrorisés aussi- par Duvalier vite informé, prodi-guèrent leurs efforts à combattre les rebelles. Il faut dire que ceux-ci affichaient à l'occasion un amateurisme incompréhensible : ils circulaient comme à la parade; ils tiraient sans arrêt, sur des cibles imaginaires ; leurs armes s'enrayèrent le plus souvent après deux ou trois coups. Au point que Cantave en arriva à douter de la bonne foi des commanditaires qui, pensa-t-il, lui avaient refilé délibérément des armes trafiquées.

Déprimé et désespéré de commander un ost oisif, ayant appris que des renforts importants cheminaient vers Fort-Liberté et Ouanaminthe pour le prendre en tenaille, Cantave rassembla sa troupe et, aux premiers coups de fusils des forces gouvernementales, il sonna le repli et repassa la frontière avec les escouades désoeuvrées de son armée inutile…Sa première bataille était perdue.

Duvalier, avec force tapage, souligna la complicité du Président Juan BOSCH qui avait permis que des camps d'entraînement implantés sur son territoire partissent des troupes d'invasion pour venir subvertir l'ordre constitutionnel haïtien. Il porta plainte par devant l'OEA, qui fut obligé de conduire une enquête en République voisine. Sur le plan diplomatique, Duvalier remporta la victoire. À Port-au-Prince, le centre nerveux du Pouvoir, c'était le calme plat, de même qu'au Cap-Haïtien tout proche pourtant du champ de manoeuvre. Les nouvelles circulaient sous le manteau. Journaux et radios furent contraints au silence. Ainsi pendant que combat se livrait dans le Nord-Est, les habitants des autres régions du pays se la coulaient douce, en toute paix, en toute sérénité.

11.- LA DEUXIÈME CHANCE DE CANTAVE

Cantave ne s'avoua pas vaincu. Il réussit à rameuter les débris de son armée éparpillée, à la renflouer avec l'aide du Colonel René LEON. Et le 16 août 1963, au milieu des feux d'artifice de la " RESTAURACION

DOMINICANA ", la troupe à Cantave traversa la Rivière MASSACRE et s'installa à MONT-ORGANISÉ.

À la grande satisfaction des rebelles, la caserne était vide, le gros de la garnison étant parti pour Ouanaminthe. Les envahisseurs y prirent leurs quartiers, fraternisèrent avec les paysans, à qui l'on apprit mensongèrement qu'à Port-au-Prince tout était consommé : Duvalier était tombé du pouvoir. On but. On chanta. On festoya. Mais on fut aussi informé qu'un contingent de l'armée haïtienne devait arriver sous peu. Une sentinelle annonça effectivement au petit matin du 17 août qu'un convoi de trois véhicules était aperçu au loin. À cette nouvelle, les rebelles furent pris de peur et tirèrent dans toutes les directions. Curieusement, les soldats du convoi port-auprincien paniquèrent et rebroussèrent chemin.

En dépit de ce repli miraculeux, Cantave fut ébranlé. L'alerte était donc donnée à la capitale? On allait peut-être bientôt lui tomber dessus ? D'autant qu'un avion de reconnaissance avait déjà survolé la zone. Il donna l'ordre de retraite. Curieusement les deux armées fuyaient simultanément le champ de bataille. Cantave, lui, venait de perdre sa deuxième bataille. Bêtement.

De nouveau, Duvalier monta à l'OEA et menaça même, si l'organisme régional restait passif, de porter la question par devant le Conseil de Sécurité des Nations Unies : le président BOSCH était coupable une seconde fois d'agression contre un Etat souverain de l'hémisphère occidental.

À l'intérieur, on dressa les listes de proscription, en tête desquelles figuraient les noms de Cantave, de René Léon, de Paul Magloire. Et de tous les militaires et civils soupçonnés de sympathies vis-à-vis des envahisseurs ou ayant avec eux des liens de parenté. Usant des pleins pouvoirs qui lui avaient été accordés par la Chambre Unique convoquée à l'extraordinaire, Duvalier décréta la Loi Martiale qui lui permit d'opérer arrestations, fouilles, perquisitions, destitutions…etc.

12.- DÉMONSTRATION D'EFFICACITÉ DE CANTAVE

Malgré tout, Cantave, le poltron, ne lâcha pas prise. De Santo Domingo, il se rendit aux Etats-Unis en quête d'un soutien tangible de la CIA. Pour être monté sur le front les armes à la main, contrairement aux stratèges en chambre, il fut pris au sérieux. La CIA lui accorda quelque considération et lui promit tout, à condition que…Et Cantave, pour prouver qu'il était bien implanté à l'intérieur d'Haïti et que sa cause pourrait avoir des échos positifs au sein des populations à condition que…, envoya un commando restreint à Ferrié, petite bourgade voisine de la frontière haïtiano-dominicaine. La petite troupe réussit l'exploit d'assassiner le Maire de Ferrié et de retourner sans coup férir en République Dominicaine. Un épisode rapide, fulgurant, vite accompli, vite terminé. Cantave avait peut-être gagné sa troisième bataille. Mais une victoire à la Pyrrhus…

13.- LE BAROUD D'HONNEUR DU GÉNÉRAL CANTAVE

Opération limitée et rapide, n'ayant consisté qu'à assassiner un officiel du gouvernement. À la fois banal et odieux...Mais la rentabilité fut immense pour Cantave. Le voici éligible au soutien de la Grande Agence. En effet, fin août 1963, celle-ci lui parachuta armes et munitions en République Dominicaine. Cantave ragaillardi entreprit un nouveau recrutement. Il retrouva les possibilités d'entraînement dans un camp de l'Armée Dominicaine. Forte d'environ 200 hommes cette fois-ci, la troupe de Cantave traversa la frontière le 22 septembre1963, pendant que Duvalier, soulagé des angoisses de la Guérilla Barbot et Riobé, fêtait à Port-au-Prince avec des centaines de milliers de paysans amenés des 4 coins du pays.

Cependant, différence majeure, cette fois-ci, la troupe à Cantave était attendue. Ce n'était pas pour rien que Duvalier payait des espions en République dominicaine et entretenait des " amitiés " dans la Grande Agence. Les officiers qui louaient Cantave, l'assistaient et le conseillaient, se mettaient en frais de renseigner Duvalier au jour le jour. De sorte que ce dernier savait depuis longtemps la date, le lieu exact de l'invasion, l'effectif de la troupe, la composition de l'Etat-Major, les plans d'attaque et de campagne, même l'identité des soldats et des comparses. Qui plus est, l'éclaireur dominicain de Cantave travaillait pour Duvalier. C'est lui d'ailleurs qui sonna l'alerte et indiqua le point et le moment précis d'entrée de la troupe, suivant un signal convenu avec Duvalier : dès que la troupe de Cantave eut foulé le sol haïtien, l'espion tira un coup de fusil (contrairement aux strictes instructions de silence de Cantave). Fut ainsi donnée l'alarme concertée avec l'armée haïtienne, qui ouvrit illico un feu nourri en direction du coup de feu attendu. La bataille commençait mal pour Cantave.

Cette riposte violente et soudaine qui anéantit l'effet de surprise si bien ménagé fit comprendre à Cantave qu'il avait été trahi. Cependant il effectua un baroud d'honneur, sous un véritable déluge de feu, avant de sonner le repli, le troisième. Il ramena en République dominicaine quelques lambeaux de sa troupe: il ne put compter les…absents.

Il convient de citer au tableau d'honneur deux commandants d'escouades de Cantave. Le premier, Fred BAPTISTE, neveu du grand industriel Léon BAPTISTE, guerroya comme un enragé. Il n'entendit pas, dit-on, l'ordre de repli. Quand il remarqua qu'ils n'étaient plus que 4 ou 5 au milieu des forces ennemies, il livra un combat d'un héroïsme sans égal pour ramener les blessés. Oui, Fred Baptiste fut un grand capitaine qui méritait certainement un chef moins poltron que ce général Cantave. Il débarquera sur les côtes de Bellanse en juillet 1964 avec Adrien Fandal. Et contrairement aux affirmations du Député André Simon qui avait annoncé triomphalement à Duvalier la mort de ces rebelles dans un affrontement au Morne Vincent, à hauteur de la Forêt des Pins, Fred Baptiste se retrouvera -encore - à Oriani en 1965 en compagnie de Wilfrid Charles et d'autres rescapés du fameux commando de Fandal (Les Camoquins). Infatigable sur la brèche, il reviendra au début de janvier 1970 accompagné de son frère ou cousin Rennel Baptiste. Ils seront capturés. Ils durent, cette fois faire leur adieu aux armes. Paix à leur âme!

Blücher PHILOGÈNE, un capitaine de l'armée passé à la rébellion, se vantait d'être invulnérable. Fort de cette croyance stupide, il fonçait dans la bataille avec un appétit glouton et une témérité suicidaire. Il fit de nombreuses victimes, il est vrai, mais il fut vite fauché, naturellement. C'était une grande gueule qui prenait plaisir à abominer le nom de François Duvalier. Voulant s'assurer de sa mort et tirer vengeance, ne serait-ce que sur le cadavre de son ennemi, le président ordonna que la tête de Blücher lui fut apportée dans un seau de glace. Macabre. Il la fit exposer sur une place publique. Et si on prétend qu'il s'adonna sur ce trophée ignoble à des rites de sorcellerie, nous ne pouvons l'affirmer. Ce qui est certain, c'est que les officiers et soldats purent voir ce qu'il pouvait advenir d'un capitaine, même soi-disant ou réellement invulnérable, qui trahirait la " Révolution ".

Il ne serait pas juste d'ignorer les braves du côté gouvernemental. La palme revient au Major LHERISSON. Comme Blücher, il était convaincu de ses pouvoirs magiques. Nommé inspecteur Général des frontières depuis belle lurette, il s'était appliqué à galvaniser les garnisons en organisant, dit-on, des cérémonies vaudoues du genre de celle de Boukman, au Bois Caïman. Il se démena tant et si bien qu'il finit par inspirer une telle confiance à ses hommes que ceux-ci dominaient toute peur, toute angoisse. À côté du service d'intelligence, c'est au compte de sa ténacité, de son opiniâtreté, de sa capacité de leadership, qu'il convient d'inscrire la victoire fulgurante des forces gouvernementales en septembre 1963.

Abel JEROME mérite aussi une citation. Bel officier noir à la carrure impressionnante, homme d'une bravoure légendaire, il participa à la bataille sur les premières lignes de feu. Courageux et perspicace, il sut imposer à ses troupes amour et respect. Il était doté du don de commander. Il savait surtout agir et agir bien et vite dans les situations difficiles. Et pour cela, les soldats lui accordaient leur entière confiance. Lui aussi se dit un élu et un protégé des dieux.

C'est aussi à cette bataille de Ouanaminthe qu'on commença à remarquer un jeune officier aux pieds plats, haut sur pattes, maigrelet, aux jambes quelque peu difformes. Jean-Claude PAUL. Il s'était abrité dans un petit cimetière avec un minuscule canon. Après un ou deux coups, le canon s'enraya. Paul se trouva coincé tout seul sous le feu ennemi. Pas moyen de s'en sortir. Il héla Abel Jérôme qui lui promit de couvrir sa retraite. Et avec un simple fusil semi-automatique M-one et 2 ou 3 chargeurs pris sur un cadavre gisant à ses côtés, il sortit en tirailleur, zigzagant de dos, maintenant une incroyable puissance de feu, changeant de chargeur comme un prestidigitateur. Il se sauva de derrière une tombe qui, 30 secondes plus tard, vola en éclats sous un coup de bazooka. Il n'en fallut pas plus pour qu'on prédît à Paul un destin exceptionnel...Qu'il eut, d'ailleurs. Il termina sa carrière au grade de Colonel, au poste tant envié de Commandant des Casernes Dessalines. Là il fit beaucoup de vagues...Une semaine après son limogeage surprenant sous la présidence de son compadre et collègue de promotion, le Général Prosper AVRIL, il mourut mystérieusement en septembre 1988, empoisonné chez lui, dans la soupe traditionnelle du dimanche matin, dit-on, par sa propre femme Mireille Délinois PAUL.

Au bilan, Cantave, à lui seul, envahit 4 fois Haïti en moins de 60 jours. Le lendemain de sa dernière équipée, le 23 septembre 1963, Bosch fut renversé. Et la paix s'installa entre Duvalier et la République Dominicaine. On se rappelle que Bosch avait massé des troupes sur la frontières et lancé un ultimatum de 24 heures à Duvalier. Il avait même enjoint aux habitants voisins du palais national haïtien d'évacuer les lieux, car à tout moment son aviation pouvait pilonner la résidence présidentielle. Duvalier avait porté plainte auprès de l'OEA et, devant l'échec de l'OEA à ramener Bosch à la raison, il s'était adressé à l'ONU.

Cela, c'était la partie visible de l'iceberg, la démonstration publique, la vitrine politique. Car en contrebas de ce tollé diplomatique, la taupe Duvalier fossoyait avec patience et application la tombe de Bosch. Contacts soutenus avec la haute hiérarchie de l'armée dominicaine qu'il orientait, conseillait et qui en retour le renseignait à la minute près. C'est grâce à cette armée qu'il sut la date, le lieu et l'effectif de l'invasion Cantave. C'est lui, Duvalier, qui avait mis en garde contre les dangers gauchisants de Bosch cette superbe armée trujilliste en passe d'être dissoute ou tout au moins décapitée jusqu'au grade de capitaine. C'est celle-ci qui lui avait suggéré de tirer quelques coups de canons sur le clocher de l'Eglise de Dajabon pour justifier son retrait immédiat et la destitution du président dominicain dont la hargne exacerbait inutilement la haine entre les deux peuples frères de l'île.

Quand l'armée dominicaine déposa Bosch, personne ne s'en émut en Occident. Duvalier s'en réjouit ouvertement. Son monde festoya et répandit le bruit - probablement seulement à moitié faux - que la chute de Bosch était l'œuvre du Président haïtien.

14.- LUCIEN DAUMEC EN PORTE À FAUX

Lucien Daumec était de la famille présidentielle. Il avait épousé la sœur de Madame François Duvalier. Cela faisait longtemps déjà qu'il travaillait avec son…beau-frère, depuis Estimé dont il était farouche partisan. Marxiste-léniniste convaincu, dialecticien émérite, il était le plus proche conseiller de Duvalier, qui lui confiait la rédaction de bon nombre de ses discours.

Duvalier, dans la tête de qui trottaient depuis toujours des plans de durabilité au pouvoir au-delà du second mandat, s'ouvrit hypocritement à son beau-frère de son intention de quitter le pouvoir en mai 1963, comme l'exigeait l'américain. Naturellement, Machiavel n'était pas sincère: il voulait simplement tester les ambitions de son entourage. Et qui mieux que Daumec, sacristain de sa chapelle ou pape au sanctuaire, pouvait jouer le rôle d'agent provocateur ? Daumec ne flaira pas et tomba dans le piège, pensant que la confidence de Duvalier contenait à son endroit une promesse de soutien pour la succession. Et le conseiller de tous les jours s'appliqua, avec un talent inépuisable, à aménager la sortie de Duvalier, tout en préparant son entrée à lui, plutôt que de tout autre. "Charité bien ordonnée". Il commença à s'habiller à la mode de Duvalier, comme si la tenue vestimentaire ajoutait au charisme et consacrerait son leadership sur la gent duvaliériste : costume noir, chemise blanche, rosette noire. Il recruta ouvertement des partisans dans l'armée, à la Chambre des députés, dans l'administration publique…, etc. Tout ceci, avec, dit-il à tous, l'assentiment de son présidentiel beau-frère. Duvalier recevait chaque jour le rapport détaillé des activités et des mensonges de ce dauphin improvisé et auto-déclaré. Certains candidats, jusque-là cachés, se découvrirent en venant se plaindre à lui de la préférence accordée à Daumec, eux qui s'estimaient plus loyaux à la cause, plus capables de porter l'étendard de la relève et de la continuité.

Un beau jour, quand Duvalier eut fini de réunir les morceaux du puzzle et de recenser, grâce aux confidences naïves des candidats frustrés, toutes les défections et trahisons en attente autour de lui, il passa à l'action.

Lucien Daumec fut arrêté ainsi que ses complices de l'Armée et de l'administration de l'Etat. Au début de 1964, la Chambre Législative se réunit en vue de destituer 6 députés impliqués dans le " complot". Au milieu de la séance, Duvalier accepta, à la demande d'Ulrick SAINT-LOUIS, président de l'Assemblée, d'effacer de la liste fatale le nom du Docteur Lessage CHERY. Pour lancer un avertissement aux candidats clandestins qui ne s'étaient pas trop avancés, Duvalier utilisa une violence inouïe à déraciner les sympathisants de Daumec du sein du régime. Il connaissait trop les capacités de ce trotskiste qui avait participé avec les jeunes de la RUCHE, en 1946, à la chute de Lescot, qui avait comploté avec lui sous Magloire, qui avait planifié avec quel brio tous les coups fourrés terroristes de la campagne électorale de 1957, ainsi que ceux du début de son règne. Lucien Daumec était un intellectuel activiste, capable du meilleur comme du pire. On ne joue pas avec le feu en politique.

Pourtant l'entourage de Duvalier crut jusque-là à une farce. Mais une après-midi, le président annonça à son épouse Simone qu'il se rendait au Fort-Dimanche pour fusiller son parent Lucien Daumec. Et il le fit effectivement, sans sourciller. Ce fut la consternation au sein de la classe politique duvaliériste. Car, tout le monde, soldats, miliciens, fonctionnaires, serveurs du palais, directeurs, ministres, toute la cour du Roi se courbait devant Daumec, le Grand Chambellan à qui Duvalier lui-même référait pour toute faveur, toute recommandation. Quelle histoire macabre ! ! ! Décidément, le palais national haïtien s'était transformé en une cour des Borgia où frères, sœurs et cousins s'assassinaient allègrement…

En tous cas, le message était passé. Si, pour conserver son pouvoir, Duvalier n'hésita pas à décimer sa propre parentèle, que ne ferait-il pas aux autres ? Les politiciens de la même famille idéologique reçurent 5 sur 5. Surtout le troisième compère du trio FIGNOLÉ -DUVALIER- DESINOR. Ces trois s'étaient promis, du temps de leur entente au MOP, de se passer successivement la présidence, dès que l'un d'eux l'aurait conquise... Après Fignolé et Duvalier, le tour semblait venir pour Clovis Désinor. Pourtant ce fieffé rusé se tenait sur ses gardes. Car, somme toute, s'il y eut un complot Daumec, il fut initié par Duvalier en personne. Toutes les grandes têtes du régime avaient été approchées sur l'éventualité d'un départ légal de Duvalier et de sa relève assurée par Daumec. Même les petits miliciens en parlaient ouvertement, car les dispositions étaient prises en ce sens, sans discrétion aucune. Tous les chefs de milice de la province étaient engagés dans la passation, croyant l'ordre issu du bureau présidentiel.

Pourtant les partisans intelligents et prudents étaient restés dans l'expectative. Ils avaient retenu les leçons accumulées au long de 7 années de règne d'un Duvalier cynique, soupçonneux et machiavélique. Un Paul Blanchet, un Clovis Désinor, et bien d'autres ne tombèrent dans le panneau. Si les imprudents mordirent à l'hameçon, ces rusés avaient répondu à Daumec que seul un mot d'ordre explicite de Duvalier engagerait leur participation à son entreprise, contre laquelle-ô hypocrisie des hypocrisies!- ils n'avaient aucune objection personnelle. C'est que Duvalier avait éduqué son monde au strict respect du principe autocratique : le capitaine n'obéissait au Major ou au général que pour les vétilles d'ordre administratif. Dès que la chose prenait une dimension politique, le plus petit rouage devait attendre l'ordre direct de Duvalier pour se mettre en branle. Allez donc demander à tel milicien ou soldat d'applaudir tel ministre ou de voter pour tel candidat ami ou parent, il vous rirait à la figure. Seul Duvalier pouvait donner de telles instructions, et par l'entremise de tel intermédiaire bien identifié.

La position privilégiée de Daumec avait endormi la méfiance de beaucoup. Mais, les duvaliéristes orthodoxes n'auraient jamais commis la bêtise d'accompagner Daumec. Les ambitieux, les impatients, trop pressés d'adorer le futur dieu, commirent une faute irrémissible en politique, faute qu'ils payèrent cher. Car, Duvalier, avant d'engager l'opération de la présidence à vie, avait besoin de nettoyer ses écuries. Les premières scories furent emportées dans la charrette mortuaire de Lucien Daumec.

15.- LES BOMBES SOUS LES SOUTANES

À leur retour du Canada, deux Jésuites, les pères LAMAREC et ROSS, furent interceptés à l'Aéroport et fouillés. On prétendit avoir découvert dans leurs bagages du matériel de propagande anti-gouvernementale. On les arrêta. Grand émoi dans la cité et particulièrement dans le monde catholique. Duvalier n'en eut cure. Au contraire, il renforça la mesure jusqu'à expulser la congrégation entière et à fermer le grand séminaire

Duvalier traînait depuis quelque temps un contentieux avec les hommes en soutane. En plus d'être affublé de la mauvaise réputation mondiale de vouloir toujours peser sur la politique des pays hôtes, les Jésuites avaient commis la faute de sous-estimer Duvalier et d'oser donner l'asile dans les locaux du Séminaire à des opposants notoires. Duvalier n'ignorait pas que Clément Barbot avait séjourné à la Villa Manrèse après son tour de prison. D'autres politiciens ou rebelles recherchés par la police gouvernementale avaient trouvé refuge dans le monastère de ces Jésuites. Duvalier guettait l'occasion de leur faire passer le goût de telles libertés. Cette opportunité lui fut donnée par les imprudences de ces religieux.. Non seulement il déporta les prêtres individuellement, mais encore, par un décret virulent, il dénonça l'accord signé entre la Congrégation et le Gouvernement haïtien. La Congrégation des Jésuites était désormais interdite de séjour et de fonctionnement en Haïti.

La Compagnie des Pères du SAINT-ESPRIT allait essuyer des déboires identiques, une kyrielle de spiritains marxisants ayant pris le maillet et la vedette dans la lutte ouverte contre le gouvernement de François Duvalier. Dominique, Smart, Bajeux, Bissainthe furent acculés à quitter le pays. De plus, Duvalier fut informé que les locaux du Petit-Séminaire-Collège-Saint-Martial abritaient des opposants notoires et que des machines à miméographier y fonctionnaient en permanence à produire ces tracts subversifs qui submergeaient le pays. Il réagit violemment en expulsant la Compagnie des Spiritains le 16 août 1967. La gestion de l'établissement fut confiée à l'Archevêché de Port-au-Prince. Ces spiritains ne plièrent pas tout à fait sous le coup : ils allaient faire parler d'eux à l'extérieur, notamment Jean-Claude Bajeux, le propagandiste talentueux sincèrement converti aux Droits de l'Homme, et le père Gérard Bissainthe, le guérillero, co-fondateur du groupe JEUNE HAÏTI.

16.- LES CAMOQUINS

Parallèlement à ces démêlés internes, à l'extérieur le rescapé Fred BAPTISTE et le père Jean-Baptiste GEORGES, le tout premier ministre de l'Education Nationale du règne Duvalier, s'entendaient pour mettre sur pied une nouvelle invasion. Les nouvelles parvinrent en Haïti que bientôt allaient arriver les " camoquins ". (Du nom de ce médicament à effets secondaires très nuisibles que distribuait aux paysans le Service National d'Eradication de la Malaria ou SNEM). Les camoquins croyaient leur entreprise secrète et décisive. C'était sans compter avec les nouvelles donnes.

Nous étions en 1964 et Duvalier possédait des alliances et des antennes partout, même dans le camp ennemi. En effet, l'armée dominicaine, à l'instigation de Duvalier, dispersa les camoquins, arrêta les meneurs, qui ne furent relâchés que sur serment de s'abstenir de tout mouvement vers Haïti, contre le gouvernement en place. Duvalier avait aussi réussi à noyauter le camp des émigrés : ses espions avaient la double mission de le renseigner et de travailler à imploser une à une les coteries de l'opposition. C'est à cette occasion que Duvalier fit abattre bosquets et boqueteaux sur des kilomètres le long de la frontière, afin d'imposer une marche à découvert, et donc à haut risque, à tout envahisseur éventuel du territoire national par voie frontérale.

Au fait les camoquins violèrent leur serment, déjouèrent la surveillance-trahision de leurs hôtes dominicains. Ils prirent la mer vers le Sud-Est de la République haïtienne. Là, l'étoile de Fred Baptiste, le véritable commandant du FARH ou Forces Armées Révolutionnaires Haïtiennes, fut éclipsée par celle d'un jeune de la Région de Saltrou ou Bellanse, vite reconnu par ses parents et amis : ADRIEN FANDAL.

17.- ADRIEN FANDAL OU LA PROFANATION DU CHEVALERESQUE.

Au début de Juillet 1964, Duvalier apprit qu'un petit groupe d'exilés avaient débarqué à Saltrou (Bellanse). Il faut dire tout de suite qu'on ne connaîtra jamais leur nombre exact ni leur motivation. On ne sut même pas qu'il s'agissait des mêmes " camoquins " refoulés sur la ligne frontière un ou deux mois plus tôt par l'armée dominicaine. Le plus que l'on pût affirmer se réduisait à cela près que le commando était mené par un certain Adrien Fandal, un jeune de 25 ans, originaire de Grand-Gosier, fils d'une famille fignoliste de Bodarie, section communale de Grand-Gosier. Adrien avait pu, semble-t-il, rameuter dans les bateys et entraîner quelques co-citadins du Sud-Est oriental haïtien.

Un rafiot les déposa sur la plage de Bellanse, où, recrus de fatigue et turlupinés par le mal de mer, ils étaient venus vomir le contenu de leur estomac et se reposer deux bonnes heures sans inquiétude aucune. Des pêcheurs tout de même signalèrent leur présence et le lieutenant CELESTIN, Commandant du sous-district de Bellanse, se porta sur les lieux avec une désinvolture inexplicable qui, d'ailleurs, lui coûta la vie, au cours d'un bref affrontement. À la suite de cette première échauffourée, le groupe s'enfonça dans les bois. Deux jours plus tard, les guérilleros, ragaillardis par le premier succès, saccagèrent Mapou, une petite bourgade située à 10 kilomètres à l'est de Bellanse. Ils assassinèrent Madame Bernadotte Jean-Baptiste, belle-sœur d'Elder Jean-Baptiste, l'ex-chef de la campagne de Duvalier dans la zone, livrèrent les magasins au pillage, haranguèrent les populations venues les applaudir et ramasser butin de saccage.

Les hommes à Fandal n'en restèrent pas là. Ils prirent le chemin des montagnes et, dès ce moment, leur légende prit naissance. Et avec elle, un longue et douloureuse angoisse d'un bout à l'autre de la région. Chaque jour, la rumeur venait mettre tel village, telle habitation, tel potentat du régime, sous la menace d'un raid imminent du commando invisible. On ne dormait plus chez soi ; on fuyait en permanence ; on se cachait chaque jour à un endroit différent. La garnison des FADH, ou Forces Armées d'Haïti, de Thiotte se promenait sur les grand-routes, tandis que ceux qu'elle traquait folâtraient allègrement par monts et par vaux. Des renforts arrivèrent de Port-au-Prince, composés des soldats bien entraînés des Casernes Dessalines, avec toute leur artillerie lourde. Mais ces troupes fraîches et bien pourvues s'épuisèrent vainement sur les routes principales. Un jour qu'un indicateur signala la présence d'inconnus sur une colline au loin, le Major Sonny BORGES, de la route, pointa ses canons dans la direction vaguement indiquée et pilonna copieusement un monticule, tuant nombre de paysans innocents

Pendant ce temps, Adrien se baladait, car il connaissait bien le terrain. Dès son plus jeune âge, son métier d'infirmier-charlatan l'avait conduit dans les plus petites anfractuosités de la région. Il avait choisi de parcourir monts et vallons à offrir des soins - payants - aux paysans. Il avait ainsi noué des alliances, des amitiés, pendant qu'il identifiait et localisait toutes les grottes et cachettes. Préparait-il déjà son invasion? Il faut bien le croire:

il nourrissait déjà plein de griefs contre Duvalier. En effet, Fignolé, son idole de 1957, avait nommé son frère Emmanuel Fandal Préfet de Bellanse. Après le limogeage de Fignolé le 14 juin 57, son frère fut arrêté et incarcéré au Fort-Dimanche où il mourut. Depuis lors, Adrien se replia sur lui-même, comme s'il se retirait de la vie. Il fréquentait assidûment l'auteur de ces lignes, son cousin germain et étudiant en Médecine à l'époque. Il emportait le peu de science que nous possédions à ce moment-là, ainsi que tous nos échantillons médicaux et disparaissait avec son bagage durant 15 ou 20 jours : il s'en allait probablement étudier minutieusement le terrain de sa future guerre. Sa folle aventure nous le fit comprendre plus tard. On ne sait si Adrien avait eu l'intention arrêtée de renverser Duvalier : il était assez brave et assez motivé pour agir comme Barbot. Cependant, son objectif nous paraissait plus immédiat, plus terre à terre : punir ceux qui, dans la zone, l'avaient pris pour un minus et avaient combattu le leadership de Daniel Fignolé et de son frère Emmanuel Fandal.

Durant un mois et demi, Adrien hanta la région, avançant, reculant, terrorisant ou motivant les populations, menaçant ou frappant les grands duvaliéristes, acculant nombre d'entre eux à fuire sur Port-au-Prince. Sa foulée, cependant, ne dépassa pas la Forêt des Pins. Il ne semblait pas qu'il eût jamais été question pour Adrien d'atteindre la capitale et les centres nerveux du pouvoir duvaliérien. Son aventure se réduisait à ceci : un jeune illuminé avait persuadé d'autres jeunes utopistes du landernau d'aller jouer une farce - sanglante - aux aînés, aux duvaliéristes, les humilier, et leur faire payer l'échec port-au-princien de Fignolé et le mépris dans lequel on l'avait tenu, lui, Adrien Fandal et quelques autres mal lotis. Rien que cela...

Les actions du groupe se radicalisèrent quand parvint à Adrien la nouvelle de la mort de toute la famille Fandal. En effet, dès qu'on put identifier les membres du commando et Adrien comme le chef, on procéda à l'arrestation de la famille Fandal à Bodarie, laquelle fut incarcérée à la prison du District de Thiotte. Il ne semblait pas qu'on eût l'intention, tout de suite et sur place, de la décimer, puisque, aux investigations, aucun membre de la famille d'Adrien n'était au courant des plans de ce dernier. Les Fandal étaient très sympathiques, très progressistes, très hommes et femmes du monde. On appréciait partout et beaucoup leur bonne éducation, leur esprit d'entreprise, leur sens élevé des relations humaines, leur compassion sociale...Personne dans la région, de Bellanse aux Anses à Pitre, n'aurait envisagé de porter la main sur un membre de cette famille sélecte et aimée de tous.

Mais ne voilà-t-il pas qu'un soir, une patrouille surprit les prisonniers à Savane Zombi (ou Morne des Commissaires) à environ 12 kilomètres de Thiotte. La patrouille ouvrit le feu. Certains évadés purent s'enfuir: on ne saura jamais combien ni qui. Les autres tombèrent, notamment la " tête " de la Famille, Jacques Fandal. On enterra les morts sur place, sur le bord de la route.

Comment les prisonniers avaient-ils pu se trouver là ? Par quel miracle étaient-ils sortis de leur cellule si bien gardée? Le Commandant du District de Thiotte, le Capitaine Charles LOUIS, fut accusé de leur avoir, sous forte rémunération, ouvert les portes de la prison. De toute façon, ce capitaine n'eut pas le temps de déguster son pot de vin. Le lendemain, il fut conduit à Port-au-Prince, emmené directement à Fort-Dimanche. Et on n'entendit plus parler de lui. Il fut remplacé par le Capitaine Marc NOËL qui, lui, allait faire beaucoup parler de lui.

TERREUR SUR GRAND-GOSIER

Si les opérations du commando à Fandal ne mirent jamais en danger le régime de Duvalier, elles permirent l'entrée en scène de certains spécimens d'humanité ou d'inhumanité qui allaient bouleverser le décor et la tranquillité de cette région du Sud-Est : Nommons Marc NOËL, le Dr Fritz MOÏSE, et l'inénarrable Député André SIMON.

André Simon était depuis 1961 Député de la deuxième circonscription de Jacmel comprenant Cayes-Jacmel et Marigot. Pêcheur de profession, rude travailleur, homme intelligent et entreprenant, il fut attiré par les eaux poissonneuses de Bellanse, de Grand-Gosier et des Anses à Pitre. C'est qu'à cette époque, le député ne gagnait que la bagatelle de 1500 gourdes. Il lui fallait absolument exercer un autre métier pour " soutenir le protocole " de la fonction parlementaire. Depuis quelques temps déjà donc, Simon promenait dans la zone, dans l'indifférence et une certaine méfiance de la population, sa curiosité de pionnier, quand survint la nouvelle du débarquement des camoquins.

Prompt à saisir les occasions uniques, et sous prétexte que depuis belle lurette déjà il labourait terres et mers de la zone et les connaissait mieux que quiconque, il courut au palais national solliciter le commandement des opérations. Duvalier qui n'avait qu'idée très vague de la géographie de la zone comme des évènements qui s'y déroulaient, se réjouit de la bonne aubaine, remit à Simon un certificat le nommant : DÉLÉGUÉ DU CHEF SUPRÊME ET EFFECTIF des FADH. Sur la base de quoi, la malice populaire l'affubla du nom de " SUPRÊME ". Fort d'une telle autorité, André Simon entra en action.

Certes, ses bonnes relations dans l'armée dominicaine semblaient l'avoir aidé énormément, car Fandal n'eut jamais les coudées franches en terre voisine. Mais en Haïti, à Thiotte, la présence de Simon et son tempérament impulsif et fougueux ne gênèrent nullement Adrien Fandal. Au contraire. Ils apportèrent à Adrien ce qu'il n'aurait jamais pu obtenir par les armes.

En effet, si l'on admet que Fandal ne portait en lui que la basse et vile ambition de punir les duvaliéristes de la région, et si, gêné par le mouvement de nos troupes vagabondes, il ne put y parvenir à pleine satisfaction, Simon le gratifia volontiers de ce cadeau, sans que peut-être le député fût au départ animé d'une intention méchante vis-à-vis de ses coreligionnaires. La faute originelle de Simon fut de prendre pour maîtresse Madame Peigne, une fille Saint-Victor, déjoiste irréductible comme son mari pourtant plus modéré, et qui s'était amusée, en 1957, à crever les yeux de Duvalier sur les posters affichés chez ses amis visités. Pour comble de hasard catastrophique, le bras droit de Simon, le Député Fritz Moïse, engagea dans son lit les services de Madame Tamerlan Joseph, avec le satisfecit joyeux et public du mari. Ainsi Madame Saint-Victor PEIGNE, déjoïste ardente, et Mme Tamerlan JOSEPH, jumelliste jusqu'à la moelle des os, comme son mari, allaient former un attelage mortel pour les duvaliéristes. La chose fut d'autant plus aisée que Tamerlan, en récompense de son silence, reçut, comme pour cacher les cicatrices de son front encorné, la casquette de Commandant de la Milice de Thiotte. Et toute chose qu'il ne pouvait obtenir par recommandations ou supplications, il chargeait sa femme de la soutirer dans l'intimité obscène des jeux de mains sur les oreillers ou sous ses draps.

Ainsi, aussi paradoxal que cela pût paraître, les représentants de Duvalier, suffoqués et obnubilés par le sexe, se livrèrent à la persécution des familles duvaliéristes du bas Sud-est. À tout seigneur tout honneur ! La première victime sera la famille ESTRIPLET. Alors que Rosemond Estriplet, ami personnel de François Duvalier, était député de Grand-Gosier-Thiotte-Anse à Pitre, son frère, Julien Estriplet, fut passé à tabac sur la galerie de la caserne de Thiotte, sous les sarcasmes et les quolibets de la population réunie pour assister à l'humiliation d'un notable. Le père du député, président du bureau politique de Duvalier depuis 1956, sous Magloire, dut s'exiler à Port-au-Prince, pour échapper à la hargne de l'équipe à Simon. Même le député en fonction fut interdit - ou craignit - de fréquenter sa circonscription. Le Député de Bellanse, Hugo PAUL, échappa de justesse à un attentat dont on ne sut jamais s'il fallait l'imputer à Fandal, trop éloigné du lieu, ou à Simon, jaloux de l'indépendance de l'homme, de sa belle culture et de ses relations solides dans le régime. Les autres familles duvaliéristes ne connurent aucun répit. Les Jean-Baptiste, les Gilot, les Paul, les Rabel, les Josué …etc.

En gros, toutes les belles têtes de la zone, duvaliéristes ou pas, furent déclassées, question de ravaler tout le monde et de rabattre le caquet aux orgueilleux et aux indépendants. Dans la masse des anonymes, on put dénombrer un impressionnant paquet de victimes: petits paysans, planteurs, artisans, chômeurs, ouvriers agricoles, sous le prétexte fallacieux qu'ils avaient, un jour ou l'autre, donné refuge aux rebelles. Certains " chefs " locaux profitèrent de la circonstance et de leur amitié avec Simon-Moïse pour régler des comptes personnels… Bref.

En fin de compte, la rumeur courut d'un affrontement final au Morne VINCENT, sur la frontière, à hauteur de la Forêt des Pins, entre Fandal et les troupes gouvernementales. On prétendit que les rebelles, tous les rebelles, avaient péri. Et tout cessa brusquement. Par la suite, on avança qu'au fort de la bataille Adrien Fandal s'était échappé en République Dominicaine, où il aurait été tué par un Major Dominicain. Ce major aurait reçu de Duvalier la somme de 14.000 dollars US, une fortune en ce temps-là. Simon avait transporté cette somme dans le coffre de sa jeep. Il arriva un jour aux Anses à Pitre et quand il traversa la frontière, tout le monde sut quelle transaction il était allé effectuer.

Quelques temps plus tard, Simon tomba en disgrâce, car la police secrète de Duvalier aurait découvert Adrien Fandal à la Jamaïque. La déconvenue s'aggrava quand les anciens compagnons de Fandal suivirent Fred Baptiste dans un débarquement à Oriani, toujours dans les parages de la Forêt des Pins. Ou bien Simon avait délibérément menti à Duvalier en lui certifiant le décès de Fandal et de tous les " camoquins ", ou bien il avait été roulé. Dans les deux cas, il était coupable. De toutes façons, Adrien n'a jamais donné signe de vie. Etonnant tout de même de ne pas l'avoir revu en Haïti à la chute de Jean-Claude Duvalier en 1986, s'il était encore vivant.

CONSIDÉRATIONS GÉNÉRALES

Si cette " invasion " de Bellanse a reçu ici un développement si détaillé, c'est non seulement parce que l'auteur l'a vécue de près, mais surtout parce qu'elle permet d'étudier la physionomie de tous les mouvements du genre et de dégager l'esprit qui les sous-tend tous. À noter d'abord que les soi-disant rebelles choisissaient invariablement de débarquer très loin de Port-au-Prince. Le siège du gouvernement, le centre nerveux du pouvoir, semblait être soigneusement évité. Ainsi, par exemple, de petites troupes se promènent dans les contreforts du Mont-Organisé, ou à l'extrême pointe de la Grande Anse lointaine, à Ouanaminthe ou à Bellanse. Il est permis donc de douter de la détermination originelle de ces guérilleros de venir déloger Duvalier du Palais. Car, comment imaginer que 15 ou 20 jeunes puissent espérer aller des Irois à Port-au-Prince, parcourir 500 kilomètres par monts infranchissables, au milieu d'un environnement méfiant et hostile, peuplé de paysans-miliciens vigilants, fanatiques de Duvalier ou terrorisés par lui. Comment circuler avec des accoutrements vite repérables et ces armes inhabituelles qui attirent immédiatement l'attention ? Comment s'approvisionner, sans se faire remarquer, dans les marchés ruraux où chacun connaît l'autre, où " l'étranger ", même Haïtien et noir de peau, est vite répéré surtout l'étranger qui achète beaucoup de vivres avec de l'argent vert et neuf ? Sous Duvalier, tout inconnu était un ennemi potentiel. Et puis de quelle force de frappe disposait une poignée de jeunots pour ébranler de loin un régime appuyé sur une armée de 7000 soldats politisés et une milice de 300.000 membres disséminés à travers villes, communes, sections communales, habitations ?…etc.

On nous répondra qu'en venant ils espéraient chaque fois un ralliement immédiat et nombreux des forces de l'opposition interne. Chaque fois, en effet, les commanditaires assuraient les envahisseurs que soulèvement et défections les attendaient pour les aider à atteindre l'objectif final. Mais au grand désarroi des aventuriers ils payaient de leur vie le mensonge de leurs stratèges en chambre climatisée, qui les jetaient sur les rives hostiles d'un pays occupé au centimètre carré par un gouvernement qui ne transigeait point avec les " apatrides ". En tout cas, aucune des 14 ou 15 invasions, subies par Duvalier durant ses 14 ans de pouvoir, ne bénéficia de cette correspondance heureuse, ni de ralliement, ni de soulèvement, ni de défection sérieuse au sein de la machine gouvernementale. L'hypothèse, chaque fois, semblait se vérifier que les généraux de l'opposition externe ne lançaient ces opérations périodiques que pour justifier les fonds immenses qu'ils collectaient de toutes parts, en sachant pertinemment qu'ils envoyaient à la mort des illuminés acceptant curieusement de tenter l'impossible, ou l'improbable.

Il convient toutefois de faire exception des entreprises communistes. Celles-ci s'inspiraient d'un souci réel d'appliquer une idéologie, et non de l'unique soif du pouvoir. Elles étaient sous-tendues par une conviction tenace que ne dépitait aucun danger. L'héroïsme était le lot quotidien de ces enragés qui luttaient avec un courage admirable et mouraient le sourire aux lèvres, en entonnant l'Internationale Communiste devant le peloton d'exécution. Cependant la stratégie de ces combattants, si sympathiques par leur foi et leur abnégation, comportait les mêmes erreurs tactiques, la même ignorance des réalités sociales et humaines du pays haïtien. Au lieu de porter la guerre au cœur de la Cité, de frapper les centres vitaux et névralgiques du pouvoir, au lieu de porter l'escarmouche et de mourir, les cas échéant, sur les marches du palais, ils préférèrent s'épuiser à gravir des collines lointaines, à galvauder en de vains mouvements les superbes connaissances acquises dans les meilleures universités de l'Est, à inculquer la dialectique marxiste à des paysans hermétiques et méfiants, à expérimenter leurs plus lumineuses tactiques rien que pour éviter l'affrontement avec des avant-postes ruraux généralement désertés par l'unique soldat armé ou occupés par 2 ou 3 gardes champêtres portant " coco macaque*".

Sur 14 ans d'invasion ininterrompue, aucun rebelle n'est parvenu vivant et armé aux portes de Port-au-Prince. Un tel exploit eût au moins engendré la peur, et peut-être un début de panique qui aurait pu déboucher sur n'importe quoi: ralliement, soulèvement, débandade, fuite…etc. Non!...Il avait suffi à Duvalier de rester calmement dans son palais, de poser des barrages sur les routes, de surveiller les marchés ruraux, où viendraient nécessairement s'approvisionner ces envahisseurs imprévoyants et imprudents, vite tiraillés par la nostalgie, la faim et …l'ennui.

À cela il y eut trois exceptions illustres. D'abord, la prise des Casernes Dessalines. Si, en entrant aux Casernes, les rebelles avaient pu dépêcher de petits commandos pour occuper le central téléphonique et l'usine électrique, obstruer ou couper les routes menant au palais, jetant ainsi tout le monde dans l'obscurité et le pouvoir dans l'incapacité de communiquer et d'appeler au secours en sonnant notamment les sirènes d'alarme, on ne pouvait savoir ce qu'il serait advenu du gouvernement de Duvalier. Dans la conduite d'un coup de force, l'effet de surprise est une chose, mais la paralysie des centres nerveux du pouvoir en est une autre, particulièrement décisive. Certes, les envahisseurs avaient accaparé les armes de l'armée haïtienne, entreposées aux Casernes dans leur quasi-totalité. Mais ils avaient laissé au gouvernement le temps et les moyens d'ameuter ses partisans ; ils lui avaient abandonné la maîtrise de certains instruments capitaux, tels l'électricité, le téléphone, les communications ..etc.

Une deuxième exception prend date le 20 mai 1968. Avant d'atterrir au Cap-Haïtien, deuxième ville du pays, un avion survola le palais national, arrosa la cour de rafales de mitraillette, y jeta aussi quelques cocktails Molotov. L'effet de surprise ne laissa pas le temps de la riposte à la DCA du Palais. Ce pour quoi Duvalier se fâcha et limogea illico le Major Jean FILS-AIMÉ, chargé de la réplique anti-aérienne. L'avion, après ce haut fait, eut l'audace de se poser tranquillement sur la piste de l'aéroport du Cap-Haïtien. Les rebelles descendirent, délogèrent les sentinelles et occu-

---

*Coco macaque: un bâton de bois sèche.

pèrent les lieux. Ils réussirent par la suite à capturer le Colonel Maura, commandant du département militaire du Nord. Puis ils prirent les mornes. Toujours les mornes ! Les mornes lointains !

Simultanément, un autre avion venu des Bahamas déversa à l'aéroport du Cap une trentaine d'hommes armés qui se débandèrent vite vers la montagne. C'est la première fois qu'il y eut conjonction entre deux groupes. Tous ensemble, ils auraient pu occuper le Cap sans coup férir, y installer un gouvernement, ouvrir des centres de recrutement et d'entraînement, faire carrément sécession, d'autant qu'en ces temps-là l'opposition nombreuse et turbulente rassemblait les mécontents de l'armée, les politiciens frustrés, les jeunes sans espérance, les étudiants insatisfaits et surtout les communistes…Une fois implantés, ils auraient reçu des renforts d'ici et de partout… pour animer et consolider ce premier point d'ancrage. Non! Ils n'y pensèrent pas. Ils avaient préféré "prendre les mornes", pour être vite dénoncés, capturés et décimés. Et si les principaux chefs du mouvement, issu de la Coalition haïtienne des Forces Démocratiques (CHFD) de Raymond Alcide Joseph, avaient pu regagner leur base, les mercenaires furent capturés et jugés et la plupart graciés. Leur avion, un B-25, fut saisi par le gouvernement.

À part ces deux exceptions, Barbot est celui qui a porté l'estocade au cœur de la cité et du pouvoir. On connaît l'issue fatale de son mouvement.

17.-JEUNE HAÏTI À L'ATTAQUE

Pendant que Fred Baptiste et Adrien Fandal semaient la panique dans le Sud-Est du pays, de Bellanse aux Anses à Pitre, en passant par Thiotte, Bodarie et Grand-Gosier, un autre front s'ouvrait à l'extrême pointe de la Grande Anse. Tous les jeunes de cette époque étaient séduits par l'exemple et le lystique de Che Guevara qui combattait à ce moment-là dans les montagnes de la Bolivie.

Le 5 août 1964, à l'instigation des Pères Jean-Baptiste GEORGES et Gérard BISSAINTHE, 13 guérilleros de JEUNE HAÏTI débarquèrent à Dame-Marie, venant de Miami. De là, les combattants de Jeune Haïti marchèrent courageusement sur Jérémie, sous le commandement de

Villedrouin et de Brière. Ils enregistrèrent quelques succès en des affrontements et accrochages anodins. Rien de sérieux ni de définitif. Car ils évitaient le plus possible les rencontres frontales ; ils étaient venus ici pour une guérilla durable, une guerre d'usure, qui forcerait Duvalier à s'affaiblir et a se découvrir en dispersant ses forces sur deux ou plusieurs fronts à la fois.

Il convient ici de signaler l'exploit d'Achille LÉON. Durant de longues heures, cet officier haïtien combattit au corps à corps avec un guérillero, qui finalement se retira, le laissant pour mort. Léon demeura sans force, apparemment sans vie, incapable de bouger, perdant son sang à travers de nombreuses blessures. Miraculeusement des paysans le découvrirent. Il fut ramené à Port-au-Prince pour les soins nécessaires. Son corps, son visage, étaient couverts des cicatrices de sa lutte épique avec l'envahisseur.

Finalement, après trois semaines de guérilla à la vérité tout à fait vaine, encerclée et isolée par l'armée dépêchée sur les lieux, Jeune Haïti, ne recevant pas l'aide attendue de l'extérieur ni l'appoint souhaité à l'intérieur, fut acculée à se replier. Cette retraite fut couverte héroïquement par un grand capitaine, qui tomba en fin de compte sous les balles des troupes gouvernementales. Nommons Yvan Laraque. Son cadavre, déjà boursouflé et en début de décomposition, fut transporté à Port-au-Prince et exposé trois jours durant au carrefour de l'Aviation Militaire, Angle de Delmas et de l'Avenue Jean-Jacques Dessalines. Ce tableau macabre et sinistre devait, dans l'esprit de Duvalier, décourager l'opposition de lancer de telles opérations contre son régime.

Sur un autre clavier, la répression collatérale et la cruauté opérèrent un véritable massacre. Un fois les rebelles identifiés peu ou prou, on procéda à l'arrestation de leurs parents. Ainsi les SANSARIQ - à tort-, les VILLEDROUIN, les LAFOREST, les GUILBAUD, furent littéralement liquidés, hommes, femmes et enfants. Pendant ce temps, les fous de Jeune Haïti devinrent des fuyards, de maquisards, traqués par la meute du désespoir. Ils furent pourchassés au mètre près. L'un après l'autre, ils tombèrent, en combattant courageusement il est vrai, et en assénant des coups terribles aux forces gouvernementales. Brière, Forbin, Wadestrand, furent fauchés, puis Armand et les autres. Tenaillé par la faim, le dernier carré délégua NUMA au ravitaillement. Ses bottes de combattants le désignèrent aux soldats pendant qu'il effectuait des emplettes dans un marché rural. Il fut appréhendé et avoua tout. Dès ce moment, ce fut la curée. On donna l'assaut au petit camp indiqué par Numa, on courut sus aux fuyards, et finalement on eut raison d'eux tous. Drouin, blessé, fut capturé. Les autres tombèrent les armes à la main.

Il convient de faire remarquer que les membres du commando avaient chacun un compte individuel à régler avec Duvalier. Chaque guérillero portait dans son havresac l'aiguillon ou le fétiche personnel d'une vengeance à assouvir. Dans un tel cas, il est permis de douter de la noblesse de l'entreprise. Certes, pour renverser Duvalier, les commanditaires et les stratèges restés dans les salons calfeutrés de Miami pouvaient bien avoir élaboré des plans savants, chronométré des rencontres et des conjonctions opportunes, promis des appuis internes et des renforts externes. Mais dans la tête et l'âme de ces guérilleros romantiques et romanesques, ne semblait brûler en fin de compte que la flamme grisâtre et mesquine de la revanche, encore qu'il ne faille pas sous-estimer la puissance de ce genre de motivation dans une initiative si dangereuse.

En effet, à part les Sansariq tout à fait étrangers à cette affaire, et persécutés injustement, chaque rebelle était venu venger quelqu'un:

- Le colonel Villedrouin a été battu à mort en avril 1963, au moment de l'affaire du Collège Byrd. Son fils, chef du groupe, est venu venger son père.

- Gérard BRIÈRE, le chef adjoint, est venu demander compte pour son frère Eric Brière disparu à l'époque de la grève des Etudiants.

- Charles-Henri FORBIN est le fils du Colonel Forbin exécuté en 1963.

- Les frères Jacques et Max ARMAND sont les fils de Benoît ARMAND, assassiné par erreur sur le prénom. Le 26 avril 1963, le pouvoir avait d'abord cru à une opération des francs-tireurs de l'armée. C'est ainsi qu'un Monod Philippe fut arrêté et qu'un sharp-shooter de la trempe du lieutenant François Benoît fut pourchassé et eut sans doute connu un sort funeste, s'il ne s'était mis a l'abri dans une ambassade étrangère. À cause de ce François Benoît, tous ceux qui s'appelaient Benoît furent inquiétés. Quand des miliciens et des soldats incultes arrivèrent chez Benoît Armand, celui-ci s'épuisa en vain à leur expliquer que Benoît était seulement son prénom, et qu'il n'avait rien de commun avec ce Benoît de nom incriminé. Peine perdue. Le manque de discernement de ses agresseurs le condamnait à mort. Il fut tué. Quelle fatalité ! Quelle horreur ! ! !

- CHANDLER et GERDÈS avaient perdu des membres de leurs familles.

- Roland RIGAUD est le fils du dentiste Georges Rigaud, bien connu par les services secrets de Duvalier. Ancien candidat à la présidence, Georges Rigaud était un communiste notoire et activiste, accusé entre autres d'avoir été l'instigateur et le grand stratège de la grève des étudiants de 1960. Arrêté à cette époque, il ne fut jamais revu.

- Réginal JOURDAIN est parent proche de Hector Riobé, le guérillero solitaire et suicidaire de Kenscoff, qui avait pris les armes pour venger la mort de son père assassiné, disait-on, par les hommes de Lamentin.

Neuf rebelles sur 13 étaient stimulés par des récriminations personnelles. De toute façon, à la fin d'Octobre, tout était consommé. Pour ôter tout doute au président, on lui expédia les têtes de Rigaud, de Jourdain et de Villedrouin. Duvalier nationalisa les biens de toutes les familles jérémiennes impliquées dans cette invasion par l'entremise d'un fils ou d'un parent. Les persécutions et les représailles furent drastiques. La famille Sansariq subit à cette occasion une mortelle injustice, l'ambassade d'Haïti au Mexique ayant faussement informé Duvalier que Daniel Sansariq faisait partie du mouvement et même du groupe.

C'est à cette occasion que s'illustra, dit-on, le Major Abel Jérôme, bien que celui-ci proteste du contraire avec véhémence et indignation. Il importe de rétablir la vérité à ce sujet. Les accusateurs du Major Jérôme ou sont de mauvaise foi ou n'ont vraiment rien compris au système duvaliérien. Au moment de l'affaire de Jeune Haïti dans la Grande Anse, Duvalier dépêcha une commission présidentielle composée de Pierre Biamby, de Jacques Fourcand, de Saintonge Bontemps, avec Sannette Balmir en appui. Cette commission disposait d'un pouvoir discrétionnaire et il serait mal venu à un petit major de vouloir imposer ses vues à cet aréopage olympien de "Commissaires Civils", tous originaires de la Grande Anse et prétendant connaître mieux que quiconque l'appartenance politique des familles jérémiennes et les problèmes sociaux de la région.

Les ordres, les listes de proscription, venaient du palais des Commissaires et les casernes n'avaient qu'un seul rôle: exécuter. Et toute lenteur dans l'exécution mettait la tête du lascar sur le billot. Les commissaires se vantaient d'être des intellectuels férus d'histoire générale...Ils n'avaient aucun doute sur l'étendue des pouvoirs d'un Commissaire Civil. Ils se rappellent Colot d'Herbois et Joseph Fouché en Vendée; ils se rappellent Sonthonax à Saint-Domingue, lui qui s'était approprié assez de pouvoir pour prendre sur lui seul la responsabilité d'abolir l'esclavage avant avis de la terrible Convention Française. Ils avaient une haute conscience de leur pouvoir ; ils jouaient au tout-puissant et ils ne permettraient pas qu'un minus de major vienne leur en imposer. Le plus qu'eût pu faire le major, ce fut de prêcher la modération et parfois d'arrêter sur des têtes innocentes la main vengeresse de ces commissaires qui, pour avoir peut-être dans le temps souffert d'exclusion et de quelques frustrations, ne résistaient pas à la tentation de profiter de l'occasion pour prendre une revanche sur cette société jérémienne hermétique et aristocratique, où avait sévi avant 1957 un véritable régime d'apartheid et où couvait encore des haines sociales irréductibles. Le massacre était prévisible: on n'oserait pas affirmer, pourtant, qu'il avait été prévu et planifié pour assouvir de vieux démons.

À ce propos, il est édifiant de raconter cette anecdote qui nous a été rapportée par un témoin auditif et oculaire. En mai 2005, Bobby ..... se trouvait à bord d'un véhicule qui filait sur l'avenue Barranquilla, à Jacmel. Brusquement il intima au chauffeur l'ordre de stopper.

-Se pa Abel Jérôme mwen wè sou trotwa devan teleco-a, demanda-t-il
-Bien sûr, lui répondit le chauffeur.
-Faites marche arrière

Quand la voiture stoppa à hauteur de Jérôme qui conversait avec des amis, celui-ci eut un mouvement de recul. Il avait sans doute vaguement reconnu celui qui en descendait, exubérant et souriant. Des souvenirs lointains envahirent subitement son esprit, des rumeurs, des accusations immondes. Il n'avait cependant aucune idée de la motivation de l'intrus, car on avait dit tant de choses ignobles à son sujet dans cette triste affaire de Jérémie.

Commandant Abel Jérôme, cria Bobby ..., «Kouman ? Ou pa reconet mwen ? Ou bliye Jérémi ?» (Abel se renfrogna, visiblement sur ses gardes). Mwen wè wap fè bak. Ou bliyé se ou ki sové la vi'm Jeremi, lè yo té arete'm yo pral fisiye'm-nan. Ou te gen kouraj di mwen pa nan anyen ; ou té pranm ou fèm pati. Et se pat pou mwen sèl ou té fè sa. Monchè, continua-t-il après un hochement de tête, pa okipe moun kap di tenten non ! Se nou ki te la, se nou ki konnen.»

Il sauta au cou d'Abel Jérôme et lui donna une longue accolade. Puis ils échangèrent des souvenirs. Ils s'enquirent réciproquement des nouvelles d'amis ou de protégés qu'ils n'avaient pas vus depuis longtemps. Puis on se quitta en pleines effusions, presque au bord des larmes, se promettant de se revoir pour remuer les vieux souvenirs de ces temps douloureux pour tous...

Voici un témoignage du comportement du Major Abel Jérôme lors du drame de la Grande Anse. Certes, on ne saurait dire que ne méritaient que des fleurs les militaires exécutant des ordres attentatoires à la vie et aux biens des citoyens et citoyennes. Mais de là à les accabler de tout le fardeau des ignominies commises, il y a une criante injustice et une négation flagrante de la vérité historique.

Le dernier acte de la tragédie de Jeune Haïti se joua devant le cimetière de Port-au-Prince, le 12 Novembre 1964, par l'exécution des deux survivants Drouin et Numa, condamnés à mort par un tribunal militaire. (Contrairement aux autres, Numa appartient à une famille duvaliériste de Jérémie). Tôt le matin, une foule chauffée par la propagande et des bandes de rara se réunit devant le cimetière extérieur de Port-au-Prince. Fonctionnaires, grands et petits, VSN, curieux et badauds, s'assemblèrent. Vers 9 heures, les condamnés furent amenés dans un fourgon. Numa, un jeune brun, de haute taille, les traits un peu tirés par la fatigue et les sévices, le regard méprisant et hautain, portant un chemisier fushia sur pantalons bleu marine ; l'autre de petite taille, teint clair, avec des lunettes et un complet vert feuille. Les mains derrière le dos, ils sont poussés vers les poteaux plantés pour la circonstance au coin Nord-ouest du cimetière et y sont attachés. Le peuple crie, lance des quolibets: “Camoquins ! Assassins ! Apatrides” ! Les condamnés ne semblent pas émus : des étrangers, comme le héros d'Albert Camus. Une escouade de 12 soldats fait face de l'autre côté du canal du Bois de chêne. À un moment, des ordres brefs : Garde-à-vous ! En joue ! Feu! La rafale. Les têtes s'affaissent, celles des condamnés bien entendu, dont les corps fixés aux poteaux restent suspendus. Puis dans un silence lugubre, s'avance le major Franck ROMAIN en tenue civile, portant un pistolet 45 à bout de bras. Il s'approche de Drouin, lui tire une balle à l'oreille gauche: un sursaut, un tressaillement comme un électrochoc. Puis c'est le tour de Numa : scénario identique. La fête macabre est finie.

On a affirmé que le peloton d'exécution était commandé par le lieutenant Albert PIERRE, le futur Ti-Boulé des services secrets de J.C. Duvalier. Peut-être. Il n'était pas assez connu à ce moment-là pour être reconnu de façon précise. Pour vérification, il aurait fallu consulter les archives de l'armée, qui malheureusement n'existent plus. En tout cas, il faut dénoncer ici le mensonge qui fait d'Abel Jérôme l'auteur des coups de grâce. Cet officier ne se trouvait même pas à Port-au-Prince ce jour-là. D'autres ont poussé la fantaisie jusqu'à avancer que les coups avaient été tirés par le Dr Roger Lafontant. Quelle idée saugrenue ! Aucun civil n'avait été mêlé à cette affaire. L'auteur de ces lignes, présent sur les lieux, l'affirme de façon péremptoire. Ces coups avaient été tirés par le Major Franck Romain. Il ne le fit pas par plaisir ou pour s'offrir en spectacle, point du tout. En tant qu'accusateur militaire au procès qui avait condamné à mort Numa et Drouin, il lui revenait, il lui incombait de leur assener le coup de grâce.

L'exécution de ces deux rescapés clôt le chapitre de JEUNE HAÏTI. On commenta beaucoup l'héroïsme de ces jeunes, mais on s'accordait à reconnaître que ce fut un héroïsme vain et meurtrier. On en voulut au Dr Duvalier de les avoir fait tuer, comme si, rétorquait le Dr Président, eux n'étaient pas venus pour le tuer et prendre sa place au palais. Il faut tout de même leur rendre l'hommage qu'ils étaient tombés les armes à la main et la tête haute; ils ont donné leur vie pour une cause qu'ils estimaient juste. Il faut toujours respecter les hommes et les femmes qui acceptent de mourir pour une idée. “Si quelqu'un ne trouve pas quelque chose qui mérite qu'il lui sacrifie sa vie, c'est qu'il ne méritait pas de vivre", disait Martin Luther King Junior. Si de tels exaltés représentent une espèce rare, ils sont tout de même les artisans de l'Histoire, les véritables forgeurs de civilisation, des générateurs de progrès et de vie meilleure sur la terre des hommes. GLOIRE À EUX ! ! ! PAIX À LEUR ÂME ! ! !

18.- NOUVEL ASSAUT DU COMMUNISME

Après la grève des étudiants de 1960 et l'aventure des christo-marxistes (?) de Jeune Haïti, le communiste haïtien entre en hibernation. Ce temps de silence couvre un moment d'intense réflexion et d'autocritique devant servir à revoir les stratégies et à recharger les batteries. A la suite de quoi, les différentes ailes du mouvement décident de taire leur dissidence pour former un tronc commun contre Duvalier. Chose qui ne fut pas du tout aisée.

Les lambeaux du PCH (Parti Communiste Haïtien) de Jacques ROUMAIN dissous en 1947, du PSP (Parti Socialiste Populaire) de Georges RIGAUD déclaré illégal en 1948, viennent renflouer le PEP (Parti de l'Entente Populaire) de Jacques Stephen ALEXIS et le PPLN (Part Populaire de Libération Nationale) de Jean-Jacques Dessalines AMBROISE, pour donner naissance en 1963 au FRONT DEMOCRATIQUE UNI DE LIBÉRATION NATIONALE (FDULN). Plus tard, en 1968, la fusion de toutes ces composantes enfantera le PUCH, ou PARTI UNIFIÉ DES COMMUNISTES HAÏTIENS.

En 1965, le communisme, ainsi pré-unifié, se sentit de taille à affronter Duvalier. Le 27 juillet 65, une maison de Pétion ville fut la proie d'une formidable déflagration. La police accourut. Elle découvrit un dépôt d'armes diverses. Qui donc fréquentait cette maison arsenal ? On arrêta, et pour cause, Guichart, Mario Rameau, J.J. Dessalines Ambroise et sa femme Lucette, ainsi que plusieurs complices.Tous avouèrent, livrèrent plans de bataille et noms d'exécutants. J.J.D Ambroise était déjà connu par la police secrète comme l'un des grands inspirateurs et stratèges de la grève des étudiants de 1960. Naturellement, comme à son habitude, Duvalier n'eut aucune pitié pour ses ennemis, dont l'objectif, se justifiait-il, n'était ni plus ni moins que de le renverser, de le tuer.

Décapité par l'arrestation de ses dirigeants et dépité par ce hasard malencontreux qui lui ravit la possibilité d'utiliser à bon escient son arsenal si péniblement amassé, le communisme replongea dans la clandestinité, sans cesser néanmoins d'élaborer des plans savants. On décida entre autres de se tourner vers une clientèle vierge, d'endoctriner le monde paysan, en vue de la formation prochaine, et désormais obligatoire, d'une armée populaire. Seule la lutte armée, une guérilla et un harcèlement sans relâche, pouvaient avoir raison de Duvalier, telle était la conclusion des communistes haïtiens. Et une fois leur ligne d'action arrêtée après mûres réflexions, ils s'y tinrent envers et contre tous et tout. En effet, des bombes éclatèrent un peu partout ; des puissants du régime essuyèrent des rafales d'armes automatiques lourdes, notamment Eloüs Maître, en décembre 1967, qui dut être opéré et séjourner un mois à l'hôpital. Le Capitaine Delva, commandant de Fort-Dimanche, fut assassiné avec un professionnalisme de spadassin. Mais, alors que le public s'interrogeait sur ces événements, la police de Duvalier avait longtemps identifié la tête pensante et les principaux exécutants.

Dans la masse des faits qui défrayaient la chronique quotidienne, un coup d'éclat retint l'attention : le hold-up à la Banque Royale du Canada, le 8 novembre 1967. Une camionnette banale portant sigle et chromo de la Croix Rouge Haïtienne arriva à 8 hres a.m., à l'entrée latérale de la Royal Bank, sur la rue du Magasin de l'État. Curieusement il surgit en même temps que le fourgon blindé qui apportait les fonds. Quatre hommes descendirent du véhicule de la Croix Rouge, tinrent tout le monde en joue et transbordèrent le coffre du fourgon dans l'ambulance. Après quoi, ils foncèrent à travers la ville, toutes sirènes hurlantes.

Bien sûr, tous les voitures et camions, surtout les véhicules de la police, se dépêchaient d'ouvrir le passage à cette ambulance qui devait certainement transporter un malade grave. Grâce à ce stratagème, les communistes - car c'étaient eux - se dispersèrent dans la nature, avec environ 100.000 dollars U.S. On fouilla la ville et la périphérie, sans succès. La camionnette de la Croix Rouge fut retrouvée, sans aucun indice pouvant conduire aux auteurs de ce coup audacieux.

19.- CASALE

Quand la nouvelle parvint à Duvalier, dans la matinée du 26 mars 1969, que la petite localité de Casale avait été envahie par des bandes de paysans en armes, il comprit tout de suite. Quoi ? Des paysans armés ? Des cacos d'une espèce nouvelle en Haïti? Des Maoïstes. Le groupe était mené par 4 dirigeants : Nefort VICTOME, un instituteur, JÉRÉMIE, un ex-sergent de l'armée, Roger MELIN et Alix LAMARRE. D'après Gérard Pierre-Charles, Méhu avait interrompu ses études d'agronomie en Colombie et Lamauthe son doctorat de Sociologie en Allemagne, pour venir accompagner ces paysans vers ces journées flamboyantes sous les tropiques haïtiens…

Duvalier, qui ne plaisantait jamais avec ce genre de choses ni ce genre d'hommes, passa à la contre-offensive avec une rigueur, une violence et une rapidité foudroyantes. Pendant que les lieux se trouvaient encerclés pour empêcher toute extension du mouvement, il infiltra la troupe largement ouverte au recrutement, identifia les principaux leaders paysans, brûlèrent leurs plantations (point faible de tout paysan), arrêtèrent et passèrent par les armes leurs amis, leurs parents, les sympathisants réels ou présumés. Même profondément endoctriné, un paysan ne peut supporter de voir ses jardins en flamme et sa famille en prison ou sous terre par sa faute. Bien vite les cacos marxistes se débandèrent et abandonnèrent leurs moniteurs utopiques et trop confiants. Sans support, sans guide, sans attache, les meneurs furent violemment attaqués, poursuivis et finalement décimés par l'armée de Duvalier. Les rescapés furent traqués par la police politique ; l'étau se resserra sur eux au fil du temps et ne leur laissa que l'unique alternative de ce baroud d'honneur superbement effectué à Boutilliers et en cette petite maison de la ruelle Nazon où se distingua une femme, ingénieur de son métier, originaire de Jacmel, et à qui François Duvalier, respectueux de la gent féminine, malgré sa férocité, épargna des tortures et de la mort.

En effet, les lambeaux du parti communiste se traînèrent, après l'épisode sanglant de Boutilliers, jusqu'à cette planque de la Ruelle Nazon découverte tout de suite par la police secrète. (*Elle était déjà connue ; on avait simplement laissé aux meneurs le temps de s'y concentrer pour en faire une seule bouchée*). Le 2 juillet 1969, un officier du nom de Magloire frappa à la porte, comme un quidam venu solliciter un renseignement. La porte s'ouvrit et, sans mot dire, un femme lui logea une balle dans la tête. Le gros de la troupe dissimulée dans les parages fit pleuvoir sur la maison un déluge de feu. Un nombre important de communistes fut fauché, les survivants arrêtés.

Au moment de mettre la stratégie en branle, Duvalier avait ordonné de raser complètement la maison de la ruelle Nazon. Mais le Major F…C…, ayant présumé de la fin consommée du mouvement communiste, vu le radicalisme de la répression de ce jour, jugea inutile l'acte final. Il rentra donc avec son tank inutilisé et fit son rapport. " J'ai pensé que l'opération était terminée avec l'arrestation des uns et la mort des autres. " Duvalier se fâcha et lui ordonna de retourner finir son travail : " *Je ne vous ai pas demandé de penser ni de décider de l'opportunité des mesures du président à vie. Je vous ai donné un ordre. Exécution.* " Le major, qui savait que tout retard mettrait sa tête en danger, courut raser l'édifice. Cet acte évident de vandalisme devait servir de leçon à qui donnerait asile dans sa maison, habitée ou pas, à un adversaire de François Duvalier.

20.- LE DÉBARQUEMENT AU CAP-HAÏTIEN, le 20 mai 1968

Ce débarquement est décrit dans ses moindres détails dans les pages précédentes, parmi les exceptions... on ne comprenait pas l'invariable tendance des envahisseurs à toujours débarquer loin du centre du pouvoir...

21.- RENÉ LÉON : BONJOUR ET ADIEU

Le 4 juin 1969, juste après la réduction du dernier carré des communistes haïtiens à la Ruelle Nazon, un avion survole le Champ de Mars, et laissa tomber sur la cour du Palais National (même pas sur l'édifice) et sur la ville des drums d'essence. Très peu d'émoi dans la ville. Aucun effet sur le pouvoir de Duvalier. On saura par la suite que René LÉON se trouvait dans cet avion. Il n'aura réussi qu'à tuer quelques civils innocents, peut-être ses propres alliés. L'avion était parti de Bahamas pour effectuer ce vol solitaire baptisé dans les milieux de l'opposition du nom: OPÉRATION DÉSESPOIR.

L'auteur de ces lignes se trouvait par hasard ce matin-là sur la cour du palais. Il entendit le vrombissement de l'avion arrivant de l'ouest, s'étonna de la direction prise, car il savait que tout survol de ces lieux stratégiques était formellement interdit. Il vit de ses yeux un colis tomber de l'avion, on saura qu'il s'agissait d'un drum de gaz qui ne prit pas feu ni n'éclata, comme l'espérait sans doute celui qui l'avait jeté. Un gros mulâtre ventru en maillot et short, se tenait à la porte droite de l'avion et tirait avec une grosse mitrailleuse. Aucun impact.

22.- KESNER BLAIN OU LE COUP DE GRÂCE

Après ces chauds épisodes, Duvalier va vivre une vie paisible au sein de sa famille réunie. Il avait quand même eu son lot de tracasseries ; il aspirait maintenant au repos du guerrier. Bien mérité. Marie Denise Duvalier et Max Dominique, son mari, ainsi que Nicole et Simone, tous étaient revenus pour la grande réconciliation. Naturellement, pour faire place nette, Madame France Saint-Victor, l'inamovible secrétaire privée du président, fut limogée, Marie Denise D. Dominique (DDD) devint secrétaire particulière de son père. Haïti connut une ère de paix et une relative prospérité. Les fonctionnaires recevaient leurs émoluments plus ou moins régulièrement chaque mois ; on investissait ; on s'amusait ; le tourisme renaissait. C'était le calme, le bonheur, la joie de vivre.

Pourtant Duvalier n'était pas tranquille. Le calme l'inquiétait. Un dimanche, à 3 hres p.m., il convoqua ses plus proches collaborateurs.

Cambronne, Désyr, Eloüs Maître, Gracia Jacques, Claude Raymond, Lebert Jn Pierre, Clovis Désinor…etc. Ils étaient tous dispersés dans la capitale, qui chez sa maîtresse, qui dans une salle de jeu, qui au cinéma, qui à la plage…Ils se sentirent fort contrariés de cette convocation impromptue et inopportune. Le président les reçut sourire aux lèvres, ce qui ne les rassura pas tout à fait. Il leur fit servir des rafraîchissements. Et la conversation s'engagea. On parla de tout et de rien. L'atmosphère était détendue, situation rare dans la compagnie de Papa Doc. Les invités conclurent que le président, se sentant seul, voulait bavarder. On se mit en frais de lui faire plaisir : c'était si rare. Faisant un tour de table, le président questionna sur la situation du gouvernement. " Tout est pour le mieux, répondirent-ils tous, l'un après l'autre, chacun avançant ses meilleurs arguments. Jamais le pays n'a été aussi calme. Aucun trouble, aucune conjuration. Enfin, on nous laisse tranquilles. "

- Justement, leur rétorqua Duvalier. Le pays est trop calme. J'ai peur de ce calme. TIMEO DANAOS…Les ennemis sont simplement devenus plus forts que jadis. Ils conspirent très certainement. Autrefois, nous savions tout de leurs manigances. Maintenant ils sont suffisamment expérimentés pour nous cacher leurs agissements, pour échapper à notre surveillance." Un long moment de silence embarrassé. "Allez me prendre la liste", ordonna Duvalier.

Duvalier était un politicien méthodique. Il avait dressé une liste de tous ses opposants réels ou potentiels, déposée dans un coffre-fort au Palais National et assortie de toutes les considérations sur l'histoire, la généalogie, les antécédents et le statut politique, économique, social des adversaires, les précédents, le genre d'activités susceptibles de les intéresser, leurs amitiés, leurs fréquentations…etc: bref, un fichier complet. La liste fut amenée et Duvalier opéra un tri au hasard de ses doigts ankylosés. "Arrêtez celui-ci, celui-là"... Avec beaucoup de respect, on fit comprendre au président que ces gens se tenaient tranquilles, ne sortaient même pas de chez eux, ne fréquentaient personne ni aucun milieu suspect…Rien n'y fit. " C'est un ordre. Raison d'Etat.", trancha Duvalier.

Et sans cause ni raison l'on se mit à arrêter des opposants. Et quelle ne fut pas la surprise des collaborateurs, hier sceptiques et aujourd'hui ébahis, de découvrir, à partir de ce qui avait paru une saute d'humeur paranoïaque, le complot le mieux organisé de tout le règne de François Duvalier. Les orfèvres de la pièce se nommaient Kesner BLAIN, colonel, quartier-maître de l'Armée, et Jean BELOT, un colonel haut sur pattes, dandy et sympathique, grand duvaliériste devant l'ÉTERNEL, eux deux que Duvalier lui-même appelait publiquement ses fils. Beaucoup d'officiers et de sous-officiers se trouvaient impliqués, de même qu'un grand nombre de civils importants, haut placés dans la hiérarchie du pouvoir duvaliérien. Notamment de grands estimistes-duvaliéristes, tels le Sénateur Léon BORDES, un pilier de la campagne électorale de 1957, qui allait mourir au Fort-Dimanche…d'une crise cardiaque, Rameau ESTIMÉ, le propre frère de "l'illustre paysan des Verrettes"…etc.. Le commanditaire du complot était le grand argentier du régime Duvalier, le banquier Clémard Joseph CHARLES. À l'instigation de Duvalier, le docteur Jacques Fourcand convainquit Clémard Joseph Charles d'aller rencontrer le président, son ami, afin de s'expliquer et de se laver. Il se rendit effectivement au palais national et, au sortir de l'entrevue, il fut arrêté et jeté au Fort-Dimanche.

Beaucoup de ces conspirateurs moururent en tôle; les autres purgeront 4 ou 5 ans de prison et seront libérés sous le règne plus modéré de Duvalier Fils.

23.- L'AFFAIRE OCTAVE CAYARD

L'affaire Cayard ne constitue que le prolongement ou l'épilogue de la conjuration Kesner BLAIN. Ce complot était très vaste ; il avait infiltré tous les tissus, toutes les veines du régime. À l'interrogatoire des prisonniers " arrêtés sans cause ni raison ", on découvrit un réseau immense couvrant tout le pays et dont les tentacules investissaient jusque des garnisons militaires isolées, en général à l'abri des turbulences politiques qui secouaient l'armée haïtienne. Cette fois-ci, même la Marine Haïtienne se trouvait dans le collimateur, bien que fonctionnant sous le commandement d'un duvaliériste inconditionnel, le colonel Octave CAYARD.

Le matin du 24 avril 1970, Octave Cayard, sous prétexte, dit-on, de manœuvres de simulation, embarqua le contingent entier de la Marine sur les bateaux et prit le large. En haute mer, il lança à Duvalier l'ultimatum de lui remettre le pouvoir dans les 24 heures. Faute de quoi, le président serait enterré sous les décombres de son palais qui serait bombardé jusqu'à ce qu'il ne restât plus pierre sur pierre. Devant le silence méprisant du Président, Cayard tira quelques coups de semonce. Le pouvoir, qui savait très bien que Cayard ne disposait pas de la puissance de feu dont il se vantait, l'ignora souverainement. Alors, ce fut le…bombardement du palais. Sans dommage sérieux, il est vrai ; un obus frappa l'aile occidentale du palais, qui se fendilla sous le choc : le plus grand exploit. On entendait le canon tonner, sans aucune idée de la réalité des tirs ni des points d'impact. Après 48 heures de vaines manœuvres, Cayard s'en alla demander asile aux USA, avec tous ses officiers et soldats.

Cayard reviendra au pays en 1986, à la chute des Duvalier et mènera une vie de paisible citoyen, répondant à peine aux sollicitations des ouvriers de la 25ème heure accourus au secours de la victoire du 7 Février 1986. Il mourut tranquillement sans avoir, comme une multitude d'autres, posé sa candidature à la présidence. On continue de s'interroger sur son indifférence à la chose publique de l'après-Duvalier. C'est que l'homme était un peureux, un anxieux, égaré contre lui-même dans la jungle de la politique. L'opération du 24 avril n'aura été qu'un grand bluff destiné à couvrir d'un voile d'honorabilité guerrière, un désespoir et une fuite d'une lâcheté écœurante. Blain l'avait bien engagé dans sa combine. Mais quand Duvalier le convoqua le matin du 24 avril, il se sentit piégé, en dépit et surtout à cause de l'entregent et de la générosité du président qui lui fit don de 8.000 dollars. Et quand Duvalier, avec le sourire-rictus qu'on lui connaissait, lui eut demandé de conduire au palais dans la matinée certains officiers de sa garnison, il n'y tint plus. Il prit à l'instant même la décision, s'il sortait du palais vivant, de se sauver de la gueule du lion. Il eut seulement l'intelligence de déguiser sa fuite sous les apparences d'une opération politique qui lui vaudra l'asile politique et une facile et tardive auréole du combattant contre la dictature.

L'année suivante, jour pour jour, soit le 24 avril 1971, le Docteur François DUVALIER sera conduit au cimetière. Le coup de Cayard, le fils bien-aimé, le fidèle des fidèles, le militaire timide, en qui le Duvalier méfiant avait pourtant mis toutes ses complaisances, ruina sa santé déjà chancelante. Ce que des rebelles déterminés et aguerris n'avaient pu obtenir, Octave Cayard l'a peut-être réussi, par le venin mortel de la confiance bafouée, par le poison de l'amour trahi... un véritable parricide.

TROISIÈME PARTIE

LE PRÉSIDENT ILLÉGAL: LA PRÉSIDENCE À VIE

- C h a p i t r e 16 -

LE PRÉSIDENT ILLÉGAL: LA PRÉSIDENCE À VIE

1- L'ÉCLAIRCIE POUR LA CONSOLIDATION

1964 fut pour Duvalier l'année des grandes manœuvres. Dès le 2 Janvier, son discours sur l'état de la Nation annonça les couleurs. Dans son langage hermétique, il fustigea " les politiciens véreux, assoiffés de pouvoir " et promit, le moment venu, de " remettre le pouvoir à la jeunesse". Mais quand sera venu ce moment-là, il s'instituera seul juge, pour confier à quelqu'un de son choix un bien qui ne lui appartenait pas en propre, pour lui remettre l'héritage d'une maison dont il n'était que locataire temporaire.

On se posa maintes questions pour tenter de percer l'énigme de ces phrases ambiguës. Pour préparer les esprits et aménager un climat propice, la propagande gouvernementale émit un discours nouveau teinté de nationalisme culturel qui parut bien anachronique à plus d'un. " La Démocratie haïtienne n'est pas la démocratie grecque, ni la démocratie américaine ou africaine. Chaque nation possède sa culture propre et ses traditions spécifiques. Un système politique solide et durable se qualifie par son élasticité, sa capacité de s'adapter et de ne pas achopper l'idiosyncrasie du peuple qui l'expérimente. Et pour tel citoyen déterminé, un régime est démocratique où il se sent à son aise, où il évolue librement, où il s'épanouit dans la plénitude de ses droits et de ses aspirations. " Ainsi le président labourait la conscience haïtienne pour la semence prochaine de la Démocratie Duvalierienne.

Il faut avouer que l'homme avait su électriser les masses, désormais prêtes à le suivre sur tout chemin qu'il leur allait tracer. Les paysans, " les habitants de l'arrière-pays", certainement plus pauvres en ces temps duvaliériens, mais désormais armés, étaient devenus des " chefs", qu'ils avaient toujours rêvé d'être, par une sorte d'atavisme militariste hérité des piquets et des cacos. Ils étaient miliciens. Ils marchaient au pas aussi bien que les soldats qui les avaient autrefois terrorisés durant tant d'années. Ils étaient devenus les égaux de ceux-ci, enfin, et avec l'avantage que maintenant c'étaient eux qui inspiraient la peur: la peur et le respect avaient changé de camp. C'est là une perception de promotion sociale, politique et psychologique inattendue. Leurs enfants allaient au lycée, à l'Ecole de Médecine, de Polytechnique, de Génie, d'Agriculture...etc, et ce, à la faveur de la RÉVOLUTION DUVALIÉRISTE.

D'un autre côté, les bourgeois et les commerçants déjoistes de 1957 étaient devenus raisonnables après 7 ans de vie commune et de coexistence pacifique avec ce pouvoir draconien. D'ailleurs, ils appartenaient à cette espèce qui connaissait bien les vertus et avantages de la pondération et de la culbute politiques. Ils ne s'accommodaient point d'amitiés tenaces qui pourraient être gênantes : au-delà des personnes qui passent, ils possédaient surtout des intérêts permanents. Au fil de 7 années de vie mouvementée sous l'égide d'un gouvernement fort et dont le leitmotiv prônait la paix à tout prix, ils avaient tissé des liens...rentables au sein ou à la périphérie du pouvoir. D'ailleurs, Duvalier n'avait pas tellement bousculé ce secteur. Il y avait entre eux, depuis le départ des desperados déjoistes, comme un pacte tacite de non-agression, du genre : " si vous ne vous mêlez pas de politique, si vous n'entreprenez rien qui mette mon pouvoir en danger, je ne ferai rien qui mette vos vies et vos fortunes en péril ".

Au fait, le monde des affaires ne fit jamais d'aussi bonnes affaires que sous Duvalier. La paix et la stabilité politiques sont les deux mamelles de la bourgeoisie d'un pays. L'industrie de la construction connaissait un boom formidable, alimenté par la fièvre des nouveaux riches frappés légitimement du complexe de la pierre. Le gouvernement et la classe moyenne en expansion achetaient beaucoup: meubles et accessoires de maison, confort moderne, véhicules, articles de nécessité et de luxe...Un culte nouveau de l'aisance et du confort envahit la société haïtienne. Le commerce s'en porta fort bien; ses affaires prospérèrent comme jamais. Il n'avait donc aucun intérêt à chambarder un ordre si utile à sa cause. À ce compte Duvalier pouvait rester tant qu'il lui plairait, tant qu'il l'aurait voulu.

Quant à l'Armée, elle était domestiquée. Si la littérature de l'opposition utilisait ce terme péjoratif, du côté gouvernemental, on préférait parler d'endoctrinement, de la finalisation du binôme armée-peuple, peuple-armée, grâce à la consolidation duquel le soldat était devenu l'ami solidaire du civil, l'un et l'autre animés du même élan d'amour de la Patrie commune, l'un et l'autre aiguillonnés par le souci de la paix et du bien commun.

La Chambre Unique, issue des élections d'avril 1961, se montrait soumise. Non seulement elle était peuplée de duvaliéristes, mais encore la propagande gouvernementale fourra dans la tête des Parlementaires l'histoire de Mustapha Kémal Ataturk qui servit la tête des députés au dessert d'une réception offerte au Palais de la présidence. Duvalier parlait tellement de ce réformateur de la Turquie moderne que tout le monde était persuadé qu'il l'avait choisi comme modèle, et qu'il n'hésiterait, à tout instant, à employer ses méthodes et ses techniques.

L'Eglise catholique, hostile, ne semblait pas encore remise des traumatismes de l'expulsion de ses évêques et de ses congrégations les plus solides et les plus représentatives. Elle n'avait pas de force, car plongée dans un collapsus que, par la technique de la division, Duvalier entretenait. Pendant que la hiérarchie se cramponnait aux principes d'un autre temps, le bas clergé parlementait et ruait dans les brancards du pouvoir et des fastes faciles : nombre de curés étaient devenus informateurs et certains même commandants secrets ou directs de la milice dans certaines communes de la République.

L'Eglise protestante, en pleine expansion, savait gré à Duvalier de lui avoir ouvert l'espace, face au catholicisme qui pouvait jadis utiliser le pouvoir politique pour asseoir ses privilèges et lui fermer les voies de l'extension. Duvalier avait délibérément facilité la marche du protestantisme en Haïti, en réclamant de lui seulement le couplage des églises et des écoles. Et le protestantisme a tenu ses promesses en ce sens.

Bref, le terrain était libre, l'espace ouvert et propice. Duvalier pouvait se permettre n'importe quoi, même se lancer dans l'étonnante entreprise de la PRÉSIDENCE À VIE.

À l'extérieur également, les choses avaient pris une allure plus favorable. En 7 ans, les opposants s'étaient épuisés en vains complots et en invasions stériles. En 1964, pour la première fois depuis son avènement au pouvoir, Duvalier avait dû combattre sur deux fronts simultanés, les CAMOQUINS dans le Sud-Est et JEUNE HAÏTI dans le Sud-Ouest. La victoire totale sur ce que tout le monde prenait pour le coup de bélier mortel conféra au président une auréole d'invulnérabilité qui allait décourager les commanditaires et les stratèges de l'opposition externe et atténuer l'ardeur des catéchumènes.

Aux USA, Kennedy mort, la Maison Blanche pratiqua le " DON'T ROCK THE BOAT ". Duvalier avait suffisamment démontré, au fil de ses péripéties hautes en danger, qu'il demeurait un allié sûr pour l'Occident chrétien et capitaliste. Certes, il n'était pas un démocrate pur sang, il s'en fallut de beaucoup, mais il tenait son pays bien en main, il combattait efficacement les ennemis de l'Occident, il ne dérangeait pas les équilibres régionaux. À l'Est, son conflit avec la République Dominicaine s'était définitivement éteint avec la chute de Juan Bosch.

Duvalier fut à ce point conscient de cette belle éclaircie que son gouvernement lança des offensives tous azimuts pour améliorer son image, attirer l'aide internationale trop parcimonieuse, ramener les touristes. Il fit des concessions majeures, libéra des prisonniers politiques, accéléra la sanitation des rues de la capitale et des grandes villes de provinces, multiplia les carnavals des fleurs, entreprit ou accéléra la construction d'infrastructures importantes, notamment l'aéroport international…Bref, il travaillait à se rendre sympathique, à l'intérieur comme à l'extérieur. C'est que l'homme allait effectuer en cette année charnière plusieurs sauts périlleux, successivement l'opération de la présidence à vie, la restitution du Drapeau Noir et Rouge, des négociations sensibles avec le Saint-Siège pour la création du Clergé Indigène..., etc.

Duvalier disposait d'une technique infaillible pour susciter la peur en même temps que l'amour, voire l'admiration, la vénération, l'adoration. Cette technique constituait le secret de son pouvoir sur les hommes. Pendant qu'il vous inspirait crainte et angoisse par ses méthodes, il s'appliquait à gonfler votre orgueil, votre fierté, votre dignité, à surexciter votre amour de la terre natale, votre appartenance et votre fidélité à des valeurs transcendantes, à une sorte de doctrine nationale, à la Patrie, aux Ancêtres. Homme vertical n'acceptant pas d'être humilié par les donateurs étrangers, il interdisait que le peuple haïtien exhibât sa pauvreté dans le but d'émouvoir la pitié internationale. Il éprouvait certes un urgent besoin d'aide, mais il entendait la solliciter et la recevoir en pays souverain, maître de son destin et de son plan de développement national. Il avait connu beaucoup de péripéties durant les premières années de sa présidence. Mais il était sorti chaque fois victorieux et indemne des épreuves. Sa patience et sa rigueur avaient amené les USA à résipiscence ; la république voisine, jadis si arrogante, traitait avec lui d'égal à égal ; il se targuait de l'amitié du géant français Charles De Gaulle; il entretenait des rapports fraternels et même de leadership accepté avec maints pays d'Afrique. Le lion du désert, l'Empereur Hailé SELASSIE, lui avait promis visite-pélerinage…Bref, Haïti, qu'on confondait jadis avec Tahiti, avait imposé aujourd'hui une identité internationale, même si des fois l'image était filtrée à travers le prisme déformant de PAPA DOC.

Et quand pour consolider ce respect reconquis sur des bases durables, quand pour préserver cette dignité retrouvée, François Duvalier appela son peuple à consentir sa part de sacrifices, sa parole ne tomba pas dans le désert. Devant la réticence et l'avarice de la communauté internationale, le président lança un slogan qui fit mouche: " HAÏTIEN, SAUVE-TOI TOI-MEME!" Chaque année nouvelle fut baptisée d'un nom qui fouettait la fierté et incitait à l'effort national. Année de la Survie, année du décollage, année du démarrage, année de l'effort national…Etc. Durant 6 ou 7 ans, de l'année de la survie à celle du démarrage économique, Haïti vivra sans apport externe notable. Et pourtant, ce furent la années les plus fécondes de Duvalier. Des œuvres colossales sortirent de terre: Bureau des Contributions (DGI), Dispensaires, Ecoles, Lycées, route du Sud bétonnée péniblement kilomètre après kilomètre jusqu'à Léogâne, ouverture de nouvelles facultés, construction de Duvalier ville (Cabaret), canaux d'irrigation… etc.

Mais tout cela n'était que " *troket-la, chay la te dèyè* ", pour employer une expression créole. Une œuvre monumentale allait désenclaver Haïti et lui ouvrir les avenues du monde : l'Aéroport International Dr FRANCOIS DUVALIER. Nul ne sut jamais exactement, où Duvalier avait puisé les fonds d'une telle réalisation. Quoi qu'on eût dit, les centimes collectés dans les barrages sur les routes, les sacrifices des prélèvements à la source acceptés par les employés publics, les certificats de Libération Economique (CLE) imposés aux fonctionnaires et aux secteurs privés des affaires, la loterie de Libération nationale, les crédits internes bien parcimonieux, les dons des commerçants et industriels, ce fut tout cela, arrosé d'une fine poussière d'assistance externe, qui contribua à l'érection de l'œuvre herculéenne.

Duvalier s'y était mis avec une ardeur…féroce. Il ne toléra aucune défaillance, aucun retard. Il est vrai qu'il était servi par des collaborateurs zélés qui aimaient leur pays et gardaient la foi en son “destin de grandeur”. C'étaient des doctrinaires, et non des opportunistes. Les dangers, les complots, les invasions échelonnés sur ces 7 ans d'un labeur assidu n'avaient pas pu vaincre la détermination farouche du chef ni entamer le courage tenace des exécutants. Et quand le 22 janvier 1965, Duvalier célébra la fête de l'EFFORT NATIONAL, en inaugurant l'Aéroport International Dr François Duvalier, chaque haïtien put s'enorgueillir d'avoir sa petite pièce, son petit sou, investi avec confiance dans l'œuvre commune. Car, cet aéroport, eu égard à la manière dont il fut construit, se révélait non seulement une œuvre utilitaire, mais aussi un monument de la Fierté Nationale. Autrefois, pour se rendre aux USA, ou encore l'haïtien était obligé de passer par la République Dominicaine, le voisin si arrogant, " l'ennemi héréditaire ". Une insulte à la dignité nationale haïtienne ! L'aéroport nous lavait de cette gifle.

Auparavant, notre tourisme ne semblait vivre que des surplus dominicains ou jamaïcains: l'aéroport offrait la voie directe. Les industriels, les commerçants hésitaient à investir dans un pays isolé, enclavé: l'aéroport ouvrait Haïti au monde entier.

L'Aéroport International peut être considéré comme l'œuvre maîtresse du règne de François Duvalier, bien avant Péligre. Duvalier y avait investi toute sa force de persuasion, toute sa pugnacité, toute sa capacité de leadership, tout son "amour charnel" du pays haïtien. Il avait convié à cet effort gigantesque tous les haïtiens authentiques, grands et petits, riches et pauvres, duvaliéristes ou pas. C'était un défi, à l'instar de 1804, où toutes les valeurs haïtiennes avaient été malaxées dans le creuset de l'orgueil national pour enfanter une œuvre de titan. Il est tout de même douloureux qu'on ait tenté de ravir à François Duvalier le mérite d'une telle réalisation.

Que dans l'euphorie ou la folie qui avait suivi le départ de Jean-Claude Duvalier en Février 1986, on eût débaptisé le complexe, cela paraîtrait concevable, bien qu'injustifiable : car François avait bien construit l'aéroport ; il était mort, donc pas question de culte de la personnalité. Que même on eût voulu le consacrer au nom de l'ingénieur qui l'avait dessiné et bâti, cela se pouvait encore comprendre, la reconnaissance restant, en ce domaine aussi, une lâcheté...Mais que pour glorifier un obscur personnage, décédé 30 ans plus tard en des circonstances tout aussi obscures et qui n'avait même pas eu l'ultime bon sens de se faire tuer à l'aéroport, on eût choisi de l'affubler du nom d'un ministre de la Justice, cela dépassait la mesure humainement acceptable de la bêtise et de l'obscurantisme. Heureusement le nom de Toussaint Louverture, encore une fois, était venu sauver et rétablir l'équilibre des grandeurs. En attendant...Nous le savons, tout ne peut pas s'appeler Toussaint Louverture. Le moment viendra obligatoirement où l'on redonnera à César ce qui est à César.

2- LES COULEURS DESSALINIENNES DE LA PRÉSIDENCE À VIE

Depuis deux ans déjà, prévoyance, prémonition, imprudence ou fuite calculée, le Ministre de l'Education Nationale, le Révérend Père Hubert PAPAILLER, avait soulevé une partie du voile, au cours de la Cérémonie du Drapeau à l'Arcahaie. Dans un discours ampoulé, lyrique et pathétique, il avait magnifié le bicolore bleu et rouge et, en conclusion, avait invité François Duvalier " à garder le pouvoir jusqu'à son dernier souffle de vie". De cela il fut réprimandé. Il perdit même son poste. Cependant, le mot était lancé ; il allait faire son chemin dans le silence des officines politiques..

On s'accorde à dire que Duvalier avait toujours caressé ce rêve. Dès son jeune âge, il aimait signer ses articles du pseudonyme d'ABDERRHAMAN, 8ème prince d'une dynastie orientale. On a vu dans le choix de ce nom de plume la volonté affirmée de devenir le 8ème président à vie d'Haïti, après Dessalines, Christophe, Pétion, Boyer, Soulouque, Geffrard, Salnave. Au cours de l'année de grâce 1964, malgré les difficultés économiques et politiques, Duvalier mènera concurremment deux opérations audacieuses : la présidence à vie et la résurrection du Drapeau Noir et Rouge.

Le vendredi 4 avril 1964, le Bureau de la Rénovation Nationale, sous la houlette de Luckner CAMBRONNE et du Dr Fritz CINEAS, Secrétaire Privé du Président, organisa " LA MARCHE " sur le Palais, pour imposer au locataire des lieux le sacrifice suprême d'y demeurer jusqu'au terme de sa vie. Telle était la formule, telle était la manœuvre. Audace et hypocrisie s'y mêlaient à dose équivalente. De tous les coins du pays, d'imposantes délégations se réunirent à la Cité du Drapeau. Pourquoi l'Arcahaie ? D'abord, il s'agissait du fief de Cambronne, député de cette circonscription. Ensuite, cette ville était perçue comme un haut lieu mystique, où François Duvalier, à l'orée de son règne, s'était fait construire une habitation, la première maison qu'il eût bâtie de sa vie, à 50 ans. Enfin, Arcahaie demeure le promontoire historique du fameux Congrès de l'Arcahaie pour l'union sacrée des forces indigènes autour du drapeau haïtien.

Ainsi, de la Cité du Congrès fondateur, les délégations, électrisées par les effluves mystiques et historiques des lieux, s'ébranlèrent vers Port-au-Prince. Pelota du Nord Héroïque, Zacharie Delva de l'Artibonite Sacrée, Sannette Balmir de la Grande Anse lointaine, Astrel Benjamin du Sud historique, André Simon du Sud-Est prudent, les Kersaint des Nippes laborieuses, Julio Bordes et les Calixte du Nord-Est fidèle, les Lucas et les Nemorin du Nord-Ouest, les Lhérisson de la ligne frontière, les Blanc et les Adolphe du Plateau Central, l'Ecole, l'Université…Tous les leaders départementaux et arrondissementaux prirent la parole ce jour-là pour convaincre Duvalier " que le pays haïtien ne pouvait plus s'accommoder du coût humain, financier et politique d'élections présidentielles périodiques ". La RÉVOLUTION DUVALIÉRISTE était reconnue par tous comme le seul régime qui convienne à l'idiosyncrasie, aux aspirations et idéaux du peuple haïtien. Plus question de regarder en arrière. Plus question de remettre en cause par des joutes inutiles et nuisibles les merveilleuses conquêtes sociales et politiques. Plus question d'arrêter la marche de l'Histoire. Duvalier devait donc se sacrifier au bonheur collectif. Le peuple venait lui imposer donc le délicieux esclavage de la PRÉSIDENCE À VIE.

Tout étonné de l'impromptu de la démarche, le rusé se contenta de prendre acte de cette sollicitation…pan nationale. Il se garda de répondre, requérant un délai de réflexion. Au fait, tout était calculé, planifié, chronométré: il fallait laisser à chaque secteur de la vie nationale le temps de prendre position publique et de faire serment d'allégeance (pour qu'on ne vienne pas dire demain qu'on était contre, que silence signifiait abstention). En effet, tout au long des mois d'avril et de mai, la nation entière défila au palais. Toutes les composantes, tous les catégories de la société haïtienne, vinrent l'une après l'autre produire la même demande, comme brusquement frappées d'écholalie. Aujourd'hui l'armée, demain le commerce, puis l'industrie, ensuite la Milice, les élèves des Lycées et des Ecoles privées, les facultés…, etc. Des délégations de provinces, absentes à l'Arcahaie, arrivèrent, rivalisant d'excès de zèle et de paroles pour rattraper le temps perdu. On entendit même certains orateurs offrir à Duvalier la couronne impériale sous le nom de François Premier. Les employés de l'Administration Publique se présentèrent aussi au rendez-vous par Ministère respectif. Bref, la nation tout entière fit le pèlerinage de la présidence à vie.

1.- LE DRAPEAU DESSALINIEN NOIR ET ROUGE

Enfin, Duvalier condescendit à exaucer des prières si ferventes. Il se courba à une sollicitation si doucereusement impérative du peuple tout entier. Mais dans une quête incessante de cette légalité-légitimité dont il tenait toujours à enduire chacun de ses actes politiques, il se tourna vers le Parlement, "dépositaire de la Souveraineté et de la Légitimité populaires", lequel devait, selon ses déclarations -ô combien hypocrites-, avoir le dernier mot sur la question. Cette Chambre Unique, toute craintive et dévouée, dénonça la Constitution de 1957 et mit en branle la procédure de la révision. Comme une lettre à la poste, le projet du Drapeau, si vivement combattu par les fameux tribuns de 1959, fut introduit et voté, sans même qu'on s'en fût aperçu vraiment. Ainsi, la nouvelle Constitution de 1964 restituait à la Nation Haïtienne le Drapeau Dessalinien Noir et Rouge, symbolisant pour les esprits simples la composition de notre peuple formé de noirs et de métis. Des deux bandes désormais placées verticalement, le Noir était attaché à la hampe, comme pour signifier la prépondérance du Noir majoritaire du pays réel et profond sur lequel semblait se greffer la minorité métis quelque peu parasite. Pour Duvalier, c'était beaucoup plus que cela.

François Duvalier n'était pas louverturien. Il se disait farouchement dessalinien ; et pour lui cette appartenance était synonyme de radicalisme politique, de nationalisme intransigeant, d'irréductibilité sur le principe de la Souveraineté nationale. Ce tableau se complétait d'une forte répulsion du blanc et d'une irrémissible méfiance vis à vis du mulâtre. Qu'on remarque, à l'occasion, que son parti s'appelait: Parti de l'Unité Nationale. Et non, comme il paraîtrait plus logique, Parti de l'Union Nationale. L'union implique la rencontre, la conjonction, l'entente entre deux ou plusieurs entités contemporaines. Tandis que l 'unité n'admet, ne prévoit l'existence que d'un seul élément, dans l'ignorance, à l'exclusion ou à la marginalisation ou au ravalement de l'autre.

Ceci était caractéristique d'un état d'âme, voire d'un programme d'aplatissement ou d'uniformisation de l'espace social et politique, dans une perspective de régime de parti unique. Pour Duvalier comme ce fut le cas pour Dessalines, Haïti est un pays de Noirs, qui doit rester aux Noirs et surtout être gouverné par les Noirs majoritaires et désormais instruits: les plus nombreux et les plus capables. Il n'ira pas jusqu'au génocide, comme d'autres, pour préserver " la pureté de la race ". Mais la minorité devrait se tenir pour dit qu'elle n'était que tolérée. Qu'elle respecte les règles de jeu et s'abstienne de lorgner dans la direction du palais présidentiel et des grandes institutions de l'Etat. Car, de ce côté, l'union même conjoncturelle paraissait dangereuse à Duvalier: l'histoire des SUISSES, sacrifiés sur les pontons du Môle Saint-Nicolas par les Affranchis (mulâtres) qu'ils venaient d'aider à conquérir leurs droits civils, habitait son esprit malade d'ethno-sociologue et d'historien. Il n'entendait en aucun cas renouveler pour sa classe une expérience si désatreuse.

En tout cas, ce fut pour Duvalier l'une des plus grandes victoires de sa carrière politique, que cette restitution du Drapeau Dessalinien NOIR ET ROUGE, " Symbole de l'UNITÉ et de la Souveraineté Nationale, qui (flottera) désormais dans l'azur, pour rappeler à tous les haïtiens les prouesses de nos sublimes martyrs de la Crête à Pierrot, de la Butte Charrier et de Vertières, qui se sont immortalisés sous les boulets et la mitraille, pour nous créer une Patrie, où le Nègre haïtien se sente réellement souverain et libre ".

2.- LA PRÉSIDENCE À VIE

À côté de ce qu'il convient d'appeler "la réparation historique" à l'égard de l'emblème national, le Parlement vota à l'unanimité, si ce n'était par acclamation, la motion de la présidence à vie. Remarquez que la nouvelle Constitution restait muette sur la durée du mandat présidentiel art.90. Aucune loi-mère prise sous les Duvalier père ou fils, ne précise la durée du mandat présidentiel Les élections présidentielles ne devraient plus savoir lieu. "En raison des services rendus à la Nation dans les domaines politique, économique et social", le peuple haïtien, par la voix de ses représentants, octroyait à François Duvalier l'exercice de la présidence à vie, art. 196. Dont acte. Il s'agissait d'une faveur particulière faite à François Duvalier en personne.

Duvalier ne perdit pas de temps. Un référendum - à la De Gaulle- fut organisé sur des chapeaux de roue, pour ratifier la Nouvelle Charte Fondamentale. Le peuple devait jouer sa partition. Pour qu'on ne vienne pas dire demain qu'une poignée de députés avait changé le cours de l'histoire sous la menaces des armes des miliciens et des macoutes. Il ne suffisait pas non plus que le peuple se fût rassemblé sur les places publiques pour crier " Vive Duvalier, Président à vie ". Il fallait formaliser la chose dans les textes et les annales. D'ou le referendum - qui prit l'allure d'un véritable plébiscite.

Dans l'après-midi du 21 juin 1964, transfiguré, le visage et les yeux brillant comme d'une lumière intérieure, le Docteur François Duvalier hissa au mât du Palais National le NOIR et ROUGE, au son des canons et des vivats, et au rythme vigoureux d'une Dessalinienne expectorée par des millions de poumons survoltés. À la chute du chant, le canon continua de ponctuer les minutes sublimes du silence recueilli de la multitude respectueuse, traversée du souffle des Ancêtres. Après quoi, une division entière de militaires et de miliciens, - le fameux binôme- présenta les armes. Et tous les assistants, et la Nation entière aux quatre coins du territoire national, se mirent debout pour prêter avec le Président le serment au drapeau dessalinien et ordonner le couplet approprié de l'hymne national: Pour le drapeau, pour la patrie...

Le lendemain 22 juin 1964, en tenue d'apparat, le Chef de l'Etat se rendit au Palais Législatif pour prononcer sur la Constitution et devant la Nation son serment comme 8ème président à vie de la République d'Haïti. Le tour était joué. La présidence à vie était accordée à un individu désigné nommément. Ce n'était pas encore " la République héréditaire ", comme le prétendaient certains. La Constitution de 1964 ne prévoyait pas que François Duvalier pût désigner son successeur. L'étape dynastique sera franchie en janvier 1971, aux termes de la Constitution de 1964 AMENDÉE. Art.100.

Il est aisé de clouer Duvalier au pilori pour l'illégalité apparente ou réelle de ces opérations. Lui n'en avait cure. Car, pour ce politique racé et pragmatique, ce qui importait, ce n'était point tellement la légalité, produit fini de la cogitation des hommes ou des savants retranchés dans la tour d'ivoire du droit constitutionnel ou de la sociologie politique. Non. Ce qui importait, c'était la LÉGITIMITÉ. Que seule conférait aux dirigeants la souveraineté populaire. À chacune de ses acrobaties politico-juridiques, Duvalier aurait pu dire comme Napoléon III: " Je suis sorti de la légalité pour entrer dans le Droit". Et la légitimité. Tout échafaudage juridique, toute loi s'écroule devant la volonté clairement et massivement exprimée d'un peuple. Il n'y a de souverain que le peuple. C'est le peuple qui fait les lois soit directement soit par l'intermédiaire de ses mandataires. Ce n'est pas que Duvalier soit adepte de la Démocratie directe. Loin de là. Il est le premier, au contraire, à en condamner les excès, les dérives et les débordements incontrôlables. La légalité s'étire sur le temps et l'espace, de toute l'élasticité de son contenu multiforme et interchangeable: le légal de ce jour et d'ici n'est pas forcément celui de demain ou d'ailleurs. Tandis que la légitimité possède des racines pérennes et universelles. La légalité s'élabore dans la spéculation savante des officines juridiques ; la légitimité s'exprime dans la quotidienneté des luttes d'une nation pour le choix des dirigeants et des programmes proches de ses idéaux. La première a pour source l'usage, l'histoire, la doctrine, la jurisprudence…etc. La seconde s'enracine dans la conscience et la volonté souveraine d'un peuple.

Duvalier affirmera sans cesse la primauté de la légitimité sur la légalité, tout en cherchant toujours à se couvrir des deux manteaux. Quand les deux ne pouvaient se juxtaposer ou se superposer, il choisissait la légitimité. Il en faisait son ami le plus proche et le plus constant. Qu'on l'accuse de répression, de dictature, de fascisme, il s'arrangeait toujours à couvrir du voile de la légitimité chacune de ses actions, fussent-elles qualifiées d'illégales. Ainsi put-il à tout instant se présenter à ses adversaires, ses rivaux ou ses détracteurs comme une émanation de la volonté populaire. Illégal peut-être, mais absolument légitime. De sorte que toute action entreprise à son encontre prenait l'allure d'une action subversive, attentatoire à la souveraineté nationale, à la souveraineté populaire; tout combat contre son régime était assimilé à un combat contre le peuple haïtien.

Thèse lumineuse, s'il en fut, qui alimenta la foi des partisans, sans convaincre nullement les partenaires lucides et surtout étrangers, friands du respect de l'état de Droit et des libertés fondamentales de la personne humaine. Et que dire des opposants qui ne rêvaient que de la prise du pouvoir ? La présidence à vie les abasourdit. Elle prit même de court certains partisans qui espéraient secrètement assurer la relève au terme du second mandat usurpé en 1961. Voilà que désormais les opposants comme les ambitieux de l'intérieur n'avaient plus à attendre la fin d'un mandat, une échéance fixe, mais le terme d'une vie, une donnée imprévisible, non mesurable. La contestation allait désormais viser, non à déstabiliser l'ordre établi, mais à éliminer physiquement celui qui l'incarnait.

3.- L'OPPOSITION CONTRE-ATTAQUE

La présidence à vie n'équivalait donc absolument pas à une assurance vie pour François Duvalier. Surtout pas. Loin s'en fallut. L'opposition reçut le coup comme une provocation qui exacerba sa haine et son désespoir. D'adversaire politique qu'on allait s'évertuer à battre aux urnes de 1967, si elles étaient honnêtes, Duvalier était devenu un ennemi à abattre.

L'opposant devait élaborer de nouveaux plans de vie pour plus long terme. Le maquis et les misères risquaient de durer plus longtemps que prévu, l'exil de s'étendre sur la durée de toute une vie d'homme. Les donnes avaient radicalement changé. Il ne s'agissait plus maintenant de renverser Duvalier qui pouvait se prévaloir, où qu'il pût se trouver sur la planète, du referendum de la présidence à vie pour revendiquer un pouvoir à l'encontre de tout remplaçant. Dorénavant, il s'agissait de le TUER, et, pourquoi pas, traîner son cadavre désarticulé à travers les rues de la capitale, pour néantiser le symbole et le mythe... Pour mettre fin à la présidence de Duvalier, il fallait dorénavant mettre un terme à sa vie.

Décidément, l'homme inspirait des sentiments extrêmes. Autant ses fans l'adoraient, autant ses adversaires l'abominaient. On ne l'approchait, on ne pensait à lui, que pour l'aimer jusqu'au sacrifice ou le haïr jusqu'au meurtre. Sa compagnie imposait la soumission ou soulevait la révolte. L'homme ne connaissait pas de demi-mesure, de moyen terme. Il gavait et gâtait ses partisans de toutes les délices du pouvoir; il acculait et combattait ses adversaires jusqu'à l'anéantissement. De l'or pour ses amis, du plomb pour ses ennemis. Une telle philosophie, manichéenne au finish, ne laissait donc aucune alternative à l'adversaire. Et si les USA de l'après-Kennedy décidèrent de ne plus l'inquiéter, l'opposition interne et externe allaient lui asséner des coups d'une grande férocité.

Duvalier en avait l'habitude. Cette année 1964, au lendemain de l'opération Présidence à vie, il allait devoir combattre simultanément sur deux fronts : dans le Sud-Est face à Adrien Fandal, dans la Grande Anse face à Jeune Haïti. Le communisme, bien que momentanément ébranlé, ne baissa pas les bras : il entra dans une profonde clandestinité pour préparer des actions très meurtrières ; en témoignent le fameux hold-up de la Royal Bank, l'invasion de Casale par une armée de paysans endoctrinés à la Mao, l'affaire de Boutilliers et le baroud d'honneur de la Ruelle Nazon. D'autres aventuriers allaient aussi faire parler d'eux : René Léon, le raid audacieux sur l'aéroport du Cap-Haïtien le 20 mai 1968, puis le complot Kesner Blain suivi du bombardement de palais par Octave Cayard…

-Chapitre 17-

LE CLERGÉ INDIGÈNE

On peut haïr Duvalier autant qu'on peut. Mais on ne doit pas lui dénier le mérite de ses bonnes actions. On ne peut ne pas reconnaître par exemple que même sous le feu de l'adversaire il continuait de réaliser des choses que tout autre, peut-être, eût renvoyées à des temps meilleurs. Ainsi dans la plus totale pénurie et en pleine bataille pour le maintien et la survie du pouvoir, il érigea des œuvres pérennes comme le palais de [illegible] DGI, l'Aéroport International..., etc. 1964, 1965, 1966 furent des années tres dures pour Duvalier. Pourtant ceci ne l'empêcha pas de mener des négociations ardues pour créer le Clergé Indigène.

1964 est l'année du centenaire du Concordat, signé en 1864 entre le Saint Siège et le Président Fabre Nicolas GEFFRARD. On spéculait d'abondance sur le sujet, sur la velléité à peine voilée, attribuée à Duvalier, de dénoncer l'accord centenaire. On avait en mémoire les nombreux démêlés entre le président et le clergé catholique. Le torchon n'était pas encore tout à fait éteint. Arrestation de prêtres, expulsion d'archevêque et d'évêques, fermeture du Grand Séminaire, bâillonnement de "La Phalange", journal de l'Eglise Catholique…etc. Depuis trois ans déjà, Duvalier ne mettait pas les pieds à la Basilique Notre-Dame de Port-au-Prince, où d'ailleurs on ne chantait plus de TE DEUM à l'occasion des fêtes Nationales. Aux cérémonies religieuses des fêtes constitutionnelles, (1er Janvier, 1er Mai, 18 Mai, 18 Novembre), le président se faisait invariablement représenter par un officier de sa garde. Et un officier subalterne, s'il vous plaît.

L'archevêque de Port-au-Prince, Monseigneur François POIRIER, un français irritant, avait été expulsé pour immixtion dans la politique haïtienne. Duvalier ne transigeait pas sur le chapitre de la souveraineté nationale. Par la même occasion, il avait imposé silence au journal «La Phalange» trop arrogant dans ses critiques et dans les ateliers duquel s'imprimaient des tracts subversifs. Mécontent de la double mesure,

Monseigneur Rémy AUGUSTIN, se croyant couvert par sa citoyenneté haïtienne et par le fait extraordinaire d'être le premier évêque haïtien, prit ouvertement parti pour les étrangers contre les autorités légitimes de son pays. Trahison impardonnable pour Duvalier. Il n'eut pas froid aux yeux : Augustin fut banni. Les Jésuites, pour les raisons évoquées plus haut, durent quitter le pays et le grand Séminaire, la Villa Manrèse, fut fermé.

Les spiritains aussi avaient eu leur lot de tracasseries. Leur supérieur, le père Grinenberger, ayant été surpris à transporter nuitamment dans sa jeep du matériel subversif, fut arrêté et déporté. Cette mesure, loin de les intimider et de les ramener à plus de prudence, enhardit ces éducateurs pourtant émérites, dirigés, après le départ de Grinenberger, par un religieux d'une sagesse profonde, le Père Berthaud. C'est qu'à ce moment-là, dans la citadelle supposée inexpugnable des spiritains, s'agitait une pléiade de prêtres gauchisants: les Verdieu, les Dominique, les Bajeux, les Bissainthe et aussi le décevant père Antoine Adrien.

Ceux-ci menaient à la limite de la provocation une campagne multiforme contre le gouvernement de la République qui découvrit finalement que la plupart des tracts semés sur la ville étaient miméographiés, entreposés et distribués à partir des ateliers de cet établissement congréganiste. Duvalier ne tint aucun compte des éminents services et de l'incommensurable prestige de cette congrégation. De ce côté, il n'était habité d'aucun scrupule, d'aucune inhibition. Il émit un décret, plutôt un simple arrêté, par lequel il expulsait du pays tous les spiritains: le petit Séminaire passa sous obédience archi-épiscopale.

Le contentieux de Duvalier avec l'Eglise catholique avait pris beaucoup d'épaisseur au fil de ces conflits. La prière canonique, le DOMINE SALVA FAC REM PUBLICAM CUM PRESIDE NOSTRO FRANSCISCO, fut abolie de la liturgie et nombre de prêtres s'épuisaient à chanter des messes noires et des LIBERA pour implorer, on ne savait de quel dieu, la chute du gouvernement ou la mort subite du président.

Dans un tel état de choses et d'esprit, il semblait logique qu'en cette année du centenaire le commun prévît la remise en question des privilèges accordés à l'Eglise Catholique comme religion d'Etat. Mais Duvalier était l'Homme d'État aux nuances subtiles. Il préconisait la séparation du spirituel et du temporel et tenait à applatir la prééminence de Rome. Dans cet ordre d'idées, toutes les constitutions qu'il avait élaborées prônaient la liberté et l'égalité des cultes. Mais à aucun moment il n'avait envisagé de rompre avec le Vatican. Certains prêtres s'étaient mal comportés, certes ; il leur avait tapé sur les doigts, pour que personne au monde ne pût se croire habilité à attenter à l'indépendance du pays, à l'autodétermination du peuple haïtien et au prestige de son chef suprême. La hargne de Duvalier s'arrêtait là.

D'ailleurs, les esprits éclairés ne pouvaient réaliser un seul instant qu'un ethno-sociologue de sa trempe, de surcroît grand initié aux croyances populaires haïtiennes, qui mêlaient catholicisme et vaudou dans un syncrétisme indissoluble, pût commettre la faute irréparable de consommer un divorce d'avec Rome. S'il s'était abstenu de fréquenter les nefs catholiques, il n'avait pas poussé la provocation jusqu'à aller en grande pompe, comme le feront d'autres plus tard, assister à un service dans un temple protestant, anglican ou vaudou. Dans ses discours, le dernier paragraphe était toujours réservé à une invocation au "Très-haut qui préside aux destinées du Monde".Il n'avait jamais fait profession d'athée; il était bel et bien chrétien: son conflit avec l'Eglise n'était que conjoncturel et politique, pas idéologique ou confessionnel.

Pendant donc que la rue donnait pour probable la rescision du Concordat, Duvalier pensait aux meilleurs moyens de le consolider, d'en tirer avantage, en renouant spectaculairement avec le Saint-Siège. Rome, aussi, en avait assez de ces joutes stériles entre l'Eglise et le gouvernement haïtien. Port-au-Prince était sans Archevêque depuis trois ans et le troupeau du Seigneur errait et s'étiolait sans pasteur. En vertu du principe de l'immuabilité, Poirier, où qu'il se trouvât, restait titulaire du poste de Port-au-Prince. Pas question de le relever, de le transférer. C'eût été signer la défaite du Vatican. Le Saint-Siège avait pour obligation de protéger ses ouailles, même si des fois leur immixtion imprudente dans le temporel et leur descente intempestive dans la basse lice politicienne mettaient la hiérarchie romaine dans des situations fort embarrassantes.

De plus, le clergé catholique avait perdu beaucoup de terrain en Haïti. Dans ces années 1960; le protestantisme menait de par le monde une offensive infiniment habile et Duvalier ne se fit pas faute de lui faciliter la tâche en Haïti. Par le biais d'organismes philanthropiques très dynamiques, le protestantisme envahissait le pays, auquel il apportait, avec l'Evangile du Christ Rédempteur, les immenses bénéfices sanitaires, éducationnels, sociaux et économiques de ses heureuses initiatives. À côté de tout temple en villes ou en provinces, poussaient des écoles, des dispensaires, des terrains de jeux, des magasins communautaires, des dépôts de nourriture pour travaux collectifs....etc. Parallèlement à cette montée irrésistible du protestantisme, l'aire du catholicisme se rétrécissait en peau de chagrin. Et Rome comprit bientôt qu'il lui fallait opérer un redressement urgent de la situation. Perdre son influence sur les grands de la politique haïtienne, disparaître peu à peu de ce pays si profondément catholique, abandonner le terrain à la montée de la force nouvelle, représentait pour Rome une défaite insupportable dont ne pouvait le dédommager son entêtement puéril à garder en poste nominal des pasteurs absents, incapables donc de conduire les brebis aujourd'hui égarées vers les divins pâturages et sur les chemins desquels, il faut bien l'avouer, ils avaient effectivement quelques fois trébuché.

À tout considérer objectivement, les deux camps, dans leur intérêt réciproque, étaient acculés à la négociation. Des délégations voyagèrent interminablement. Du côté haïtien, les pourparlers étaient dirigés par le jeune et compétent vice-ministre des relations Extérieures, le Docteur Adrien RAYMOND. Homme d'une grande culture, d'une éducation raffinée, A. Raymond était de surcroît un doctrinaire, professant sur le sujet du clergé indigène une exacte identité de vue avec Duvalier. Assisté de René HIPPOLYTE, Chef du protocole (et son oncle), et de Fritz JEAN-BAPTISTE, Chargé d'Affaires a.i. d'Haïti près le Vatican, il mena brillamment les négociations avec les vieux rats onctueux de la diplomatie vaticane. Et au bout du compte, on peut affirmer qu'il eut gain de cause. Car, après de longs et fastidieux pourparlers, Rome réduisit ses prétentions à 4 ou 6 conditions acceptables pour Duvalier.

DU COTÉ DE ROME :

1 - le maintien du Concordat : (mais qui donc l'avait mis en question?)

2- une certaine prééminence de l'Eglise Catholique : (Nécessaire, dites donc, ne serait-ce que pour la survie de la religion populaire, le vaudou !)

3- le retrait de l'arrêté d'expulsion de Monseigneur Poirier. (Pourquoi pas, puisque Poirier ne pourra jamais revenir en Haïti).

4- la confirmation par le gouvernement de Monseigneur Maurice CHOQUET, nommé évêque unilatéralement par le Vatican.

(Insignifiant, puisque cet évêque ne sera jamais accepté comme archevêque de Port-au-Prince).

5- la réouverture de Villa Manrèse. (Oui, mais avec une autre congrégation que les jésuites, définitivement bannis).

6- le retour au pays de Monseigneur Rémy Augustin.
(Certainement. N'est-il pas Haïtien ?)

DU COTÉ HAÏTIEN

- le respect absolu de l'article 4 du Concordat concernant les prérogatives du président haïtien quant au choix des candidats à la dignité épiscopale (Accordé);

- Le non-retour de Poirier (Accordé);

- La nomination d'une autre congrégation à la place des jésuites pour diriger le grand séminaire. (Accordé);

-L'ordination à la capitale haïtienne des nouveaux évêques. désignés par le président haïtien (Accordé).
- Et ce, par un représentant spécial du Pape, venu pour cela directement de Rome. (Accordé);

- La nomination de Monseigneur Augustin, le premier évêque haïtien, à un poste secondaire. (Accordé).

Avant d'en arriver là, les délégués haïtiens avaient dû se fouler la rate. Ils négocièrent avec finesse, tact et…fermeté. Il faut avouer que Rome ne se fit pas irréductible; certaines fois elle affichait une bonne foi toute sainte, presque divine. Et quoi donc ! L'Eglise catholique était deux fois millénaire; elle travaillait, sur l'éternité. Pourquoi encourir la plus petite humiliation avec Duvalier, " le Lucifer des Caraïbes ", qui, quoique président à vie, n'occupait qu'un infime moment de l'histoire? L'Eglise en avait vu d'autres avec les Rois et les Empereurs, les François 1er, les Napoléon Bonaparte! Elle avait vaincu et agenouillé des dirigeants beaucoup plus coriaces! Elle aura donc la patience d'attendre, pour accorder sa bénédiction à François Duvalier ou à ses héritiers sur le chemin de Damas ou à Canossa. Duvalier ne voulait plus de Poirier comme archevêque. Soit. Il exigeait que tous les diocèses fussent dirigés par des évêques haïtiens ! Pourquoi pas. Il réclamait de désigner lui-même les candidats haïtiens à l'ordination épiscopale! La moindre des choses, en vertu de l'article 4 du Concordat.

Pour le Vatican, le prêtre n'a pas de patrie. Sa patrie véritable est le royaume des cieux, dont l'antichambre se trouve à Rome. Et le prêtre conformément à son statut obéit à Rome plutôt qu'au gouvernement de son pays d'origine. Et quand bien même il y aurait des têtes chaudes dévouées à la cause de Duvalier, Rome attendrait que les flammes soient éteintes et les tisons refroidis. L'église Catholique n'avait-elle pas survécu à l'exil de 7 papes à Avignon ? N'avait-elle pas résisté à toutes les crises : les bûchers de l'Inquisition, les croisades, la duplication de la papauté, les orgies et les crimes de la Cour des Borgias, la vente des indulgences, la réforme de Luther, les scandales financiers, la bénédiction des armes fascistes? Quoi encore ? Accordons à Duvalier tout ce qu'il réclame. Il est chef temporel. Nous, nous appartenons à la patrie de Dieu. Nous chevauchons l'éternité Nous avons tout le temps de préparer notre revanche.

Leur revanche, les mordus du Vatican ne la prendront pas glacée. Seulement 17 ans plus tard, en Mars 1983, le Pape JEAN PAUL II viendra en Haïti secouer la léthargie du clergé indigène duvaliérien. Sa phrase sibylline : "IL FAUT QUE LES CHOSES CHANGENT ICI", sonna le début de la déstabilisation politique par l'Evangile. Du haut de la chaire par le verbe insidieux et pernicieux, sur le terrain par le mariage de la Théologie de Libération avec le terrorisme christo-marxiste des TI LEGLIZ, la Conférence Episcopale finira par contraindre à la fuite le fils de François Duvalier, en Février 1986, lequel avait, dès 1983, renoncé à des prérogatives concordataires reconnues à son père et consignées au Concordat.

Le fils Duvalier était donc "allé à Canossa". Autant en 1966 son père s'était montré intransigeant, intraitable sur le chapitre de ses droits concordataires, autant le fils, circonvenu par des conseillers légers et sans doctrine, s'était montré accommodant. Car, sans contre-partie aucune, il s'était dépouillé lui-même de cet attribut régalien, comme d'un poids trop lourd à porter. Jamais les fins analystes du Vatican ne se seraient avisés de solliciter un telle abdication, s'ils ne s'étaient longtemps déjà rendu compte de l'étonnante souplesse du fils et de la faiblesse doctrinale des jeunes loups qui l'entouraient.

L'indigénisation du Clergé Catholique en 1966 était sans conteste une victoire historique pour l'ethno-sociologie François Duvalier. Jusqu'à ce jour, l'évangélisation du peuple était confié à des “blancs”, qui recevait une formation théologique approximative au Séminaire Saint-Jacques, en partie subventionné par l'Etat haïtien. De ce point de vue, Haïti était un pays ouvert, un terrain de libre aventure, livré à toutes sortes de congrégations qui y expédiaient leurs rebuts, leurs ratés, leurs racistes, leurs aumôniers-surplus de guerre, lesquels s'ingéniaient à inculquer aux petits haïtiens la sainte adoration de " nos ancêtres les gaulois ". Cette engeance ecclésiastique multiforme et disparate avait vite fait de s'associer à l'oligarchie claire et à la bourgeoisie pour peser directement ou par doublure sur les affaires politiques du pays. Grâce à ses alliances, elle put jouir de toutes les délices haïtiennes en même temps qu'elle prêchait et professait le mépris le plus hautain pour les valeurs nationales. Oublieux de leurs vœux de pauvreté, de chasteté et de charité, ces prêtres parjures ne se gênaient point pour afficher des liaisons ambiguës ainsi que leurs richesses insolentes. Ils s'amusaient, répétant et affinant la technique diplomatique d'Hédouville, à creuser et à approfondir les clivages entre les différentes composantes de la société haïtienne, entre noirs et mulâtres, entre riches et pauvres, ruraux et citadins, forces du bien et forces du mal. Leur manichéisme primaire, aiguillonné par un sournois élan missionnaire à recoloniser spirituellement l'ancienne Saint-Domingue française, leur inspira des attitudes et des actions qui compromirent irrémédiablement l'épanouissement de l'âme haïtienne dans la sublimation des valeurs authentiques de la Culture Nationale.

C'est à leur entreprise planifiée de déculturation que nous devons le MOUVEMENT REJETE de 1942, qui organisa, à travers tout le territoire de la République d'Haïti, l'autodafé systématique des honfors et le pillage des objets sacrés du vaudou. À cette époque déjà, ces évangélistes n'hésitèrent pas, en droite ligne de l'Inquisition moyenâgeuse et en lointains précurseurs du " Père Lebrun ", à faire monter sur le bûcher des Houngans et des Mambos coupables, disaient-ils, d'invoquer des dieux païens. Monseigneur Jean-Marie PAUL, évêque des Gonaïves, s'illustra particulièrement à ce jeu macabre.

Duvalier attendra 20 ans pour le lui faire payer. En 1962, en effet, à l'occasion - (fortuite ou probablement provoquée) -d'une banale manifestation populaire réclamant de la nourriture entreposée et pourrissant à l'Evêché, Duvalier fit conduire l'évêque à Port-au-Prince, sous prétexte de le protéger. Là, la rumeur et la propagande l'accusèrent de méchanceté délibérée vis-à-vis de ces populations qu'il tentait d'affamer. Il fut expulsé du pays. Duvalier insista pour qu'on ne lui laissât même pas le temps de prendre ses affaires : en vertu de son vœu de pauvreté, il n'était censé posséder que ses habits,. un missel et un crucifix. Ainsi le trésor vaudou qu'il avait pillé et accumulé à l'Évèché, resterait ici en Haïti: Duvalier l'aura récupéré. C'est à cette époque que Duvalier fut excommunié. Que lui importait ! Depuis combien de temps n'avait-il pas reçu la communion catholique???

Le mépris envers le folklore haïtien sous-tendait et irriguait le programme de déculturation exécuté par le clergé breton. La collusion des néo-colons français avec l'occupant américain accéléra la machine à néantiser l'identité culturelle de l'haïtien. Mais le peuple haïtien était ainsi fait que c'est dans les profondeurs du désespoir qu'il trouvait la force d'affronter les périls et de renaître de ses cendres. La réaction de survie se déclencha donc dans les années 20, sous l'aiguillon du cubisme naissant, où les Damas, les Césaire, les Senghor…avaient puisé, à l'intention des peuples noirs de la terre, de nouvelles raisons de magnifier leur culture propre. " AINSI PARLA L'ONCLE " de Price MARS marqua en Haïti le point de départ d'un long combat et d'une superbe floraison d'œuvres, dédiées à la glorification des valeurs authentiquement haïtiennes et à la consolidation et l'expansion d'instruments de diffusion tels que le Mouvement Indigéniste, l'Ecole des Griots, le Bureau d'Ethnologie…etc.

François Duvalier avait appartenu à tous ces courants de pensée, quand il n'en était pas l'inspirateur principal. Et de la théorie à la pratique, 1966 lui offrit l'occasion de concrétiser une idée chère et de changer le cours de l'histoire religieuse et culturelle de la République d'Haïti. Dessalinien intraitable, nationaliste intransigeant, ethnologue consciencieux, il exigea du Vatican et obtint de haute lutte l'indigénisation du haut clergé, assuré que évêques haïtiens et prêtres haïtiens, issus de la matrice populaire, imbus des besoins du peuple comme de ses aspirations, prendraient le parti d'évangéliser leurs ouailles hors des schèmes manichéens négrophobes, hors des sentiers pollués par un néo-colonialisme latent…Il caressait la folle espérance que ces nouveaux élus de Dieu et de lui-même aideraient leurs frères et sœurs à accéder à la pleine lumière de l'humanisme chrétien, sans agresser inutilement l'unité de la famille haïtienne ni la trame de l'histoire nationale et des traditions nègres.

Il eût crié au sacrilège si quelqu'un lui avait prédit que 20 ans plus tard ce Clergé Indigène, si cher à son cœur de patriote, déclencherait un deuxième REJETE plus meurtrier encore, qui, à côté des hounfors, saccagerait les écoles et autres infrastructures construites par lui, qui brûlerait, à côté des prêtres vaudous, les élites intellectuelles et économiques issues de sa Révolution, dans le dessein insensé d'effacer de la terre d'Haïti les vilains stigmates du Duvaliérisme. Comme si lui, le Clergé Indigène, n'en était pas le plus profond et le plus durable…Et le plus ingrat…Là aussi, la reconnaissance est une lâcheté.

LE REPOS DU GUERRIER

À la fin de l'an 1966, le panorama paraît serein : l'opposition intérieure largement dépeuplée et réduite au silence, la bourgeoisie amadouée ou résignée, la commerce gavé, l'armée césarisée ou domestiquée, la jeunesse séduite par la promesse de l'héritage politique, le protestantisme allié en expansion, et voici l'Eglise Catholique mise au pas et coiffée des plus purs produits du duvaliérisme. Monseigneur François Wolf LIGONDÉ vient d'une des rares familles duvaliéristes des Cayes ; Monseigneur Claudius AGENOR, ami personnel du président, un inconditionnel, tombant cependant en disgrâce politique discrète pour avoir commis la bêtise de demander publiquement la libération des prisonniers politiques ; Monseigneur Emmanuel CONSTANT doit son poste à son appartenance connue ainsi qu'aux services éminents de son frère, le Général Gérard Constant, Chef d'Etat-Major de l'Armée de Duvalier pendant 7 ans, le règne le plus long…, etc. LAROCHE viendra plus tard.

Le ciel devait également s'éclaircir du côté de l'international. Entre Duvalier et les USA, ce n'était pas l'amour fou ; mais le grand voisin, s'il ne déliait pas les cordons de la bourse, montrait des signes non équivoques de tolérance sinon de soutien: " Duvalier ne mettait pas en péril les équilibres régionaux ". Au contraire.

Au contraire, en effet. Car, pendant que la Maison Blanche et le Département d'Etat fustigeaient Duvalier pour ses accrocs aux Droits de l'Homme, pendant que le Pentagone, vexé de l'expulsion de la Mission Militaire Américaine, menait la vie dure au Président qui ne pouvait trouver des armes pour sa nouvelle armée et sa milice, la CIA gardait un contact régulier et fructueux avec le " Dictateur". On dit même qu'elle avait délibérément contourné l'embargo financier en ouvrant à Duvalier sa caisse noire. La vérité est que les diverses branches du pouvoir américain n'ont pas toujours des intérêts immédiatement convergents. La vitrine démocratique exigeait certes que le State condamnât publiquement le régime répressif de Duvalier. Mais la CIA qui avait besoin d'alliés sûrs et forts, capables d'arrêter l'expansion communiste, aidait secrètement à consolider les régimes coercitifs. Le Pentagone pouvait bien refuser des armes aux VSN de Duvalier, ne souhaitant pas qu'un jour celles-là se retournent contre les Marines qui pourraient être envoyés pour réduire le président haïtien. Mais la CIA dut secrètement le pourvoir en équipements adéquats, entraîner ses commandos spéciaux, former ses policiers et ses soldats-bérêt-vert. En définitive, sous l'insistance compréhensible de la grande Agence, force fut aux autres branches du pouvoir américain de s'accommoder de Duvalier, le mal nécessaire, dans cette Caraïbe fragile et vulnérable, déjà infestée du communisme castriforme.

Le venin circulait et opérait des ravages bien évidents. N'oublions pas que l'Oncle avait dû intervenir directement en République Dominicaine pour stopper l'aventure marxisante de Juan Bosch et la guerre civile qui, s'ensuivit. La Jamaïque, elle aussi, était mortellement touchée. Electrisées par l'héroïsme romantique du " CHE " qui guerroyait dans les montagnes de la Bolivie, les jeunesses latino-américaines offraient volontiers leurs énergies et leur fougue à l'action multiforme d'une infinité de mouvements de guérilla destinés à renverser les gouvernements pour instaurer la dictature du prolétariat. Des partis communistes voyaient le jour un peu partout. Tout le monde se piquait, d'être dialecticien marxiste. C'était comme une carte de visite portant l'estampille de la haute culture. L'Afrique elle-même, fraîchement promue à l'indépendance, était déjà profondément infestée. Et l'Internationale Communiste ne s'embarrassait pas de scrupule pour accélérer la foulée de l'humanité souffrante vers les délices de l'éden socialiste. Bien sûr, la propagande enjolivait les paysages: elle montrait que tout était rose dans l'univers communiste. Et pourtant, les peuples croupissaient sous un régime de fer et de misère. Et s'il en était besoin, le tout récent et douloureux " Printemps de Prague "de 1968 aurait dû convaincre le monde occidental que la mainmise du communisme n'équivalait point à une caresse délicieuse ni à un mariage d'amour.

De leur côté non plus, les ennemis du communisme n'étaient pas disposés à lui faire des cadeaux. La guerre rageuse du Vietnam, le pont aérien au-dessus du Mur de Berlin, la crise des fusées de Cuba, les vols secrets des U-2, les épisodes truculents de contre-espionnage entre le CIA et le KGB…Dans cette partie de bras de fer, l'Amérique devait pouvoir compter sur des alliés fidèles et puissants. Duvalier était l'un de ceux-là. Qu'on le laisse tranquille. Qu'on l'aide même…Ainsi vint la paix du côté américain.

- C h a p i t r e 18 -

LA GARDE D'HONNEUR SUR LA SELLETTE

Le président François Duvalier sortit auréolé de sa victoire sur le Vatican et de la résipiscence du gouvernement américain. Il pouvait maintenant foncer sur l'avenir. Mais auparavant il lui importait de nettoyer ses écuries afin d'assurer ses arrières. Malheur à qui voudrait prendre son essor vers les étoiles à partir d'un tremplin craquelé, aux ressorts fêlés. Pour Duvalier, l'ennemi intérieur demeure le plus dangereux, le ver dans le fruit reste le plus nuisible.

Le système politicien et policier de Duvalier était ainsi géré qu'il générait périodiquement des hommes forts. Malgré son autoritarisme ombrageux, F. D. s'en remettait parfois à certains collaborateurs de l'accomplissement de ses vœux. Il leur octroyait en conséquence des délégations de pouvoir, de larges parcelles d'autorité sur toutes les branches de l'administration et de la politique. Celui qui pour un temps se trouvait investi de cette confiance - toute relative, d'ailleurs -, se pavanait comme paon, trônait comme un vice-président, qu'il fût civil ou militaire, ministre ou employé subalterne, ou qu'il n'occupât aucune fonction officielle. Ce favori d'un moment agissait comme une courroie de transmission reliant Duvalier et tous les niveaux de l'échelle politique, les ministres, l'Etat-Major de l'Armée, la Milice…Il jouissait d'un respect sans limite ; on exécutait ses ordres et ordonnances, bien que assez souvent il pût être difficile de faire la démarcation entre le vœu présidentiel et le cru personnel du favori.

Inutile de dire que celui-ci n'y allait pas de main morte pour faire mousser ses propres affaires. Avec beaucoup de prudence toutefois, car Duvalier ne tolérait jamais d'écarts. C'est le cas de répéter avec Chateaubriand parlant de Bonaparte " qu'il était aussi dangereux d'encourir sa faveur que de mériter sa disgrâce". L'autorité que vous accordait François Duvalier portait toujours un double tranchant. De même que toute entité en ce bas monde contenait en elle l'élément et son contraire, cet élixir du bonheur politique recelait invariablement le mortel poison de la disgrâce toujours imminente. Le moindre faux pas faisait trébucher le favori et le jetait du Capitole sur la Roche Tarpéienne. Il suffisait que Duvalier se rendît compte de la trop large influence de son/sa protégé (e), de sa trop grande popularité auprès des politiciens ou de la base pour que, un beau jour, sans raison apparente, il fût brutalement aplati. Ainsi en fut-il de Hosnerrhe APPOLON. Directeur tout-puissant de la Régie du Tabac et des Allumettes. Ainsi en fut-il de Claude RAYMOND, le tout premier Commandant de la Garde Présidentielle et un des rares qui avait pu ressusciter de la disgrâce. Ainsi en fut-il de Pierre MERCERON, promu du grade de Major à celui de Général, Chef d'État-Major de l'Armée. Ainsi en serait-il bientôt d'Henri Siclait, de Prospert Avril, d'Acédius St-Louis..., etc.

Toutes les éminences grises de Duvalier ont à un moment ou à un autre, reçu le lacet de soie et la défaveur, ce qui signifiait l'exil, le Fort-Dimanche ou la tombe. Apollon a vécu un dur exil; Eloïs Maître a été chassé ; Luckner CAMBRONNE a été interdit d'entrée au Palais; Jean JULMÉ. Président de l'Assemblée Nationale et Ministre de l'Intérieur, a connu le Fort-Dimanche; Rameau ESTIMÉ, Justin BERTRAND, y sont morts; Jean TASSY, l'implacable chef de la police secrète, s'est sauvé de justesse dans une ambassade…À celui qui se gargarisait du bonheur fragile " d'encourir" la faveur du prince s'attachait, " comme sa lueur au phosphore", la malédiction de la chute impromptue et fatale. Et dès le premier jour de son élévation, l'on pouvait deviner, chez le nouvel élu des faveurs présidentielles, les plis sombres du manteau funèbre sous la pourpre écarlate de sa puissance politique. Cependant l'exemple des aînés ne servit point aux générations plus jeunes, qui se disaient toujours qu'il est des choses qui n'arrivent qu'aux autres.

Au fil du temps, Duvalier afficha une telle confiance, un tel abandon vis à vis de sa garde prétorienne que le centre de gravité du pouvoir politique se déplaça visiblement vers la garnison militaire du palais national. Dans la place, un petit groupe d'audacieux et d'intrigants réussit à se porter à l'avant-scène, avec un tel sans-gêne, avec une telle prépondérance, que les milieux bien pensants de la militance doctrinale duvaliérienne ne cachèrent pas leur déception de voir le grand Duvalier se livrer en otage à ses gardes de corps. Rien ne se faisait au pays sans le feu vert de ces messieurs. Personne ne pouvait communiquer avec le président, fût-il un proche parent ou un ministre plénipotentiaire, si un seul de ces officiers s'y opposait, la solidarité de groupe jouant. Duvalier se trouvait isolé, enkysté ; et il semblait bien se complaire dans cette situation de paresse et de laisser-aller. En aval comme en amont, ces hommes contrôlaient le pays et le pouvoir: courroies de transmission obligatoires de toutes les décisions présidentielles et relais obligés de toutes les informations qui remontaient vers le président.

La prééminence de ce groupe était telle et tel semblait illimitée la confiance dont il bénéficiait que Duvalier, contrairement à ses principes cardinaux, en vint à accepter que le Major Harry TASSY le Bègue devînt commandant de la milice civile du Palais, que le Major Walter PRÉVAL obtînt la direction de Le Nouveau Monde, le journal gouvernemental, que le Major Sony BORGES dirigeât la Radio d'Etat, que le capitaine Jean THOMAS fût placé à la tête du Service National d'Immigration et d'Emigration. Un peu plus ces officiers du palais eussent réclamé les directions de l'EDH, de la Banque Nationale, de la TELECO, où d'ailleurs ils plaçaient leurs hommes lige. Dans cette même veine, le Major Max DOMINIQUE s'enhardit à courtiser l'aînée des filles Duvalier, la pulpeuse Marie Denise, qu'il mit enceinte à la cour et sous les yeux de Duvalier, imposant à ce dernier un mariage qui n'entrait peut-être pas dans ses vues immédiates. Max Dominique le ravisseur des privautés présidentielles, Harry Tassy le filtre des visites au palais, Jean Tassy le bourreau, Donald Manigat aux jalousies catastrophiques et éclaboussantes, Probus Monestime l'activiste taciturne, Josmar Valentin le fougueux, Joseph Laroche le peureux, aide de camp de la Première Dame…Une pleine pléiade de militaires politiciens. Mais qui commirent la faute des fautes en politique, de ne pas savoir s'arrêter au point à partir duquel ON PEUT ALLER TROP LOIN.

Ils en eurent pour leur plus grande surprise, ceux qui croyaient Duvalier dupe et manipulé à son insu. Duvalier avait appris l'art de la dissimulation. Il s'était donc laissé ballotter avec une patience d'ange. Il accordait à ce groupe tout ce qu'il réclamait: privilèges, autorité, richesses.Il ne permettait jamais qu'on mît leur loyauté ou leur pouvoir en doute.

Un jour l'auteur de ces lignes assista à une scène horrible où Duvalier menaça des pires tortures physiques et morales le milicien Sherpain qui avait osé porter plainte au Général Constant contre Harry Tassy. Duvalier n'admettait pas qu'un autre que lui eût barre sur ses officiers. Mais il les surveillait à la loupe. Des policiers relevant uniquement de lui étaient chargés d'épier ces manitous et de lui rapporter tout à leur sujet : gestes, paroles, déplacements, visites, relations, affaires, amitiés, maîtresses, fréquentations…tout. Détenteur d'une masse de données secrètes, le tacticien attendit patiemment l'heure propice. Le félin attendit le bon moment pour bondir à la gorge de la proie imprudente ou assoupie.

En bon père de famille soucieux du bien-être des siens, Duvalier avait mis Max Dominique à l'abri en l'écartant du groupe marqué pour la guillotine. À la suite de son mariage, cet officier fut nommé à Paris, non seulement pour l'éloigner, mais aussi pour le débarrasser de la défroque militaire. Mais le gendre ne saisit pas le sens de la manœuvre et persista à demeurer à Port-au-Prince, dans un compagnonnage subalterne avec les chiens de garde de son impérial beau-père. Tant pis!

Un jour, un officier de la présidentielle du nom de NICOLAS, un jacmélien, fut tué sous les tribunes du Champ de Mars*. On propagea vite la rumeur du suicide. Mais Duvalier, lui, savait bien que ce lieutenant de sa garde, son informateur secret, avait été assassiné par le groupe qui avait identifié la taupe infiltrée en son sein. L'officier avait été assassiné pour

---

* Les tribunes furent construites par Florville Hippolyte, avec les mêmes matériaux et dans le même genre que le marché Hyppolite, de l'Avenue J.J Dessalines. Elles occupaient la rue à quatre voies qui descend en face du Rex Théâtre, de la Rue Capois à la Rue Magloire Ambroise. Elles dominaient un terrain vide, l'actuelle Place Pétion, où se déroulaient les cérémonies officielles, telles que les parades civilo-militaires, courses, et même des matches de foot au moment de la réfection du stade Sylvio Cator sous Magloire...

avoir, de dépit, menacé de tout dévoiler. Quel était le contenu de ce TOUT? Un complot ? Un attentat ? Une conspiration? Un coup d'État ?

On parla plutôt d'un projet d'empoisonnement. Le produit incriminé fut retrouvé et testé sur un chien qui trépassa illico. Si ce dénouement apportait la preuve du poison, on ne pouvait pas pour autant certifier qu'il était destiné au président. Certains en tout cas, acceptèrent la chose pour vraie. D'autres pensèrent à un coup monté par Duvalier ou par les ennemis du groupe rassemblés derrière Walter Préval notamment. Duvalier en tout cas feignit de n'y attacher aucune importance. Il accrédita même le bruit du coup fourré orchestré par une chapelle politique ou militaire au détriment de ses loyaux et fidèles gardes du corps. Le " petit groupe " reprit confiance, festoya tout son saoul durant les carnavals et les fêtes de Pâques. Et brusquement, à la fin d'Avril 1967, tout ce beau monde fut transféré à des postes de provinces.

Au lieu de prendre la fuite et de se retirer du champ de mire du tireur émérite qu'était Duvalier, ces officiers se rendirent tout naïvement à leur nouvelle affectation, se laissant embobiner dans la thèse que leur transfert participait d'une démarche paternaliste du président, destinée à les mettre à l'abri des luttes d'influence qui agitaient le palais national.

Cette crédulité incroyable d'hommes si bien imbus des méthodes de Duvalier, pour y avoir souvent prêté mains fortes, acheva de persuader presque tout le monde de leur innocence. Non, ils n'avaient rien à se reprocher. Sinon ils seraient partis à cette première alerte: Duvalier leur en laissait le temps et les moyens. Non, ils avaient la conscience tranquille.

De là à se convaincre que, le vent de la tempête passé, ils pourraient réintégrer leur poste et leur pouvoir d'antan, il n'y avait qu'un pas…Cela s'était déjà vu, n'est-ce pas, que des tondus sous le régime aient pu reprendre du poil de la bête ? …

Ayant reçu en début de soirée l'ordre de regagner leur poste immédiatement, et dans un ultime excès de zèle pour plaire au père en colère, ils s'engagèrent nuitamment sur les routes des provinces. À leur nouveau poste respectif les attendaient déjà des ordres de transfèrement ou d'arrestations…Ils furent pris sur place ou en cours de route et conduits au Fort-Dimanche. D'autres officiers n'appartenant pas à la Garde Présidentielle furent également épinglés: le Commandant du Département du Nord, Joseph LEMOINE, le Capitaine Michel OBAS, le Lieutenant MADIOU, chef de la Police de Hinche…Jean TASSY, le fin limier, ne prit aucun risque: il courut se réfugier dans une ambassade. Au total, il y eut 18 prévenus. À la toute dernière minute, un 19ème nom allait compléter la liste fatale.

Quand les ordres confidentiels de transfert arrivèrent au Grand Quartier Général pour l'émission des messages aux intéressés, l'officier exécutif s'étonna que les grands du palais fussent tous en même temps frappés d'une mesure si drastique. Connaissant les excellents rapports des épouses des officiers avec le Chef d'Etat, il appela fraternellement l'épouse du Major Laroche pour lui annoncer la nouvelle et l'exhorter à faire des démarches pour "arrêter" le transfert de son mari. C'était une pratique courante dans le régime de voir qui de droit pour stopper un transfert dérangeant...Madame Laroche appela le président directement, comme elle avait l'habitude de le faire tous les 2 ou 3 jours afin de "faire des zinc" et de détendre l'ombrageux Duvalier. Elle expliqua avec une pointe de colère, juste ce qu'il fallait pour plaire au Boss, que ne voilà-t-il pas que le Chef d'État-Major se permettait de transférer son mari, un officier de la Garde sacrée qui ne relevait que de Duvalier. Duvalier écouta, attisa même la rage de l'épouse mortifiée. Il fit l'étonné et le vexé. Non, ce n'était pas possible: le général Constant n'aurait pas osé. Cela devait être un canular dont lui, Duvalier, allait vérifier le bien-fondé afin de rabattre le caquet au Chef d'État-Major. "Non, Président, rétorqua innocemment la femme, c'est pure réalité. Le capitaine Serge HILAIRE, exécutif de l'Etat-Major, vient de recevoir le message codé. C'est lui qui m'en a fait la confidence." Duvalier calma la dame, lui promit de faire le nécessaire, tout en la remerciant de sa précieuse information : "Ils complotent toujours, ces généraux". Et le nom de Serge HILAIRE fut ajouté à la liste des proscrits. Pour n'avoir pas su tenir sa langue, pour avoir violé un secret militaire, Hilaire sera fusillé une semaine plus tard : le 19ème de la liste fatale.

En effet, une fois arrêtés les 18 officiers plus l'indiscret, on instruisit un procès rapide: tous les accusés furent déclarés coupables et condamnés à mort pour haute trahison, complot contre la sûreté de l'Etat et tentative d'assassinat sur la personne du Chef de l'État.

Une condamnation à mort concluait invariablement les procès politiques sous Duvalier. Mais, dans la plupart des cas, les sentences restaient lettre morte. À ce jour, les seuls fusillés publics furent Drouin et Mura qui avaient porté les armes contre leur patrie, Duvalier identifiant son gouvernement au pays. Ainsi, nul, à la vérité, ne croyait à l'exécution de la peine prononcée contre des officiers tant aimés apparemment et qui, hier encore, trônaient sur le haut du pavé politique et n'avaient commis aucune faute évidente. On s'attendait à une commutation de peine ou à une grâce spectaculaire genre paternaliste. Les épouses et les enfants des condamnés écrivaient des lettres pathétiques pour implorer la clémence de César. Certains dans l'entourage présidentiel esquissèrent des démarches prudentes: Duvalier nota leurs noms et le taux de sentimentalité et d'ardeur mise à la défense des traîtres.

Un après-midi de juin 1967, le président convoqua les Haut gradés de l'Armée au Palais National. Il arbora lui-même sa tenue militaire, réquisitionna des jeeps commando et se rendit au Fort-Dimanche sous bonne escorte. À son arrivée, les condamnés étaient déjà attachés au poteau. Il fit distribuer des armes aux colonels choisis pour l'exécution : les soldats de sa garde d'honneur méritaient bien d'être fusillés par des haut gradés. A Max Dominique on remit également un fusil: Il aurait dû se trouver en face, dans l'esprit de plus d'un, et il y serait certainement, n'était-ce son statut de gendre. Cela se disait si ouvertement que son épouse, Marie Denise Duvalier, traîna sa grossesse de 8 mois dans le sillage du cortège pour aller au besoin s'interposer entre son époux et le cynisme bien connu de son père.

Duvalier organisa lui-même la mise en scène: il plaça un bourreau en face de chaque victime, et un milicien armé et prêt derrière chaque bourreau. Lui-même, en retrait de la ligne des bourreaux, se tenait presque invisible derrière un triple bouclier de poitrines loyales. C'est seulement à ce moment que les uns et les autres furent persuadés du sérieux des choses: Duvalier s'apprêtait vraiment à tuer ses collaborateurs les plus proches. De leur poteau, certains implorèrent la clémence, demandèrent pardon pour des fautes imaginaires, non commises…D'autres crièrent leur innocence. Certains gardèrent le silence, d'autres pleurèrent.Un officier comme Laroche était totalement vidé par la peur et la diarrhée de la lâcheté; il était blanc, pitoyable, mort avant d'être fusillé. Josmar Valentin avisa Duvalier qu'il détenait un secret important à lui communiquer avant sa mort. " Il est trop tard ", lui interjeta le président. (Certains supposèrent que Josmar résigné voulait lui cracher au visage, mais cette chance de passer à l'histoire ne fut pas accordée).

François Duvalier commanda en joue ! La plupart des condamnés, croyant encore à une ultime plaisanterie dans la mise en scène, crièrent VIVE DUVALIER A VIE ! ! ! Ils n'eurent pas le temps d'entendre le commandement FEU ! qui étrangla les mots de l'ultime ovation dans leur gorge profonde et coupa leur corps en deux : ils étaient tombés sous les balles de leurs compagnons d'armes et probablement de leurs complices, si conspiration il y avait eu. Les salves de la mort furent tirées EXCLUSIVEMENT par des militaires. Pas un seul civil, pas un seul milicien ne tira un seul coup de feu ce jour-là. Pour l'HISTOIRE.

Puis, Duvalier rentra au palais national. Denis de Syracuse, Pierre Le Grand, César Borgia, Mustapha Kémal Attaturk, Hitler, Mussolini…Duvalier venait de rejoindre, dans la férocité exercée sur son entourage, la galerie écarlate des dictateurs sanguinaires et des sultans orientaux d'un autre âge. Duvalier n'en eut cure."QU'ILS ME HAÏSSENT POURVU QU'ILS ME CRAIGNENT". Il avait la conscience d'avoir fait justice à ses principes, à sa politique, à sa famille humiliée. Ces intrigants de palais avaient prostitué les normes de sa morale, causé des distorsions à sa ligne politique, violé le sanctuaire familial. Cela avait suffi: il n'en pouvait supporter davantage. Atteindre César dans le tabernacle sacro-saint de sa famille, c'était trop. Si l'un d'entre eux l'avait forcé, par une grossesse bien planifiée, à lui accorder la main de sa fille chérie, les autres, payant sa confiance en monnaie de singe, lui avait tout caché, tandis qu'ils initiaient les plus jeunes de ses enfants à un apprentissage précoce des plaisirs mondains dans un libertinage qui frisait la perversion. Ils l'avaient tous trahi, eux que, dans son paternalisme mégalomaniaque, il appelait ses propres fils...

Leur trahison équivalait au plus ignoble des assassinats. Ils étaient tous des Cassius, des Brutus. Et ce disciple consommé de Nicolas Machiavel avait retenu à la lettre la leçon du maître : " Celui qui fonde un empire sans avoir tué Brutus, celui qui crée une république sans avoir assassiné les fils de Brutus, celui-là construit sur du sable ".

Il avait une telle conscience de son bon droit qu'il terrorisa - sans leur infliger le même sort - les civils trop étroitement liés à la camarilla militaire disparue. Le Dr Roger Lafontant, par exemple, tomba en disgrâce et écopa d'un exil doré au Canada d'où il ne rentrera qu'à la mort de François Duvalier. Pelota, le chef de la Milice du Cap-Haïtien, copain du colonel Lemoine, dût traverser la frontière; d'autres comparses furent interdits d'entrée au palais, tels un Bernardin Moncœur, alias Tioute. Jean Tassy, Léon Veillard, et toute une clique de militaires proches de Max Dominique, prirent asile dans des ambassades à Port-au-Prince. Le président poussa le cynisme au point de procéder, le 22 Juin 1967, au cours de la cérémonie de commémoration du JOUR DE LA RECONNAISSANCE NATIONALE, à l'appel nominal des fusillés ainsi que des fuyards. Posément, il cita leurs noms un à un, les appelant impérativement à venir "se prosterner devant leur maître et bienfaiteur". Les prétendus initiés, ceux qui se vantaient d'être dotés d'un troisième œil, affirmèrent avoir vu des ombres défiler à l'appel. Ils prétendirent même que les esprits -les zombis - de ces officiers logeaient dans les souterrains du Monument du Marron Inconnu, pour le service du Président. Plaisanterie macabre que tout cela, répliquèrent les pragmatiques. Tout simplement Duvalier avait décidé d'épaissir son mythe et d'approfondir la peur qui pesait comme un manteau de plomb sur la société haïtienne.

Cette fusillade connut un épilogue qui mérite d'être relaté. Rentré au palais, Duvalier s'assit à son bureau où il plongea dans une longue rêverie. Peut-être pour se soulager du poids de son remords et apaiser le trouble de son âme tourmentée, il fit venir son jeune ami et disciple, l'ethno-sociologue Gérard Prophète. En présence de celui-ci quelque peu interloqué, Duvalier garda pendant plus d'une heure un mutisme et une immobilité inquiétants. Puis, brusquement, comme sorti des profondeurs d'un cauchemar, il fixa Prophète d'un regard "transfixiant" et lui posa à brûle-pourpoint une question embarrassante comme un piège. "Quel est, d'après vous, le plus grand Chef d'Etat de tous les temps ? " Malgré ses vastes connaissances en histoire générale, Gérard bafouilla. Vous, M. le Président, hasarda-t-il.

- Vous vous moquez de moi, lui rétorqua vertement le président.
- De Gaulle, essaya Prophète. Non, coupa le président.
- Mao… Non
- Attaturk… Non
- Napoléon… Non.

De guerre lasse, et un peu honteux de n'avoir pas trouvé la réponse qui satisfît et apaisât le chef visiblement tourmenté, G.P. avoua qu'il "passait". Alors Duvalier lui fit triomphalement une leçon d'histoire pour conclure: " Le plus grand chef d'Etat du monde est le Duce italien, Benito Mussolini. Car, lui, il a fait preuve d'un courage, d'une vision, d'une transcendance que je n'ai pas eus aujourd'hui. Il a fait fusiller son propre gendre CIANO soupçonné de conspirer contre son pouvoir. Moi, je suis un sentimental, je suis un lâche. Mon bras d'airain a faibli devant les pleurnicheries de ma famille. Je n'ai pas accompli intégralement mon devoir d'Homme d'Etat envers la Nation Haïtienne et sa Révolution ".

Gérard Prophète venait de mesurer les dangers qui menaçaient Max Dominique; il ne donnait pas cher de sa peau si le gendre persistait à demeurer à l'ombre du beau-père. Deux jours plus tard, Dominique partait pour Paris. Duvalier l'éloignait, peut-être pour le sauver, mais surtout pour faire la paix avec sa propre conscience, pour ne pas succomber à la tentation du pire. La présence de Dominique dans son entourage devenait un œil de Caïn, la lampe qui éclaire toutes fautes, le témoignage vivant d'une défaillance qui torturait inlassablement et interminablement son égo d'Homme d'État.

L'affaire des 19 officiers causa un tort immense au gouvernement de François Duvalier, surtout dans le monde international. Le président haïtien fut catalogué parmi les dictateurs les plus sanguinaires de la planète. On fustigea mondialement sa cruauté vaine, d'autant qu'on ne sut jamais le pourquoi de cette tuerie. Les organismes des Droits de l'Homme crièrent au scandale, au massacre, malgré le fait reconnu par tous qu'il y eut procès et malgré le test positif du poison. Duvalier ne s'en alarma pas outre mesure.

Il déploya beaucoup d'intelligence et d'efforts pour doubler le cap de cette conjoncture difficile et atténuer la sévérité de la communauté internationale. Il y réussit tant soit peu, d'autant qu'à l'intérieur s'installait peu à peu un apaisement que la propagande gouvernementale baptisa de Réconciliation Nationale, mais dont le socle reposait en grande partie sur la peur.

À partir de cette date, on comprit à l'intérieur comme à l'extérieur qu'on ne plaisante pas impunément avec Duvalier. Honni, mais craint et respecté, Duvalier trônait sur un pays et un peuple sans que rien ni personne ne semblât pouvoir ébranler le système en place. Aussi pour ne pas rater le train de l'Histoire dans ce voyage qui promettait d'être plutôt long, les adversaires d'ici et d'ailleurs s'inventèrent des raisons de composer avec le pouvoir. Surtout que les choses, à différents niveaux, semblaient prendre une tournure nouvelle.

Certes, en l'année 1968, Haïti n'entrait pas dans l'opulence. Mais l'amélioration de la situation économique était patente. La production nationale augmenta ; les prix du café et du cacao connurent une hausse notable sur le marché international; l'industrie touristique et hôtelière recommença à tourner à rendement satisfaisant ; les hôtels étaient remplis; l'argent circulait...Les employés publics avaient récupéré leurs arriérés de salaire et percevaient désormais leur mensualité à date régulière. Les C.L.E. ou Certificats de Libération Economique étaient honorés par la BNRH et le Ministère des Finances. La paix règne. Et même le survol du palais par l'avion du 20 mai 1968 et son atterrissage au Cap n'arrivent pas à inquiéter le gouvernement ni à paralyser les activités : on est habitué maintenant et on connaît l'issue invariable de ces aventures d'exilés. L'aide commence à affluer, car l'Oncle SAM, tout en souhaitant un changement de méthode, se félicite que Duvalier tient bien en main son pays et son peuple, ce qui le rend habile à l'aider efficacement à mâter le communisme caraïbéen.

- Chapitre 19 -

BAROUD D'HONNEUR DU COMMUNISME HAÏTIEN

Pour le communisme haïtien, 1968 sera l'année de la SOLUTION FINALE. Le colonel Breton CLAUDE, commandant des Casernes Dessalines et Chef de la Commission d'Enquête Administrative (euphémisme pour la Police Secrète), obtint la collaboration de la grande Agence pour porter le coup de grâce aux gauchistes haïtiens. La lutte fut âpre pour le gouvernement, car l'adversaire était fanatisé, profondément endoctriné et superbement structuré. Des fils de famille bourgeoise, partis étudier à l'étranger aux frais de leurs parents ou du gouvernement même, étaient revenus au pays depuis trois ou quatre ans, à l'insu de tout le monde, surtout des parents. Sous des noms d'emprunt ou de code, ces diplômés de Patrice Lumumba et des meilleures universités d'Europe de l'Est se muèrent en portefaix ou pousseurs de tombereaux, vécurent dans des poches populeuses et fangeuses des bas-fonds de la ville, dans un compagnonnage sincère avec la plèbe afin d'endoctriner et d'entraîner ceux qui devaient devenir la force de frappe de la subversion communiste. D'autres, détenteurs de plusieurs doctorats d'universités ou d'État, investirent l'école secondaire comme des scolarisés tardifs, ou les facultés haïtiennes comme des bacheliers frais émoulus, dans le même dessein. Une opération similaire fut menée dans les bateys dominicains par de faux coupeurs de canne (des économistes, des philosophes, des sociologues…), capables, grâce à cette filière, de revenir au pays sans être repérés. Une fois la zafra terminée, ces travailleurs saisonniers s'établissaient dans la campagne indiquée par les stratèges pour entamer sur place l'endoctrinement de la paysannerie dans une relative liberté de mouvement et d'action, sous un régime pourtant policier et si vigilant.

Dans les villes, l'omniprésence de la police imposa une plus grande prudence. Le réseau dut s'organiser en comités restreints: de petites cellules hermétiques, triangulaires, pyramidales. A, B et C appartiennent à la première cellule. Seul C se trouvait en liaison avec D de la cellule D, E et F. Si par malheur la police mettait la main sur un militant, on faisait sauter la liaison C ou D comme un fusible et le service détective devenait incapable de remonter vers les autres, A, B, ou E, F. Il fallait être habité d'un fanatisme tout oriental pour se faire à l'idée d'un suicide si allègre. L'endoctrinement opéra des merveilles en ce sens. Ce système fonctionna très bien. Car, malgré son efficacité reconnue, la Police de Duvalier ne put jamais s'enorgueillir de posséder une liste exhaustive et complète des membres du Parti communiste Haïtien, encore moins de ses commandos terroristes.

Dès 1960, cet échafaudage compliqué et hermétique fit ses preuves à l'Université. Le système se perfectionna au fil du temps et vers 1967-1968, il investit le terrain sociétal et paysan, totalement à point. Ainsi de la théorie, on put passer à la pratique de la lutte armée à outrance. Les armes, on les prenait où on les trouvait. En premier lieu, dans le pays même. On achetait à prix d'or les armes des VSN et soldats indisciplinés et besogneux. Jamais les services administratifs de l'armée n'enregistrèrent autant de déclarations de pertes d'armes à feu. Ainsi revolvers, pistolets, fusils, mitraillettes…etc., disparaissaient des dépôts de l'armée pour renflouer les caches secrètes des réseaux communistes. On pratiquait également des hold-up et des raids sporadiques sur de petits postes militaires isolés qui étaient totalement dépouillés de leurs armes et munitions..

L'attaque du poste de Kenscoff est à mettre à ce compte, parmi tant d'autres passées sous silence par le gouvernement pour ne pas traumatiser les populations et paniquer les partisans. Cependant le gros de l'arsenal communiste arrivait de l'extérieur, passant par la Douane, sous le nez de la police haïtienne. Il voyageait grâce à de multiples complicités grassement payées, dans le double plancher des voitures neuves, dans le rembourrage divinement moelleux des meubles dernier cri, dans les balles de " Kennedy ou PÈPÈ ". En définitive, bien endoctrinés, bien entraînés, bien armés, les réseaux communistes étaient ou se croyaient fin prêts pour porter l'ultime assaut à la forteresse duvaliériste.

Mais la forteresse Duvalieriste s'était apprêtée à résister et à éradiquer une fois pour toutes le mal communiste. En cela, on dit qu'elle bénéficia du concours discret mais déterminant de la CIA et du Pentagone. Sans qu'ils s'en doutassent, les communistes, tout étanchement cloisonnés et dissimulés qu'ils se crurent, étaient longtemps déjà noyautés. Les agents infiltrés se comportaient de façon si positive à l'intérieur des réseaux qu'eux aussi, reconnus par les patrons communistes étrangers comme les militants les plus fervents, bénéficiaient de bourses d'études et de perfectionnement dans les pays de l'Est.Ils jouaient le jeu à merveille et à fond. Ils avaient ainsi tout le loisir d'expédier à la police de Duvalier la liste - pourtant jamais complète - de leurs confrères et co-équipiers. Quand des groupes prêts à l'action entraient au pays, avant même leur embarquement pour Haïti, Duvalier recevait l'identification exhaustive des éléments, avec photo, curriculum vitae, nom de code et nature de la mission. Avec un tel bagage, on avait le choix ou bien de les laisser s'implanter en vue de découvrir les têtes de pont et les contacts sur le terrain, ou bien d'intercepter à l'Aéroport les desperados venus pour le terrorisme pur et dur. En général, on faisait le mort, le naïf, on les pistait et ils servaient de fil d'Ariane à la police qui pouvait alors pénétrer dans les dédales du labyrinthe communiste, remonter les filières, identifier les places fortes, les dépôts, les lieux de réunion et la plupart des meneurs.

Forte de renseignements plus ou moins précis sur la plupart des opérations terroristes projetées, la police de Duvalier prenait parfois les devants en effectuant des rafles préventives. L'interrogatoire des prévenus fournissait des informations complémentaires susceptibles d'aiguiller l'action policière avec toute la précision souhaitable.

Il ne faut pas croire que les communistes arrêtés lâchaient le morceau à la première question posée, à la première manœuvre d'intimidation. Non, il s'en fallut de beaucoup. Ils étaient des durs à cuire. Ils avaient été entraînés à résister aux sévices corporels, aux tortures, à la souffrance morale, à la faim, à la soif, au manque de sommeil…etc. Ils disposaient de toute une panoplie de techniques, de tout un prospectus à mettre en application dans la prison, pour survivre, pour communiquer entre eux, pour faire du sport dans une cellule individuelle de 2 m carrés, pour faire refroidir et engranger la nourriture qui, avalée trop chaude et trop vite, provoquait indubitablement la diarrhée et la mort. Et quand ils arrivaient devant le peloton d'exécution, dépenaillés, amaigris et mutilés, ils entonnaient avec une ardeur virile de néophytes l'hymne de l'Internationale Communiste et mouraient le visage tordu de haine et de mépris. Contre des ennemis aussi coriaces, Duvalier et la Grande Agence se montrèrent impitoyables.

Tout hermétique et bien charpentée qu'elle était, l'organisation communiste commençait à se réduire en peau de chagrin. Encore un peu de temps, encore quelques rafles et elle serait anéantie. Les desperados décidèrent de passer à l'offensive avant cette échéance humiliante. La prise de la Caserne de Kenscoff ouvrit une longue série d'attaques terroristes, audacieuses, et éclatantes, qui firent, aux points de vue psychologique et matériel, un mal immense au gouvernement. Les communistes opéraient parfois en plein jour, montaient des attentats superbement exécutés contre les grands du régime, réalisaient des hold-up spectaculaires et cinématographiques (la Banque du Canada, notamment).

L'un des faits d'armes les plus audacieux eut pour théâtre la petite bourgade de Casale, en mars 1969. Les communistes occupèrent Casale. Coup d'audace magnifique, mais en pure perte, une victoire à la Pyrrhus, car Duvalier allait l'anéantir avec ses méthodes habituelles. Les conquérants éphémères de Casale furent pourchassés, les paysans qui les avaient reçus auparavant se désolidarisèrent sous les menaces d'un Duvalier implacable. Et bientôt, après 8 à 10 heures de stérile occupation, ils devinrent des fugitifs traqués par la meute de la faim, de la soif et par les armes du gouvernement. Les débris du commando se dispersèrent dans le maquis port-auprincien, pour aller se regrouper à Boutilliers d'où ils furent délogés. Ils se réfugièrent dans une maison de la Ruelle Nazon vite repérée par la Police politique de Duvalier.

L'opération finale fut effectuée en juin 1969, à la ruelle Nazon, sous la forme d'une véritable bataille rangée. L'armée tirailla des heures durant avec le noyau dur, le dernier carré du communisme haïtien. Auparavant, dans les hauteurs de Boutilliers, s'était distinguée une femme. Indomptable, elle fera encore parler d'elle. On saura par la suite qu'il s'agissait d'un ingénieur originaire de Jacmel. Dans la bataille de la Ruelle Nazon on dénombra des morts des deux côtés. Finalement l'armée investit les lieux et emporta, avec des prisonniers, un important lot d'archives que les combattants n'avaient pas eu le temps de détruire.

On opèrera sans pitié le nettoyage subséquent. Mais contrairement à toute attente, Duvalier s'opposa catégoriquement à l'exécution du dernier membre du parti communiste haïtien. Il se gardait, disait-il, de toucher à une femme même avec une fleur. Quelle plaisanterie macabre ! On prétendit que ce gros poisson du Comité Central aurait été retourné par la Police, serait devenu une amie très…intime du chef de la police secrète et aurait intégré le gouvernement du père comme celui du fils. En tous cas, elle ne quitta jamais Haiti où elle mena une existence paisible et sans danger, mais surtout hors des illuminations d'un communisme dépassé.

Le combat fut rude. Mais Duvalier put s'enorgueillir de l'avoir gagné, même si ses méthodes n'avaient rien à voir avec les principes démocratiques et le respect des droits de l'homme. Arrestations sans mandats judiciaires, condamnations sans jugement, justice expéditive, fusillades massives…La Grande Agence semblait avoir été partie prenante: le State Department fit la sourde oreille et ce n'est que des années plus tard que les organismes internationaux des droits humains écriront des masses de lettres au fils pour exiger des enquêtes et retrouver des terroristes tombés, les armes à la main, du temps du père. Avez-vous dit : Hypocrisie ?

LA DÉTENTE

La tempête communiste une fois apaisée, Haïti s'installa durant les deux années suivantes dans la paix et une relative prospérité. Le tourisme refleurissait, la vie nocturne reprenait ses droits, l'argent recommençait à circuler avec une arrogance et une vitalité jamais connues. On vendait, on achetait, on importait, on exportait, on faisait des affaires. Une nouvelle bourgeoisie émergeait qui construisait à Delmas des demeures luxueuses ; des fers en attente sur le deuxième niveau annonçaient d'autres étages. Issue des classes moyennes et des masses engagées, sous Duvalier, dans la plus grande mobilité sociale et économique de tous les temps, cette catégorie nouvelle s'infiltra partout, dans le commerce en association avec des syro-libanais (Eloïs Maître + Deeb, Siclait + Cassis…), dans l'industrie emballée dans un mouvement d'expansion à la faveur de la paix et des investissements étrangers, dans l'import-export, dans l'agro-industrie… Elle envoya sa progéniture dans les grandes universités d'Europe et des Etats-Unis.

Les années 1968 et 1970 ont vraiment représenté pour Duvalier un répit dans la peine des temps. Une paix relative apporta la possibilité aux jeunes de vivre intensément, aux moins jeunes de rattraper le temps perdu. Les riches ne craignaient plus d'exhiber leur richesse ; on achetait des voitures luxueuses; on construisait de superbes résidences dans les hauteurs de Port-au-Prince. La classe moyenne, les fonctionnaires, qui touchaient désormais régulièrement, le petit peuple laborieux qui trouvait du travail bien rémunéré, tout le monde fonçait vers la modernité; on s'ornait de gadgets brillants. Sous l'impulsion des classes montantes, Delmas sortait de terre, hérissé de constructions, comme malheureusement des champignons jetés anarchiquement sur terrain vague, dans une négation absolue du sens élémentaire de l'urbanisme. La paysannerie était aux anges: elle était armée, il n'y avait pas de " Camoquins" pour troubler son sommeil paresseux; les prix du café et du cacao avaient grimpé au-delà de toute espérance, les engrais chimiques et organiques à bas prix fertilisaient ses champs…Chacun sacrifiait aux dieux de la Paix, du luxe, de la luxure et de l'argent facile…À ce jeu on dépensait volontiers au-delà de ses moyens pour se gargariser de l'irremplaçable agrément de vivre. Le destin semblait sourire à tous, à l'Etat, à la société, au monde des affaires, au menu peuple…On jouissait pleinement de tous ces biens que la Providence avait mis à la disposition des haïtiens pour se délecter; on était heureux de posséder, on se vantait ostensiblement de devenir chaque jour plus riche. On se réjouissait, on s'amusait. On aimait la vie. La république se portait à merveille. C'était la belle époque, celle qu'un jour peut-être on appellerait l'Âge d'Or du Duvaliérisme.

Durant ces 3 années, on baignait dans une impression tenace que la politique avait perdu ses droits en Haïti. Duvalier faisait le mort. Il desserrait l'étau, tout en gardant l'œil ouvert. Il s'adonnait à la réalisation d'œuvres sociales:construction d'écoles, de lycée, de dispensaires, de cités ouvrières …Le répit à l'intérieur lui permit de diriger ses pensées et son énergie vers d'autres activités. Il réédita les Oeuvres Essentielles, prépara les Mémoires d'Un Leader du Tiers-Monde, écrivit un Hommage au Leader

Noir de la Non-Violence, Martin Luther King Junior…Il se tourna aussi vers l'extérieur pour offrir des garanties d'ouverture démocratique, pour solliciter l'aide internationale avec des arguments plus probants. L'assistance externe coula finalement à doses acceptables, quoique non suffisantes, pour lui permettre d'envisager un avenir moins douloureux pour son pays et pour son peuple. Il était somme toute logique que sa collaboration avec les grandes agences internationales lui ouvrît quelques fenêtres à travers le blocus du gouvernement américain toujours très tatillon sur le chapitre des droits de l'Homme. Bientôt, l'accession à la Maison Blanche d'un Républicain de vieille souche, Richard NIXON, lui facilitera énormément la tâche. De même, la lutte menée en Amérique du Nord depuis 4 ou 5 ans par les noirs pour les Droits civils allait engendrer une attitude conciliatrice vis à vis de Duvalier qui eut l'intelligence de se réclamer du POUVOIR NOIR MONDIAL. L'assassinat de Martin Luther King Junior allait offrir à Duvalier une nouvelle occasion d'attirer sur lui et sur Haïti l'attention internationale par des manifestations d'une ampleur disproportionnée: un deuil national de 1 mois, rien que de la musique classique sur toutes les radios haïtiennes pendant un mois, des Ave Maria…, le baptême d'une rue principale de la capitale haïtienne au nom du Leader Noir " tombé aux champs d'honneur, pour le respect de l'éminente dignité de la Race". Duvalier prit même le temps d'écrire à sa mémoire une flatteuse plaquette, répétons-le.

Durant ces années de calme relatif, la barque de la République tanga sans à-coups majeurs. Pas un seul coup de feu dans les rues, plus d'échauffourée entre miliciens et soldats, les prisons se vidèrent, bien que parcimonieusement, sous l'effet de la grâce présidentielle. On n'entendait plus les hauts faits d'armes d'un Boss Pinte, d'un ti Bobo…Cette engeance avait disparu ou bien avait compris que l'heure de la détente ne s'accommodait pas de stupides fusillades au coin des rues paisibles. Duvalier avait de moins en moins tendance à tolérer de tels écarts et tout le monde, les duvaliéristes en tout premier lieu, avait une peur bleue de déplaire au "père spirituel".

De toute évidence, le régime s'amendait, s'humanisait. Les opposants modérés qui, au prix d'une longue patience, avaient pu demeurer au pays, recommencèrent à vivre pleinement sous le parapluie des nouvelles amitiés acquises au sein du régime. On se mit à sortir. On fréquenta en toute confiance les lieux publics. On s'intégra…Même les exilés au profil bas amorcèrent un prudent mouvement du retour. Certes, il ne s'agissait pas des Déjoie, des Fignolé, des Jean David, ni des gros bonnets de l'opposition externe. Mais les sous-fifres, les seconds couteaux, ravalèrent leurs rodomontades et jugèrent la détente suffisante pour se lancer dans l'aventure du retour au pays natal. Et les duvaliéristes eux-mêmes, qui se fussent naguère abstenus, risquèrent des démarches pour certains amis et parents bannis, estimant l'humeur toujours prête à broncher du président quelque peu radoucie et désormais accessible...Comme aimait à le dire le Rénovateur de la Patrie: "La Nation Haïtienne semblait prendre le bon départ pour se réconcilier avec elle-même". En vérité, ce n'était pas trop tôt ! ! !

- C h a p i t r e 20 -

L'AFFAIRE CAYARD

Tout semblait aller pour le mieux dans le meilleur des mondes. Mais la malédiction pesait comme un manteau de Nessus sur les épaules de Duvalier. Au moment où il était déterminé, dans la paix retrouvée et la prospérité amorcée, à entamer les ouvertures décisives pour démocratiser son régime et réaliser l'unité de la famille haïtienne, un malheureux incident vint tout remettre en question. L'Affaire Octave CAYARD, dont on a un peu parlé au chapitre de l'inventaire des complots et invasions.

En effet, le 24 avril 1970, Octave Cayard fit sortir de leur base tous les navires de la Marine haïtienne. Il prit le large avec la plupart des officiers et soldats de la garnison et se mit à pilonner le Palais National. Pas de mort, ni même un seul blessé. Quelques panneaux de murs au palais subirent de très légers dommages. Après trois jours d'activité stérile, les bateaux, probablement à court de munitions, s'en furent jeter l'ancre à Guantanamo, une base militaire américaine sur l'île de Cuba. De là, après de laborieux pourparlers, les mutins obtinrent l'asile politique aux Etats-Unis.

Y eut-il un complot Cayard ? Ou bien l'attaque du Colonel ne fut-elle qu'une escapade, un coup de tête à mettre au compte de la panique ? Elle survint en tous cas au moment où de fortes rumeurs faisaient état de nombreuses arrestations de partisans du régime et de quelques militaires, notamment du colonel Kesner BLAIN, considéré comme l'instigateur d'un complot civilo-militaire. C'est ce genre de conspiration mixte que Duvalier craignait le plus. Un jour de 1965, au cours d'un rassemblement de miliciens au palais (relaté dans les pages suivantes), Duvalier effectua un rapide survol de l'Histoire d'Haïti ; il relata divers épisodes cocasses et tragiques concernant Tonton NORD et sa Police qui ne se lassait pas de dénoncer des complots. Une premiere fois, raconta Duvalier, il s'agissait d'un complot de civils seuls. Tonton Nord demanda d'ignorer ce monde. Une autre fois, on vint lui dire que c'était plus sérieux, car il s'agissait de militaires qui se préparaient à prendre les armes contre lui. " Ne vous occupez pas d'eux. Ils vont se battre entre eux." Quelques temps plus tard, son chef de police, avec maintes précautions cette fois-ci, lui annonça une vaste conspiration où participaient mulâtres et noirs civils et militaires. L'informateur s'attendait à être engueulé comme par le passé. Mais non ! Il fut étonné de la panique qui s'empara du président qui lui intima un ordre drastique : PRAN YO TOUT !

Cette anecdote en disait long sur la typologie des complots dans l'esprit de Duvalier…encore que celui-ci ne s'embarrassait jamais des scrupules de Tonton Nord : tous les complots devaient être éradiqués pareillement, avec la dernière rigueur ; aucune sédition ne devait être tolérée…

Le colonel Octave Cayard, circonvenu par Kesner Blain, avait pris contact avec des officiers de même qu'avec des civils haut placés dans la constellation duvaliériste. Le scénario aurait été minuté pour que, au premier coup de canon d'alarme parti de la base de la Marine à Diquini, le pays fut paralysé par un soulèvement général sur fond de mutineries en série dans la capitale et à travers le territoire. Il est permis cependant de douter de l'authenticité d'un tel plan. Car, aucune émeute populaire, aucune rébellion militaire, ne suivit le signal de Cayard. Qui pis est, arrivés à Miami, certains officiers déclarèrent péremptoirement avoir été embarqués de force ou pris au piège, Cayard leur ayant demandé de prendre le large pour des exercices de routine. On signala même un début de révolte sur les bateaux en haute mer. Certains prétendus mutins écrivirent des lettres publiques à Duvalier pour solliciter l'autorisation de retourner au pays, vu qu'ils avaient été roulés dans cette affaire stupide. Le lieutenant Tippinauer rentrera, en effet, une semaine plus tard. Volvick Cayard, le propre frère du colonel, un homme simple, honnête et correct, vice-président de la

Chambre unique, demeura chez lui, la conscience tranquille. Après deux jours d'hésitation et de transes, sur les conseils de ses amis personnels parmi lesquels l'auteur de ces lignes, son voisin, il se rendit au palais national se…livrer aux autorités. Il rentrera chez lui avant longtemps: on n'avait rien à lui reprocher.

Tout semblait donc indiquer que l'opération Cayard ne reposait sur aucune base sérieuse: aucun écho dans les autres garnisons militaires, silence total du côté civil, protestations des militaires embarqués, échec lamentable…Libération des parents Cayard par un Duvalier généralement sans pitié, même pour les collatéraux. On s'accorda même à épargner à Blain l'insulte d'associer la stupidité de Cayard à sa conspiration si superbement ourdie.

Aux dires de ceux qui le fréquentaient depuis son plus jeune âge, Octave Cayard n'était pas l'homme des actions d'envergure. C'était un peureux, un frustre, un lâche. Ses doigts tremblotants remuaient une sempiternelle cigarette, témoin d'un état permanent de stress et d'anxiété. Si dans la vie privée il était perçu comme un homme charmant, dès qu'il pénétrait dans un bureau où l'attendaient des responsabilités, dès qu'il franchissait le seuil des milieux militaires ou politiques, il était submergé par toutes les affres de l'angoisse. Tout ceci, assorti d'une peur bleue de Duvalier.

Cayard aimait beaucoup son président. C'est un duvaliériste de la première heure, qui avait lutté pour la victoire de son candidat en 1957, auprès des Claude RAYMOND, des Franck ROMAIN, Pressoir PIERRE, Edner NELSON, Daniel et John BEAUVOIR, Pierre MERCERON…et autres. Il avait fait - et bien mérité de faire -, sous sa " Révolution", une carrière fulgurante et sans soucis, agrémentée de tous les privilèges dus à la militance. Ses affaires privées avaient grassement prospéré grâce à la "sollicitude présidentielle". Un grand poulailler en Plaine du Cul de Sac lui rapportait des bénéfices faramineux. Les diverses secousses subies par l'Armée ne l'avaient pas touché, tant était connue sa fidélité à la cause, tant semblait inaltérable la confiance que lui vouait son commandant suprême. Les instructions de son chef ne souffraient d'aucune négligence: il exécutait pour ce dernier toutes sortes de hautes et de basses œuvres.

Duvalier, quant à lui, aimait l'homme pour sa simplicité, sa correction, sa loyauté, son obéissance passive et sa permanente disponibilité au service de la cause. On croit même que c'est son comportement et sa rectitude qui valurent à son frère Volvick le poste de Vice-Président inamovible de la Chambre Législative unique. Le matin même de son regrettable esclandre, il se trouvait au bureau de Duvalier qui le gratifia, dit-on, d'une enveloppe de 8.000 dollars destinés, alléguait-on, à payer des réparations sur certains équipements de la Marine. Les mauvaises langues affirmèrent que cette somme représentait le salaire de la trahison, le prix de la livraison de certains officiers de sa garnison soupçonnés de baigner dans la conspiration Blain. Dans les deux cas de figure, Cayard n'avait aucune raison d'être inquiet.

Mais le système instauré par Duvalier possédait toute autre qualité que celle de sécuriser ses serviteurs, fussent-ils les plus proches collaborateurs du président ou les militants les plus dévoués du régime. On connaît plusieurs officiers supérieurs brusquement désarçonnés par des " coups de langue " d'un jaloux, d'un envieux, d'un rival. Nombreux étaient ceux qui avaient " pris l'ambassade " parce qu'un " ami ? " leur avait murmuré à l'oreille la confidence souvent mensongère ou intéressée que leur nom figurait sur la prochaine liste de proscription. À Octave Cayard on serinait depuis quelque temps que le terrible Breton CLAUDE avait découvert un complot fomenté par la haute hiérarchie de l'Armée. Duvalier, lui disait-on, suivait la chose et réunissait les différentes pièces du puzzle avant de poser sa poigne de fer sur les conjurés. On en donna pour preuve certaines arrestations de civils influents ainsi que de militaires, certains transfèrements impromptus…On lui souffla à tort ou à raison que son nom était cité… Cayard n'avait pourtant aucune raison valable de s'inquiéter: il était pur ! Mais on n'était jamais sûr de rien avec François Duvalier. C'est pourquoi, dans le secret de sa conscience troublée, germa le souci de se retirer de la ligne de mire de ce chef trop soupçonneux. Sa conviction faite après mûres réflexions, il tenta la grande manœuvre.

Une visite à Duvalier dans la matinée du 24 avril constituait pour Cayard le meilleur test sur les intentions secrètes du président à son endroit. Ce jour-là, il dut, comme à chaque fois, réitérer son serment d'allégeance au Chef qui lui témoigna à l'occasion une aménité et une gentillesse quelque peu ampoulées. Loin de le sécuriser, l'attitude trop obséquieuse du président alluma dans sa tête un clignotant, et en lui mettant la puce à l'oreille, lui mit le feu aux fesses.

Formé à l'école de la répression et du cynisme duvaliériens, Cayard connaissait bien les ruses de ce jeu du chat et de la souris. D'autant que Duvalier, en s'inquiétant de l'état d'esprit du corps de la Marine, lui avait demandé de lui amener quelques officiers de sa garnison. Pour quoi faire? Dès lors, la décision de Cayard était prise: il allait s'enfuir et le plus tôt serait le mieux.

Sorti du palais, Cayard régla promptement quelques affaires personnelles, embarqua et…partit pour l'exil, laissant ici sous les griffes de Duvalier femme et enfants. Quelques coups de semonces en passant sur le palais national serviraient à donner à sa fuite une allure d'épopée inachevée qui lui faciliterait l'obtention d'un statut de réfugié politique aux USA.

Le tout premier souci d'un général qui s'apprêtait à livrer bataille devait consister à mettre les siens à l'abri. Comment comprendre que Cayard, qui avait participé aux côtés de Duvalier à la répression collatérale (arrestation de tous les parents des suspects), se fût embarqué sans une pensée pour sa maisonnée. Il faut croire que sa visite du matin l'avait totalement déboussolé. Une seule idée le dominait: sauver sa peau, dans le mépris honteux de sa femme et de ses enfants, chair de sa chair, sang de son sang. Et dire qu'il réclamait de Duvalier la présidence de la République ! Comment confier le sort d'une nation entière à un père qui affichait un tel mépris pour sa propre famille ? D'ordinaire, le sens de la famille précède celui de la Patrie, ou tout au moins en est consubstantiel. Qui en était dépourvu ne méritait point d'assumer des responsabilités publiques.

Sans causer de grands dommages matériels et politiques, l'affaire Cayard porta un coup fatal à la santé de Duvalier. La folle aventure de cet officier tant aimé, et trop obtus pour ne pas être fidèle, survint comme un coup de tonnerre dans un ciel serein. Duvalier ne prenait jamais au sérieux les opérations lointaines des commandos qui débarquaient en Haïti. Il disait oujours qu'il attendait ses ennemis au palais national. C'est là, répétait-il, qu'il livrerait et gagnerait sa dernière bataille. Et voilà que pour la première fois, on l'attaquait au palais même. Cette fois-ci on l'avait pris au mot. Peur-être a-t-il eu peur pour la première fois ou la deuxième fois, si l'on considère l'équipée du 29 juillet 1958. En tout cas, être enfermé avec sa famille dans l'enceinte d'un palais dont on ne savait pas encore s'il n'était pas infesté de complices de Blain et de Cayard, être bombardé sans répit ni réplique, devoir déloger vers un étage inférieur dans le souci tout à fait primaire et instinctif de se protéger, tout cela ravalait à des dimensions bassement plébéiennes l'orgueil hypertrophique de ce chef "immatériel". D'autant que la flétrissure émanait d'un "fils" choyé, jouissant de toute sa générosité et qui, le matin même, avait poussé la duplicité et l'impiété filiale jusqu'à venir dans sa propre tour d'ivoire lui infliger une ultime défaite morale. Trop, c'était trop. L'homme retranché dans son mutisme habituel avala l'affront et son cœur malade succomba petit à petit à cette morsure psychologique et morale, à ses souffrances sourdes, à ses colères contenues. Des crises répétées d'insuffisance cardiaque amenèrent l'entourage - et lui-même - à envisager sérieusement sa fin prochaine.

- C h a p i t r e 21 -

LA SUCCESSION

1.- Simone Ovide Duvalier dans le collimateur

Un après-midi de mai 1965, sans raison apparente, François Duvalier convoqua une grande réunion sur la cour intérieure du Palais: la milice de la capitale, la Garde Présidentielle au complet. À la suite d'une longue attente, le président apparut à l'un des balcons, enveloppé littéralement dans un ample uniforme kaki, portant képi et tenant à la main le livre à la mode du jour: Introduction à la Politique de Maurice Duverger. Détendu, il parla longuement à son monde, comme un père à ses fils soumis et avides de conseils et d'enseignement. En rapides hachures, un survol de l'histoire d'Haïti évoqua le souvenir de Dessalines, son idole, de Christophe, de Soulouque, de Salomon, de Tonton Nord…Le président exalta les caractères nationaliste et progressiste de son gouvernement enraciné dans la tradition des Pères de la Patrie et consacré à la promotion des classes moyennes et des masses haïtiennes.

Après lecture d'un bref passage du livre de Duverger, sur la nécessité historique des milices civiles comme supports des régimes du Tiers-monde contre les putschs commandités par les puissances hégémoniques, il conclut avec force et conviction : " Aucune force au monde ne peut m'empêcher de réaliser ma destinée historique". Son régime était indestructible, continuait-il, parce qu'en “dessalinien intraitable et farouche” il veillait sans relâche, ne dormant que d'un œil comme la pintade. Son régime défierait le temps parce que sa force reposait sur la Nouvelle Armée qu'il avait lui-même créée et qui, soudée à Milice, formait l'invincible binôme ARMÉE-PEUPLE, PEUPLE-ARMÉE. "Et quand les dieux voudront me rappeler auprès d'eux, dans leur demeure céleste, poursuivit-il, vous irez tous ensemble, sans pleurs ni deuil, mais dans le fracas des balles et de la mitraille, déposer mon enveloppe charnelle au Cimetière de Port-au-Prince, pour revenir ici, au Palais National, continuer avec la Cornélie du Siècle, Madame François Duvalier, le grand œuvre de la Révolution Duvaliériste conquérante et permanente". Un nouveau slogan était lancé, une idée audacieuse prenait forme: la permanence de la révolution et la continuité incarnée en la personne de Simone O. Duvalier.

Même pour des soldats et des miliciens incultes, peu rompus aux résonances à la fois pompeuses et ténébreuses de la littérature politique, le message sonnait clair : Duvalier mort, la Révolution poursuivrait sa foulée sous la houlette de la Veuve. Imaginez l'exultation de ces fanatiques jubilant d'apprendre que le décès du Père ne les laisserait pas orphelins. Voici donc une assurance inespérée sur l'avenir, une garantie nouvelle sur la longévité du pouvoir et des privilèges corrélatifs. Qu'elle a dû trépigner de joie et de fierté, la Simone, elle qui avait toujours été tenue, par le mari lui-même, loin de la politique active. Voici que brusquement son divin époux la désignait héritière du trône! La tribu rayonnait, louant le sens élevé de la famille professé par le Pater Familias. Elle n'avait donc plus d'appréhension pour le futur...Finie l'incertitude qui rongeait la maison d'un président en fin de mandat ! Finie l'angoisse oppressante de savoir son avenir suspendu à la santé chancelante d'un vieillard ! La voilà rassurée. Au jour du trépas de Duvalier, elle pourra crier avec la Nation entière dans une peine toute mitigée : " Le roi est mort. Vive le Roi ! " La dynastie Duvalier était née ce jour-là, peut-être!

Tel était également le sentiment des partisans de Duvalier. De la plupart d'entre eux. Car, au cœur du régime se morfondaient en silence de nombreux candidats à la présidence, attentifs à l'état de santé du Président à vie. Le plus connu, le plus directement intéressé, Clovis DESINOR, l'inamovible ministre du Gouvernement Duvalier (Commerce, Finances, Sans Portefeuille…etc.). Depuis 1946, Clovis Désinor formait, avec Fignolé et Duvalier, le trio inséparable. Ces trois dirigeants du Mouvement Ouvrier

Paysan (MOP) s'étaient juré fidélité et surtout de se passer l'un à l'autre le pouvoir une fois que, selon la révélation infaillible des dieux vaudous, l'un d'entre eux serait parvenu à la présidence. La promesse ne semblait souffrir d'aucune inconnue puisque, aux dires de tous les initiés, les trois compères portaient le sceau régalien du destin. Et quand, dans des circonstances un peu particulières, il est vrai, Daniel Fignolé accéda à la Présidence de la République en mai 1957, les trois compères crurent le cycle enclenché. Plus de doute, l'oracle était en marche: le tour des deux autres allait immanquablement arriver dans les temps prochains. Mais Fignolé fut le premier à trahir le serment. Non seulement il tomba trop tôt, ce qui était déjà une faute impardonnable, mais encore devenu chef d'État, au lieu de s'arranger à organiser les élections pour l'avènement d'un de ses compères, notamment Duvalier qui était en lice, il fit crier par ses partisans qu'il était président pour 25 ans et travailla à aménager sa durabilité au pouvoir au mépris de la parole donnée et de tout pragmatisme. Duvalier ne se gênera pas de suivre son exemple néfaste. Avec plus de succès.

En tout cas, le tour à François Duvalier arriva le 22 Septembre 1957. Un initié de la trempe de Clovis Désinor ne pouvait interpréter que comme une particulière faveur du destin ce cheminement chaotique et périlleux de Duvalier à la présidence d'Haïti. Trop d'obstacles visiblement insurmontables, trop de péripéties décidément dirimantes, trop de forces contraires avaient jalonné la route du petit médecin de campagne. Seule une volonté divine tenace avait brisé ces digues et inspiré au général Kébreau son choix final. Ainsi conclurent les vieux compères Désinor et Duvalier. Il semblait donc logique et légitime que Désinor attendît tranquillement son tour, sans forcer la note, sans chercher à précipiter la fin du prédécesseur. S'abstenir d'un tel sacrilège constituait la condition de son bonheur politique. Cependant Désinor se prépara…passivement, en gardant le contact avec tous les secteurs, à l'intérieur comme à l'extérieur, mettant en orbite sa propre équipe gouvernementale sous l'égide de l'irascible Gérard HIPPOLYTE, entreprenant et rassembleur.

Désinor avait raté le coche une première fois en 1959, quand tout le monde croyait Duvalier à l'article de la mort. À ce moment-là, il eut l'intelligence de garder un profil bas, s'étant rendu compte que le parallélogramme des forces en présence ne le favorisait pas. À cette époque, la scène politique était dominée de haut par Clément BARBOT et Jean MAGLOIRE. Il se contenta de voir les jours passer. Mais la situation allait évoluer et en 1963, au fort des pressions de l'Oncle SAM pour faire partir Duvalier au terme présumé de son mandat de 6 ans (1957- 1963), Désinor tenta quelques manœuvres prudentes. Il comptait parmi ceux-là qui conseillèrent à Duvalier de mettre sa famille à l'abri dans une ambassade et de demander l'asile politique. On dit même qu'il avait déjà obtenu des visas pour toute la famille présidentielle. A ce moment, il se sentait solide, bien ancré dans le régime et dans la société politique et capable de prendre la tête du peloton.Il entretenait de surcroît d'étroites accointances avec la bourgeoisie, considérée comme l'unique opposition interne qui eût pu lui barrer la route du palais. Le temps lui semblait propice pour accéder à la présidence. Cependant, il avait encore raté le train, car de même qu'en 1959 Duvalier avait fait l'incroyable coup de tête de revenir à la vie, en 1963, il avait santi l'ultimatum américain.

Par la suite, en 1964, Désinor dut se rabattre sur la fragilité de la santé de son compère politique pour se consoler du coup de la présidence à vie. De l'avis général, François Duvalier ne pouvait aller au-delà de 2 à 3 ans. Clovis attendra donc que Duvalier veuille bien avoir l'amabilité de trépasser. D'ici là, il affinera ses batteries, sans jamais conspirer- il faut le reconnaître et lui en faire justice et compliment.

Mais voilà que - ô comble de la trahison ! - Duvalier parlait de continuer la révolution duvaliériste au-delà de sa mort…sous l'égide de sa femme. Quelle supercherie ! C'était la désespérance non seulement pour Clovis, mais pour tous les candidats clandestins cachés à l'intérieur du régime. Et puis quel coup terrible pour l'opposition interne et externe. Il ne s'agissait plus maintenant pour elle d'abattre un homme, mais d'éliminer une famille entière, car la République semblait devenir héréditaire et l'ennemi, au lieu d'être un homme seul, prenait la forme multicéphale d'une dynastie. Les soucis de l'opposition auront donc couvert en 7 ans quatre alternatives : d'abord déstabiliser un gouvernement hostile jusqu'en 1963, puis attendre jusqu'en 1967 une fin de mandat usurpé, ensuite assassiner un président à vie, enfin massacrer une famille entière, extirper toutes souches Duvalier de la terre d'Haïti.

2.- L'HÉRITAGE À LA JEUNESSE

À partir de ce jour de mai 1965, claire s'affirmait pour tous l'intention de Duvalier de passer le pouvoir à un membre de sa famille. Et les intrigants et les prétendants d'accourir avec force acrobaties dans l'antichambre de la succession. Car, somme toute, pourquoi Duvalier devrait-il se choisir pour successeur son épouse, une infirmière sans culture politique et qu'il n'avait jamais admise à l'apprentissage sur le tas auprès de lui ? N'était-il pas encore possible qu'il jetât son dévolu sur un quelconque homme politique de son entourage, voire un militaire prestigieux, pourvu que celui-ci ou celui-là devînt un gendre obéissant, un membre bien intégré à la famille? Avec cet chef énigmatique, il ne fallait jamais s'empresser de conclure. Il maintenait une multitude de fenêtres ouvertes sur toutes les possibilités du futur, afin de se sentir à tout moment maître absolu du jeu politique.

D'ailleurs, il allait en quelque sorte rectifier l'axe de la succession en déclarant urbi et orbi que " le moment venu, il remettrait le pouvoir à la JEUNESSE". Changement de cap. Ce discours, complémentaire dans son esprit, parut tout à fait nouveau. S'il attrista profondément Simone, il attisa des convoitises. Un Max DOMINIQUE, militaire au physique avantageux, christophien d'esprit et de manière à la mode de Paul Eugène Magloire, se dépêcha d'épouser l'aînée des Duvalier, Marie Denise. Ce sera chose faite en 1966. Madame Saint Victor, sœur de Luc Albert Foucard, veillait elle aussi. Qui s'abuserait à croire que c'était sur le socle de l'amour pur que reposaient les mariages de Marie Denise et de Nicole ?

Si Albert Foucard, le mari de Nicole, ne portait pas en son âme de bambocheur impénitent des ambitions politiques forcenées, sa sœur, Madame France Saint-Victor, la toute-puissante secrétaire personnelle du Président, réussit à inspirer à son patron un tel attachement pour son gendre mulâtre qu'elle plaça celui-ci en bonne position dans la ligne de l'héritage politique. On nota l'aisance souriante de Duvalier le jour des noces de Nicole contrairement à sa morosité face à Marie Denise et Dominique. On retint également les termes flatteurs de son discours où il se félicita d'avoir accompli avec Nicole le miracle de l'alliance que Dessalines n'avait pu réaliser par l'union de Célimène avec Pétion. Lui, Duvalier, avait pu marier le noir et le mulâtre. Et de là à ouvrir la succession à ce couple historique qui symbolisait l'UNITÉ NATIONALE tant souhaitée, la route n'était pas longue, surtout que France Saint-Victor y travaillait ferme.

Dans cette lutte successorale, Max Dominique ne pouvait compter sur un allié aussi puissant que France Saint-Victor. Mais les officiers de la Garde Présidentielle - qui le paieront de leur vie en 1967 - lui aménagèrent des sorties secrètes avec la Denise amoureuse. Il pouvait également compter sur le silence complice de la mère consentante et l'ingénuité de Jean Claude qui, dans les chassés-croisés dont il ignorait les objectifs ultimes, faisait avec délectation l'apprentissage précoce des plaisirs mondains. Dominique finit par s'imposer comme gendre en mettant enceinte la fille que le père adorait le plus d'entre tous ses enfants. C'est à contrecœur, dit-on, qu'il accepta le mariage. Le vin était tiré, il fallut le boire jusqu'à la dernière goutte pour ne pas le laisser souiller les tuniques nobles de la cour de César et éclabousser les marches du trône. Malgré la tristesse et la colère de Duvalier qui ne dérida pas le jour de ces noces imposées, Max exultait. Et pour cause. Il crut son objectif atteint quand, dans un discours improvisé (alors que le discours pour Nicole était écrit et lu- l'auteur de ces lignes avait assisté en première loge aux deux cérémonies), le " Parrain " François Duvalier déclara à l'adresse de son gendre: " Vous allez abandonner votre sabre de militaire pour m'aider à accomplir les hauts faits de ma destinée historique ".

Comme la plupart des auditeurs, Dominique interpréta cette phrase sibylline comme la promesse formelle de la succession par droit d'aînesse. Tout de suite il se mit en demeure de constituer son équipe à la tête de laquelle trônaient, aux côtés de ses frères et cousins, des hommes comme le jeune et sympathique Michel BERNARDIN, le super intelligent capitaine Léon VEILLARD…Dominique glissa son monde dans toutes les branches de l'administration publique et du pouvoir politique: une infiltration insidieuse à tous les niveaux, la mise en place d'un pouvoir dans le pouvoir, la mainmise sournoise sur les leviers de la puissance publique.

Duvalier n'aima pas, c'est le moins qu'on pût dire. Il mit fin brutalement à cette chevauchée christophienne. Le 11 août 1967, à une heure de l'après-midi, une sirène lugubre pleura sur la ville. Des flots de partisans déferlèrent sur la cour du palais, armés autant qu'ils le pouvaient. Pour atténuer le ridicule de cet appel aux armes pour une simple querelle de famille, on imputa à un enfant frondeur la faute d'avoir déclenché le signal d'alarme. Mais les initiés savaient ce qui se passait dans l'intimité. Madame Max ADOLPHE avoua à l'auteur de ces lignes avoir assisté ce jour-là à une véritable crise de larmes et de rage de François Duvalier, confronté, qu'il se disait, au drame cornélien où le mari de sa fille chérie travaillait à lui ravir son pouvoir tant aimé. En dépit de sa douleur de père bafoué et d'homme d'Etat trahi, Duvalier protégea Max Dominique, bien entendu sur l'insistance des proches et principalement de Madame Duvalier. Il le retint à l'extérieur comme Ambassadeur d'Haïti à Paris, exila ses frères et leurs protégés, révoqua toutes ses créatures de tous les postes administratifs et politiques…Les voies de la succession semblaient fermées désormais pour Max Dominique.

3.- LE REPRÉSENTANT DE LA JEUNESSE

Quelques temps plus tard, au milieu d'un concert ininterrompu de louanges à la jeunesse haïtienne, parut au Journal gouvernemental, Le Nouveau Monde, sous la plume de Gérard De Catalogne, un article tout à fait anodin à première vue. Une note capitale cependant : pour la première fois, on osa parler de Jean Claude Duvalier comme un représentant authentique de la jeunesse, qui pourrait éventuellement se sacrifier aux tâches ardues et ingrates de la succession au nom de la jeunesse haïtienne.

Ce fut une grosse pierre dans la mare : on cria au scandale, bien sûr sous le manteau et dans l'intimité des salons. La chose parut tellement farfelue que personne ne la prit au sérieux. Duvalier lui-même afficha une attitude qui conforta les sceptiques: il ratissa la ville pour ramasser jusqu'au dernier les exemplaires de ce journal irritant. Naturellement on s'interrogea, à bon droit, sur la sincérité d'un tel mouvement d'humeur de la part d'un homme qui n'improvisait jamais. De Catalogne a-t-il vendu la mèche un peu trop tôt ? Mais, là encore, comment ce journaliste, porte-parole officieux de Duvalier, se fût-il permis d'imprimer une nouvelle si sensible sans le feu vert du président autocrate ? Et de surcroît sur l'organe officiel du gouvernement ? Il était évident que ces deux compères se moquaient du monde : ils avaient longuement concocté leur coup. D'autant plus que, par ces temps de censure rigide, tout éditeur de journal était tenu d'acheminer au palais et au Ministère de l'Intérieur trois (3) exemplaires échantillon du numéro à paraître. Le numéro du jour n'était mis sous presse qu'après imprimatur de ces instances gouvernementales. Donc absolument impossible que Duvalier ignorât un si monstrueux canular...si canular il y avait.

On s'accorde à croire que la manœuvre a été étudiée par Duvalier en personne. Question de lancer un ballon d'essai afin de mesurer, pour les atténuer au besoin, l'onde de choc et l'ampleur des vagues, et aussi afin d'identifier, pour les étouffer, les réticences et les mécontentements éventuels. Et le ramassage vite opéré participait du piège machiavélique destiné à pincer ceux de ses collaborateurs qui viendraient se plaindre auprès de lui de l'aventurisme de De Catalogne, de la légèreté, sinon de l'absurdité de son idée saugrenue. Et il les pinça de vrai. Car, il fallait bien nettoyer le terrain de tous les candidats potentiels, de tous ceux qui émettraient des objections négatives sur cette présidence d'un gamin de 18 ans. Il tenait à ne laisser derrière lui que des hommes et femmes sûrs, des inconditionnels pour entourer le dauphin inexpérimenté et servir un régime futur qui ne bénéficierait plus de son œil de lynx et de sa vigilance de pintade marron.

À ce travail de déblayage François Duvalier consacra toute l'énergie résiduelle de ses forces déclinantes, aidé par la fidélité cocardière d'un Luckner CAMBRONNE et d'un Jacques FOURCAND, de l'efficacité sereine et méthodique d'un Claude RAYMOND, d'un Hervé BOYER, d'un René CHALMERS… Entre autres. Car, il avait finalement pris la décision et il l'assumait publiquement : Son fils, Jean Claude DUVALIER serait son successeur.

Le calcul était simple. Duvalier ayant toujours et avec excellence pratiqué la technique du diviser-pour-régner: aucun potentat du régime ne s'entendait avec l'autre. Chacun épiait l'autre au profit du président à vie. À ce compte, Duvalier doutait avec raison que ses plus proches collaborateurs et fanatiques haut placés puissent un jour s'entendre pour former un gouvernement durable après sa mort. S'il avait donné le pouvoir à Désinor comme celui-ci s'y attendait, les autres, Cambronne, Boyer, Fourcand,

Raymond…se seraient fâchés tout rouge et n'auraient pas manqué de s'entendre pour le renverser, ou alors Désinor serait acculé à les éliminer tous, comme Duvalier le lui avait enseigné : ce qui n'était pas souhaitable. Si le choix s'était porté sur Boyer, le même mouvement d'opposition aurait déstabilisé la succession ou bien la même rigueur dans la répression se serait exercée à l'encontre des autres membres de l'équipe. La meilleure stratégie consistait donc à rassembler tout ce panier de crabes autour d'un symbole, porteur du nom mythique de Duvalier et emportant dans une certaine mesure le respect de tous. Tout le monde allait veiller sur le mythe, le vénérer même comme le ciment, le point de ralliement, le centre de gravité du pouvoir, chacun essayant tout légitimement de tirer le drap de son côté sans toutefois aller jusqu'à le déchirer.

Sans émettre de jugement de valeur sur le fond, il faut reconnaître que du point de vue de la stratégie politique, le calcul était bon. D'ailleurs, le général Franco en Espagne sera séduit par cette démarche duvaliérienne, à la différence qu'autour du jeune choisi il avait réinstallé une monarchie constitutionnelle qui est en train de faire le bonheur de l'Espagne. En Haïti, le jeu allait durer 15 ans, jusqu'au moment où certains duvaliéristes finirent par comprendre que les déviances idéologiques et l'embourgeoisement insolent de l'équipe du fils mettaient en danger le système laissé par François Duvalier. Contrairement à ce que l'on pense, le premier mouvement d'opposition et de déstabilisation au gouvernement de Jean Claude était venu des duva-liéristes eux-mêmes. Cette remise en question interne a irrémédiablement fragilisé le système. Mais cela, c'est une autre histoire.Revenons à 1970.

L'opération Jean-Claude se sut au fur et à mesure des fuites et indiscrétions bien dosées. Le dauphin commença à apparaître en public, aux côtés de son père; il effectua des voyages à l'étranger, notamment en Europe; il initia des contacts avec les hauts fonctionnaires des administrations, surtout à la Banque de la République d'Haïti. Ses amis et condisciples de classe devinrent plus entreprenants, plus envahissants, se firent remarquer non plus comme les fils bien-aimés du paternaliste F. Duvalier, mais comme les amis personnels du Fils Jean-Claude. Les média ne furent pas en reste. Ils entourèrent J.C. d'un concert de flatteries sur son intelligence vive, son génie précoce, sa clairvoyance incomparable, sa perspicacité inégalée, son esprit d'analyse et de synthèse. Il avait tout pour plaire et pour diriger ce pays si difficile à gouverner. Et quand J.C. entra à la faculté de Droit et des Sciences Economiques en octobre 1970, on s'empressa de lui donner du MAÎTRE à tout bout de champ, jusqu'à ce que l'onctueux Yves MASSILLON, du service du Protocole, avisât doucereusement les discoureurs que le titre quelque peu prématuré, frisait l'ironie.

Duvalier père s'activa consciencieusement à initier son fils aux arcanes de la politique. Le successeur assistait à des réunions de travail au bureau du père; il participait aux cérémonies officielles. Il présida au Salon Jaune, le 18 novembre 1970, la cérémonie de remise des décorations aux Haut-Gradés de l'Armée, le père ayant été trahi par ses forces à l'issue de la parade militaire. Cela ne plut pas à certains, surtout pas au Général Constant, Commandant en Chef de l'Armée, qui préféra saisir le cordon de la décoration des mains de J.C. au lieu de se le laisser passer au cou par le dauphin. Ce geste digne lui coûta ses étoiles d'argent et lui valut sa radiation de l'équipe de la succession : il fut limogé le 8 décembre 1970 au profit de Claude RAYMOND. Duvalier profita de cet incident pour effectuer le nettoyage final au sein de l'armée et de l'administration publique. À cette occasion, Clovis Désinor perdit son poste de Ministre des Finances ; il fut littéralement désigné à la vindicte publique. Dans son message du 2 janvier 1971, Duvalier l'accusa, sans le nommer, - mais tous avaient compris - d'avoir délibérément ralenti les grands travaux de son gouvernement, surtout le barrage hydroélectrique sur l'Artibonite, afin de lui ravir la gloire d'inaugurer Péligre et s'en réserver le mérite comme successeur possible. Dans l'ambiance de 1971, une telle accusation équivalait à un arrêt de mort: mais le grand maton Désinor sut faire la planche: il fut très inquiet, mais il ne fut pas inquiété.

Les écuries d'Augias ayant été nettoyées, les mises en place ayant été effectuées, Duvalier va s'attaquer au côté législatif de la succession. Dans son message traditionnel du 2 janvier 70, Duvalier réitéra sa volonté de remettre le pouvoir à la jeunesse. Cependant, s'il était président à vie par la volonté reconnaissante du souverain, consigné dans la Constitution de 1964, aucun texte légal ne l'autorisait à désigner son successeur. Son souci obsessionnel de la légalité et de la légitimité lui dicta à cette étape ultime de sa carrière l'attitude conforme. Il avait toujours pour point d'orgueil et de gloire de pouvoir crier à la face du monde son statut CONSTITUTIONNEL de Président à Vie de la République d'Haïti. Même si des fois il lui arrivait de tordre le cou à la légalité, il tenait à toujours frapper ses actes politiques du sceau de la sacrosainte légitimité populaire. En la circonstance, il aurait pu, en vertu des pleins pouvoirs accordés par la Chambre durant l'intersession, édicter un décret ayant force de LOI pour légaliser la désignation du successeur. Si le temps pressait, il n'eût peut-être pas hésité. Et ce serait légalité incontestable. Mais cela lui paraissait insuffisant. Car, après tout, ce ne serait que légalité. Or, lui, il tenait à toujours marier légalité et légitimité. Cette dernière n'était accordée que par le peuple SOUVERAIN, soit directement par le référendum ou le plébiscite, soit indirectement par la voix de ses représentants.

Duvalier allait superbement couvrir de ces deux voiles l'irritante opération de la succession. En effet, au début de Janvier 1971, il convoqua la Chambre à l'extraordinaire, comme le lui permettait la Constitution. La Chambre dénonça la Constitution de 1964 et la révision immédiate y ajouta deux amendements. Par le premier, la Nouvelle Charte, qui s'appellera désormais CONSTITUTION DE 1964 AMENDÉE, autorisait le président à vie François Duvalier à désigner son successeur lequel, précisa-t-on, exercera le pouvoir à vie. Le second ramenait la majorité civile et politique à 18 ans, comme pour rattraper le jeune âge de J.C.D. (Le drôle, et aussi la consécration, c'est que d'autres pays développés suivront cet exemple). En tout cas, cette étape légaliste et légitimante une fois franchie, par la promulgation de la Charte, F. Duvalier, dans un discours du 22 janvier 1971, présenta officiellement, légalement, M. Jean-Claude DUVALIER, comme successeur au président à vie de la République.

Cette allocution du 22 janvier 1971 représente la dernière prise de parole publique de François Duvalier.Il en profita pour dire adieu! Un adieu pathétique, à tous ses partisans et amis. Il était convaincu que sa dernière heure avait sonné. A son habitude, il ne voulait rien laisser au hasard. On sentit la douleur qui l'avait envahi de ne pouvoir se mêler à la masse, comme au vieux temps de la campagne, de serrer des mains multiples et anonymes, dans un entourage d'amitié et de chaleur humaine qui lui aurait infusé une énergie nouvelle et prolongé une existence en passe de s'éteindre. De sa voix nasillarde si connue et tant aimée et qui, à un moment, faillit se casser en sanglots, il interpella ses militants des 9 départements géographiques du pays. "À toutes ces cohortes duvaliéristes invaincues et invincibles, qui m'ont soutenu de leur foi et de leur fidélité dans les moments difficiles de la lutte pour le bien-être de la Nation Haïtienne, j'adresse le salut patriotique". Sa voix trébucha un court instant...Un merci et un adieu à ses phalanges. Il les appela à donner encore une fois la mesure de leur dévouement en ratifiant son choix dans un référendum fixé au 31 Janvier 1971. Et ses mains décharnées posées sur les grasses et puissantes épaules du successeur, il implora les bénédictions du Très-haut pour le succès et la longévité de la continuité duvaliériste.

De ce jour, pour le public, François Duvalier était mort. Un homme qui aimait tant le pouvoir ne pouvait s'en séparer de gaieté de cœur, et de son vivant, fût-ce pour le remettre à son propre fils. Ses fidèles collaborateurs s'attelèrent aux tâches imprudentes et ingrates de la succession. Le référendum réalisé sur des chapeaux de roues ratifia le choix de J.C.D. à un pourcentage très élevé.

Cette phase de son existence et de la gestion du pouvoir ne fut pas des plus faciles pour F. Duvalier ! Ne lui plaisait pas du tout cette tardive traversée du désert que lui imposaient la fragilité de sa santé, l'imminence de sa mort, à l'apogée de sa puissance, au zénith de sa carrière et de sa gloire. Son orgueil démesuré, sa mégalomanie délirante, souffrirent énormément du dépérissement physique et mental qui le diminuait et l'humiliait. Il avait des trous de mémoire et perdait souvent le fil de ses idées. Affalé à sa table de travail, littéralement enfoui dans un fauteuil qu'il adorait, il lui arrivait de sombrer dans un profond sommeil en présence des derniers fidèles qui devaient sans broncher attendre, en souhaitant ardemment son réveil. Miné par le diabète, la défaillance cardiaque et l'insomnie, Duvalier ne traînait plus qu'un corps décharné et rabougri et que n'habitait plus qu'un esprit épuisé, illuminé de rares éclairs de lucidité et aussi effrayé des lueurs lointaines et fugaces des réalités humaines.

Sa plus grande souffrance, ce fut la solitude, le délaissement. L'autocrate, à la cour jadis florissante et tumultueuse, ne put s'accommoder du vide qui l'entoura brusquement ni de son incapacité à gérer les courants politiques qui s'agitaient dans son propre palais. L'axe du pouvoir s'était déplacé. Les chapelles se constituaient désormais autour du fils et de la mère. C'étaient eux, les nouveaux maîtres, les nouveaux dieux, qui recevaient les visites, les prières et les allégeances. À eux toute la flatterie ampoulée et reptilienne des courtisans. Dans la salle voisine où trônait le SUCCESSEUR, ce n'était que rires, " blagues et audiences interminables". Et quand il lui arrivait de traverser ces salles bruyantes et gaies, on se levait, certes, mais personne n'accourait comme de coutume, personne ne s'empressait de le suivre comme de coutume: on n'avait plus rien à solliciter de lui. Il n'était plus du cénacle du pouvoir et des vivants. Déjà il appartenait au passé de la révolution au pouvoir. Ah ! que c'était dur.

Il s'en plaignit à ses derniers amis et fidèles, par exemple à un Paul BLANCHET, l'homme au franc-parler dévastateur, qui ne s'embarrassa pas de lui dire qu'il devait avoir le courage de ses calculs politiques: "Vous avez nommé un remplaçant, vous devez passer la main. Les politiciens seraient bien bêtes de venir honorer celui qui s'en va et de négliger le futur maître". Un jour que Duvalier lui demanda d'aller voir Jean Claude pour régler une question importante, Blanchet lui répondit vertement que c'était bien assez de recevoir des ordres de lui, François, mais que personne ne s'avise de l'inviter à se plier aux caprices d'un adolescent de 17 ans. Duvalier sourit. Il avait l'habitude de ce langage brutal et franc de la part d'un homme vertical, correct et insoupçonnable. Un jour de 1958 que Duvalier soulignait avec amertume que ses ministres s'enrichissaient et s'embourgeoisaient. Blanchet lui coupa la parole: " Ah ! vous croyez sans doute que c'est pour vos beaux yeux qu'ils avaient lutté pour vous porter au pouvoir ? Si vous pensez les brider, dans leur course au bien-être individuel, vous-même, reprenez votre trousse de médecin et retournez panser le pian dans les campagnes ".

François Duvalier avait besoin, certaines fois et en stricte intimité, qu'on lui parlât vérité, surtout dans ces moments de déprime où il se reprochait d'avoir accompli trop tôt - peut-être - l'opération de la succession. Il critiquait rudement, il haïssait ceux qu'il avait choyés et comblés et qui, aujourd'hui, avec un empressement sans vergogne, l'abandonnaient à sa décrépitude. Il menaça même à un moment donné de tout remettre en question, non point pour ravir à son fils le cadeau royal et éreinter sa propre révolution, mais pour piéger ces opportunistes accourus au secours d'une victoire que lui seul avait conçue et forgée avec une intelligence et un sens de l'abnégation hors du commun.

Claude RAYMOND, le dernier des fidèles, réussit à l'en dissuader. Mais de toutes façons, Duvalier ne possédait plus les ressources ni les ressorts de ces revirements spectaculaires. D'ailleurs, comment reprocher leur volte-face à ces politiciens qui avaient reçu de lui la leçon maintes fois ressassée qu'en politique la reconnaissance est une lâcheté. Ne leur avait-il pas enseigné qu'il ne devait se prosterner que devant un seul dieu, ne servir qu'un seul chef ? N'était-ce pas lui, François, qui leur avait donné J.C.D. pour seul chef ? Ces récriminations tardives prenaient l'allure de pleurnicheries de vieillard sénile rongé par la maladie et l'artériosclérose cérébrale. Et quelle affaire de détruire une œuvre si grandiose qui allait inspirer, sans le même succès, tant d'autres chefs d'Etat à travers le monde? À part Franco qui, comme François, réussit superbement le coup, peu d'hommes dans l'histoire avaient montré la clairvoyance et ce courage sublime de planifier, avec une telle maestria, un avenir qui devait se faire sans eux.

Dans la Monarchie, la succession automatique était réglée par l'hérédité. Même du temps de la monarchie élective, le roi mourait tranquille, car le système reposait sur une tradition longue et solide qui réunissait les pairs du royaume pour élire un nouveau roi que, en général, tous les suzerains et féodaux reconnaissaient et respectaient.

Ici, le cas différait. Penser et planifier l'après soi dans ses moindres détails implique un sens de l'immortalité incompatible avec l'égoïsme terre-à-terre du commun des mortels. Même l'opposition à Duvalier, pourtant mortellement frappée par l'initiative successorale, s'inclina devant le brio de l'homme qui aura laissé un système si solide et si bien rôdé qu'un jeunot de 18 ans avait pu régner 15 ans durant, en paix et dans une relative abondance, dans cette Haïti bien connue pour ses turpitudes et ses sautes d'humeur politiques épisodiques.

L'œuvre était herculéenne. Et que Duvalier eût menacé de la sacrifier à son orgueil maladif paraissait hors de contexte et de propos. À moins que ce fieffé roublard, ce disciple consommé de Machiavel, n'eût voulu encore et toujours tester la loyauté du dernier carré. Jusque sur les dernières marches du tombeau, Duvalier méritait d'être tenu avec des pincettes. Il pouvait encore porter des coups terribles, même sur les berges du néant, à la veille de " s'asseoir sur sa chaise dans l'ombre ".

Car il se trouvait effectivement aux portes du tombeau. On sut avec certitude que son cas avait empiré quand le palais eut décommandé les cérémonies prévues à l'occasion de son anniversaire le 14 avril 1971. En effet, sous la houlette de son Fils Jean-Claude, coiffant un Comité de l'Ecole de Droit et des Sciences Economiques, de grandes festivités avaient été programmées, auxquelles F. Duvalier devait assister au Rex Théâtre le jour de ses 64 ans. Brusquement, on décommanda tout. On ne déploya même pas l'intelligence et le savoir-faire habituels de brouiller les pistes en maintenant tout bonnement les fêtes où le père aurait pu se faire représenter par le Représentant de la Jeunesse. Encore une occasion de projeter l'image du Successeur : cela paraîtrait couler de source et tout à fait dans la technique duvaliérienne. Cependant, on ne s'embarrassa pas de ces précautions. C'est que les esprits étaient ailleurs ou trop préoccupés pour imaginer des scénarii susceptibles de manipuler l'opinion publique. C'est à croire que le maître à penser, l'autocrate qui réglait la machine, créait les événements, était vraiment épuisé. Le bruit courut même que Duvalier avait rendu l'âme et que l'entourage avait choisi d'attendre la date fétiche du 22 pour annoncer la nouvelle au public. Au fait, il n'en était rien. Duvalier vivait encore et tout diminué qu'il était, il mettait la dernière main à la Continuité duva-liériste.

Dans la semaine, il donna ses ultimes instructions à qui de droit ; il indiqua les contacts secrets à prendre ici et là-bas, immédiatement après son trépas, par le Successeur et certains collaborateurs spéciaux désignés à cet effet. Il régla les affaires mystiques**, dit-on, donna des consignes strictes quant à la manière de manier son cadavre et à la conduite de sa veillée funèbre.

Et le 18aAvril 1971, après avoir insisté auprès de son entourage que nul ne le dérangeât ni surtout ne le secouât ou l'interpellât, il se coucha tranquillement et sombra dans le coma. Son esprit, a-t-on dit, n'était plus sur terre, il avait voyagé ; seule la carcasse de chair continuait de respirer bruyamment, de haleter, sur un petit lit tout humble, au Palais National.

** Un an durant, Duvalier dissémina des émissaires à travers le pays. Les quatre points cardinaux du territoire furent inspectés et " scellés ". On dit qu'il fit entrer au palais tous les esprits forts - bons et mauvais - qui circulaient librement et agissaient au gré des sollicitations. Auprès de ses intimes il se justifiait : **" Han ! ! !** ***Mwen ta kité you ti moun tan kou Jean Claude nan palais nasyonal-sa, ak tout diab sa yo nan la ri. Ce ta you piyaye. Fok mwen maré tout, fok mwen mété tout nan chenn, nan you cham nan palais ya ".***

Affolement, panique, pleurs étouffés, de la famille et des amis proches. On voulut alerter les médecins du président. Mais auparavant, il fallait mander le chargé de mission appointé par Duvalier lui-même avant son coma. Le Général Claude RAYMOND arriva, car il s'agissait de lui : il était celui qui avait eu avec le président les tête-à-tête les plus fréquents, les plus longs et les plus secrets: un homme discret et fidèle, à qui Duvalier confia une masse de confidences politiques et familiales. Il vint et réitéra à la famille l'ordre formel du président: n'appeler aucun médecin, ne pas le secouer, ne pas l'appeler. Attendre courageusement le dénouement en mettant en branle le processus de la succession et de la continuité. Lui, le Dr François Duvalier, n'est plus de ce monde.

On attendit trois jours. Le 21 avril, vers 7 heures du soir, on alerta les dignitaires du duvaliérisme...L'auteur de ces lignes se trouvaient dans un cinéma en plein air à Delmas. À un moment on arrêta la séance pour appeler le docteur Jacques P. Fourcand, médecin personnel de Duvalier, pour un message urgent. Les initiés avaient vite compris que quelque chose de sérieux était arrivé. Le Docteur François Duvalier, Président à vie de la République d'Haïti, était décédé.

4.- LE ROI EST MORT. VIVE LE ROI ! ! !

Les dispositions furent prises immédiatement pour la succession. Luckner CAMBRONNE, brusquement promu Homme d'Etat par la disparition du Géant, prit la tête du peloton et organisa le pouvoir civil selon les instructions de François**. Le volet militaire et sécurité échut à Claude Raymond, commandant en chef de l'Armée. Madame Max ADOLPHE mit la milice sous condition D, en état d'alerte maximum. On avisa les puissances amies qui acceptèrent très volontiers d'accorder une couverture

---

** Celui que Duvalier avait désigné pour régler la succession, en tant qu'éminence grise, semblait avoir été le Docteur Hervé BOYER, homme mûr, sage et fin politique. Mais, en politique il faut avoir le bon sens ou l'intuition d'être présent au moment des grands virages. Boyer commit l'irréparable faute d'être absent au moment du décès de François Duvalier. Et Luckner CAMBRONNE, qui ne découchait pas de la chambre du président comateux, lui ravit la place, à la tête d'une équipe de jeunes loups duvaliéristes, constituée d'éminentes personnalités comme le Dr Fritz CINEAS, le Dr Adrien RAYMOND, le Dr Edouard FRANCISQUE, Jaures LÉVÊQUE, ... etc.

aérienne et maritime, pour le cas où des exilés s'aviseraient de tenter leur chance à la nouvelle du décès de leur ennemi viscéral. Dans la soirée même, on constitua le nouveau cabinet ministériel. On fit chercher Me Fournier FORTUNE, Président de la Cour de Cassation, et dans les premières heures du 22 Avril 1971, comme pour respecter le chiffre magique des Duvalier, M. Jean-Claude DUVALIER, entouré d'un cabinet ministériel non encore nommé, prêta le serment constitutionnel comme 9ème président à vie de la République d'Haïti.

Parallèlement au déroulement de ces cérémonies officielles qui intronisaient Jean-Claude, s'organisait la veillée funèbre de François Duvalier. Seules les femmes, amies intimes de la famille, devaient y être admises ; selon les instructions formelles de François lui-même, aucun être humain du sexe masculin ne devait toucher à son cadavre, aucun homme ne devait veiller sur son corps. De plus, il fallait faire attention qu'à la levée de son corps (qui ne pouvait être effectuée que par des femmes), sa tête ne basculât en arrière. Une femme amie devait être assignée à l'unique tâche de soutenir la tête du cadavre, le cou en extension, le menton touchant même le sternum. On respecta ces consignes à la lettre. Le seul homme autorisé par F.D. - car il y eut une exception - ce fut le croque-mort de l'entreprise Pierre-Louis.

5.- LES FUNÉRAILLES

Dans la matinée du 22 Avril 1971, le corps de François Duvalier fut exposé au Salon Diplomatique du Palais National. La Nation Haïtienne, dans toutes ses composantes, défila devant le cadavre. On chanta. On pria. On pleura. L'auteur de ces lignes surprit le grand Clovis Désinor, pleurant comme un enfant orphelin dans les coulisses du palais. Ironie des choses humaines: le dernier compadre du fameux trio mopiste, " le dernier des mohicans", n'avait pas été admis aux places officielles à l'occasion des funérailles de l'ami qu'il avait fréquenté depuis son plus jeune âge et servi pendant plus de trente ans. L'éminent compositeur et chanteur Guy DUROSIER entretint un climat émouvant par des morceaux de son cru. Durant deux jours pleins, la cour, les salons, les coulisses du palais ne désemplirent pas. De tous les coins du pays arrivèrent partisans, amis, serviteurs, militants et admirateurs.

Les ouvriers de la première heure, ceux-là qui avaient mené avec l'homme les batailles patientes et épiques de la longue marche vers le pouvoir, depuis les temps lointains de l'Ecole Indigéniste jusqu'au maquis incertain sous Magloire et l'éclaircie trop brève d'Estimé, furent les plus affectés. Pour eux, cette disparition fermait une ère de gloire et de fraternité virile qui ne reviendrait jamais. Courbés sous le poids des ans, le visage raviné par les rides et les larmes, ils étaient venus d'ici et de loin, dans leur costume tout fripé, se prosterner un bref instant devant l'enveloppe charnelle de ce compagnon de route qui avait, avec eux, chassé le pian, de ce médecin de campagne qui, pour eux, avait guéri la fille ou l'épouse, de cet initié qui, avec eux, avait peut-être invoqué l'esprit des Ancêtres ou les dieux tutélaires de la cosmogonie vaudoue. Quelle tristesse poignante de voir ces sexagénaires, secoués de sanglots, tétanisés par la souffrance, incapables de retenir leur morve, devant ce corps sans vie et pourtant si proche.

Durant leur recueillement haché de cris de douleurs, le passé ressurgit en eux, telle une marée puissante et irrésistible : ils durent revivre, telle une fulgurante illumination polaire à travers la glace de leur mémoire sclérosée, la chronique superbe de l'épopée commune : la désoccupation du 1er août 1934, les Glorieuses de 1946, la consécration laborieuse de Dumarsais Estimé, les magnificences de l'Exposition 1948, la gifle du 10 mai 1950 où " l'Armée, le sabre à la main, avait tenté une fois de plus d'arrêter la marche de l'Histoire". Un bref instant ils souffrirent, telle une déchirure de l'âme citoyenne au souvenir du magloirisme, des affres du maquis angoissant du leader pourchassé, mais jamais appréhendé. Ils refirent, dans la trajectoire houleuse de cette étoile aujourd'hui éteinte, la " Longue Marche " et le calvaire douloureux de la campagne électorale de 1957. Ah! Qu'ils auraient été heureux, avant de se séparer pour toujours, de détecter sur ce visage de cire les empreintes de ce sourire avare qui salua la victoire du 22 septembre 1957. OUI ! Que de batailles livrées ensemble! Que de chemins parcourus la main dans la main ! Que de victoires, que de défaites ! Que de rires, que de pleurs! Que de conquêtes, que de chutes ! Quelle foulée chevaleresque, incomparable, inoubliable! ! !

Les jeunes étaient également au rendez-vous du recueillement et de l'étonnement, l'esprit envahi par le carillon des évènements somptueux qui peuplèrent les 14 années du règne de cet homme qui avait marqué son temps d'une empreinte indélébile et qui reposait devant eux, incroyablement indifférent à leurs peines, aux douleurs de ses partisans, comme aux choses de la terre.

Deux jours durant, ce fut une procession ininterrompue. Le 24 avril, dans la matinée, évêques et prêtres de ce clergé indigène né de ses œuvres politiques, célébrèrent, au Palais même, les funérailles du Docteur François Duvalier, dans un pieux recueillement ponctué par le canon et les cris de détresse. La levée du corps donna lieu à un interminable concert de lamentations. La bière fut portée à bout de bras jusqu'au péristyle extérieur au pied duquel attendait le corbillard. On y engouffra le cercueil. Le cortège était prêt pour le départ vers le cimetière.

À ce moment surgit Edner PAGEOTTE ANDRÉ. Il réclama, oui ! réclama, le privilège de piloter le corbillard, faisant valoir à l'entendement de tous que ce fut lui, Pageotte, qui avait, le 22 octobre 1957, au volant de la vieille Ford de la Campagne Electorale, " ENTRE " le Dr Duvalier au Palais. Il pria la famille et les autorités d'accorder au Député-Maire qu'il était devenu, l'insigne honneur de redevenir l'humble chauffeur autorisé à " SORTIR " du palais le président décédé. Que pouvait-on objecter à un tel élan du cœur ? La famille et le protocole acquiescèrent et Edner Pageotte, malgré ses titres et richesses, reprit son poste de chauffeur de Duvalier comme au temps de la campagne. La tête pleine de souvenirs, l'âme assaillie de douleurs, le visage ravagé par l'insomnie et les larmes, il prit le volant du corbillard pour conduire à son panthéon le demi-dieu qu'il n'avait jamais cessé d'adorer.

Souvenez-vous. A cette réunion de mai 1965, Duvalier avait prédit que ce serait dans le fracas des balles et de la mitraille que la Nation l'accompagnerait à sa dernière demeure…Quand le catafalque parvint à la barrière nord-ouest du palais, on perçut un mouvement de panique. La foule se dispersa au milieu de cris d'effroi : le cortège se disloqua, miliciens et soldats prirent la fuite ou s'abritèrent derrière les troncs d'arbre, armes pointées vers le ciel. Que s'était-il passé ? Un avion tirait sur le cortège, ont affirmé certains connaisseurs. Des commandos d'exilés récemment introduits au pays faisaient feu sur la foule pour s'emparer du cadavre de François

Duvalier, comme il l'a fait de Jumelle, disaient d'autres non moins connaisseurs. Rien de tout cela. Seulement un vent brusque et fort gronda dans les arbres et palmiers comme un avion et fit claquer les nombreuses banderoles placées à l'occasion, simulant le staccato d'un tir nourri venant du ciel…

L'émoi une fois dominé, le cortège se reforma. Et on chemina tranquillement vers le cimetière. À la rue de l'Enterrement, nouvelle débandade. Cette fois-ci, il y eut des blessés, des jambes cassées…Certains dirent avoir vu un corbillard d'enfant, tout blanc, tiré par deux magnifiques chevaux blancs, lancés dans un galop aérien au-dessus des trottoirs longeant l'Hospice Saint François de Sales. Rien de concret pour ceux qui ne possédaient pas le troisième œil. Après quelques instants de peur et de flottement, on remit le cortège en marche.

L'auteur de ces lignes, après sa minute de recueillement devant le cadavre, avait quitté le palais et était allé, en compagnie de son ami Me Talleyrand Lamothe, se placer à l'intersection des Rues de l'Enterrement et Oswald Durant. Bientôt le cortège apparut, précédé de Jacques FOURCAND, marchant pontificalement devant le corbillard : il ne lui manquait que la tiare et le bâton pastoral. Suivait une limousine transportant la famille Duvalier, à l'exception de Jean-Claude resté au Palais suivant les instructions du père. Quand le cortège parvint à hauteur de la fabrique AKIM, juste avant le carrefour d'Oswald Durand, il se disloqua à nouveau, dans une course éperdue de la plupart des officiels et des assistants. On entendit (nous entendîmes) une véritable mitraillade bien distinctement, au point que le prudent Me Lamothe, ayant repéré, dans le voisinage immédiat de la maison en bois où l'on était, une galerie couverte d'une dalle en béton, m'invita à courir nous y mettre " à l'abri de ces balles tirées d'en haut". Je vis des miliciens et des soldats jeter leur arme et détaler à toutes jambes. Un capitaine bien connu ne s'embarrassa pas de lancer son "cabaye " dans un égout du carrefour et de prendre ses pieds à son cou. Il tomba sous nos yeux et faillit se casser une jambe. Des ministres du nouveau gouvernement coururent eux aussi se mettre à l'abri. Un seul, cependant, resta imperturbable au milieu de la chaussée. Je ne citerai pas son nom pour ne pas montrer du doigt cet éminent professeur des faits économiques et sociaux de l'Ecole des Hautes Etudes Internationales des années 1975. Jacques Fourcand aussi demeura sur place, en tête du convoi, assez éloigné tout de même du vacarme et de la débandade.

Quelques instants plus tard, le cortège se reforma à nouveau. Car il n'y avait ni avion ni mitraille. Encore un coup de vent, un vent insolite, incompréhensible en Avril, et cette fois-ci une rafale de gouttes de pluie grosses et percutantes comme la grêle, comme des balles. Une pluie brève, tout aussi insolite et incompréhensible en ce matin ensoleilié d'Avril, et tombant d'un ciel d'un bleu pur, sans nuage. Les initiés diront que les esprits qui habitaient Duvalier ne pouvaient entrer avec lui au cimetière. Ils se détachaient de l'enveloppe charnelle avec un tapage et des déchirements proportionnels à leur puissance respective. Finalement, après force cérémonies et incantations, François DUVALIER fut inhumé dans le caveau de famille, au cimetière extérieur de Port-au-Prince.

Le nouveau gouvernement décréta un deuil national d'un mois et chaque jour, dans tous les coins du pays, des messes furent célébrées pour le repos et le salut de l'âme de François Duvalier. Chaque jour, des délégations de provinces, de même que l'ensemble des fonctionnaires de l'administration publique, par secteur respectif, effectuaient le pèlerinage sur la tombe. Même au-delà du mois du deuil officiel, les mânes de Duvalier continuèrent de recevoir prières et incantations quotidiennes. Sans arrêt. Durant 15 ans, cette tombe sera la mecque de toutes les dévotions politiques. Elle servira de caisse de résonance ou d'épicentre de toutes les intrigues pour monter dans l'échelle de l'estime présidentielle et la hiérarchie de l'influence politicienne. Députés, préfets, candidats à tous postes électifs ou administratifs, allaient s'y recueillir avec force publicité, dans le but manifeste d'attirer sur eux l'attention de la Simone ou du nouveau prince. Durant 15 ans, on se prosterna devant ce monument ; on récita des millions de Pater Noster et d'Ave Maria ; on entonna avec tout le tremolo requis autant de Requiem, de Dies irae, de Libera nos. Des montagnes de fleurs submergèrent cette tombe pourtant simple; des millions de cierges pleurèrent leur larme de cire brûlante sur les dalles de cette mosquée de la Révolution Duvaliériste, vers laquelle la Nation se tournait à chaque aube naissante pour pleurer, pour solliciter ou pour maudire.

Pour beaucoup de fanatiques, de mystiques et de simples d'esprit, Duvalier était directement entré dans le panthéon vaudou : il était devenu un dieu. Les initiés déclarèrent même que la 7ème année de sa mort, en récompense des travaux mystiques élevés accomplis sur la terre, son esprit était admis dans l'olympe des êtres supérieurs sous le nom de GETHRO, avec un numéro de code connu des seuls grands maîtres.

Quinze (15) ans durant un système de gaz propane alimenta devant ce mausolée une flamme qui ne devait jamais s'éteindre. 15 ans durant, des soldats de la Garde Présidentielle veillèrent sur le cadavre embaumé pour un siècle…

Quelle surprise pour le monde entier, quand le 7 février 1986, à la chute du Fils, des hordes sauvages venues saccager le sarcophage du Père, tombèrent sur un cercueil vide et propre, ne contenant en tout et pour tout qu'un Bible, coiffée d'un chapeau melon sur lequel reposait un petit bâton noir et or ! ! ! Un culte de 15 ans devant un mausolée de pierre inhabité, des tonnes de fleurs, des prières ferventes de tout un peuple sur un cercueil vide. Quelle imposture! mais aussi quelle gifle posthume pour les déchouqueurs et les détrousseurs de cadavres de février 1986!

Où se trouve le cadavre de François Duvalier ? Il est trop tôt pour le dire. En tout cas, il est là, sous nos pieds. Il assiste à toutes les cérémonies officielles, à toutes les activités importantes de la vie politique haïtienne. Duvalier aura poussé le goût du mystère et de la dissimulation jusqu'à concocter, au-delà de sa mort, l'énigme insoluble de son inhumation. Car si les leaders nécrophiles de février 1986 avaient pu librement - et vainement - craché sur sa tombe, Duvalier leur aura ravi la basse satisfaction de danser la sarabande macabre sur son cadavre. Jusque dans l'immobilité de la mort, dans un clairvoyance incomparable sur l'avenir douloureux de la République d'Haïti, il aura défait et humilié l'anarcho-populisme qui allait étendre son ombre néfaste sur le pays.

Victoire totale, s'il en est, mais pour lui seul, car grâce à sa perspicacité démoniaque, il aura assuré la sécurité de son enveloppe et planifié cette déroute posthume de ses adversaires non encore identifiés, mais aujourd'hui et toujours rongés par ce mystère qui laisse inachevé le dernier chapitre de la vie et du règne de François Duvalier. De quelle joie malsaine et obscène se seraient délectés les déchouqueurs de 1986 de traîner dans les rues le cadavre désarticulé du Dr Duvalier ? Quelle satisfaction, quelle revanche de fouetter et de brûler "au père Lebrun" les restes de ce colosse politique qui a fait trembler tant d'hommes et de femmes, haïtiens et étrangers ! Les ennemis de Duvalier n'eurent ni n'auront jamais le plaisir de défouler leur peur contenue, d'exorciser leurs angoisses trentenaires sur le corps de l'homme qui les avait agenouillés. Incomplète victoire du 7 février 1986.

Dans le silence amer de l'ultime frustration, le sommeil des hommes politiques haïtiens continuera longtemps encore d'être hanté par l'énigme de ce cadavre introuvable. La sortie définitive de François Duvalier de la scène du monde demeure un mystère insondable. C'est peut-être cela, l''immortalité, cette présence constante d'un souvenir heureux ou d'un questionnement irritant dans la mémoire éternelle des générations successives.

Dr RONY GILOT

Table des Matières

Chapitre 3

La guerre civile

Chapitre 4

Le prix de la paix

Deuxième Partie
Chapitre 5

Le Président dans la légalité

Chapitre 6
Duvalier et l'opposition interne

Chapitre 7
Milice civile versus Tontons-Macoute

Chapitre 8
François Duvalier et l'armée

Chapitre 9
Duvalier et l'opposition externe

Chapitre 10
La foulée d'un autocrate

Chapitre 11
L'effort national

Chapitre 12
Le communisme à l'assaut

Chapitre 13
La réélection

Trosième Partie
Chapitre 14
Le Président dans l'inconstitutionalité

Chapitre 15
La malédiction de Balthazar ou la saga des invasions

Chapitre 16
Le Président illégal, la présidence à vie

Chapitre 17

Chapitre18

Chapitre 19

Chapitre 20

Chapitre 21
La succession